CONSTRUINDO UM MUNDO ONDE TODOS GANHEM

A VIDA DEPOIS DA GUERRA DA ECONOMIA GLOBAL

Hazel Henderson

CONSTRUINDO UM MUNDO ONDE TODOS GANHEM

A VIDA DEPOIS DA GUERRA DA ECONOMIA GLOBAL

Tradução
NEWTON ROBERVAL EICHEMBERG

Editora
Cultrix
SÃO PAULO

Título original: *Building a Win-Win World – Life Beyond Global Economic Warfare.*

Copyright © 1996 Hazel Henderson.

Publicado originalmente por Berrett-Koehler Publishers, Inc.

Publicado mediante acordo com Linda Michaels, Ltd., International Literary Agents.

Copyright da edição brasileira © 1998 Editora Pensamento-Cultrix Ltda.

1ª edição 1998.
3ª reimpressão da 1ª edição de 1998 – catalogação na fonte 2007.
4ª reimpressão 2013.

Todos os direitos reservados. Nenhuma parte deste livro pode ser reproduzida ou usada de qualquer forma ou por qualquer meio, eletrônico ou mecânico, inclusive fotocópias, gravações ou sistema de armazenamento em banco de dados, sem permissão por escrito, exceto nos casos de trechos curtos citados em resenhas críticas ou artigos de revistas.

A Editora Cultrix não se responsabiliza por eventuais mudanças ocorridas nos endereços convencionais ou eletrônicos citados neste livro.

Dados Internacionais de Catalogação na Publicação (CIP)
(Câmara Brasileira do Livro, SP, Brasil)

Henderson, Hazel
Construindo um mundo onde todos ganhem : a vida depois da guerra da economia global / Hazel Henderson ; tradução Newton Roberval Eichemberg. -- São Paulo : Cultrix, 2007.

Título original : Building a win-win world : life beyond global economic warfare.
3ª reimpr. da 1ª ed. de 1998.
Bibliografia.
ISBN 978-85-316-0585-7

1. Cooperativismo 2. Desenvolvimento econômico – Aspectos ambientais 3. Desenvolvimento sustentável 4. Ecologia humana I. Título.

07-6122   CDD-363.7

Índices para catálogo sistemático:
1. Desenvolvimento econômico : Política
Ambiental : problemas sociais 363.7

Direitos de tradução para a língua portuguesa
adquiridos com exclusividade pela
EDITORA PENSAMENTO-CULTRIX LTDA.
Rua Dr. Mário Vicente, 368 – 04270-000 – São Paulo, SP
Fone: (11) 2066-9000 – Fax: (11) 2066-9008
E-mail: atendimento@editoracultrix.com.br
http://www.editoracultrix.com.br
que se reserva a propriedade literária desta tradução.
Foi feito o depósito legal.

*A Barbara Ward e
E. F. "Fritz" Schumacher,
queridos amigos cujas mentes brilhantes,
corações solícitos e profunda sabedoria
ainda vivem em mim e inspiram-me.*

SUMÁRIO

Lista de Ilustrações   8
Agradecimentos   9
Introdução   11

PARTE I PARADIGMAS PATOLÓGICOS

1. Guerra Econômica Global versus Desenvolvimento Humano
   Sustentável: Pontos de Ignição, Tendências e Transições   23
2. Globalismo Fanático e a Falência da Economia   64
3. O Alçapão da Tecnologia   90
4. O Alçapão da Produtividade sem Empregos   111
5. O Governo por Meio da Midiacracia e a Economia da Atenção   130

PARTE II BOAS NOTÍCIAS EM CÂMERA LENTA: MAPAS RODOVIÁRIOS E RECURSOS PARA O RENASCIMENTO

6. Globalismo Popular   149
7. Repensando o Desenvolvimento Humano e o Tempo
   de Nossa Vida   168
8. Códigos de ADN Cultural e Biodiversidade:
   A Verdadeira Riqueza das Nações   188

PARTE III CONSTRUINDO UM MUNDO ONDE TODOS GANHEM: AVANÇOS REVOLUCIONÁRIOS E INOVAÇÕES SOCIAIS

9. A Informação: A Verdadeira Moeda Corrente do Mundo
   Não Está Escassa   217
10. A Redefinição de Riqueza e de Progresso:
    Os Novos Indicadores   241
11. O Aperfeiçoamento das Ferramentas Democráticas   270
12. Novos Mercados e Novos Bens Comuns: A Vantagem
    Cooperativa   293
13. O Acordo Quanto às Regras e Inovações
    Sociais para o Nosso Futuro Comum   319

Notas   357
Glossário de Acrônimos   375
Bibliografia   379

ILUSTRAÇÕES

Figura	1	Três Zonas de Transição	22
Figura	2	Dois Sistemas Cibernéticos	26
Figura	3	Gastos Militares e o Dividendo pela Paz	42
Figura	4	A Reestruturação das Economias Industriais	50
Figura	5	Economias de Círculo Vicioso	53
Figura	6	Perfil da Miséria Humana nos Países Industrializados	61
Figura	7	A Economia do Custo Social	65
Figura	8	Sistema Produtivo Total de uma Sociedade Industrializada (Bolo de Três Camadas com Cobertura)	73
Figura	9	Diferentes Modelos de Economistas e de Futuristas	76
Figura	10	A Inflexão Evolutiva e os Estágios do Desenvolvimento	91
Figura	11	O Trabalhador Descartável	113
Figura	12	Escala de Qualidade de Informação	131
Figura	13	Ashoka: Inovadores para o Público	148
Figura	14	Cálculo Expansivo do "Interesse Próprio"	173
Figura	15	Elementos de Desenvolvimento	208
Figura	16	Dinheiro de Ithaca	238
Figura	17	*Country Futures Indicators*™	260
Figura	18	Configurações Políticas em Mudança	277
Figura	19	O 200° Aniversário da América?	284
Figura	20	Diferentes Modelos de Mercados e de Bens Comuns	295
Figura	21	Curva Típica de Resposta Corporativa a uma Questão Social	302
Figura	22	O "Campo Global para Jogos" em Desenvolvimento	320

AGRADECIMENTOS

Sou grata a todos os pensadores e visionários, passados e presentes, que contribuíram para a minha compreensão ao longo dos anos. Agradeço também a Steven Piersanti, presidente da Berrett-Koehler Publishers, Inc., por restaurar a minha fé na indústria editorial e por encorajar-me a escrever este livro; a Margaret Helen, que me ajudou a editar o manuscrito; e a Mary Lou Sumberg, por sua soberba edição final. Finalmente, minha profunda gratidão ao meu companheiro, Alan F. Kay, por seu papel estimulador, e a minha mãe, Dorothy Jesseman Mustard — sempre minha professora mais sábia —, que partiu desta vida em 1995, seu nonagésimo ano.

A Uma Não Celebrada Heroína

Saudemos Dorothy pelo seu heroísmo
Por uma vida devotada ao amoroso cuidado pelos outros
Num mundo tantas vezes isento de afeto.
Raro exemplo para os outros
Quaisquer que sejam as religiões que professem,
Dorothy foi a pessoa mais verdadeiramente santa que já conheci.
Atos de bondade diária — pequenos e grandes
Ela deu calor a tantas vidas
Levando alimento aos que não podiam deixar suas casas,
    pesando bebês,
Atuando como voluntária, abrindo seu coração e seu lar a
    tantas pessoas.
Mãe suprema
Forte e flexível, fazendo o melhor com tudo o que cada
    dia trouxesse.
Sempre a postos para a sua família,
Com regaço acolhedor e braços envolventes.
Dorothy querida — mediando conflitos, instilando ética
Por suas ações mais que por suas palavras.
Que pessoas afortunadas
Somos por termos crescido sob suas asas!
Isto é coragem verdadeira:
Trabalhar pelos outros, duramente, a cada dia.

Isto é bravura verdadeira:
Manter a fé no futuro,
Sem compensação nem reconhecimento.
Cuidar e partilhar, honrar a Natureza
São desvalorizados na estreita economia,
Enquanto armas, tanques e robôs são ostentados.
No entanto, as "economias do amor" de todas as Dorothys
    do mundo
Fomentam a vida e reinam supremas nos balancetes
    cósmicos.
O mundo progredirá quando reconhecer suas Dorothys
Até que um dia todos nós vejamos com maior clareza
Quem são os verdadeiros heróis,
E sigamos sua liderança rumo a um futuro mais brilhante.

HAZEL HENDERSON, filha amorosa — em gratidão
Barley, Hertfordshire, Inglaterra
9 de outubro de 1995

INTRODUÇÃO

Construindo um *Mundo Onde Todos Ganhem: A Vida Depois da Guerra da Economia Global* é um esforço para prosseguir com a desconstrução do paradigma do economismo/competição/conflito e com a construção de novas plataformas para a ação. Estamos todos construindo conjuntamente uma nova linguagem de "qualidade de vida". No entanto, o paradigma disfuncional do economismo ainda controla as discussões, e nunca devemos nos esquecer dele, nem por um instante. Os economistas ainda constituem a "polícia do pensamento", e, sob centenas de maneiras, permanecemos emaranhados todos os dias nas velhas estruturas. Houve um tremendo progresso. São boas notícias em câmera lenta, mas é o que venho comunicar.

O sistema bélico nas sociedades humanas tem, pelo menos, seis mil anos de idade. Porém, de acordo com muitas novas evidências arqueológicas e paleoantropológicas, os seres humanos, na pré-história, viviam em pequenos grupos igualitários e geralmente pacíficos. A maior parte daquilo que nos ensinaram como sendo a história da civilização humana registra a ascensão do estado de egocentrismo humano, da inventividade tecnológica e da territorialidade (enquanto difusão das populações e da agricultura), e a inevitável ascensão da competitividade, do conflito e da violência em geral. Esse tipo de história da evolução das sociedades humanas é um relato tendencioso. A história convencional das conquistas, dos líderes militares e das vidas dos poderosos tem sido, em grande medida, indiferente às experiências da grande maioria dos seres humanos. O trabalho de historiadores de visão mais ampla, tais como Fernand Braudel (1980, 1984) e Emmanuel Wallerstein (1991), o desafio dos historiadores feministas e novas interpretações dos registros arqueológicos têm enriquecido o entendimento que temos do nosso passado. Esse é o prelúdio vital para mudar nossa visão de nosso potencial e de nosso futuro.

No século XX, os seres humanos têm demonstrado claramente os limites de sua experimentação de seis mil anos com a competição, a territorialidade, o expansionismo e os conflitos militares. Um maior número de estudiosos está finalmente estudando o antigo sistema bélico da humanidade e as raízes da violência humana — todas as más notícias, porém notícias importantes, em nossa bioquímica, cérebros, evolução, condicionamento social e instituições hierárquicas e patriarcais. A crescente virtuosidade tecnológica associada a esse sistema bélico nos tem levado à beira de muitos cenários de aniquilação — desde os holocaustos nucleares e biológicos até ameaças mais lentas e insidiosas tais como o lixo tóxico, a decadência urbana, a desertificação e a mudança do clima. No entanto, este livro não se estenderá sobre esse sistema hoje disfuncional e sobre suas expressões pós-Guerra Fria nos conflitos civis e étnicos, bem como sobre a violência nas ruas das cidades, na mídia e em nossas famílias. Em vez disso, rastrearemos os emergentes estertores desse paradigma violento da competição/conflito e seus jogos de dominação-submissão e de perda-ganho. Identificarei os pontos de ignição e as crises que ilustram a disfuncionalidade do paradigma e que nos forçam — para a nossa própria sobrevivência — rumo a novas abordagens. À medida que examinarmos esses sinais do potencial humano para a aprendizagem pessoal e social, veremos como os colapsos (break*downs*) são, com freqüência, precursores dos avanços revolucionários (break*throughs*), e até mesmo necessários para a sua ocorrência.

BOAS NOTÍCIAS NAS MÁS NOTÍCIAS

Este livro focalizará a descoberta de boas notícias nas más notícias: onde os seres humanos estão deparando com os finais de jogos do paradigma competição/conflito, e onde há sinais de transição e de transmutação. A própria globalização do sistema bélico, da tecnologia e da industrialização levou a Guerra Fria a um beco sem saída. Desde então, o paradigma da guerra global abriu caminho para a guerra econômica global, que muitos economistas, políticos e líderes dos negócios têm saudado como sendo uma vitória do capitalismo e dos mercados livres competitivos. Não obstante, essa guerra econômica global comprovou ser pouco melhor que a guerra militar, a qual, conforme se alardeou, seria substituída pela primeira. Em meados da década de 90, a guerra econômica global já atingia pontos de crise próprios.

A Parte I deste livro, "Paradigmas Patológicos", examina a natureza de crises recentes. O Capítulo 1, "Guerra Econômica Global *versus* Desenvolvimento Humano Sustentável", enfoca os pontos de ignição dos níveis global para local. O Capítulo 2, "Globalismo Fanático e a Falência da Economia", faz um levantamento da economia global, dos mercados financeiros e das forças desencadeadas no livre comércio. O Capítulo 3, "O Alçapão da Tecnologia", examina nosso caso de amor com a tecnologia e seus perversos impactos sobre a nossa vida e o meio ambiente. O Capítulo 4, "O Alçapão da Produtividade sem Empregos", observa como a recente poção nociva da inovação tecnológica do livre mercado, ativada pela guerra econômica global, tem levado ao crescimento econômico sem empregos e a uma maior exploração comercial global dos povos do planeta e dos recursos naturais. O Capítulo 5, "Governo por Meio da Midiacracia e a Economia da Atenção", examina a ascensão da *mass media* global como uma nova forma de governo que está hoje acionando nossa política e nossas vidas privadas — e sua parturição de híbridas Economias da Atenção.

A Parte II, "Boas Notícias em Câmera Lenta: Mapas Rodoviários e Recursos para o Renascer", examina nossos recursos e nossos potenciais humanos para reequilibrar a nós mesmos e as nossas sociedades ao longo de novos caminhos rumo a formas mais cooperativas e mais justas de desenvolvimento ecologicamente sustentável. O Capítulo 6 descreve uma nova força no mundo, o "Globalismo Popular", tal como se mostra na sociedade civil emergente, e as Economias do Amor, tradicionalmente cooperativas e não-remunerativas, que estão efervescendo para desafiar o globalismo fanático e o economismo competitivo arraigados no velho sistema belicista. O Capítulo 7, "Repensando o Desenvolvimento Humano e o Tempo de Nossa Vida", volta a focalizar nossa atenção sobre a importância do tempo de nossa vida — nosso único bem verdadeiro. O Capítulo 8, "Códigos de ADN Cultural e a Biodiversidade: A Verdadeira Riqueza das Nações", mostra que a codificação de nossa experiência coletiva, conforme tem coevoluído com a biodiversidade de todas as espécies, é nossa verdadeira fonte de riqueza. Os seres humanos, na plenitude de seus recursos, em suas escolhas e em sua aspiração pelo desenvolvimento pessoal, podem criar novas sociedades. Nossa mente e nosso espírito são poderosos para além do que é apreendido por toda a nossa percepção.

A Parte III, "Construindo um Mundo Onde Todos Ganhem: Avanços Revolucionários e Inovações Sociais", examina como nossos potenciais humanos estão encontrando expressão em novas formas de empreendimentos, de instituições, de parcerias e de acordos cooperativos que podem levar à construção de um mundo onde todos ganhem. O Capítulo 9, "Informação: A Verdadeira Moeda Corrente do Mundo Não Está Escassa", descreve como o dinheiro se tornou erroneamente identificado com riqueza e foi cartelizado no cassino global, e como as novas moedas correntes de pura informação (que sempre foram a verdadeira moeda corrente do mundo) estão hoje emergindo nos níveis global e local. O Capítulo 10, "Uma Redefinição de Riqueza e de Progresso: Os Novos Indicadores", dá uma olhada por trás dos véus estatísticos da economia. Descreve como os velhos indicadores do crescimento econômico – por exemplo, o produto nacional bruto (PNB) – estão sendo revisados, e como novos indicadores de qualidade de vida estão lentamente substituindo os indicadores econômicos como novos "indicadores" do desenvolvimento humano. O Capítulo 11, "O Aperfeiçoamento das Ferramentas Democráticas", descreve a importância da difusão das democracias por todo o mundo e a urgente necessidade de aperfeiçoar esse ainda imperfeito sistema de governo e de tomadas de decisão coletivas, incluindo as inovações sociais e tecnológicas que se acham à espera nos bastidores. O Capítulo 12, "Novos Mercados e Novos Bens Comuns: A Vantagem Cooperativa", compara e contrasta as estratégias de cooperação e de competição, de mercados e de regras/acordos, de setores públicos, privados e civis, e examina como todas elas podem ser rebalanceadas para se construir um mundo onde todos ganhem. O Capítulo 13, "O Acordo Quanto às Regras e Inovações Sociais para o Nosso Futuro Comum", revê esforços feitos durante a década de 90 para se forjar novos acordos e novas instituições internacionais com o objetivo de se criar uma arquitetura social adequada a um século XXI realmente humano.

O PAPEL DE NOSSAS CAIXAS DE FERRAMENTAS MENTAIS

Este livro, assim como os meus livros anteriores, é também a respeito das caixas de ferramentas mentais que trazemos em nossa cabeça: sistemas de crença, condicionamento cultural, suposições, visões de mundo, concepções e hábitos de pensamento. No nível social, chamei de *paradigmas* essas caixas de ferramentas mentais coletivas – estendendo o alcance desse termo originalmente introduzido por Thomas Kuhn para descrever tais processos mentais em *The Structure of Scientific Revolutions* (1962). Nossas caixas de ferramentas mentais são lentes ou lunetas por cujo intermédio nós, seres humanos, vemos o mundo ao nosso redor e construímos nossas respostas a ele.

Cada um de nós, quer reconheçamos ou não essas poderosas ferramentas mentais, modela o nosso mundo por meio do uso desses paradigmas, que evoluem em resposta à nossa experiência, como elaborei em *Paradigms in Progress** (1991, 1995). Para mim, duas das mais úteis dentre essas ferramentas mentais são (1) minha "lente de *zoom*", que utilizo para focalizar algo que me interessa e para continuar me aprofundando, com ampliação crescente dos detalhes, até conseguir obter uma imagem mais completa; e

---

* *Transcendendo a Economia*, publicado pela Editora Cultrix, São Paulo, 1995.

(2) minha "grande angular", que me permite retroceder e examinar o fenômeno como peças progressivamente menores de um quebra-cabeça muito maior. Todos nós temos esse equipamento mental, que pode ser aguçado e aperfeiçoado como uma câmera de alta qualidade para observar nosso mundo. Isto pode nos ajudar a ver o fluxo de eventos e a entender os paradigmas que nós e outras pessoas estão utilizando para modelar nossas percepções.

Desenvolver um equipamento mental para a observação de paradigmas é também uma procura espiritual. Tais exercícios mentais nos tornam profundamente cientes de nossa essência — na verdade, de *nossa alma* — uma vez que, quando olhamos para o nosso próprio funcionamento mental, vemos que ele emerge de nosso cérebro, mas não pode ser claramente situado em algum conjunto de neurônios. Somos levados ao mais antigo quebra-cabeça de nossa espécie: "Quem é o 'eu' que está estudando e julgando isso tudo?" Todas as grandes tradições religiosas e espirituais propuseram essa questão — por meio da meditação, como no budismo e no hinduísmo; por meio da prece, como no cristianismo, no islamismo e no judaísmo; por meio da contemplação, como em muitas tradições indígenas; bem como por meio de rituais, cerimônias, dias santos, festivais, celebrações, música, dança e arte.

Muitas tradições têm procurado explicar os maravilhosos paradoxos da existência humana: que possuímos esse equipamento mental e uma percepção sempre em expansão num planeta que encolhe cada vez mais, num sistema solar sem nada de notável, em algum lugar do braço de uma galáxia espiralada igualmente indistinta. Simultaneamente, habitamos, por um tempo breve, um delicado e miraculoso corpo físico, que irá se decompor no equivalente a alguns dólares de elementos químicos e se dispersar novamente na terra que nos deu origem. Esse mistério profundamente belo evoca nossas perguntas, nossa imaginação e nossas muitas imagens dessa grande criação e de sua divindade — tanto na imensa extensão do universo conhecido como dentro de nós mesmos.

Este livro é meu mais recente álbum de "instantâneos" desse grande drama humano em desdobramento, os quais coletei enquanto viajava pelo mundo desde que escrevi *Transcendendo a Economia*. De que maneira nós, seres humanos, encaramos novos desafios resultantes dos efeitos de nossa engenhosidade mental e tecnológica? Minha observação escrutinadora procura sinais de níveis crescentes de percepção global, de responsabilidade e de sabedoria que deverão emergir para a nossa sobrevivência e para o nosso desenvolvimento.

De fato, creio que nós, seres humanos, estamos chegando à época da nossa "colação de grau" sobre este planeta. Devemos agora aprender muito e crescer muito rapidamente em estatura moral. A onipresente meta de crescimento, conforme é medida pelo PNB, deverá ser logo redirecionada. Precisamos *crescer*! Desde que tomei de minha caneta para registrar esse processo, trinta anos atrás, o debate global tem ficado mais claro. Novos paradigmas estão competindo com sistemas de crença disfuncionais e esclarecendo nossa situação e nossos futuros objetivos e escolhas. Desde a Segunda Guerra Mundial, estamos lentamente deixando para trás a era industrial. Resumi esse processo na década de 70 em *Creating Alternative Futures* (1978, 1996), e na década de 80 em *The Politics of the Solar Age* (1981, 1988).

Mesmo assim, esses enormes processos de mudança histórica são desiguais. Concebo essas mudanças desiguais no paradigma do industrialismo em termos semelhantes àqueles de muitos de meus colegas futuristas. Tenho sido uma ativa futurista neste último quarto de século — pertencendo a muitas das mesmas sociedades profissionais a que pertencem, por exemplo, o presidente do Congresso dos EUA, Newt Gingrich (de quem agora freqüentemente discordo), e nossos amigos mútuos Alvin e Heidi Toffler. A maioria dos futuristas se filia a sociedades profissionais. Estas incluem a World Futures Studies Federation, um grupo global com uma base móvel, atualmente sediada na Austrália; a World Future Society, estabelecida nos EUA, a qual publica *The Futurist*, *Futures Research Quarterly* e *Future Survey*; a Futuribles, com sede em Paris, na França; a Futures Library, em Salzburgo, na Áustria; a World Association for Social Prospects, em Genebra e em Benin, na África; a The African Future Society; a Chinese Futures Society, em Pequim; e muitas associações semelhantes na América Latina e na América Central, no Japão, na Ásia, na África e na Europa.

Os futuristas têm constituído quase um *underground* no mundo acadêmico — sendo com freqüência difamados pelos seus colegas de disciplinas mais estabelecidas e tradicionais. A comunidade universitária não tem lugar para o futurista visionário Buckminster Fuller, que se tornou autor e especialista em *design* planetário, e só foi plenamente reconhecido depois de sua morte. Em 1995, teria celebrado seu centésimo aniversário. As universidades atuais ainda operam no âmbito das fronteiras e dos paradigmas disciplinares bem-definidos que herdaram das ideologias subjacentes à Revolução Industrial e à Idade da Razão européia. Descrevi esses paradigmas, que se baseiam no reducionismo engendrado por René Descartes e pelo "universo bem organizado" do mecanicismo de Isaac Newton, em *Creating Alternative Futures* e em *The Politics of the Solar Age*. A realidade inconsútil foi repartida em compartimentos disciplinares estanques, alojados em edifícios separados nos câmpus, enquanto programas interdisciplinares incipientes foram considerados "não-rigorosos" e sujeitos aos primeiros cortes nos orçamentos. Os estudos sobre o futuro estabeleceram-se, em grande medida, fora das academias tradicionais – com notáveis exceções, que incluem departamentos da Universidade do Havaí, em Manoa, e da Universidade de Houston, em Clear Lake City, no Texas. O setor dos negócios adotou pesquisas sobre futuros como parte integrante de sua necessidade de planejar, de investir em pesquisa e desenvolvimento, e de inovar novos produtos e novos serviços. Tais pesquisas corporativas sobre futuros incluem o Trend Analysis Program, da indústria de seguros dos EUA, o edifício de cenários para o futuro, da Shell Oil, na Europa, e os estudos sobre futuros a longo prazo conduzidos pelo Mitsubishi Research Institute, no Japão.

O ESTREITO ARCABOUÇO DA ECONOMIA

Com freqüência, a disciplina tradicional mais resistente tem sido a economia – por muitas boas razões. Ela se tornou a disciplina básica do desenvolvimento industrial, que passou a ser sinônimo de desenvolvimento *econômico*, isto é, de crescimento econômico medido pelo PNB e daquilo a que dou o nome de "economismo". O paradigma do economismo concebe a economia como o foco básico dos planos de ação política públicos, bem como das escolhas individuais e públicas. Desse modo, a economia tornou-se a disciplina mais poderosa – superando em importância até mesmo a física e a matemática e dominando o processo político desde a Segunda Guerra Mundial em todos os países do mundo. Pesquisei em profundidade a gênese disso para *O Ponto de Mutação* (1981), do meu amigo Fritjof Capra, e para o meu próprio livro *The Politics of the Solar Age*. Encontrei economistas de mente independente – poucos em cada geração – que questionaram o arcabouço cada vez mais estreito da economia. Vi como as suposições desta estavam escondidas numa linguagem de falso universalismo e de matemática enganadora, bem como numa visão simplista da natureza humana.

O que descobri por acaso, como também o fizeram aqueles antes de mim e outros que vieram mais tarde, tais como minha amiga Marilyn Waring em *If Women Counted* (1988), é que a economia, longe de ser uma ciência, *é simplesmente política disfarçada*. Não é de se admirar que eu defina a mim mesma como uma futurista, e que tenha sido chamada de "antieconomista" – o que é verdade. Quero destronar a economia enquanto ferramenta predominante de análise política do sistema de guerra econômica global. Nosso futuro global é multidisciplinar, cooperativo e tem os matizes do arco-íris. As pesquisas sobre futuros ainda são desprezadas por economistas, acadêmicos e elaboradores de planos de ação política. Os expandidos horizontes espaço-temporais da pesquisa sobre futuros, o seu alcance –

que é global e abrange décadas e séculos — é uma arte e não uma ciência. Freqüentemente, os futuristas fazem previsões erradas. Não obstante, com freqüência eles cegam um maior número de cientistas políticos, de sociólogos e de economistas míopes, os quais, às vezes, malogram até mesmo em corrigir a *compreensão tardia* que têm dos acontecimentos.

Desse modo, o futurista Daniel Bell, de Harvard, que começou como sociólogo, foi um dos primeiros na década de 60 a descrever a morte da era *econômica*. Em *The Coming of Post-Industrial Society* (1973), ele descreveu, na mais ampla tradição dos primeiros economistas políticos, tais como Schumpeter, o fim do paradigma industrial e a conseqüente mudança nas estruturas sociais que esse paradigma criou. Muitos futuristas apossaram-se dessa imagem, não obstante ter-se ela derivado do "escorar-se no futuro olhando pelo espelho retrovisor". Em *The Politics of the Solar Age*, imaginei o advento de uma nova era de iluminação, uma Era Solar baseada em tecnologias da onda luminosa e da energia solar. Nessa Era Solar, nós, seres humanos, empenhar-nos-íamos numa revolução de planejamento de baixo-para-cima. A centralização do industrialismo daria lugar a uma nova "desevolução" (*devolution*): remodelaríamos nossa produção, nossa agricultura, nossa arquitetura, nossas disciplinas acadêmicas, nossos governos e nossas empresas de modo a alinhá-las com os processos produtivos da natureza, numa nova procura por sociedades justas, humanas e ecologicamente sustentáveis.

Os Tofflers, em *The Third Wave* (1980), também visualizaram o fim do industrialismo, a que deram o nome de "Segunda Onda", sucedendo a "Primeira Onda" das sociedades agrícolas. A Terceira Onda dos Tofflers é impulsionada pelo conhecimento e pela tecnologia da informação. Concordamos com o advento de uma "desevolução", que eles descreveram como sendo uma desmassificação e eu descrevi como uma descentralização. No entanto, temos freqüentemente debatido a respeito da importância relativa dos ecossistemas planetários nas sociedades e nas tecnologias humanas. Embora os Tofflers concebam os ecossistemas como sistemas maleáveis, que continuam a responder a critérios e a objetivos humanos, para mim os ecossistemas têm princípios invioláveis, e a biosfera é nosso suporte de vida fundamental. Acredito que os seres humanos se adaptam, e que têm potencial para crescer e para aprender.

Esse debate que perpassa todas as conferências de futuristas, é travado entre os "otimistas tecnológicos", que pensam que a natureza continuará se adaptando às exigências humanas, e os "otimistas com relação à natureza humana", entre os quais eu me incluo, que pensam que os seres humanos têm a capacidade para aprender e para se adaptar continuamente a ambientes desafiadores. Ambos os grupos partilham de preocupações comuns a respeito do remodelamento das sociedades, mas concebem o progresso humano em termos diferentes. Os primeiros, tecnologicamente orientados, são pessimistas a respeito da natureza humana. Os últimos juntam-se a mim em otimismo quanto às possibilidades da aprendizagem e da adaptação humanas para o remodelamento da natureza, dos valores e dos estilos de vida humanos.

Construindo um Mundo Onde Todos Ganhem explora o cenário e mapeia a colisão entre o paradigma do crescimento econômico externamente focalizado e tecnologicamente acionado, que culminou numa guerra econômica global insustentável, e a ascensão de preocupações globais populares no paradigma emergente e nos movimentos a favor do desenvolvimento humano sustentável. Nas "midiacracias", nossa nova forma de governo baseada no entretenimento e na mídia acionada pelos eventos, processos a longo prazo são, com freqüência, invisíveis "más notícias em câmera lenta" e "boas notícias em câmera lenta". Minhas colunas são invisíveis nos Estados Unidos, mas são distribuídas a partir de Roma pelo InterPress Service para cerca de quatrocentos jornais em todo o mundo, em vinte e sete línguas. Felizmente, esta sumária visão geral proporcionará uma "grande angular" mais visível dos impactos do paradigma global, que estão criando hoje as realidades de amanhã, e expandirá nossas capacidades para responder criativamente a essas mudanças.

PARTE I

PARADIGMAS PATOLÓGICOS

Figura 1. Três Zonas de Transição
© 1986 Hazel Henderson   Fonte: *Transcendendo a Economia*

CAPÍTULO 1

GUERRA ECONÔMICA GLOBAL VERSUS DESENVOLVIMENTO HUMANO SUSTENTÁVEL: PONTOS DE IGNIÇÃO, TENDÊNCIAS E TRANSIÇÕES

Depois da Guerra Fria, o paradigma da competição/conflito, de seis mil anos de idade, transmutou-se na difusão do capitalismo de mercado, das grandes empresas globais e da guerra econômica competitiva. Teóricos de administração e periódicos especializados, tais como *Fortune*, começaram a descrever a economia global como uma selva ou como um novo teatro militar para uma generalizada guerra econômica. O sistema bélico econômico global colidiu com tendências que levam a formas de desenvolvimento mais sustentáveis. A definição comum de desenvolvimento sustentável é "desenvolvimento que satisfaz as necessidades do presente sem comprometer a capacidade das gerações futuras para satisfazer suas próprias necessidades".[1]

Embora os primeiros escritos sobre a necessidade de uma transição para a sustentabilidade tivessem sido, em grande medida, ignorados ou rejeitados, há hoje um considerável corpo de opiniões políticas e governamentais especializadas afirmando que tal transição é urgente e necessária. Em *Transcendendo a Economia* (1991, 1995), diagramei três zonas de transição. (Veja a Figura 1, Três Zonas de Transição.) Influenciando o consenso emergente sobre a necessidade de uma mudança para um desenvolvimento sustentável, há, pelo menos, seis grandes processos de globalização cada vez mais interativos em todos os níveis e acelerando tendências para a interdependência global. Esses processos incluem as globalizações (1) do industrialismo e da tecnologia, (2) do trabalho e da migração, (3) das finanças, (4) dos efeitos humanos na biosfera, (5) do militarismo e do tráfico de armas, e (6) das comunicações e da cultura planetária.

Os efeitos dessas globalizações, que incluem a erosão da soberania das nações-estados, estão provocando mudanças de paradigma em muitos países, direcionadas para a reintegração de disciplinas acadêmicas fragmentadas e reducionistas, para os estudos emergentes sobre sistemas dinâmicos interativos, e uma nova focalização nas ciências da vida e na pesquisa sobre futuros. Um conjunto de princípios científicos pós-cartesianos, baseados numa visão global de ciências-da-vida, inclui os seguintes: (1) interconexão, (2) redistribuição, (3) heterarquia, (4) complementaridade, (5) incerteza, e (6) mudança. A paisagem atual, pós-Guerra Fria, de incerteza crescente, pluralismo cultural e interpenetração, está produzindo muita dissonância cognitiva. Não obstante, a nova confusão também leva à possibilidade de rápidas mudanças de paradigma, de inovação social e de aprendizagem. Conflitos étnicos, religiosos e culturais, e cenários negativos, alguns tingidos de niilismo e outros beirando a paranóia, estão aumentando.[2]

Não tentarei atribuir probabilidades a nenhuma dessas tendências e cenários, uma vez que o sistema global da atualidade é tão intensamente interativo e se acelera em direção a uma interdependência ainda maior. Procurar certezas pode ser confortável, mas pode não ser o caminho mais realista. Num mundo em mudança, os elaboradores de planos de ação política precisarão explorar com amplitude, fazer rápidas correções de rotas e, às vezes, recorrer a improvisações habilidosas. Uma útil revisão de modelamentos globais recentes mostra que muitos modelos acadêmicos, financeiros e governamentais estão retrocedendo a paradigmas competitivos e econômicos, ao passo que movimentos populares estão se deslocando para a sustentabilidade.[3] É fácil reconhecer que o melhor modelo global de sustentabilidade é *Global 2000 Revisited: What Shall We Do?* (Barney, Blewett e Barney 1993).[4]

Uma mudança sistêmica do paradigma de maximização da competição econômica global e do crescimento do produto nacional bruto (PNB) para um paradigma de desenvolvimento mais cooperativo, sustentável — o que, em épocas mais antigas, teria exigido centenas de anos —, é pelo menos possível no sistema mundial interdependente e em rápida evolução dos dias de hoje. Uma vez que se tratam de vias complexas e sinergéticas de interpenetração, examinaremos essas tendências a partir de uma perspectiva cibernética, identificando laços de *feedback* positivos e negativos fundamentais. Como expliquei em *Transcendendo a Economia*, modelos baseados na teoria sistêmica e na mudança dinâmica estão sobrepujando a macroeconomia, que se baseia na idéia segundo a qual a economia se encontra num estado geral de equilíbrio.

Os modelos básicos de mudança e de crescimento provêm da natureza. Os sistemas não-vivos, e alguns sistemas vivos, podem ser (1) homeostáticos e se manter num estado e com uma estrutura estacionários (morfostáticos), como, por exemplo, a temperatura numa casa governada por um termostato; ou (2) sistemas vivos que podem crescer e mudar de forma (morfogênese), como crianças ou cidades humanas. Esses dois processos são governados por laços de *feedback*, os quais, no caso (1), são laços de *feedback negativos* que amortecem os efeitos da mudança e mantêm a estabilidade, e no caso (2) são laços de *feedback positivos*, que amplificam a si mesmos e aos seus impactos cruzados e impulsionam o sistema para novas formas estruturais. (Veja a Figura 2, Dois Sistemas Cibernéticos.) Em 1995, foi lançado o United Nations University Millennium Project, destinado a proporcionar uma legitimidade global para advertir a tempo sobre questões de longo alcance. Duzentos futuristas e estudiosos de cinqüenta países, inclusive eu mesma, participaram da fase em que estava sendo examinada a praticabilidade do projeto.[5]

Examinarei as colisões entre o sistema histórico, global, de competição/guerra e tendências para o desenvolvimento sustentável em sete níveis do sistema mundial:

1. População global e biosfera
2. Estruturas de governo internacional e global
3. As sociedades civis e as culturas globais
4. Estados-nações, políticas nacionais e processos democráticos
5. Mercados globais, corporações, comércio e finanças
6. Governo provinciano, urbano e local
7. Valores, ética e comportamentos da família/comunidade/indivíduo

NÍVEL 1: POPULAÇÃO GLOBAL E BIOSFERA

Ao longo dos próximos trinta anos, a população global, conforme projeção, crescerá em aproximadamente dois terços, de 5,5 para 8,5 bilhões de pessoas. Embora se trate de uma projeção, um crescimento substancial é inevitável devido à porcentagem relativamente grande de jovens na população atual. Isto fornece um impulso intensificado para um crescimento ulterior da população, mesmo que o número de crianças por família diminua. Dentre os 8,5 bilhões de pessoas, cerca de 7,1 bilhões viverão em países em desenvolvimento, basicamente em áreas urbanas. A população em países industrializados, que hoje é de 1,2 bilhão, deverá subir para apenas 1,4 bilhão por volta do ano 2025, sendo que praticamente todo esse

SISTEMA ESTÁVEL, EM EQUILÍBRIO

(Morfoestático - Estruturalmente estável)

Por exemplo, um sistema mecânico controlado por termostato; uma economia agrária primitiva ou uma economia de produção em pequena escala (tais como são concebidas nas teorias de equilíbrio de mercado, baseadas na oferta-demanda); componentes e decisões reversíveis

Sistema internamente dinâmico, mas com estrutura estável mantida e governada por laços de feedback negativos

SISTEMA INSTÁVEL, EM DESEQUILÍBRIO

(Morfogenético - Evoluindo para novas estruturas)

Por exemplo, sistemas vivos, biológicos, sociedades humanas, sistemas econômicos sociotecnológicos de grande escala; inovando-se rapidamente e se desenvolvendo estruturalmente; muitos componentes e decisões irreversíveis

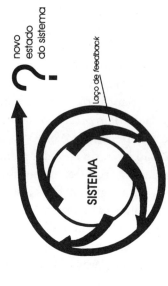

Sistema internamente dinâmico e estruturalmente dinâmico, governado por laços de feedback positivos, que podem amplificar pequenos desvios iniciais em desvios imprevisivelmente grandes, os quais, às vezes, rompem limiares e impulsionam o sistema para um novo estado estrutural

Figura 2. Dois Sistemas Cibernéticos   Fonte: *Transcendendo a Economia*

© 1980 Hazel Henderson

crescimento ocorrerá nos Estados Unidos.[6] O crescimento exponencial das populações humanas é um exemplo de laços de *feedback* positivos em ação — as pessoas têm mais filhos, os quais então têm ainda mais filhos — e outros fatores complexos, inclusive taxas de mortalidade declinantes. Desse modo, o mero aumento do número de seres humanos tornou-se um ponto de ignição para confrontos entre política e mudança de paradigmas.[7]

O crescimento da população a longo prazo dependerá do rumo que tomar o declínio da fertilidade nos países em desenvolvimento, o qual, por sua vez, dependerá da eficiência dos programas de planejamento familiar, do progresso em reduzir a pobreza e em elevar o *status* das mulheres, e de muitos outros fatores. Uma estimativa razoável é a de que a população global continuará a crescer, atingindo dez bilhões de habitantes no ano 2050.[8] O crescimento populacional exerce um impacto significativo sobre o meio ambiente, mas a relação entre ambos não é direta. Muitos outros fatores — planos de ação política do governo, sistemas de leis, acesso ao capital e à tecnologia, eficiência da produção industrial, injustiça na distribuição da terra e dos recursos, pobreza no Sul e consumo ostensivo no Norte — interagem para modificar ou para ampliar o impacto da humanidade sobre o meio ambiente.

Em *Transcendendo a Economia*, descrevi como os planos de ação política referentes à população, no final da década de 80, estavam lentamente refocalizando, para além da contracepção, a educação e a assistência à saúde pré- e pós-natal para que se pudesse impedir a contração de doenças do começo da infância e a mortalidade infantil desnecessária. Essa evolução de 25 anos nas políticas para a população inclui a mudança de foco para a fórmula "Equivalentes Indianos": I=PAT. Nesta fórmula, I (Impacto) é o produto de P (tamanho da População) por A (Afluência *per capita*) e por T (danos provocados pela Tecnologia utilizada para suprir cada unidade de consumo). Embora os espíritos belicistas do Norte e do Sul tenham chegado a algum consenso, tal como a abordagem IPAT, há um longo caminho a percorrer. Mulheres e crianças ainda são peões na maioria dos planos de ação política. Elevar o nível dos programas de ajuda dos países industrializados em saúde, planejamento familiar, educação e saneamento é uma prioridade fundamental. Esses programas colidem com os velhos paradigmas, que incluem os do patriarcado, da tomada de decisões por uma elite, do nacionalismo militante, do livre comércio, do comercialismo corporativo global e do consumismo.

A ponta de lança da política para a população também precisará incluir a avaliação dos sucessos e dos malogros da década passada. Por exemplo, na China, o maior experimento demográfico na história humana está em andamento desde há mais de uma década: a política de um só filho.

Durante a década de 80, à medida que essa política se consolidava, a China era a predileta dos agoureiros populacionais. As conseqüências mais sérias dessa imensa transição demográfica, rápida e sem precedentes, ainda são insatisfatoriamente conhecidas. Como pode a atual pequena corte de "pequenos imperadores e pequenas imperatrizes" da China estar à altura do enorme fardo suplementar de milhões de cidadãos chineses mais velhos, com expectativas de vida de setenta anos? O que motivará cada um desses jovens a trabalhar para o sustento não apenas do pai e da mãe mas de todos os sobreviventes adicionais mais idosos? Em apenas pouco mais de uma década, a China — ainda uma sociedade em desenvolvimento — passou a suportar o mesmo tipo de fardos que os dos países da Europa Ocidental, a América do Norte e o Japão pós-industriais. Conflitos entre gerações estão emergindo e os sistemas de segurança social e de assistência à saúde da China estão enfrentando enormes tensões, uma vez que um menor número de participantes ativos da força de trabalho deve sustentar números crescentes de dependentes idosos.

Somente acordos globais holísticos em torno de questões populacionais poderão assegurar que líderes tais como a China, bem como Cingapura, outro dos pioneiros a fazer a experiência, poderão encontrar rivais. Por volta de 1995, o planejamento familiar nos países em desenvolvimento reduziu de 6 para 3,5 o número médio de crianças nascidas, e a taxa de fertilidade da China caiu para menos de 2,1, o nível de reposição.[9] A Reunião de Cúpula das Nações Unidas sobre População e Desenvolvimento, realizada no Cairo em 1994, tornou-se um ponto de ignição quando examinou as relações entre crescimento populacional, degradação do meio ambiente, fatores demográficos e desenvolvimento sustentável. Seu corajoso secretário-geral, Dr. Nafis Sadik, sugeriu um conjunto de metas a serem atingidas por volta do ano 2015. Essas metas incluem a redução da taxa de mortalidade infantil do valor atual, 62 mortes para cada 1.000 bebês nascidos com vida, para 12; a redução da taxa de mortalidade materna para 30 entre 100.000 mulheres; o prolongamento da expectativa de vida para 75 anos em todos os países; a concessão, a todas as mulheres grávidas, de acesso a serviços pré-natais; a autorização, concedida a todas as crianças em idade escolar, para que completem sua educação primária; a extensão da contracepção a 71% da população; e o acesso universal a informações e a serviços relativos ao planejamento familiar.[10]

Mais controversas são algumas importantes mudanças políticas: redistribuir terras a mulheres pobres que usualmente as utilizam para produzir alimentos; conceder permissão às mulheres que trabalham para formar associações, tais como a Self-Employed Women's Association (SEWA), na Índia; redirecionar ajustes estruturais de modo a ajudar a não lesar os pobres; levar em consideração, nos pactos comerciais, os custos sociais e ambientais; e desviar orçamentos militares para setores civis. Como assinala a EarthAction Network, se a concessão de poder às mulheres não incluir tais mudanças macropolíticas, bem como um crédito adequado para os empreendimentos das mulheres, a mera educação fará pouco mais do que prepará-las para empregos inseguros, recebendo salários mínimos e trabalhando menos que o número de horas convencional.[11] De maneira semelhante, os programas de fertilidade também devem ter por alvo a responsabilidade masculina pelo controle da natalidade e pelo sustento dos filhos, bem como as questões mais amplas das redes de segurança social em declínio, devido às pressões da globalização competitiva. Todas essas questões entre paradigmas expansionistas patriarcais e paradigmas de desenvolvimento humano são pontos de ignição em áspero confronto.

O aumento da população afetará os recursos e o meio ambiente de muitas maneiras significativas. O crescimento populacional intensificará a demanda por alimentos, energia, água, assistência à saúde, saneamento e moradia. O que é menos claro é como a demanda por tais artigos e serviços será satisfeita e qual o efeito que isso terá sobre o meio ambiente. Um desafio crítico para os governos é imaginar planos de ação política que mitiguem os efeitos do crescimento populacional sobre o meio ambiente e sobre os recursos, e que também encorajem uma desaceleração da taxa desse crescimento. O United Nations Development Programme (UNDP) calcula que apenas 20% dos orçamentos do governo nos países em desenvolvimento (88 bilhões de dólares norte-americanos por ano) e 20% da ajuda para o desenvolvimento bilateral proveniente do Norte (12 bilhões de dólares por ano) seriam suficientes para satisfazer essas necessidades para toda a humanidade. Esse acordo, o Compact de 20/20, uma proposta em que todos ganham, apresentada na Reunião de Cúpula Mundial das Nações Unidas para o Desenvolvimento Social de 1995, em Copenhague, foi amplamente aceita como proposta de bom senso, mas ridicularizada pelos mercados competitivos dominantes do mundo e pela mídia.

Embora seja provável que a população global duplique entre hoje e 2050, os efeitos combinados da migração da zona rural para a urbana e o aumento natural das populações urbanas significam que estas provavelmente triplicarão — outro ponto de ignição para abordagens fundamentalmente novas. Dadas as taxas relativas de crescimento populacional e as rendas, parece provável que será intensa a pressão migratória dirigida do norte da África para o sul da Europa, da América Latina para os Estados Unidos, do Leste e do Sudeste Asiático para a América do Norte e possivelmente para o Japão, e da região Sul das ex-repúblicas soviéticas para a Rússia.[12] A migração também ocorre no âmbito dos países. Nos Estados

Unidos, tem ocorrido uma migração contínua em décadas recentes para áreas litorâneas do Pacífico e do Golfo do México; mais de 50% da população dos EUA vive hoje numa faixa de 70 quilômetros de uma área litorânea. Na China, há pressões migratórias crescentes vindas do interior árido e relativamente pobre em direção às províncias litorâneas, em processo de expansão econômica. Mas o padrão migratório interno mais dramático – e que é encontrado praticamente em todos os países – é, de longe, a migração de áreas rurais para áreas urbanas.

A população mundial está se urbanizando muito mais depressa do que está crescendo. Há várias razões para isso: disponibilidade declinante de recursos *per capita*; a redução de oportunidades econômicas nas áreas rurais; e a esperança de empregos, de oportunidades e de serviços em áreas urbanas. Praticamente em todos os países, o consumo *per capita* de bens e de serviços é maior em áreas urbanas do que em comunidades rurais, embora as lacunas sejam maiores entre os ricos e os imigrantes pobres em colônias incipientes de sem-terra, com freqüência carentes de serviços municipais básicos. As populações urbanas exibem padrões de consumo diferentes daqueles das populações rurais e exercem um tipo diferente de impacto ambiental. Os moradores urbanos, particularmente em países industrializados, tendem a consumir mais bens industriais e a serviços que fazem uso intensivo de energia. As populações urbanas criam, por toda a parte, poluições concentradas de ar e de água, e de resíduos sólidos, as quais podem atingir proporções críticas em metrópoles que experimentam um crescimento rápido do PNB e da imigração, tais como Bangkok, na Tailândia, Cidade do México, no México, e São Paulo, no Brasil.

As metrópoles têm passado por múltiplas crises de insustentabilidade. A lacuna orçamentária de 1,2 bilhão de dólares em Los Angeles provocou cortes maciços nos serviços de assistência à saúde e social para os seus nove milhões de residentes.[13] As taxas de homicídios em Washington, D.C., e no Rio de Janeiro, no Brasil, atingiram 60 para 100.000 habitantes. As tribulações da cidade de Nova York levaram a uma degradação de seus títulos pela Standard and Poor's em 1995. O emprego urbano sofreu uma perda de nove mil postos de trabalho nos primeiros três meses, e o orçamento da cidade, de 31,5 bilhões de dólares, exigiu 3,1 bilhões de dólares para se equilibrar. Vendas extraordinárias de patrimônios municipais incluíram uma "venda" de 2,3 bilhões de dólares de seus sistemas de água e esgoto – um truque de mágica fiscal distribuindo a dívida entre agências da metrópole.[14]

Cerca de três quartos das populações no mundo industrializado eram urbanas em 1995, enquanto que, no mundo em desenvolvimento, essa proporção era de cerca de um terço. A América Latina recém-industrializada já está tão industrializada quanto a Europa. Por volta do ano 2005, metade da população do mundo viverá em áreas urbanas; por volta do ano 2025, esse número será de cerca de duas pessoas em três.[15] A taxa de urbanização é um produto da migração e da taxa de natalidade entre a população urbana. No mundo industrializado, a migração foi um processo gradual: de 1875 a 1900, a taxa anual de crescimento urbano era de 2,8%.[16] No mundo em desenvolvimento, as populações urbanas aumentaram a uma taxa anual de cerca de 4% de 1975 a 1990. Uma urbanização tão rápida exerce uma enorme tensão sobre os países em desenvolvimento, instando-os a proporcionarem a infra-estrutura necessária para sustentar sua população. Por volta de 2025, quatro bilhões de pessoas nos países em desenvolvimento serão classificadas como urbanas — o equivalente·à população total do mundo em 1975.[17] A Segunda Conferência das Nações Unidas sobre Habitação, realizada em Istambul, em 1996, chamou a atenção, de modo ostensivo, para o problema da urbanização.

A colisão global dos dois paradigmas prossegue sobre questões-chave adicionais relativas à população: (1) o consumo e o lixo *per capita* nas sociedades industrializadas, os quais provocam impactos ambientais que são multiplicados muitas vezes sobre aqueles das populações dos países em desenvolvimento, mesmo que elas estejam crescendo mais depressa; e (2) o crescente consenso de que o crescimento da população pode ser estabilizado de maneira mais eficiente educando-se as mulheres e conferindo-lhes poder, acoplado com a evidência adicional de que essa concessão de poder às mulheres como educadoras, produtoras de alimentos e provedoras de suas famílias é um fator-chave para o desenvolvimento. Por exemplo, um terço de todos os lares no mundo inteiro são dirigidos por mulheres. O *Human Development Report, 1995* constatou que 16 trilhões de dólares desaparecem da economia global a cada ano — 5 trilhões de dólares representam o trabalho não-remunerado realizado por mulheres e por homens, e 11 trilhões de dólares é o trabalho adicional não-remunerado das mulheres.[18] Esse papel crucial das mulheres no desenvolvimento foi, durante décadas, obscurecido pelo paradigma do crescimento do PNB competitivo, que considera a produção não-remunerada como valor de uso "não-econômico". A concessão de poder às mulheres é objetada por fundamentalistas em muitas tradições religiosas patriarcais, tais como o islamismo e o catolicismo romano, bem como por muitos dos que tomam decisões no mundo, predominantemente homens.

Por volta de 1995, outros pontos de ignição incluíam questões sobre como domesticar a guerra econômica no cassino global — o que é furiosamente contestado por banqueiros, ministros das finanças e interesses globais corporativos do livre comércio. As mulheres, na Conferência das Nações Unidas sobre Mulheres e Desenvolvimento, realizada em 1995, em Pequim, exigiram a imposição de taxas sobre a especulação monetária, as vendas de armas e a poluição global, incluindo a minha proposta, a qual declarava que a subjugação do cassino global é um assunto de mulheres. No paradigma do desenvolvimento sustentável, questões econômicas são recontextualizadas holisticamente como questões populacionais/ambientalistas. Esses choques são explosivos porque envolvem não apenas mudanças de paradigma e de comportamento, mas também uma reestruturação significativa da influência social e do poder econômico/político.

As populações humanas em crescimento expandiram as terras agriculturáveis e reduziram as áreas de florestas em todo o mundo em 20% entre 1700 e 1980. Na América do Norte, cerca de 72 milhões de hectares de florestas foram desmatados. Globalmente, o ritmo se acelerou, com mais expansão de terras agriculturáveis ocorrendo entre 1950 e 1980 do que nos 150 anos anteriores. Seguiu-se a isso a degradação do solo; a atividade agrícola reduziu o suprimento mundial de carbono orgânico no humo do solo em cerca de 15% de seu estoque original pré-agrícola. A perda de carbono ocorreu a uma taxa de aproximadamente 300 milhões de toneladas métricas por ano ao longo dos últimos 300 anos; porém, nos últimos 50 anos, essa taxa chegou a 760 milhões de toneladas métricas por ano.[19]

Estima-se que, desde a Segunda Guerra Mundial, 1,2 bilhão de hectares, ou cerca de 10,5% da terra coberta de vegetação em todo o mundo, sofreu, no mínimo, uma degradação moderada do solo em conseqüência da atividade humana. É uma área imensa, aproximadamente do tamanho da China e da Índia somadas. Se incluirmos a degradação leve do solo, a área total afetada sobe para cerca de 17% da terra global coberta de vegetação. A degradação mais difundida tem ocorrido na Ásia, onde cerca de 450 milhões de hectares são, no mínimo, moderadamente degradados; e na África, onde a degradação moderada, ou a degradação acentuada, afeta 320 milhões de hectares. Para o mundo como um todo, as causas principais de degradação do solo desde a Segunda Guerra Mundial têm sido o pastoreamento excessivo, o desmatamento e as atividades agrícolas.[20]

Em 1995, o paradigma dominante de crescimento econômico requeria industrialização mais intensa da agricultura, fazendas maiores e aplicações crescentes de fertilizantes e de pesticidas (em nome da eficiência), evidenciando, claramente, a redução dos lucros. Os estoques mundiais de grãos caíram precipitadamente em 1995, como foi medido pelo Worldwatch Institute; e, por volta do final do ano, a Organização das Nações Unidas para a Alimentação e a Agricultura corroborou que esses estoques estavam numa baixa de vinte anos, "inferior ao mínimo necessário para salvaguardar a segurança do mundo".[21] O livre comércio na agricultura provocou ásperas discussões entre os Estados Unidos e a Europa a respeito da proteção de seus respectivos setores agrícolas, enquanto seus agricultores brigavam e destruíam suas colheitas diante de câmaras de TV. Ambientalistas se atiraram no debate a respeito do corte de subsídios agrícolas nos Estados Unidos e na Europa. Ambientalistas norte-americanos formaram uma coalizão com a National Taxpayers Union Foundation exigindo cortes no bem-estar das grandes empresas de 33 bilhões de dólares — desde os "brindes" anuais de um bilhão de dólares oferecidos à indústria de mineração por via da *Mining Act* (Lei da Mineração) de 1872, e dos 500 milhões de dólares concedidos a empresas madeireiras para subsidiar "liquidações de estoque" de madeira de lei proveniente das florestas nacionais dos Estados Unidos, até os 425 milhões de dólares de subsídios do *marketing* de exportação ao mundo dos negócios agrícolas, e os 460 milhões de dólares concedidos a uma outra represa no Colorado.[22]

A remoção dos resíduos humanos afeta diretamente a qualidade das riquezas em água doce. Água potável contaminada, por sua vez, transmite doenças e outros distúrbios, tais como a diarréia, a febre tifóide e a cólera. Essas enfermidades se espalharam extensamente durante o fim do século XIX e o começo do século XX na Europa e na América do Norte, onde ocupavam as primeiras posições entre as causas principais de morte e de doenças.[23] Na década de 1990, previa-se a irrupção de guerras por causa da água em muitos países áridos. A "Revolução Verde", de acordo com uma reavaliação feita em *The Economist*, estaria usando água e fertilizantes em excesso, criando com isso solos salinizados.[24] A poluição do ar nas metrópoles em crescimento está atingindo níveis críticos para a saúde pública, não somente na Cidade do México mas também em todas as principais metrópoles que passam por um rápido crescimento do PNB, particularmente na América Latina e na Ásia.

De 1850 a 1990, o consumo de energia comercial (proveniente do carvão mineral, do petróleo, do gás natural, da energia nuclear e da energia hidráulica) aumentou em mais de cem vezes, enquanto que o uso da energia da biomassa (lenha, resíduos das plantações e esterco) aproximadamente triplicou. A queima de combustíveis fósseis (carvão mineral, petróleo e gás natural) desprende dióxido de carbono (CO_2) na atmosfera. O CO_2 constitui a maior fonte de gases de estufa, que aprisionam radiação infravermelha, a qual, se não fosse por isso, escaparia para a estratosfera. Desde a época da Revolução Industrial, as concentrações atmosféricas de CO_2 aumentaram em cerca de 25%. O consumo mundial de combustíveis fósseis de 1860 a 1949 resultou na liberação de uma quantidade estimada em 187 bilhões de toneladas métricas de CO_2. Ao longo das quatro últimas décadas, o uso de combustíveis fósseis acelerou-se, criando uma quantida-

34 / HAZEL HENDERSON

de adicional de 559 bilhões de toneladas métricas de CO_2. As emissões provenientes do uso de combustíveis fósseis aumentaram 3,6 vezes desde 1950. De 1950 a 1989, os Estados Unidos foram o maior emissor, seguidos pela Comunidade Européia e pela ex-União Soviética. A mudança do uso do solo, inclusive o desmatamento para propósitos agrícolas, é responsável por uma quantidade adicional estimada em 220 bilhões de toneladas métricas de CO_2 desde 1860.[25]

Por volta de 1990, esse ponto de ignição influenciou a criação do Protocolo de Montreal, sobre clorofluorcarbonos (CFCs), e os 21 tratados *Agenda* sobre a mudança do clima e as florestas. Em julho de 1995, a *Scientific American* publicou fotos, tomadas por satélite, de bancos de gelo derretendo na Antártida e dados mostrando que a temperatura do continente aumentou 2,5 graus centígrados nos últimos 50 anos. Em sua edição de 3 de agosto de 1995, o *The New York Times* registrou dados sobre a destruição da camada de ozônio — que agora é inferior a 40% da que fora medida na década de 60. A má notícia foi o afrouxamento nacional na implementação e no fortalecimento dos tratados ambientalistas após muitos retrocessos por parte das grandes empresas e dos governos estaduais, e de seus consultores e cientistas.

Claramente, o crescimento econômico global está em colisão com tendências populacionais e ambientais, incluindo a desertificação, a destruição da camada de ozônio e a proliferação de lixo espacial em órbitas baixas ao redor da Terra, utilizadas por satélites comerciais. Todas essas tendências estão desafiando o paradigma global dos "negócios como de costume" e impulsionando o desvio de rumo em direção ao desenvolvimento sustentável. Fatores de importância-chave para esse desvio de rumo — a evolução de tecnologias mais eficientes e, portanto, ambientalmente benignas, e mudanças nos valores, nos sistemas de crença, nos estilos de vida e nos governos humanos — serão examinados ao longo de todo este livro. As mais problemáticas cartas em jogo incluem rupturas súbitas e não-lineares de ecossistemas, tais como as imprevistas irrupções e disseminação de doenças viróticas e bacterianas causadas pela destruição de seus antigos nichos ecológicos, bem como fatores comportamentais humanos, tais como o aumento do número de viagens internacionais, de migrações e de estilos de vida de alto risco.[26] O mero drama dos paradigmas em colisão e dos pontos de ignição cria material para a primeira página de jornais e de livros *best-sellers* — por exemplo, sobre o vírus do Ebola. Questões relativas ao meio ambiente tornam-se mais globais — ultrapassando as fronteiras de qualquer nação — e exigem planos de ação política e padrões holísticos e cooperativos, e também acordos entre as nações, como será discutido nos Capítulos 12 e 13.

CONSTRUINDO UM MUNDO ONDE TODOS GANHEM / 35

Todos esses pontos de ignição ilustram a insustentabilidade dos paradigmas competitivos expansionistas, e são toques para o despertar destinados a reenquadrar planos de ação política e a reestruturar instituições de uma maneira fundamental.

NÍVEL 2: ESTRUTURAS DE GOVERNO INTERNACIONAIS E GLOBAIS

O governo de sociedades humanas está mudando rapidamente em face do comércio, da tecnologia e das finanças, competitivos e globalizados. Em grande parte devido ao colapso da União Soviética e ao número crescente de estados desagregados, o número de países membros das Nações Unidas subiu, em 1995, para 187. Alguns futuristas estimam que haverá, pelo menos, 1.300 países por volta do ano 2000 (Naisbitt 1994). Reapareceram as rivalidades e os conflitos locais — étnicos e tradicionais —, como, por exemplo, nas extintas nações da Somália e da ex-Iugoslávia. A queda do *apartheid* e a ascensão da nova África do Sul democrática têm proporcionado modelos mais otimistas.

A história do século XX pode ser vista como uma série de horripilantes experimentos de governo de sociedades humanas de proporções numéricas sem precedentes e usando modelos hierárquicos, competitivos e conflitivos. Esses experimentos incluíram a sangrenta consolidação da ex-União Soviética sob o governo de Stalin e os esforços repressivos de Mao para moldar um "grande salto para a frente" na China, bem como duas guerras mundiais para deter as expansões alemã e japonesa. Mais de 95% da experiência das sociedades humanas referem-se à administração de pequenas populações homogêneas instaladas em hábitats bem-estabelecidos, e temos desenvolvido toda uma gama de estratégias culturais diversificadas para sobreviver em muitos diferentes ecossistemas. Somente uma parcela de cerca de 5% de nossa experiência coletiva é experiência com sistemas de estados em guerra.

Desse modo, nossos códigos de ADN cultural tradicionais são pacotes de *software* de importância vital, fornecendo regras de interação que têm ajudado as sociedades humanas a se ajustar de maneira sustentável no âmbito das restrições de vários nichos de ecossistemas. Na virada do século XX, os debates a respeito do próprio governo humano tornaram-se mais profundos, como veremos nos Capítulos 8 e 11, e a literatura sobre a decadência e a queda das primeiras civilizações humanas foi reexaminada. Agora que estamos em vias de ingressar no século XXI, o governo global efetivo exercido por grandes empresas e financistas foi examinado mais de perto por Richard Barnet e John Cavanaugh em *Global Dreams* (1994) e por David Korten em *When Corporations Rule the World* (1995).

O governo humano e as estratégias de regulação social têm se estendido desde conquistas, escravidão e consolidações impostas pelo colonialismo até uniões voluntárias, tais como os Estados Unidos da América, a União Européia e as Nações Unidas, com os princípios da subsidiariedade, da soberania, da democracia e dos direitos humanos como padrões de controle para manter a diversidade. A diversidade de culturas e de regulações sociais é tão importante para a sobrevivência humana como o é a biodiversidade, uma vez que esses códigos de ADN cultural representam o repertório coletivo de experiências humanas bem como de aprendizagem social e comportamental. No entanto, poucos têm estudado esse armazém cultural humano com o objetivo de identificar que padrões comportamentais, tradições e tabus têm permitido, historicamente, a adaptação a novas condições e melhores chances de sobrevivência. Algumas pesquisas, como por exemplo os estudos sobre os maori da Nova Zelândia, por Andrew P. Vayda, e sobre o povo Ik da África, por Colin Turnbull, têm mostrado como culturas humanas estressadas podem desenvolver valores e comportamentos disfuncionais e até mesmo ameaçadores com relação à vida, tais como os que são inerentes à competição global.[27]

Hoje, precisamos estudar códigos de ADN cultural para descobrir valores e comportamentos que podem melhorar as chances de sobrevivência da família humana. Se o banco de dados computadorizados desses códigos de ADN cultural (discutidos no Capítulo 8) tivesse sido pesquisado, cotejado e analisado, poderíamos ter constatado que alguns dos mais úteis dentre os comportamentos e valores de sobrevivência correlacionam-se com os ensinamentos essenciais das grandes religiões do mundo. Esses ensinamentos estão resumidos em diferentes versões da Regra de Ouro e são também princípios da cibernética, da análise de sistemas e da teoria dos jogos: "Não faça aos outros o que não gostaria que lhe fizessem." Honestidade, reciprocidade, tolerância, cooperação, partilha e até mesmo altruísmo parecem valores duradouros para o governo a longo prazo das sociedades humanas. A versão proativa da Regra de Ouro é pura teoria sistêmica: "O que aconteceria se todos agissem dessa maneira?" Talvez nós, seres humanos, já saibamos como construir um mundo onde todos ganhem, e onde partilharemos a Terra, eqüitativa e pacificamente, uns com os outros e com todas as outras espécies.[28] A competição também é uma estratégia útil de sobrevivência encontrada na maioria dos ecossistemas, interagindo com a cooperação na medida em que as espécies coevoluem. Nas sociedades humanas, a competição pode evoluir da luta para a negociação. A competição econômica pode ser benigna e a competição entre idéias é vital. Suposições e hipóteses errôneas podem ser refutadas graças ao avanço das ciências. Um mundo onde todos ganhem combina essas duas estratégias, a competição e a cooperação, com a ética e a criatividade humanas.

As pressões contemporâneas do crescimento populacional e da erosão da qualidade ambiental estão, forçosamente, acelerando a aprendizagem humana por meio do *feedback* negativo direto a partir da natureza, como por exemplo a chuva ácida e a destruição da camada de ozônio. Desde o seu estabelecimento, em 1945, as Nações Unidas, com todas as suas deficiências, têm focalizado as grandes questões perante a família humana (manutenção da paz, educação, cultura, saúde e direitos humanos) enquanto lutam contra as doutrinas mais antigas do militarismo, da guerra econômica e da soberania nacional (mesmo quando se recorre a elas para proteger regimes repressivos). Desde a primeira Conferência das Nações Unidas sobre o Meio Ambiente, em 1972, e passando por sucessivas conferências sobre população, alimentação, habitação, energia renovável e recursos, inclusive a Conferência de Cúpula da Terra, no Rio de Janeiro, em 1992, e a Conferência sobre Direitos Humanos, em Viena, em 1993, novos padrões globais têm emergido:

1. As conferências das Nações Unidas têm ajudado a implantar firmemente questões globais fundamentais nas agendas políticas de nações-estados membros.

2. Essas questões globais de importância fundamental têm sido apresentadas pelas Nações Unidas em combinação (mesmo que nem sempre em colaboração) com o grupo incipiente de organizações civis e não-governamentais (ONGs), tanto nacionais como globais.

3. A mídia, predominantemente a televisão e o rádio, também tem apresentado essas questões globais — embora muitas vezes inadvertidamente. Uma vez que as questões refletem amplos interesses humanos, as imagens de crianças famintas, morrendo desnecessariamente, de incêndios em florestas chuvosas, de peixes morrendo e de poços de petróleo incendiados no Kuwait começaram a competir com imagens mais familiares de violência militar e de mutilações criminosas.

Esses três processos interativos envolvendo atores das Nações Unidas, ONGs e a mídia estão culminando numa opinião pública mundial em lento desenvolvimento — isto é, um outro nível global de "governo processual" está emergindo. A proposta expansão da Corte Mundial de modo a incluir uma Corte Criminal Internacional (que algum dia poderia ser televisionada) está ganhando apoio.[29] Durante décadas, as agências das Nações Unidas trabalharam em silêncio, reunindo os estados-membros para desenvolver protocolos e protótipos de estruturas de governo global em áreas funcionais específicas, tais como a International Postal Union (IPU), a International Air Traffic Association (IATA), a World Meteorological

Organization (WMO) e a International Atomic Energy Agency (IAEA). Essas organizações têm levado ordem e muita regulação desejável aos serviços postais, aos horários das companhias aéreas, ao controle e à segurança do tráfego aéreo, à previsão meteorológica e à monitoração da proliferação nuclear. Nenhuma dessas agências globais oprime politicamente as pessoas, pois suas jurisdições são muito reduzidas e claramente circunscritas. Têm, no entanto, restringido um pouco da soberania das nações que estão em acordo com elas, ou, para usar a frase de Harlan Cleveland, as nações, voluntariamente, "centralizam uma parte de sua soberania" (Cleveland 1993). A *Agenda 21*, assinada por 178 governos na Conferência de Cúpula da Terra, no Rio de Janeiro, em 1992, envolveu centenas de acordos globais como esses, sendo que os temas predominantes abordavam o uso das florestas do mundo, a proteção da biodiversidade e a mudança do clima. Todos esses acordos apontam para a necessidade de se desviar atividades industriais e econômicas humanas para uma nova rota, uma rota mais eficiente, em direção a um desenvolvimento sustentável, e serão examinados mais de perto nos Capítulos 12 e 13.

A *Agenda 21* gerou grande número de planos de ação nacional que promoviam uma mudança para um desenvolvimento sustentável. Por volta de 1994, comissões em nível presidencial sobre o desenvolvimento sustentável existiam em mais de quarenta países.[30] Nessas atividades nacionais, eleitorados diversificados interagiam e aprendiam uns com os outros como alinhar seus esforços em direção a essa meta nacional mais abrangente. No familiar cabo-de-guerra entre novos paradigmas e interesses defendidos, a implementação da *Agenda 21* pela Comissão das Nações Unidas sobre Desenvolvimento Sustentável foi impedida pela recusa e pela má vontade das nações-membros em pagar sua parte para financiá-la. Na verdade, a implementação não requer novos fundos mas, simplesmente, uma mudança de paradigma. As nações precisam apenas parar de financiar atividades não-sustentáveis, deixar de subsidiar lixo e poluição. Por exemplo, nos Estados Unidos, duas ONGs, a National Taxpayers Union e a Friends of the Earth, propuseram uma "Tesoura Verde", campanha de corte nos orçamentos, explicando a necessidade de um corte de 33 bilhões de dólares nos subsídios federais às grandes empresas. Subsídios em nível estatal nos Estados Unidos, bem como subsídios ocultos nos custos sociais e ambientais não-computados, também são imensos — mas poucos pesquisadores são pagos para avaliá-los. Mudar o foco das prioridades orçamentárias desafia interesses entrincheirados e requer muita habilidade política, vontade e coordenação da mídia com a opinião pública.

No entanto, as interações entre os atores das Nações Unidas, as ONGs, a mídia e a opinião pública estão dando à agenda para o desenvolvimento sustentável um impulso para a frente. O desenvolvimento sustentável é um paradigma integrativo que fornece um arcabouço capaz de permitir aos muitos diferentes atores reenquadrarem suas questões num contexto mais amplo, e onde oportunidades inesperadas de sinergia e de planos de ação política onde todos ganhem freqüentemente emergem. Retrocessos bruscos e violentos provenientes do paradigma dominante têm variado desde o "eco-realismo" de economistas armados com estudos onde pretendem mostrar que se tem conseguido realizar melhoramentos no meio ambiente, passando por novas organizações que estão surgindo nos Estados Unidos para proteger liberdades econômicas e direitos de propriedade, e indo até corporações que estão movendo processos judiciais contra ativistas que lutam pelo meio ambiente.[31] Os ambientalistas têm respondido a isso fazendo críticas detalhadas daqueles que os criticam. O Congresso dos EUA retalhou a legislação relativa à proteção do meio ambiente alegando corte nos orçamentos e nos custos, embora o Conselho do Presidente sobre Desenvolvimento Sustentável tenha proposto estratégias onde todos ganhem.

Assim como a Cúpula da Terra em 1992 mostrou que a ecologia e a economia eram duas disciplinas que precisavam de integração, e os participantes em seu Fórum Global de ONGs elaboraram estratégias de coalizão capazes de proporcionar um impulso para o desenvolvimento econômico ecologicamente sustentável, tanto o Qüinquagésimo Aniversário das Nações Unidas como a Conferência de Cúpula Social, em Copenhague, em 1995, produziram análises envolvendo cruzamento de disciplinas, as quais revelaram interfaces entre todas as questões. Novas opções políticas foram evidenciadas e ajudaram a identificar as coalizões que se deveriam formar para promovê-las. Com passos vacilantes, a comunidade mundial está aprendendo o pensamento sistêmico: como diferenciar entre questões que podem ser manipuladas mais satisfatoriamente por meio de planos de ação política que atuam nos níveis local e nacional e questões que cruzam as fronteiras nacionais. Uma massa crítica de globalistas populares, de investidores socialmente responsáveis, de funcionários públicos e de líderes empresariais ainda têm de formar as coalizões necessárias para se defrontarem, em nível de igualdade, com interesses entrincheirados e instituições. Um levantamento feito pela Americans Talk Issues Foundation (ATIF) indica que o povo norte-americano, pelo menos, entende a necessidade de se estabelecer regulações para algumas atividades globais. Simbolicamente, 1995 também marcou o qüinquagésimo aniversário do lançamento das bombas atômicas sobre Hiroxima e Nagasaki — os pontos de ignição mais devastadores do século XX.

À medida que a democracia continua a varrer o planeta, as nações vão ficando mais temerosas e assustadas em expor ao perigo, diante das câmaras de TV, os seus jovens soldados nos locais de distúrbios em todo o mundo.

Muitos estados-membros preferem delegar problemas aos mantenedores da paz, os "capacetes azuis" das Nações Unidas. Em 1994 e 1995, levantamentos mostraram que a maior parte do público dos EUA queria que as Nações Unidas "assumissem a liderança" para lidar com conflitos internacionais. Isto requer financiamentos mais seguros para as Nações Unidas, pois muitos estados-membros estão endividados; por exemplo, em 1995, os Estados Unidos tinham uma dívida de mais de um bilhão de dólares. Alguns líderes mundiais também estão recebendo mais cobertura por parte da televisão e aprovação geral para fazer a paz e não a guerra, além de estar passando a entender que os tratados de paz representam "o máximo" em oportunidades de fotos.

Ao mesmo tempo, as definições militares tradicionais de segurança estão sendo gradualmente substituídas por novas definições de segurança, segurança do meio ambiente e segurança humana (desde ruas seguras a empregos seguros). Esse novo paradigma da segurança humana pode possibilitar alguma reestruturação adicional nos estados-membros das Nações Unidas e nas próprias Nações Unidas, consolidando o foco sobre pacificação preventiva e desenvolvimento sustentável. O dr. Oscar Arias Sánchez, ganhador do Prêmio Nobel da Paz e fundador da Fundação para a Paz, na Costa Rica, é um pioneiro em persuadir os países a se desmilitarizarem. Dezesseis países têm seguido a liderança da Costa Rica em abolir suas atividades militares em 1949. Embora se tratem de algumas das menores nações do mundo, elas incluem o Panamá e o Haiti, o qual, sob a liderança do presidente Aristide, começou o processo de desmilitarização em 1995. Equipes vindas da Foundation for Peace demonstram as vantagens para o desenvolvimento de voltar a treinar exércitos para que executem trabalhos policiais e projetos civis e infra-estruturais.[32] A Guatemala, com seu exército enfunado e seus abusos judiciais e dos direitos humanos,[33] bem como outros países da América Central, não podem deixar de notar o progresso da Costa Rica: uma taxa de alfabetização de 94%, assistência à saúde extensiva a todos, um sistema exemplar de justiça criminal e uma administração dos recursos progressivamente mais ecológica valeram à Costa Rica o *ranking* de "Primeiro Mundo" no Índice de Desenvolvimento Humano.[34]

Os orçamentos militares globais têm prosseguido seu declínio anual médio de 3% desde 1985, resultando num dividendo para a paz de 935 bilhões de dólares, embora, em sua maioria, as nações tenham utilizado os fundos para a redução do déficit, isto é, para o pagamento dos juros sobre suas dívidas passadas. O dr. Arias propôs um Fundo de Desmilitarização

Global destinado a canalizar futuros dividendos para a paz, oriundos de previstas reduções ulteriores nos gastos militares, de retreinamento do pessoal militar e de conversão das instalações de armamentos em recintos de produção civil.[35] Ironicamente, os cinco membros permanentes do Conselho de Segurança das Nações Unidas ainda são os principais mercadores de armas para o mundo, com os Estados Unidos ocupando, vergonhosamente, a liderança. Cerca de trinta milhões de pessoas ainda estão empregadas nas forças armadas do mundo, e imensos arsenais de armas nucleares ou convencionais ainda permanecem. O paradigma do conflito global ainda está muito em evidência. No entanto, a manutenção da paz e meios de financiar o papel das Nações Unidas em *impedir* conflitos (isto é, o desenvolvimento sustentável) estão se destacando cada vez mais nas agendas de muitos estados-membros e agências das Nações Unidas.[36] (Veja a Figura 3. Gastos Militares e o Dividendo pela Paz.)

As Nações Unidas precisam de reestruturação a fim de que se reconheça sua maturidade como uma organização altamente caritativa à qual os estados-membros voluntariamente oferecem donativos. As Nações Unidas constituem hoje uma instituição global indispensável que deve ser fortalecida e remodelada para enfrentar situações globais com as quais nem se sonhava em 1945: desde a pacificação e a manutenção da paz, passando pela assistência e pela proteção de refugiados, e indo até a limpeza da poluição global e o redirecionamento do crescimento industrial para o desenvolvimento sustentável. As Nações Unidas devem ser agora assentadas sobre um sólido fundamento financeiro tornando, para isso, obrigatórias as contribuições recebidas dos estados-membros, com juros acrescidos sobre as dívidas, e com a falta de pagamento ocasionando, caso persista, a perda do direito de voto, como observou o Primeiro Ministro do Reino Unido, John Major, na cerimônia do qüinquagésimo aniversário das Nações Unidas, em Nova York, em 22 de outubro de 1995, e como enfatizou a União Européia em 1996.

Além disso, vários relatórios e comissões assinalaram a necessidade de as Nações Unidas possuírem autoridade para impor taxas, pelo menos sobre o comércio global de armas e a especulação monetária, e também para impor taxas sobre o uso dos bens comuns globais, tais como o espaço, os oceanos, a Antártida e o espectro eletromagnético.[37] As Nações Unidas poderiam administrar os acordos a respeito das taxas sobre a poluição internacional, tais como emissões de dióxido de carbono, e para reembolsar os países em desenvolvimento pela "dívida da poluição" provocada pelos países industrializados da OECD (Organization for Economic Cooperation and Development). Estima-se que essa dívida seja da ordem de dezenas de trilhões de dólares — excedendo, de longe, a dívida total dos

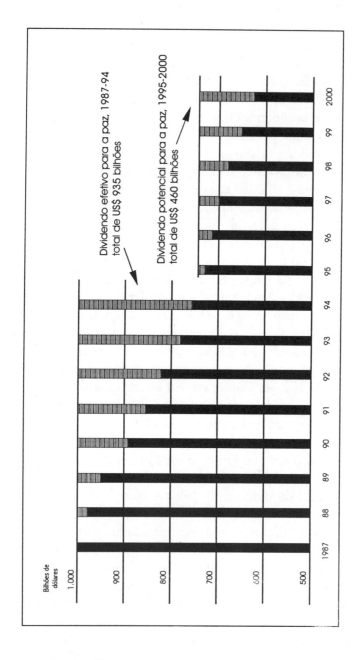

Figura 3. Gastos Militares e o Dividendo para a Paz

Fonte: *Human Development Report*, 1994, United Nations Development Programme países do Sul para com os bancos do hemisfério Norte. Outro imperativo consiste em reestruturar as instituições Bretton Woods das Nações Unidas a fim de tornar suas operações democráticas, responsáveis e transparentes. Negligenciar as Nações Unidas e os acordos internacionais poderia ser tão perigoso para o mundo na década de 90 como o foi a recusa dos Estados Unidos em se ligar à Liga das Nações após a Primeira Guerra Mundial, o que levou ao fechamento dessa organização e, mais tarde, à Segunda Guerra Mundial. Nós, seres humanos, não temos de reprisar mais uma vez esse drama histórico. Os últimos anos do milênio, com todos os seus pontos de ignição e todas as suas chamadas para despertar, serão uma época boa para se propor formas cada mais mais necessárias de cooperação global. Tal cooperação pode não apenas impulsionar as sociedades humanas rumo a um desenvolvimento sustentável como pode também integrar políticas fragmentadas e eliminar programas atualmente sujeitos a desentendimentos mútuos ou a abordagens mutuamente conflitantes, respeitando, ao mesmo tempo, a diversidade e a subsidiariedade.

NÍVEL 3: AS SOCIEDADES E CULTURAS CIVIS GLOBAIS

Como discuti no Capítulo 6, a inovação social, em muitas sociedades, provém do nível popular, e não das elites entrincheiradas, que tendem a permanecer satisfeitas com o *status quo*. Portanto, a inovação social cria atrito com as instituições existentes e leva a pontos de ignição, isto é, a oportunidades para o aprendizado humano. As novas alianças entre as ONGs e certos atores das Nações Unidas e do governo nacional, juntamente com a cobertura da mídia, estão criando uma nova força nos assuntos mundiais, a sociedade civil independente, que desafia tanto as nações-estados como as grandes empresas globais. Poucos manuais sobre geopolítica global e economia ainda refletem a ascensão desse "setor independente", tanto no âmbito das fronteiras nacionais como — e cada vez mais — através delas. Os paradigmas convencionais em ciência política, em relações internacionais e em economia não abrangem essa propriedade emergente das democracias e mesmo dos regimes autoritários.

A sociedade civil global não se ajusta no âmbito da teoria econômica convencional, com seus esquemas limitados de setores públicos e privados. Desse modo, a emergência desse poderoso setor, juntamente com os setores informais, não-remunerados, das economias nacionais, tem apanhado de surpresa a maioria dos economistas. Um recente relatório, "International Networks for Addressing Issues of Global Change", invoca a necessidade de um arranjo global de redes aninhadas para "promover a polinização cruzada de informações entre os negócios, o governo, a academia e as

ONGs".[38] A reação geral das elites que tomam as decisões em face da ascendente sociedade civil global é uma reação de alarme, pois os grupos de cidadãos vêem as questões de maneira diferente das interpretações oficiais ou prevalecentes da realidade. Em "Citizen Movements for Greater Global Equity", de 1976, descrevi muitos desses grupos de cidadãos que já trabalhavam por uma maior responsabilidade governamental e corporativa, por uma maior participação democrática, por direitos humanos, justiça social, segurança do consumidor e do funcionário, e proteção do meio ambiente.[39]

Por volta de 1995, o setor independente global crescera em várias ordens de grandeza (particularmente nos Estados Unidos e no Canadá, onde, em torno de 1977, havia mais de um milhão desses grupos só no campo ambientalista).[40] Na década de 80, grande parte desse crescimento ocorreu em resposta às políticas de *laissez-faire* das administrações Reagan e Bush. Hoje, muitos líderes do governo e dos negócios reconhecem que não podem liderar nem governar sem recorrer a consultas junto a um amplo espectro de grupos cívicos, bem como junto a sindicatos, mais familiares, e a outros grupos de interesse. As respostas vão do uso de publicidade, *lobbying* e esforços de relações públicas, passando pelas tarefas de educar ou de arquitetar o acordo de tais grupos e de seus aliados legislativos, até a iniciativa de convidá-los a participar de mesas de reuniões executivas e de deliberações administrativas. A distância conceitual entre os líderes e as elites atuais e os arautos da democracia ligados a ONGs ainda é enorme. Por exemplo, a conferência de 1994 do U.S. Institute of Peace, "Managing Chaos", foi anunciada como sendo "uma conferência nacional sobre os papéis que as ONGs, os governos e as organizações internacionais desempenharão para responder, em nível de igualdade, aos conflitos internacionais no século XXI". Sua brochura assinalava que as "ONGs substituirão as nações-estados no século XXI como os atores principais na administração de conflitos internacionais".

A UNDP e o Banco Mundial começaram, em 1995, a reestruturar suas abordagens a grupos da sociedade civil, bem como sua assistência, enquanto "parceiros", a esses grupos. James Gustave Speth, administrador da UNDP, numa palestra na Conferência ONG "We the Peoples", celebrando o qüinquagésimo aniversário das Nações Unidas, reconheceu orgulhosamente sua experiência de vinte anos como ativista cívico. (Colaborei com ele naqueles dias em questões de proliferação nuclear.) Speth introduziu um novo acrônimo — OSC, para organização de sociedade civil — e anunciou que a UNDP passaria a se concentrar no problema da erradicação da pobreza: isto é, para a UNDP o desenvolvimento sustentável significaria "desenvolvimento pró-pobres, pró-empregos, pró-mulheres e pró-natureza".

Speth acrescentou que a maior parte do desenvolvimento passado não comportava o desenvolvimento humano sustentável. Na UNDP, o paradigma mudou oficialmente.[41]

Em particular, em questões de desenvolvimento sustentável, as "primeiras nações" (povos indígenas) aliaram-se com outros grupos da sociedade civil para fazer mais do que pressionar os governos para que obedeçam aos tratados. As reivindicações de terras pelos aborígines, tais como as que estão sendo agora judicialmente decididas no Canadá, na Austrália e na Nova Zelândia, são também baseadas na reivindicação legítima de que os povos indígenas têm sido administradores e sábios zeladores dessas terras ancestrais — mantendo e melhorando sua biodiversidade. Batalhas judiciais pela devolução dessas terras são apoiadas pela necessidade de um desenvolvimento mais sustentável. Desse modo, as reivindicações trazem o apoio de muitos outros grupos de sociedade civil, como no caso das 87 mil pessoas representando 44 nações aborígines em instalações para a reivindicação de terras na Colúmbia Britânica, no Canadá.[42] Além disso, o mundo tem visto organizações de cidadãos como participantes dos tratados internacionais. Em coalizão com pequenos negociantes e agricultores na Dinamarca, grupos de cidadãos ajudaram a desarticular a implementação do Tratado Maastricht e forçaram os líderes a confrontar seus "déficits democráticos". Isso desencadeou plebiscitos na França, na Noruega e em outros países europeus a respeito de democracia, de direitos humanos e de questões sociais e ambientais de subsidiariedade. Outro paradigma mudou.

A sociedade civil global está dando impulso a novas abordagens intelectuais das questões básicas com que se defrontam as sociedades humanas. Esses grupos estão livres dos antolhos institucionais da corrente prevalecente da sociedade e são, com freqüência, capazes de imaginar soluções alternativas e de demonstrar a eficiência de suas inovações sociais em suas próprias comunidades. Tais modelos populares incluem o microempréstimo a aldeões empreendedores; tecnologias de pequena escala que são intensivas em mão-de-obra e em habilidades, aumentando sem dispêndios a produtividade de pequenos agricultores; e processos agrícolas tais como os que são oferecidos pelo Post-Graduate College de Chapingo, no México. Muitas iniciativas locais são integradas em rede de informações e apoiadas pela Appropriate Technology International,[43] a cujo conselho de consultoria presto serviços. Cinqüenta modelos comunitários inovadores e exemplares foram exibidos pelos Friends of the UN em 1995. Todos eles provam que cidadãos trabalhando juntos nos setores informais e independentes podem resolver muitos problemas melhor do que distantes líderes do governo e dos negócios. Freqüentemente, o que os líderes podem fazer é sair do caminho repelindo formalidades burocráticas que estorvam a auto-ajuda popular. Sob as manchetes da crise do peso mexicana, estão boas notícias como essas vindas de Chapingo, bem como os cursos e programas transmitidos por satélite do Instituto Technologia em Monterrey. Os meios de comunicação de massa poderiam, se fossem redirecionados, difundir rapidamente as notícias sobre todas as inovações pragmáticas sociais e tecnológicas, a fim de inspirar esperanças e de reproduzir os sucessos. As boas notícias do continente africano, na África do Sul e em Botswana, foram ofuscadas pelos massacres em Ruanda, pelo despotismo dos líderes militares na Somália e pelo arbitrário governo militar na Nigéria, onde o general Sani Abacha mandou prender o presidente Abiola, eleito democraticamente, e o ex-presidente Obasanjo, executou protestadores civis e mergulhou a economia rica em petróleo numa dívida externa de 37 bilhões de dólares.[44]

Outros pontos de ignição incluem campanhas de cidadãos que, na última década, protestaram contra o projeto insensível, injusto e ambientalmente insustentável financiado pelo Banco Mundial, bem como seus empréstimos para ajuste estrutural. Isso culminou na coalizão de 1994, "Fifty Years Is Enough", e em sua campanha para fechar o Banco Mundial se ele e a outra instituição de Bretton Woods, o Fundo Monetário Internacional (FMI), não pudessem ser radicalmente reestruturados e seus empréstimos redirecionados para o desenvolvimento sustentável. De maneira surpreendente, essa campanha coincidiu com visões *laissez-faire* nos Estados Unidos,[45] bem como com visões mais centristas adotadas por *The Economist*, que advoga a redução das dimensões do Banco Mundial e do FMI, e possivelmente sua fusão. O Banco Mundial, em conseqüência do fato de ter sido posto no ostracismo na Cúpula da Terra, contratou alguns não-economistas e trouxe para o seu âmbito alguns dos seus críticos mais ásperos para que ensinassem sua equipe a respeito dos impactos locais dos empréstimos bancários e dos planos de ação política. Um resultado dessa mudança de direção é o Global Environment Facility (GEF), administrado conjuntamente pelo Banco Mundial, pela UNDP e pelo UN Environment Program (UNEP). A GEF, sob essa administração tripartite, emprestou 918 milhões de dólares para projetos ambientalistas no México, e isso só em 1994. No entanto, se se emancipasse do Banco Mundial, a GEF poderia se reencaminhar para o desenvolvimento sustentável e para o melhoramento do meio ambiente.

A reestruturação das instituições de Bretton Woods apanhou de surpresa os acadêmicos e as instituições da corrente predominante. Centenas de seminários e de conferências em universidades foram programados, em 1995, para tratar dessas questões e do desenvolvimento sustentável. Aqui, mais uma vez, muitos futuristas corporativos e governamentais ignoraram os começos animadores dos movimentos de cidadãos para o aperfeiçoamento da democracia, da justiça social e do desenvolvimento sustentável. As mulheres formam a espinha dorsal das organizações populares de cidadãos, e seu papel na produção e no desenvolvimento globais está sendo atualmente reconhecido por agências das Nações Unidas, por governos e por líderes empresariais.[46] Os atuais líderes podem aliviar os seus fardos aprendendo a delegar parte do controle a muitos de tais grupos responsáveis e habilidosos em lidar com as situações de seu interesse.

NÍVEL 4: NAÇÕES-ESTADOS, POLÍTICAS NACIONAIS E PROCESSOS DEMOCRÁTICOS

As nações têm se tornado pequenas demais para solucionar os grandes problemas globais, e grandes demais para resolver seus problemas locais. As chamadas para reunião e os pontos de ignição têm girado em torno de democracia, de autodeterminação e de devolução. Esses *slogans* têm-se desenrolado numa série de caixas de Pandora — oferecendo novas experiências de aprendizagem — desde rebeliões contra Moscou no Cáucaso e nas regiões do Mar Negro até os avanços dos conservadores e dos republicanos dos EUA em 1995 para reivindicar, junto ao governo nacional, direitos dos estados. A confusa retórica das batalhas orçamentárias tem incluído argumentos sobre mandatos não-financiados, *block grants** e revogação dos "padrões nacionais onerosos", isto é, ação afirmativa, direitos civis, regras ambientalistas e assim por diante, e sua execução federal. Tudo isso em busca de metas tradicionais do Sonho Americano de liberdade individual, de direitos de propriedade e de procura de felicidade. No entanto, esses objetivos tornaram-se intransitivos nas complexidades de sociedades tecnologicamente maduras, urbanizadas e industrializadas.

Em *Creating Alternative Futures* (1978, 156-58), observei que Alexis de Tocqueville já previra tudo isso em 1835, em *Democracy in America*. Ele notou, juntamente com sua exaltação e seu entusiasmo pela experiência norte-americana, as tendências desta última, que poderiam levar ao totalitarismo *econômico*. Mais persuasivo que Karl Marx, de Tocqueville, um pensador sistêmico, raciocinou que a igualdade da condição política levaria a rendas crescentes, o que, por sua vez, levaria a uma demanda maior por artigos manufaturados, e isso exigiria uma maior divisão de trabalho. Essa especialização (que Adam Smith saudou por sua eficiência) aumentaria as diferenças relativas na renda e no estado de "alerta mental" entre operários

---

* Originalmente, soma imprecisa de dinheiro pago anualmente a uma universidade inglesa pelo Tesouro Nacional. (N.T.)

e patrões, o que resultaria numa "aristocracia industrial". Conforme a "restauração" norte-americana de 1995 prosseguia, outros voltaram a soar esse alarma, inclusive Kevin Phillips, em *Arrogant Capital* (1994), Michael Lind, de *The New Republic*, em *The Next American Nation* (1995), em seguida a *The Revolt of the Elite* (1995), de Christopher Lasch. Todos previram que uma superclasse de elite, branca, entrincheirada, continuaria a prosperar enquanto todos os outros grupos norte-americanos seriam reduzidos a níveis de privação comparáveis aos do "Terceiro Mundo".

No entanto, reconsiderações a respeito de devolução e de direitos dos estados não vinham apenas de advogados dos pobres, dos desprivilegiados, dos inválidos, das crianças e do meio ambiente, mas também dos homens de negócios. Nada é pior para as grandes empresas nacionais do que se sujeitarem a colchas de retalhos de diferentes leis, taxas e sanções estaduais. Descobri isso enquanto presidia a Citizens for Clean Air, em Nova York. Quando Nova York e a Califórnia foram pressionadas para decretar leis para o controle do *smog* produzido pelos automóveis, a indústria automobilística de Detroit foi até Washington pedir para que esses padrões fossem implantados em âmbito nacional — como o eram em 1968. Como aconteceu nessa época, também seria o caso para a década de 90. Em agosto de 1995, o *Business Week* publicou um editorial contra a devolução como sendo uma "propaganda política gerando suspeitas de que todo o esforço é uma guerra travada por políticos nacionais para transferir aos estados a responsabilidade pelo corte do orçamento federal". O artigo principal, "Power to the States" traçou, desde 1789, a história do cabo-de-guerra norte-americano entre Washington, D.C., e os estados a respeito de escravidão, de tarifas e de segregação racial, passando pela Guerra Civil e pelo New Deal, quando Franklin Roosevelt exerceu o poder federal sobre as relações trabalhistas e o Seguro Social foi decretado, até chegar a Richard Nixon e ao cenário federal padrão para as questões sobre o meio ambiente.[47]

Como a maioria dos cidadãos norte-americanos sabe, os governos estaduais e locais são, muitas vezes, os *mais* corruptos, dominados por interesses especiais financeiros e corporativos. Os políticos locais, quase rotineiramente, enchem seus bolsos graças a informações internas sobre locais onde aeroportos, estradas e outros projetos deverão ser instalados, o que confere, aos políticos e aos seus amigos, lucros advindos de bens imóveis e de acordos de construção. Visto que os membros republicanos do Congresso distribuíam gratuitamente um enorme volume de recursos federais dos contribuintes aos estados para o bem-estar, o transporte, a saúde, o treinamento em empregos e o meio ambiente, muitos observadores apontaram os problemas da corrupção estatal e local. Pior ainda, havia o problema inevitável dos que "pegam carona": os estados poderiam competir para excluir os pobres e os necessitados enquanto ofereceriam para a indústria os recursos naturais deles e os "abrigos contra a poluição" — assim como estava ocorrendo no nível global. Será que isso levaria a uma semelhante "corrida em direção ao fundo", como no campo de jogo econômico e no cassino financeiro global do menor denominador comum, ou será que levaria a mais desastres, conforme as duas partes colidissem na questão do orçamento?

Um ponto de ignição mais antigo, no final da década de 80, levou ao fim da União Soviética. Mikhail Gorbachev iniciou um novo debate internacional sobre governo e estado do mundo.[48] Suas conferências e suas ações advogando a perestróika e a *glasnost* eletrizaram o mundo, acelerando a inevitável ruptura da União Soviética e as revoluções na Europa Oriental. Tem sido um triunfo do senso comum o fato de tantos políticos, independentemente de ideologia e de tradição, começarem a se mover para a democratização e para os mercados — com a ajuda dos meios de comunicação de massa recém-libertos, os quais aceleraram a inevitável reestruturação.

Mas os novos democratas devem ainda evitar vários perigos em potencial. Não devem simplesmente igualar democracia com outras formas de descentralização, de privatização e de mercados; e devem evitar ser apanhados na confusão cada vez maior a respeito dos dois sinais-chave individuais dirigidos das pessoas para aqueles a quem elas confiam a tomada de decisões no governo e nos negócios — os *votos* e os *preços*. Atualmente, essas duas formas vitais de *feedback* estão falhando em liberar uma quantidade suficiente de informações oportunas sobre os efeitos de planos de ação política para guiar e para corrigir decisões, tanto nos Estados Unidos e na Rússia como em qualquer país do mundo. A votação a cada dois ou quatro anos é demasiado lenta e não pode refinar o *feedback* dos eleitores sobre muitas questões, enquanto que os preços que não incorporam o pleno espectro de custos sociais e ambientais podem dirigir os mercados para caminhos insustentáveis, como será discutido mais adiante, no Nível 5.

A democracia emergiu como um processo necessário para se administrar as complexidades da reorganização das sociedades humanas para esse próximo salto quântico, como será discutido no Capítulo 11. A tomada de decisões grupal deve agora abranger

1. como controlar nossa própria população,
2. como replanejar nossos sistemas de produção e de distribuição para que operem dentro de limites de tolerância ecológica, de modo a que sejam sustentáveis durante um longo prazo,

Setores Obsolescentes (Não-sustentáveis e entrópicos)

- Indústrias e empresas baseadas no uso intensivo de energia e de materiais não-renováveis.
- Bùrocráticos, grandes, menos flexíveis.
- Produtos e embalagens não-recicláveis.
- Contratos militares.
- Produtos envolvendo materiais tóxicos, não-biodegradáveis e poluidores, e artigos descartáveis.
- Obsolescência planejada.
- Pesticidas químicos e fertilizantes inorgânicos.
- Equipamentos agrícolas pesados.
- Sistemas de processamento, máquinas processadoras e equipamentos básicos poluidores e ineficientes.
- Indústrias extrativas com baixo valor acrescentado.
- Combustíveis fósseis e energia nuclear.
- Assistência médica hospitalar baseada em alta tecnologia.
- Alimentos altamente processados.
- Publicidade encorajando o desperdício e práticas poluidoras.
- Investimento em *shopping centers*.
- Especulação imobiliária.
- Veículos grandes e ineficientes no uso do combustível
- Monoculturas agrícolas.
- Produtos de madeira de lei e das florestas tropicais.
- Turismo baseado no uso intensivo do capital e da energia.

Setores Emergentes (Sustentáveis e de baixa entropia)

- Indústrias e empresas baseadas no uso eficiente de energia, de materiais e de habilidades humanas.
- Empreendedores, pequenos, flexíveis.
- Produtos recicláveis, remanufatura.
- Conservação, inovação.
- Motores, automóveis e transporte coletivo eficientes no uso do combustível.
- Sistemas de energia solar e renovável.
- Serviços de comunicação e de informações.
- Infra-estrutura, educação, treinamento.
- Satélites espaciais de comunicações.
- Manutenção da paz, observância dos tratados.
- Equipamentos e processos básicos eficientes.
- Indústrias restauradoras, reflorestamento, reverdecimento dos desertos, administração da qualidade da água.
- Promoção da saúde e prevenção de doenças.
- Agricultura orgânica, sistemas de baixo cultivo.
- Controle integrado de pragas.
- Prevenção, limpeza e controle da poluição.
- Alimentos naturais.
- Reciclagem e reutilização do lixo.
- Projeto e planejamento comunitário.
- Setor "amoroso".
- Ecoturismo.

Figura 4. A Reestruturação das Economias Industriais

© 1989/91 Hazel Henderson   Fonte: *Transcendendo a Economia*

3. como limpar o acúmulo de condições tóxicas e nocivas criadas pelas nossas formas insustentáveis de industrialização, e
4. como fazer tudo isso tão eqüitativamente e, portanto, tão pacificamente quanto possível.

Ironicamente, a procura pela vontade do povo para guiar a mudança social empacou nos próprios Estados Unidos — como nas eleições de 1992 e de 1994, quando as apurações constataram frustração e desconfiança com relação ao governo, que se achava motivado por interesses especiais numa alta nunca vista até então.[49] Na medida em que outros países estavam olhando para os Estados Unidos, Washington, D.C., parecia estar tendo um colapso nervoso. Políticas nacionais, velhos e novos paradigmas estão conflitando perante confusos eleitores, mas ainda não são vistos como parte de uma mudança sistêmica para um desenvolvimento mais sustentável.

Os mesmos pontos de ignição políticos em torno de devolução, de orçamentos, de desemprego, de disparidades da pobreza e de degradação do meio ambiente são evidentes na maior parte dos países da OECD. Somente novos paradigmas de desenvolvimento humano sustentável e novos sistemas de contabilidade nacional podem abordar essas questões. Os impostos deveriam ser replanejados de modo a desencorajar o comportamento doentio e a encorajar atividades saudáveis e produtivas. Por exemplo, os governos podem reduzir os amplos subsídios atualmente concedidos às empresas para investimentos de capital, com freqüência irracionais, que promovem a automação e o enxugamento, e ao mesmo tempo oferecer deduções de impostos para a criação de empregos com vistas a encorajar o pleno emprego, ou reduzir alguns dos pesados ônus que incidem sobre os empregos. As nações devem focalizar a reestruturação de setores que geram desperdício, redirecionando e mudando as regras desse jogo de guerra econômico global para que se possa caminhar para o desenvolvimento sustentável. No entanto, forças de globalização, e não governos nacionais, estão dirigindo esses processos de reestruturação industrial. (Veja a Figura 4. A Reestruturação das Economias Industriais.) Os governos nacionais devem reestruturar a si mesmos, repensando os seus papéis com relação aos níveis locais, realinhar prioridades e religar-se com seus eleitorados de novas maneiras, se pretendem governar efetivamente. Essa mudança de paradigma levará décadas.

NÍVEL 5: MERCADOS, CORPORAÇÕES, COMÉRCIO E FINANÇAS GLOBAIS

Todos os países defrontam-se com o cenário da guerra econômica global da competição inescrupulosa, dos déficits orçamentários em aumento gradual e do crescimento do desemprego, bem como dos outros círculos viciosos descritos ao longo de toda a Parte I. (Veja a Figura 5. Economias de Círculo Vicioso.) Não obstante, esses círculos viciosos estão hoje servindo como pontos de ignição para a transição — todas as crises no cassino global têm fornecido o *feedback* necessário, embora doloroso. Assim como o *feedback* a partir dos indivíduos é vital se quisermos aperfeiçoar a democracia e melhorar os processos de tomada de decisão em todos os níveis, da mesma maneira o *feedback* a partir dos consumidores é vital para a correção dos preços e para guiar decisões comerciais e mercados de capital. Por volta de 1995, foi amplamente reconhecido que o sistema de preços não reflete muitos custos sociais e ambientais ou impactos a longo prazo da produção sobre as gerações futuras. A maioria dos manuais econômicos advoga taxas de descontos em análises de custo-benefício que, sistematicamente, reduzem os horizontes temporais por meio de cálculos do "valor atual" que considera sem valor quaisquer benefícios não realizados dentro de dez anos. Essa fórmula de maximização de bitola estreita e curto prazo ainda serve de base para a maior parte das tomadas de decisão econômicas, não apenas nos mercados do setor privado mas também em projetos do governo, emissões de títulos, e assim por diante. Essa fórmula também está difundida por toda a administração macroeconômica.

As novas economias do desenvolvimento sustentável (de mercados menos-que-perfeitos e atores freqüentemente irracionais) estão se infiltrando nos manuais, nas salas de reuniões de diretoria das grandes empresas e nas agências do governo, bem como na mídia dos negócios (por exemplo, *The Economist*, um baluarte da ortodoxia econômica, por meio de seu editor de assuntos ambientalistas, Frances Cairncross e de seu livro *Costing the Earth*). O consenso teórico fundamental que está emergindo atualmente é o de que os preços, se eles devem funcionar como realimentações sadias para os mercados, para os governos e para a tomada de decisão pelo consumidor, devem refletir com precisão, no maior grau possível, os custos sociais e ambientais. A eco-etiquetagem na Alemanha, na França, no Canadá, nos Estados Unidos e em outros países da OECD ajuda hoje os consumidores a escolher produtos eco-eficientes. Auditorias sociais e ambientais estão se tornando mais comuns nos relatórios anuais das grandes empresas, como é resumido em *Coming Clean*.[50]

Tesouros sociais e ambientais que são considerados acima de qualquer preço — monumentos nacionais, maravilhas naturais, valores estéticos e espirituais — devem ser determinados por processos democráticos, isto é, por votação e por outras formas aperfeiçoadas de participação discutidas nos Capítulos 10 e 11. Um consenso em andamento a respeito da necessidade de se corrigir o sistema de preços, codificado no documento "Polluter Pays Principle", da OECD, de 1970, é compartilhado pela International

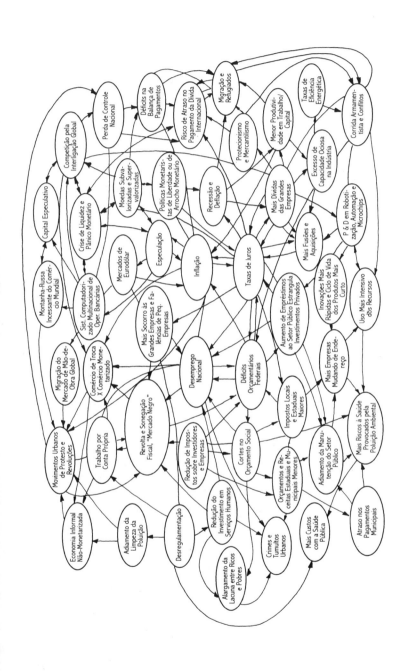

Figura 5. Economias de Círculo Vicioso
© 1980 Hazel Henderson   Fonte: *Transcendendo a Economia*

Chamber of Commerce, pelo Business Council for the Social Summit, pela World Business Academy e pelos Social Investment Forums nos Estados Unidos e no Reino Unido, bem como pelo Minnesota Center on Corporate Responsibility, pelo Council on Economic Priorities, pela Social Venture Networks na Europa e nos Estados Unidos, e por incontáveis sociedades profissionais, incluindo a International Society for Ecological Economics, a Society for the Advancement of Social Economics, a Economists Allied for Arms Reduction, a International Association of Architects e vários grupos de contabilidade e agências de seguro. Tais grupos têm produzido novas declarações de princípios incorporando essas concepções de contabilidade, que incluem, por exemplo, os Princípios Caux e os Princípios CERES (Coalition for Environmentally Responsible Economies), com cinqüenta signatários, incluindo a General Motors e outras grandes empresas e pequenas atividades comerciais.[51]

Esse consenso reflete o Princípio "Quem Polui Paga", de 1970, promulgado pela OECD. No entanto, assim como levou vinte anos para o Princípio "Quem Polui Paga" ser incorporado no consenso atual sobre a correção do sistema de preços, a implementação da correção dos preços em todos os níveis do sistema apenas começou. O crescimento, desde o início da década de 80, de fundos de investimento socialmente responsáveis está hoje ajudando a capitalizar setores emergentes de economias mais sustentáveis. No entanto, abordagens capazes de mover decisões econômicas em direção ao desenvolvimento sustentável ainda são fragmentadas.

Por exemplo, o World Business Council for Sustainable Development advoga a mudança dos códigos de taxas para o uso de capital, de energia e de recursos, com um conjunto de arrecadações e de impostos sobre o esgotamento de recursos naturais, o lixo (tal como o que é gerado no uso da energia e de embalagens), a obsolescência planejada (produtos descartáveis) e emissões de poluentes. Isso teria o efeito imediato de proporcionar a grandes mercados uma base para a reciclagem e para a reutilização de materiais. Em seu primeiro livro, *Changing Course* (1992), o World Business Council for Sustainable Development apresentou os argumentos ambientalistas e de esgotamento dos recursos para a adoção dessas taxas. Opuseram-se a eles as declinantes indústrias poluidoras e as atividades comerciais da corrente predominante preocupadas com o fato de que essas novas taxas os tornarão não-competitivos e farão os preços dos seus produtos caírem fora dos mercados mundiais. Enquanto isso, estão surgindo mercados globais para o controle da poluição e para a administração do meio ambiente. Nos Estados Unidos, até 400 bilhões de dólares serão aplicados pelo Departamento de Energia e pelo Departamento de Defesa para limpar locais militares tóxicos; a Malásia gastou 432 milhões de dólares em

1994; a Tailândia gastará 1,5 bilhão de dólares por volta do ano 2000; e Taiwan gastará 126 milhões de dólares entre 1995 e 1997. Ironicamente, são empresas sediadas, em sua maior parte, em países da OECD que continuam a se beneficiar desses mercados, entre as quais a BFI, a Waste Management e a Bechtel.[52]

Embora seja verdade que as taxas verdes imporão penalidades às declinantes indústrias que promovem o desperdício, fazendo com que se oponham a políticas do desenvolvimento sustentável, uma análise mais ampla, sistêmica, gera uma solução. Em 1995, o Business Council for the Social Summit concentrou-se no problema do crescimento econômico sem empregos utilizando abordagens tradicionais: isto é, mais projetos de obras públicas e mais programas de treinamento, tornando "mais eficientes" os mercados de trabalho, somados a algumas idéias sobre a partilha dos empregos e sobre semanas de trabalho mais curtas, que estão sendo hoje ressuscitadas na França e na Alemanha. Mais tarde, em 1995, o Business Council for Sustainable Development e o Business Council for the Social Summit viram que estavam efetivamente aproximando-se do mesmo objetivo: reequilibrar os códigos de taxas nacionais em direção à neutralidade entre mão-de-obra e capital. Agora, ambos advogam muitas propostas semelhantes: taxas sobre o capital, a energia, o desperdício dos recursos e a poluição, em vez de truques para se "nivelar impostos". Para se obter a desejada neutralidade, ambos os conselhos financeiros sustentam reduções nos impostos dos empregados ou fiscais para a criação de empregos, até que a neutralidade seja obtida em vários países. Tais políticas em que todos ganham tornam-se visíveis somente com a análise sistêmica. Felizmente, grupos comerciais irão finalmente apoiar reduções nos impostos sobre o valor adicionado (VAT) e nos impostos de renda. Se a neutralidade ainda não for obtida em algumas circunstâncias, os grupos comerciais poderão também apoiar rendas anuais garantidas — mesmo que não seja por outra razão que substituir dúzias de programas de custeio de renda do governo e outros programas sociais dispendiosos. Esses "impostos de renda negativos" e propostas de renda garantida, feitas na década de 60 pelo economista norte-americano conservador Milton Friedman, por Robert Theobald, por mim e por outros, podem ser vistas, por fim, como socialmente eficientes.

O papel da inovação tecnológica na obtenção de maior eficiência energética, miniaturização e conservação material é um fator chave para se reduzir o impacto das atividades humanas sobre os ecossistemas planetários. Uma mudança global de *hardware* para *software* e de modelos biológicos mecânicos para orgânicos é fundamental, como será descrito no Capítulo 3. Quando confrontados com um problema de produção, nós, seres humanos, precisamos pensar mais vigorosamente, e de maneira mais sistêmica, em vez de nos precipitarmos para conjurar visões de máquinas, de fábricas ou de infra-estrutura construída sobre seres humanos. Por exemplo, em *Creating Alternative Futures*, citei o caso da mineração de metais: surpreendentemente, as plantas são infinitamente mais eficientes do que os seres humanos. As plantas mineram mais toneladas de metais e de outros minerais a cada ano (através de suas raízes em vários solos ricos em minerais) do que todas as operações de mineração humana em todo o mundo somadas.[53] De maneira semelhante, engenheiros sanitários que ensinavam a construir encanamentos e reservatórios para o tratamento da água servida estão agora aprendendo que espécies de plantas podem purificar a água e o solo removendo substâncias que os sistemas humanos não são capazes de remover — uma importante mudança de paradigma. Esses sistemas de purificação da água podem ser inspecionados: por exemplo, aqueles planejados pelo biólogo norte-americano John Todd e por sua parceira canadense Nancy Jack Todd, do New Alchemy Institute, em Falmouth, Massachusetts; ou aqueles dos ecologistas Howard T. Odum e Mark Brown, do Center for Wetlands, da Universidade da Flórida, em Gainesville, Flórida.

Na conservação da energia, a administração do lado da demanda, hoje amplamente adotada em todo o mundo pela indústria de serviços públicos de eletricidade, é parte da inovadora consultoria do Rocky Mountain Institute of Snowmass, no Colorado. Embora não seja manifestamente "verde", a administração do lado da demanda reduz o prejuízo ambiental. Em 1995, as células coletoras de energia solar custavam um terço do seu custo em 1980. As empresas de serviços públicos não se opõem mais à eletricidade solar. A New York Power Authority e outras empresas estão hoje instalando tetos solares e sistemas de captação de energia solar integrados em edifícios — sendo que o excedente de eletricidade gerada pode ser realimentado nas redes da empresa que fornece a energia elétrica — como previ em 1974.[54] A *Business Week* vê um *boom* global no uso de células fotovoltaicas. Embora o mercado norte-americano seja pequeno, está crescendo a uma taxa anual de 30% e pode atingir 7 bilhões de dólares por volta do final do século.[55] Os processos químicos industriais estão sendo refinados de modo a conservar a energia em 30% ou mais, levando a um aumento de rentabilidade para instalações recém-planejadas, em empresas químicas tais como a ICI e a BASF. Por exemplo, utilizando a "análise *pinch*" para modelar novos processos de fabricação, o grupo de consultoria, de cinqüenta pessoas, de Bodo Linnhoff, com sede na Inglaterra, está aumentando os rendimentos em 50% anualmente.

As boas notícias a respeito do desenvolvimento sustentável são de que na economia global de hoje, não obstante algumas morosidades corporativas e governamentais, as inovações viajam rapidamente. Por exemplo, a China tem novos regulamentos que exigem a instalação de lâmpadas fluorescentes compactas (que economizam 50% da energia elétrica consumida) e a adoção do estado-de-arte na eficiência energética, tal como a co-geração em novas usinas elétricas. Essa inovação tecnológica pode ser monitorada observando-se ou investindo-se em portfólios de fundos mútuos ambientalmente orientados ou em parcerias de capital de risco na OECD e em mercados de capital emergentes. Hoje, por um preço inferior à metade do de um automóvel norte-americano de tamanho normal, os proprietários de casas podem construir um teto solar capaz de suprir as necessidades energéticas de seus lares por vinte e cinco a trinta anos.[56]

Assim como uma produção de energia ambientalmente sadia equivale a uma redução do lixo e a uma rentabilidade maior, processos industriais que são ambientalmente benignos também poupam energia e matérias-primas, e, portanto, reduzem os custos e aumentam os lucros. Novas agências de consultoria, por exemplo a Natural Step, da Suécia, e a GreenAudit, Inc., com sede em Nova York, identificam essa energia sistêmica e essa economia de custos para suas empresas-clientes. Mercados imperfeitos têm impedido que processos industriais sejam planejados de maneira eco-eficiente. Um indústria líder, a 3M Company, que opera em mais de vinte países, começou a replanejar todos os seus processos químicos de modo a reduzir todas as emissões nocivas e não-nocivas em 90% por volta do ano 2000. Na década passada, o programa "Pollution Prevention Pays" da 3M já poupou milhões de dólares para a empresa.[57]

Mesmo que a limpeza da poluição do passado ainda seja necessária, e seja com freqüência impulsionada por obrigações dos seguros, o lucro real para as empresas, para as economias nacionais e para o meio ambiente está na revolução do planejamento industrial atualmente em andamento — a qual não apenas envolve tecnologias "mais verdes" como também está reinventando a administração. Por exemplo, quando um grupo de indústrias numa área juntam seus esforços num único *pool*, elas podem reutilizar, como insumos, uma quantidade maior dos resíduos das outras. Isso foi obtido na cidade de Kalundborg, na Dinamarca, que pensa com grandeza e em termos sistêmicos. Lá, o lixo industrial e o processamento térmico do lixo são intercambiados entre uma usina elétrica, uma refinaria de petróleo, um fabricante farmacêutico, uma fábrica de placas de gesso, um produtor de cimento, agricultores e o fornecedor de aquecimento doméstico para o distrito. Essas abordagens em que todos ganham (*win-win-win*) mostram o futuro potencial para organizar sistemas comuns por intermédio da cooperação — para complementar o mercado competitivo. Essa mudança de paradigma está ocorrendo rapidamente.

NÍVEL 6: GOVERNOS PROVINCIANO, URBANO E LOCAL

Muitos planos de ação política de desenvolvimento sustentável são iniciados e administrados melhor nos níveis provinciano, urbano e local. O transporte é, com freqüência, um ponto de ignição, uma vez que os automóveis competem por terras agrícolas e espaços nas estradas, e também competem com um transporte coletivo mais eficiente e com bicicletas. Os governos urbano e local podem planejar melhor sistemas de transporte sustentáveis: desde ônibus e serviços de transporte ferroviário, nos quais os usuários fazem uso de passes de integração, até pedágios rodoviários para racionalizar as viagens de automóveis nas estradas e modificar o uso dos horários de *rush*. Mesmo quando os governos nacionais argumentam a respeito de padrões e de *block grants*, os governos locais podem agir. Pistas rodoviárias podem ser destinadas a uso exclusivo de veículos particulares com muitos passageiros, bem como a *carpools** de furgões do governo e de grandes empresas; ciclovias podem ser adotadas; e zonas excluídas ao tráfego de automóveis, bem como ruas para pedestres e lojas comerciais podem ser estabelecidas nas regiões centrais das cidades. Numerosos exemplos dessas iniciativas urbanas em países da OECD podem ser vistos em Amsterdã, em Bonn, em Estocolmo, em Londres, em Madri, em Bruxelas, em Paris, em Washington, D.C., em Seattle e em muitas outras metrópoles. Na China, Xangai e Pequim são modelos de eficiência nos transportes, com pistas largas separadas para automóveis, caminhões e ônibus, permitindo um ciclismo seguro, e também com bons sistemas de metrô.

No entanto, o aumento do número de automóveis particulares e de motocicletas na China e em todo o mundo tem levado a uma intensificação do congestionamento e da poluição. A primeira empresa automobilística a oferecer ao mercado mundial um veículo com taxa de emissões baixa ou nula (seja ele elétrico, baseado em células de hidrogênio combustível ou outra forma híbrida) satisfará as exigências de Los Angeles e de muitas outras cidades da OECD — um enorme mercado. Outras iniciativas nas áreas da reciclagem, do tratamento da água e da taxação local da remoção do lixo estão sendo implementadas no nível das metrópoles, tais como os inovadores planos de ação política do prefeito Jaime Lerner de Curitiba, no Brasil, que serão discutidos no Capítulo 9. Por outro lado, o meio ambiente de Bangkok, em deterioração, está hoje criando mercados para empresas com sede nos países do G-7, tais como a North West Water Company,

---

* Um *carpool* é um grupo de proprietários de veículos particulares que combinam viajar por turnos usando apenas um veículo a cada dia para transportar a todos eles. (N.T.)

da Inglaterra, que assinou um contrato de 256 milhões de dólares em 1995 para construir lá uma instalação para o tratamento da água.

Os governos metropolitano, estatal e local têm usualmente jurisdição sobre o zoneamento e o uso da terra. Mudanças no zoneamento podem levar a um uso mais eficiente das cidades-dormitórios que se espalham circundando as metrópoles dos EUA, permitindo zoneamento múltiplo, de modo que as pessoas possam trabalhar em suas casas ou mais perto de suas casas, e "famílias intencionais" maiores e sem relações de parentesco possam ocupar casas grandes zoneadas para uso de uma só família. Um tal uso eficiente do espaço urbano poderia poupar, para uma família média, 5.000 dólares por ano, de acordo com os arquitetos Duany, Plater e Zyberk, de Miami, na Flórida.[58] Adicionalmente, os governos metropolitano e local podem implementar melhor, nas construções residenciais, regulamentos para a eficiência energética e o aquecimento e resfriamento solar, bem como para o plantio de árvores e para a criação de mais parques urbanos. Árvores podem substituir o ar condicionado nas vizinhanças residenciais, reduzindo as temperaturas do ar ambiente em até dez graus Fahrenheit — economizando custos de eletricidade para consumidores bem como novos investimentos em usinas elétricas para as empresas de utilidade pública.

Em Detroit, Michigan, quarteirões esvaziados da populosa região central e mais antiga da metrópole estão sendo convertidos em parques e em jardins. Além disso, autoridades locais e metropolitanas podem autorizar os agricultores a instalar mercados de frutas e de hortaliças, os quais permitirão o acesso na área a pequenos agricultores. Em muitas metrópoles dos EUA, sítios locais descobriram vantagem competitiva em oferecer frutas e hortaliças, cultivadas sob condições naturais e vendidas a preços mais altos, a moradores urbanos de alto poder aquisitivo que rejeitam produtos agrícolas tratados com pesticidas. Um número recorde de agricultores norte-americanos está mudando para a produção orgânica, devido aos preços elevados dos insumos de combustível, de fertilizantes e de pesticidas, à competição pelas produções agrícolas convencionais e às margens de lucro superiores dos produtos isentos de pesticidas.

A taxação local também pode se constituir numa ferramenta para se atingir objetivos de desenvolvimento sustentável, por exemplo fixando-se o preço a partir do custo total de serviços públicos tais como eletricidade, água e remoção do lixo. Nos Estados Unidos, grupos tais como a National Association of State, County, and Municipal Governments e a League of Elected Officials partilham informações a respeito de programas inovadores. As iniciativas de mais rápido crescimento são as que desenvolvem planos de "Comunidades Sustentáveis", tais como a Sustainable Seattle. Esses programas estão se articulando mutuamente e promovendo versões locais da *Agenda 21*, como foi recentemente proclamado pelo governador do Estado de Iowa.[59] A Organização Mundial da Saúde, ao longo de uma década, estabeleceu uma rede com base em sua iniciativa "Cidades Saudáveis", tais como a Healthier Toronto. Cerca de dois mil representantes de tais programas reuniram-se em San Francisco em 1993 para a Healthy Cities Conference. Outro conjunto de importantes iniciativas locais são as moedas correntes locais e os comércios de troca descritos no Capítulo 9, bem como os novos indicadores da qualidade de vida urbana, tais como aqueles que foram pioneiramente introduzidos pela cidade de Jacksonville, na Flórida, desde 1983.[60] Todas essas redes e iniciativas locais comunicam-se umas com as outras, com governos nacionais e em níveis internacionais, e fornecem bancos de teste para serem replicadas.

NÍVEL 7: VALORES, ÉTICA E COMPORTAMENTOS FAMILIARES/COMUNITÁRIOS/INDIVIDUAIS

Todos os múltiplos níveis interagentes das atividades de desenvolvimento sustentável discutidas até agora são gerados por mudanças nas percepções, nos valores e nos estilos de vida dos indivíduos e das famílias. Naturalmente, essas mudanças, por si mesmas, criam conflitos e pontos de ignição. Na verdade, conflitos a respeito de idéias e de valores são saudáveis — eles mantêm a diversidade cultural. Apenas os conflitos que não são canalizados de maneira construtiva levam à alienação, a mais conflitos e, eventualmente, à violência. A psicologia desempenha um papel fundamental em ajudar as pessoas a entender como canalizar construtivamente os conflitos e como satisfazer suas necessidades de relacionamento, de aprovação, de auto-estima, de trabalho, de família e de papéis sociais, bem como a respeito da maneira de afirmar sua criatividade individual e sua busca de significado, de propósito e de auto-realização no nível de seus potenciais mais elevados.[61] O industrialismo, como todas as outras culturas, oferece aos indivíduos um cardápio de maneiras de ser e de se comportar que proporcionam coerência interna juntamente com os papéis sociais, os empregos, a renda, a participação política e um sentido mais amplo de propósito nacional.

No entanto, esse propósito nacional de competitividade industrial e militar com outras nações está se tornando cada vez mais contraproducente. O cardápio cultural do industrialismo está deparando com contradições à medida que ingressa na maturidade e transita rumo a estágios pós-industriais. O pós-industrialismo é caracterizado por setores de serviços predominantemente não-materiais, riqueza de informação, alta tecnologia e afluência, os quais, com freqüência, coexistem na maioria dos países da OECD com lacunas cada mais mais amplas entre ricos e pobres, ausência de em-

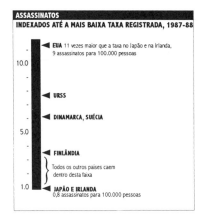

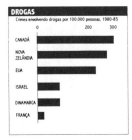

Figura 6. Perfil da Miséria Humana nos Países Industrializados

Fonte: *Human Development Report,* 1994, United Nations Development Programme pregos, decadência urbana, drogas, suicídios, crimes, fragmentação de famílias e de comunidades, solidão e perda de sentido. (Veja a Figura 6. Perfil da Miséria Humana nos Países Industrializados.) Essas condições, resultados da maximização do crescimento combinada com níveis cada vez mais altos de poluição, têm produzido uma dissonância cognitiva muito difundida. Há um maior questionamento do sistema de valores do industrialismo, que se baseia na eficiência, no materialismo e no economismo secular. Além disso, esses valores materiais do industrialismo e do consumismo conflituam nos dias de hoje, seriamente, com seus outros valores de democracia, de liberdade, de igualdade e de oportunidades para a mobilidade ascendente — isto sem falar nos valores mais elevados da justiça social e do desenvolvimento humano e cultural, como será discutido no Capítulo 7.

As razões para os novos conflitos de valor não estão envolvidas apenas com a salvação da Terra mas também, o que é ainda mais importante, com a recuperação dos valores básicos: família, comunidade, partilha e relações com amor e simplicidade, vistos agora por muitas pessoas como *preferíveis* para a vida em face dessa competição desenfreada por mais dinheiro e por mais bens de consumo. Em maio de 1993, dei uma entrevista coletiva à imprensa no National Press Club, em Washington, D.C., sobre a redefinição de riqueza e de progresso e sobre maneiras de revisar o PNB, à qual estiveram presentes cerca de cinqüenta jornalistas e editores, sendo televisionada em âmbito nacional pela C-Span. [62] Toda essa busca por novos significados que estejam *além* da promessa do industrialismo de ter sempre mais em termos materiais é evidente em outros países do G-7, na ascensão dos partidos Verdes, na reciclagem e num consumo e investimentos mais responsáveis. A mudança no nível psicológico tem igualmente impulsionado a inovação de tecnologias verdes e o crescimento de investimentos socialmente responsáveis, e de financiamentos mútuos, éticos e ambientais, cuja pesquisa de mercado segue de perto essas tendências do público e do consumidor.

Essa breve visão geral não pode fazer justiça às tendências interagentes que acionam o desenvolvimento sustentável em todos os níveis. A maioria dos editores e dos produtores, pressionados por constantes prazos finais de publicação das notícias, não dispõe de tempo para entender o paradigma do desenvolvimento sustentável. Mais expansivos, os arcabouços sistêmicos podem ajudar a reconceitualizar as grandes globalizações da atualidade e os processos reestruturadores que elas engendram. Há um entendimento amplamente compartilhado de que as redes de segurança social, que têm evoluído durante os últimos cinqüenta anos, são necessárias em todas as sociedades para impor rédeas aos mercados. Não podemos continuar nos perguntando qual das extremidades do barco está afundando. A colisão entre o paradigma da guerra econômica global e o paradigma do desenvolvimento sustentável permite que os elaboradores de planos de ação política, os líderes empresariais, as autoridades acadêmicas e os globalistas populares possam ter uma visão mais abrangente dos processos de mudança global ora em andamento.

CAPÍTULO 2

GLOBALISMO FANÁTICO E A FALÊNCIA DA ECONOMIA

P or volta de meados da década de 1990, as nações começaram a se desintegrar — divididas em unidades menores e, com freqüência, mutuamente hostis devido a pressões internas e às forças de globalização externas. Como previu E. F. Schumacher (1973), as nações-estados estavam se revelando grandes demais para problemas menores, locais, e pequenas demais para problemas grandes, globais. Os líderes nacionais estavam se lamentando a respeito de perderem, para a "competição global", suas opções políticas nacionais. Escravizados pelas idéias de seus falecidos assessores econômicos, não tinham mais ninguém para responsabilizar exceto a si mesmos. A soberania nacional tinha sido abandonada, por cegueira conceitual, a fluxos diários de capital de trilhões de dólares, que, até mesmo no âmbito interno, os jogadores reconheciam ser instáveis, bem como "cruéis", "darwinianos" e "precisando de regulamento".[1] O ex-presidente dos Estados Unidos, George Bush, fez um discurso no Forum de Presidentes, do *Business Week*, em 1995, para 150 executivos principais de grandes empresas sobre o tema "Capitalismo do Século XXI". O título desse discurso era "Novas Regras para a Economia Global". A competição global generalizada e sem controle estava deslizando perigosamente para a guerra econômica global.

REESTRUTURAÇÃO GLOBAL

O globalismo econômico e tecnológico da atualidade, baseado no capitalismo do século XIX e no nacionalismo expansionista da era industrial — culminando na Guerra Fria —, fora impulsionado pelo antiqüíssimo

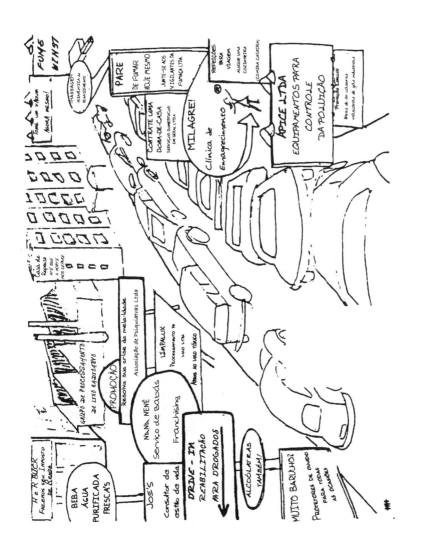

Figura 7. A Economia do Custo Social
© 1980 Hazel Henderson   Fonte: *The Politics of the Solar Age*

territorialismo e pelas estruturas competitivas patriarcais. Novas estruturas de cooperação devem fornecer o equilíbrio necessário. Os mercados da atual Era da Informação, acionados pela competição galopante, projetaram-se para dentro do ciberespaço financeiro, divorciados das realidades econômicas concretas, das necessidades humanas e dos ecossistemas da natureza. As primeiras baixas: redes de proteção do bem-estar social, já que até mesmo os países nórdicos e o Canadá reduziram os seus orgulhosos serviços públicos. Lord Robert Skidelsky, da Inglaterra, observou, em *The World after Communism* (1995), que os sistemas do bem-estar social servem ao propósito essencial de sustentar a coesão social, o que permite ao capitalismo avançar com os seus negócios. Paul Pierson estudou o processo de enxugamento dos serviços públicos, e em *Dismantling the Welfare State* (1995) ele descreve como os políticos aprendem a fazer cortes pequenos e freqüentes — o que torna o processo imperceptível ao longo do tempo. Cidadãos alarmados em todo o mundo responderam organizando-se para proteger a si mesmos, a seus meios de vida, suas vizinhanças e seus meios ambientes locais contra os efeitos desestabilizadores da competição global.

Até mesmo os dividendos da paz pós-Guerra Fria, há muito tempo aguardados, e que eram de cerca de 935 bilhões de dólares, não foram transferidos para setores civis. Grupos de cidadãos em todo o mundo têm, desde essa época, desviado sua atenção dos militares para a segurança humana (isto é, para ruas seguras, meios de vida e desenvolvimento sustentáveis, pacificação e meio ambiente), mas foram poucos os generais e os políticos que entenderam a mensagem. Pior que isso, dos oitenta e dois conflitos que ocorreram no mundo entre 1989 e 1992, todos, com exceção de três, aconteceram *dentro* das nações — liberando velhas e desestruturadoras rivalidades, e algumas nações, incluindo a Iugoslávia, a Somália e Ruanda, simplesmente se desagregaram.[2] Nessas guerras internas, 90% dos mortos e feridos foram civis. Por volta de 1993, havia 18,2 milhões de refugiados e 24 milhões de refugiados internos. Por volta de outubro de 1994, essas cifras subiram para 23 milhões e para 26 milhões, respectivamente. Enquanto isso, o alçapão da dívida mundial persistia nos países pobres mais endividados, que ainda deviam 230,2 bilhões de dólares no final de 1993.[3] Os déficits orçamentários dos países industrializados aumentavam; apenas um país-membro da OECD, a Noruega, teve um superávit em 1995.[4]

A reestruturação global continua a se acelerar, impulsionada por todas essas forças e em passo cerrado com fluxos financeiros globais, sendo que mais de 90% deles são especulativos. Derivativos cada vez mais complexos e instrumentos de "administração de risco", projetados para proteger os investidores individuais no mercado financeiro, somam-se aos riscos e às instabilidades sistêmicas. Mais de 50% das empresas que utilizavam tais derivativos não os entendiam plenamente, de acordo com o Professor Richard C. Marsden, da Wharton School of Business, da Universidade da Pennsylvania.[5] Em dezembro de 1994, o *Business Week*, num Relatório Especial intitulado "Twenty-first Century Capitalism", previu que "os agentes do mercado tornar-se-ão uma nova classe de legisladores sem estado controlando a capacidade dos governos para impor taxas, gastar, emprestar ou abater suas dívidas por meio da inflação". Por fim, os agentes financeiros e seus órgãos de imprensa começaram a fazer eco àquilo que eu e outros pesquisadores tínhamos apontado por mais de uma década: as novas forças da globalização *já* haviam solapado a soberania nacional, não apenas na administração macroeconômica interna das políticas fiscal e monetária, mas também na perda de opções políticas sociais nas áreas da saúde, da educação, da seguridade social, de emprego, de meio ambiente e até mesmo dos valores e das culturas dos seus cidadãos.

A incapacidade dos governos nacionais para sequer abordar os riscos crescentes para todos os agentes é um exemplo clássico de que o avanço da tecnologia e da globalização torna obsoletos os manuais econômicos. Os novos "bens comuns eletrônicos" globais que estão hoje engolindo a soberania nacional requerem um arcabouço de leis global para administrar a volatilidade e trazer ordem ao seu cassino global. À medida que a teoria dos jogos e que os modelos dinâmicos do caos vão tomando o lugar da economia, eles mostram que as regras de interação são tão fundamentais quanto os mercados nas sociedades humanas. A mão invisível é — e sempre foi — a nossa própria mão.

A teoria econômica negligencia muitas questões referentes aos bens comuns globais, incluindo regras de acesso e de partilha. A maioria das questões que confundem as sociedades humanas envolvem os bens comuns globais: os oceanos, a atmosfera, a biodiversidade, a Antártida, o espectro eletromagnético do planeta e o espaço. O cassino global da atualidade, agora integrado e funcionando 24 horas por dia, está se transformando de um clássico livre mercado de competição, com perdas e ganhos, numa nova forma de "bens comuns eletrônicos". Os manuais econômicos ainda não ensinam como reconhecer quando os mercados evoluem para bens comuns (isto é, quando todos os nichos no mercado são ocupados, o que será descrito mais adiante, no Capítulo 12), ou como localizar um novo "pé invisível" emergindo, à medida que cada comportamento egoísta "racional" do agente pode colocar em risco todo o sistema — a menos que seja tomada uma rápida ação coletiva (isto é, uma rápida adoção de regras em que todos ganham). Os mercados funcionam melhor com regras de ganho-perda, embora os bens comuns só funcionem com regras em que todos ganham. Se tais regras em que todos ganham não são adotadas quando os mercados transformam-se em bens comuns, o resultado é perda-perda — o dilema com que todos os agentes se defrontam no cassino global da atualidade. Eis um exemplo de confusão de paradigma: quando o Secretário do Tesouro dos EUA, Robert Rubin, incitou os países asiáticos a reformarem os seus setores financeiros, ele estava falando mais sobre desregulamentação e abertura dos seus mercados do que sobre a *regulação*, vitalmente necessária, de seus mercados de ações e de títulos, em particular na China e na Índia.[6]

Regulamentadores e banqueiros centrais foram forçados a adotar uma ação coletiva, de emergência, depois da crise do peso mexicano de 1994-95, uma vez que ninguém poderia defender suas moedas correntes, nem mesmo em comum acordo. As políticas dos banqueiros centrais são derrotadas todos os dias pela ação coletiva dos corretores de câmbio que encenam à vontade "*bear raids*" (movimentos especulativos) sobre as moedas fracas. (Para um emocionante relato contemporâneo, leia *The Vandals' Crown: How the World's Currency Traders Beat the Central Banks* [Millman 1995].) Os esforços do Secretário do Tesouro dos EUA, Robert Rubin, e do Presidente da Junta da Reserva Federal, Alan Greenspan, para coordenar os bancos centrais de treze países no sentido de elevar o dólar antes do encontro dos G-7 em junho de 1995, bem como esforços posteriores, resultaram apenas numa advertência efêmera aos corretores de câmbio — a um custo, para os seus respectivos contribuintes, de mais de 2 bilhões de dólares. Cada vez mais, os bancos centrais terão de mudar da administração do suprimento monetário nacional para o enfoque em agregados globais. Não são mais apenas os países em desenvolvimento os que são inundados por ondas de capital especulativo que escoam através das fronteiras. O McKinsey Global Institute estima que o estoque total de ativos financeiros negociados nos mercados de capital global aumentará de 35 trilhões, em 1992, para 83 trilhões no ano 2000.[7] Os mercados emergentes podem crescer de 15% de capitalização mundial em 1995 para 44% por volta de 2010. As privatizações, em 1995, respondiam por quase um trilhão de dólares em todo o mundo. Não obstante, os investidores nos mercados globais emergentes tomaram um banho em 1995, quando o México arrastou para baixo os mercados de ações em todo o mundo, sendo que apenas alguns países registraram ganhos acima do seu nível de 1993.[8]

Poderia a ciência sofisticada da alta tecnologia permanecer à frente dos regulamentadores, fazendo possivelmente com que os mercados escapem do controle? Inovações tecnológicas tais como computadores, que criaram os bens comuns eletrônicos globais da atualidade, sempre caminham fora de compasso com as inovações sociais que elas acabam gerando — com freqüência apenas depois de crises. A inovação dos "quebradores de circuitos" após o colapso de Wall Street, em 1987, amortece hoje os efeitos do comércio de programas (onde pedidos de compra e venda computadorizados, e executados simultaneamente, com freqüência amplificam os movimentos do mercado). A legislação nacional é ineficiente, uma vez que apenas acordos globais sobre o uso de bens comuns globais podem abordar os paradoxos de hoje. Até mesmo o financista George Soros (1995), empreendedor em iniciativas arriscadas, invocou um regulamento global, pois os "mercados financeiros são inerentemente instáveis e sujeitos a colapsarem, a menos que a estabilidade seja introduzida como um objetivo explícito da política do governo". Esse novo arcabouço regulamentador deve ser tão global, e vigorar "em tempo real", quanto os mercados. Os muitos estudos ocasionados pelo qüinquagésimo aniversário das Nações Unidas[9] são resumidos nos Capítulos 12 e 13.

Os estados-membros das Nações Unidas devem enfrentar esse furacão de mudanças globais. As Nações Unidas não são mais apenas uma "associação comercial" de nações, onde os estados-membros podem controlar sua agenda sonegando impostos. As nações continuam a "usar" as Nações Unidas para justificar as ações da política externa nacional ou para enviar forças mantenedoras da paz para situações impossíveis, que elas deveriam, ao contrário, evitar, tais como a Bósnia, Somália e Ruanda. As Nações Unidas têm agora outros constituintes efetivos, "nós, os povos", como afirma sua Carta Patente: a sociedade civil global, composta de organizações e de empresas privadas, voluntárias, não-governamentais, que são também poderosos círculos de eleitores dentro dos países-membros. Se os governos-membros tentam "provocar inanição" nas Nações Unidas, tais grupos verão que as funções das Nações Unidas nas áreas dos direitos humanos, do estabelecimento de padrões globais, da saúde, da educação, da monitoração ambiental e do desenvolvimento humano estão fundamentadas em caminhos alternativos. As grandes forças de globalização desencadeadas pelo industrialismo — inclusive aquelas dos "bens comuns eletrônicos" — introduziram a Era da Informação, mas ainda não introduziram uma Era do Conhecimento ou uma Era da Sabedoria. Os governos não podem controlar as atividades da sociedade civil emergente, assim como não podem controlar as corporações transnacionais — a não ser que reinventem as próprias Nações Unidas e suas próprias respostas coletivas à mudança global. Outro *round* da surra das Nações Unidas nos EUA, não vista desde os anos Reagan, começou com o Congresso Republicano em 1994. À medida que a política norte-americana tornava-se mais provocadora de desuniões, as Nações Unidas foram apanhadas no fogo cruzado. Por volta de 1995, a alienação política nos Estados Unidos chegou ao auge.[10] As Nações Unidas foram, com freqüência, tomadas como bode expiatório por grupos periféricos nacionais, tais como milícias armadas em muitos estados, e transformadas no objeto de suas desilusões muitas vezes paranóicas.

As Nações Unidas constituem a única instituição em posição real de reunir, estimular e intermediar todos os atores e instituições no governo, nos negócios, nas finanças, na academia e na sociedade civil global. A partir dos pontos de vista dos governos nacionais e das instituições da declinante Era Industrial, baseadas na nação-estado, as Nações Unidas parecem estar perdendo força — mesmo quando estão sendo instadas a realizar tarefas mais onerosas com fundos que escasseiam cada vez mais. Não obstante, a partir da perspectiva da emergente Era da Informação, que engole hoje as nações-estados, as Nações Unidas se acham efetivamente bem-posicionadas para servir às novas necessidades que estão sendo pressionadas sobre elas pela sociedade civil global. Assim como grandes corporações, tais como a IBM, e governos centrais esclerosados estão se reinventando e se reestruturando — eliminando camadas de burocracia, reduzindo-se em tamanho e descentralizando-se para satisfazer os critérios de "informações distribuídas" das organizações da atualidade —, assim também as Nações Unidas podem remanejar seus ativos para enfatizar suas forças. As Nações Unidas são idealmente adequadas para fomentar o estabelecimento da agenda global, a pesquisa e acordos para administrar os recursos globais do planeta, que são herança comum. Para cumprir essas tarefas, as Nações Unidas deveriam ser compensadas; são serviços vitais que permitem o funcionamento dos mercados e a abordagem das aspirações sociais humanas por um desenvolvimento sustentável. Em muitos casos, as Nações Unidas podem e deveriam ingressar em novas parcerias públicas-privadas para executar funções semelhantes às da INTELSAT, o Satélite de Comunicações Internacionais, ou as das instituições de Bretton Woods criadas em 1945.

Enquanto isso, grupos populares e da sociedade civil, na maioria dos países do Norte e do Sul, estão exigindo novos códigos de conduta para corporações globais e novos acordos para domesticar mercados de capital globais e suas tradicionais ferramentas de avaliação: o PNB (produto nacional bruto) e o CAPM (modelos de avaliação de ativos), que deixam de levar em conta os custos de produção social e ambiental. Essas demandas são respostas *ad hoc* aos governos nacionais paralisados e aos seus políticos, que culpam a competição global pelo desemprego estrutural, pela ruptura da seguridade social e por menos investimentos na educação e na saúde. Outras respostas locais pragmáticas incluem sistemas computadorizados de comércio de troca, "vendas de garagem" por rádio, dólares-tempo, créditos por serviço e outras moedas locais, escriturais, que empregam pessoas e aliviam os mercados locais ao permitir às pessoas locais comprar bens e serviços locais no momento em que elas sofrem da falta crônica de crédito por parte dos bancos centrais e das políticas nacionais, como será descrito no Capítulo 9. Na verdade, se o estrangulamento imposto pelo cassino global sobre as comunidades locais continuar, as moedas locais de informação, as associações de pagamento regionais, os bancos virtuais e o *E-cash* na Internet, o comércio de trocas global e o contracomércio, que, conforme se estima, já cobre 25% de todo o comércio mundial, podem simplesmente quebrar e decretar o fim do cartel monetário global.[11] Tais "Ardis-22" recém-revelados forçam uma dolorosa verificação da nova realidade: a soberania nacional está, rapidamente, se tornando um *slogan* nostálgico — agora em baixa em todos os governos desde a difundida desregulamentação dos mercados de capital na década de 80 e o estabelecimento da Organização Mundial do Comércio (OMC) em 1995.

DE BALANCETES A PROCESSOS CIRCULARES

Esses novos círculos viciosos e essa duplicidade de ligações assinalam a falência da macroeconomia e seus limitados *kits* de ferramentas para administrar as questões nacionais internas. Os manuais de economia não nos ajudam mais a esclarecer *o que é valioso*, ou o que é um *custo* e o que é um *benefício*. Velhas teorias econômicas foram varridas pelo furacão de mudanças e pelos turbulentos processos de globalização que descrevi em *Transcendendo a Economia* (1991, 1995): a globalização da tecnologia, da produção, da informação, dos fluxos financeiros e das bolsas de valores, a migração de empregos e de trabalhadores, o tráfico de armas e a poluição. A maioria dos modelos econômicos, com seus balancetes estáticos e lineares e suas noções de causa-efeito simples e igualmente lineares, pressupõem que as economias são nacionais e tendem para o equilíbrio geral; que os mercados competitivos podem partilhar recursos entre armas, educação, transporte coletivo e investimentos em pesquisa e desenvolvimento; que a distribuição relativa da renda, da riqueza, do poder e das informações entre as pessoas é irrelevante; que o capital da natureza (ar puro, água e meio ambiente) ainda é essencialmente gratuito e inexaurível; que os escassos recursos podem sempre ser substituídos; e que o planeta pode absorver continuamente os resíduos humanos e industriais, cujo papel é minimizado pelos economistas, que a eles se referem denominando-os "externalidades". Em meados da década de 90, alguns dos economistas mais inteligentes estavam aprendendo dinâmica sistêmica, modelamento não-linear de mudanças, pesquisas sobre futuros, ecologia e teoria do caos, a fim de abordar as novas realidades globais. (Veja a Figura 9. Diferentes Modelos de Economistas e de Futuristas.) Até mesmo as fundações norte-americanas, que costumam ser uma força conservadora, começaram a abordar *causas* nas perversas operações das teorias econômicas, uma mudança com relação ao seu enfoque tradicional dos *efeitos* econômicos.

À medida que os mercados e as privatizações vão se difundindo pelo mundo, o próprio paradigma do gerenciamento macroeconômico vai criando muitas devastações — e isso até mesmo nos países do G-7, as sociedades mais "ricas" do mundo: os Estados Unidos, a Grã-Bretanha, o Japão, a Alemanha, a França, a Itália e o Canadá. Enquanto essas mudanças, juntamente com a difusão da democracia, abriam novas possibilidades para o desenvolvimento humano, os manuais de economia continuavam estreitando as opções e os debates políticos, em particular nos países do ex-bloco soviético e nas nações aspirantes do Hemisfério Sul. *Third World Resurgence*, um periódico editado em Penang, na Malásia, documentou a perversidade do economismo em todas as suas expressões: dos planos de ação política do Banco Mundial e do FMI ao exemplo de economistas que "colonizaram" os planos de ação política da Intergovernmental Panel on Climate Change (IPCC) ao persuadi-lo, em 1994, a adotar uma abordagem de livre mercado, que, na verdade, atribuía às vidas das pessoas nos países industrializados um valor dez vezes maior que o das pessoas nos países em desenvolvimento. A missão desses economistas era "capturar a agenda do desenvolvimento sustentável para a profissão econômica", de acordo com John Corkindale, economista inglês do Departamento de Meio Ambiente do Reino Unido. O argumento dos economistas tem sido simples: é mais barato adaptar-se às mudanças climáticas do que deixar de causá-las, e o direito de emitir gases de estufa deveria ser proporcional à renda.[12]

Não obstante, novos indicadores estão emergindo para corrigir essas teorias irresponsáveis e injustas e os antigos indicadores do progresso, tais como o produto nacional bruto/produto interno bruto (PNB/PIB), e para acrescentar medições mais amplas, de qualidade de vida, que refletem objetivos sociais e democráticos do desenvolvimento humano. O desenvolvimento sustentável, se puder ser protegido contra a colonização por parte dos economistas, pode desafiar a velha fórmula do crescimento econômico competitivo. A primeira tarefa para se conduzir as sociedades humanas em direção a formas mais saudáveis de desenvolvimento consiste em examinar velhas suposições, sistemas de crenças e paradigmas que podem ter sido bem apropriados em tempos passados, menos complexos, mas que hoje são inadequados.

O PNB/PIB (que foram amplamente utilizados durante a Segunda Guerra Mundial para mobilizar as economias civis dos aliados e a produção de guerra) servem como limitados indicadores do progresso baseado no di-

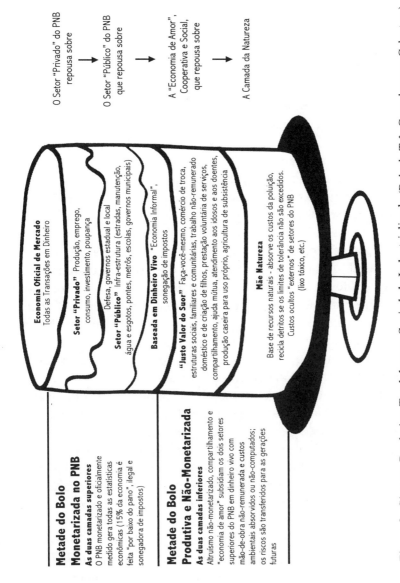

Figura 8. Sistema Produtivo Total de uma Sociedade Industrializada (Bolo de Três Camadas com Cobertura)

© 1982 Hazel Henderson   Fonte: *Transcendendo a Economia*

nheiro, mas não do desenvolvimento humano sustentável. Poucos políticos — confiando em seus economistas como confiam — examinaram as premissas, as metas e os valores subjacentes ao PNB/PIB. A produção militar e a produção de bens e de serviços são altamente valorizadas, enquanto que cidadãos instruídos, crianças (o futuro de uma nação) e o meio ambiente recebem o valor zero. Somente as transações monetárias são rastreadas — enquanto que os 50% do trabalho produtivo em todos os países industrializados que são *não-remunerados* (servir como voluntários; executar construções e consertos domésticos do tipo faça-você-mesmo; cultivar e criar plantas e animais para a alimentação; prestar serviços administrativos locais; criar filhos; cuidar dos idosos, dos doentes e dos inválidos; manter lares, etc.) são ignorados. O *Human Development Report, 1995* focalizou a produtividade dessa esquecida metade da humanidade e ajustou seus *rankings* em conformidade com isso; nos países em desenvolvimento, a porcentagem desse trabalho não-remunerado é muito mais alta. Esse desprezo pelo trabalho não-remunerado reflete uma profunda tendenciosidade na teoria econômica: a de que o trabalho cooperativo, altruísta, é "irracional", e de que somente os seres humanos que maximizam competitivamente seus interesses próprios individuais são "racionais". (Veja a Figura 8. Sistema Produtivo Total de uma Sociedade Industrializada [Bolo de Três Camadas com Cobertura].) Atualmente, a competição deve ser reequilibrada com a cooperação em todos os níveis — do local ao global — assim como essas duas estratégias coexistem em todos os ecossistemas da natureza. O *Human Development Report, 1995* identifica quatro áreas críticas no desenvolvimento humano: produtividade, eqüidade, poder pessoal (*empowerment*) e sustentabilidade. A cooperação e o rebalanceamento dos papéis dos homens e das mulheres são elementos cruciais em cada área.[13]

Para obter a necessária reversão das economias industrializadas e industrializantes, os elaboradores de planos de ação política precisam reconhecer que os processos de globalização da atualidade são impulsionados pela competição: entre as nações, as grandes empresas, a ciência e as inovações tecnológicas, os blocos comerciais e os mercados financeiros, e estão hoje levando a novas formas de mercantilismo. Na precipitação rumo aos mercados e à privatização, os líderes devem se libertar de outras generalizações econômicas obsoletas, incluindo:

1. O "livre comércio" está sempre presente nos melhores interesses de todos porque parece abaixar os preços para os consumidores; mas esses preços não incluem os custos sociais e ambientais plenos. O influente *The Economist* da Grã-Bretanha é o mais dogmático proponente dessa obsoleta religião, baseada em velhas suposições.

2. A "política industrial" é sempre má, mesmo que alguns países da

Europa e da Ásia a pratiquem. Poucos reconhecem que o orçamento militar dos Estados Unidos, grande em excesso, com as maiores exportações de armas do mundo, ativamente promovidas pelo governo, é uma forma de política industrial. Enquanto os Estados Unidos encobrem sua política militar-industrial, as visões de mundo em Washington são anuviadas — muitos livre-cambistas dogmáticos ainda sustentam, como o faziam os assessores do ex-presidente George Bush, que é irrelevante se a economia dos EUA se sobressai em *potato chips* ou em *computer chips*.

3. O "investimento" é sempre bom no setor privado, seja esse investimento aplicado em pesquisas para inovar uma nova marca de ração para cães ou em fibras ópticas, seja numa nova fábrica de brinquedos ou em outra sociedade de poupança e de empréstimo imobiliário.

4. O "investimento em setor público" para a manutenção da infra-estrutura (estradas, represas, edifícios públicos, aeroportos, etc.) é classificado no PNB como "despesa" porque, inexplicavelmente, as instalações públicas não são incluídas nos livros de prestação de contas nacionais como bens de capital. Se o fossem, o déficit seria reduzido. Por volta de 1995, o único país que tinha reformulado seu PNB/PIB para que respondesse por esses bens de capital era a Nova Zelândia.

Naturalmente, o enfoque universal na maximização do crescimento econômico medido pelo PNB/PIB direciona essas sociedades para planos de ação política que fazem essas estatísticas macroeconômicas parecerem boas, inclusive aquelas sobre desemprego promediado, níveis de investimento, taxas de juros, poupança, déficits e comércio, enquanto mentem sobre todos os outros aspectos do progresso, tais como saúde, satisfação e qualidade de vida. Os custos sociais e ambientais de se lidar com os efeitos de tal crescimento econômico, sejam eles o desemprego, a falta de moradias, a pobreza, a criminalidade, as drogas, famílias divididas, cidadezinhas abandonadas e poluição, são então *somados ao* PNB/PIB em vez de ser *subtraídos dele*. A década de 90 tem experimentado, até agora, níveis realmente inaceitáveis de desemprego na maioria dos países industrializados, forçando a reavaliações fundamentais. Nos poucos últimos anos, a represa finalmente rachou, e os economistas renegados da atualidade estão se juntando à crítica geral da economia, que é hoje um território seguro, e fazendo proliferar novos índices. Até mesmo o Banco Mundial revelou, em setembro de 1995, um "Índice de Riqueza" experimental, que será discutido no Capítulo 10. (Veja a Figura 9. Diferentes Modelos de Economistas e de Futuristas.)

A visão macroeconômica da vida também padece de abstração e de centralização acadêmicas estabelecidas de cima para baixo. Por exemplo, a medição de rendas médias *per capita* esconde lacunas cada vez maiores entre ricos e pobres, e as taxas de desemprego médio acima de 10%, hoje predominantes em muitos países, mascaram problemas do mundo real, de regiões e de populações locais que estão passando por situações de desemprego muito mais alto. Tais estatísticas macroeconômicas de cima para baixo produzem suposições "generalizadas": que as intervenções do banco central nos mercados financeiros globais são capazes de defender as moedas correntes nacionais, ou que a atenuação das taxas de juros ou que a reforma com deduções de impostos para investimentos e a redução das taxas sobre ganhos de capital fluirão para criar mais empregos e fazer a economia "pegar no tranco".

A inadequação da intervenção do banco central para defender a moeda corrente nacional foi ilustrada pela "fiança" *ad hoc* do México, de 50 bilhões de dólares, conduzida pelos EUA, que foi precipitada e realçou as fraquezas do North American Free Trade Agreement (NAFTA). Os ásperos termos da "fiança" foram estabelecidos por Wall Street, por um Congresso discordante e, compreensivelmente, por eleitores ponderados e por pequenos investidores. A "fiança" acelerou as falências de empresas e bancos mexicanos, aumentou o desemprego, disparou os preços para o alto e instigou a inquietação política, como foi documentado pela revista *Fortune* em agosto de 1995. Esses eventos deram um giro para trás, arrastando igualmente o dólar para baixo — e solapando até mesmo seu *status* de moeda corrente de reserva mundial. Os comerciantes começaram a se

Economistas	Futuristas
• Baseiam-se em dados passados	• Constroem cenários
• Supõem o equilíbrio	• Desequilíbrio
• "Estado normal"	• Não "normal"
• Reativo	• Proativo
• Linear	• Não-linear
• Reversível	• Irreversível
• Inorgânico	• Sistema vivo
• Ciências *hard*	• Ciências da vida
• Dados "*hard*"	• Dados e modelos "nebulosos" (isto é, probabilidades)
• Determinísticos	• Sinergísticos
• Curto prazo	• Longo prazo

Figura 9. Diferentes Modelos de Economistas e de Futuristas

© 1988 Hazel Henderson

referir aos três países do NAFTA – EUA, México e Canadá – como "o bloco do *peso*". O debate nos Estados Unidos a respeito da "fiança" mexicana reabriu em julho de 1995, com audiências na Câmara e no Senado que desafiavam as afirmações da Casa Branca garantindo que o México recuperara sua situação anterior. Se o tivesse conseguido, diziam membros do Congresso, então por que deveríamos continuar gastando dinheiro para fortalecer o *peso*?[14] O reembolso pelo México de 700 milhões de dólares, em outubro de 1995, também foi com dinheiro emprestado.

No sistema financeiro global da atualidade, a manipulação das taxas de juros tornou-se um instrumento embotado, nacional e internacionalmente. Altas taxas de juros não somente debilitam os negócios e o emprego nacionais, pioram os "índices de miséria" e nutrem as divergências políticas como também sugam muito capital (deixando o país "no prego" para estrangeiros) ou, perversamente, sinalizam para os sagazes corretores de câmbio e de títulos a fraqueza subjacente do país.

Uma mudança na tributação nacional, de folhas de pagamentos e de rendas para o uso excessivo de recursos naturais e de energia, juntamente com deduções de impostos destinados à criação de empregos em âmbito nacional, ajudaria os países a criar empregos internos. Consumidores em muitos países ricos, que sustentam 65% do PNB dos EUA, estão agora tão endividados que não podem desempenhar as heróicas façanhas de consumo exigidas para manter no topo os indicadores econômicos. Não é de se admirar que eles tenham se indignado com a "fiança" mexicana. As taxas de poupança variam de acordo com as políticas dos impostos, mas os efeitos da publicidade também devem ser computados. Os cidadãos dos EUA são bombardeados anualmente com 150 bilhões de dólares de comerciais, instando-os a consumir em vez de poupar. A taxa de poupança doméstica dos EUA é de 4% da renda disponível, inferior aos 8,5% na década de 70 e inferior à de muitos países asiáticos e europeus.[15] A *Business Week* comentou corretamente sobre outro problema num artigo intitulado "You Can't Balance Tomorrow's Budget Today". O Congresso dos EUA aprovou o orçamento federal de 1996, mas ninguém pode calcular, a partir das suposições de hoje, o que acontecerá dentro da economia norte-americana, que atingirá 12 trilhões de dólares em 2005.[16]

Os esbanjamentos políticos também precisam ser refreados, mas a equilibração dos orçamentos para cortar os déficits deve ser realizada com grande cuidado, a fim de se evitar a deflação e porque os governos tornaram-se "patrões de último recurso". Análises de custo-benefício sobre os custos que as regulações representam para os negócios ignoram os custos sociais e ambientais que essas empresas "externalizam" para os contribuintes e para as gerações futuras. O corte de déficits é necessário, mas até que revisemos as contas do PNB, não temos uma medida precisa do tamanho do déficit. Pior ainda, as estruturas econômica e social que as receitas para o crescimento do PNB criaram não podem mudar muito rapidamente; cortes no orçamento podem levar a profundas recessões. Bilhões de dólares em todos os setores da economia norte-americana apóiam-se em cálculos do Índice de Preços ao Consumidor (IPC), o qual, se fosse recalculado com cifras inferiores, provavelmente corretas, poderia ser utilizado para justificar a redução das taxas de juros e a ativação das economias no nível do pleno emprego. Um IPC recalculado, reduzido em 1%, foi encomendado pelo Congresso e pela administração Clinton no final de 1995, em grande medida para reduzir os aumentos dos custos de vida para os aposentados — o que resultará numa poupança no orçamento de 281 bilhões de dólares por volta de 2002, de acordo com o Congressional Budget Office.[17] No entanto, as taxas de juros não foram reduzidas para refletir o novo IPC. Se os PNBs corrigidos separassem os investimentos de longo prazo, em bens de capital, na infra-estrutura e na educação, os déficits seriam drasticamente reduzidos da noite para o dia. Se acrescentássemos os custos integrais da poluição e do esgotamento dos recursos naturais, o PNB seria reduzido e os déficits aumentariam.

Enquanto isso, os empregados demitidos, cujas empresas "melhoram" sua eficiência econômica (conforme medida pelas fórmulas tradicionais dos economistas para a produtividade *per capita*) automatizando-se ou deslocando-se para uma área de baixos salários, com freqüência não podem sequer comprar os bens necessários à sua sobrevivência e terminam dependendo da previdência social. A difusão dos mercados em todo o mundo desde o colapso da União Soviética acelerou a globalização competitiva. Dois conjuntos de instituições globais, as corporações e os países, dominam hoje o mundo. As corporações, muito maiores e mais ricas, em PNB, do que todos os países com exceção dos maiores, vagueiam pelo mundo à procura de mão-de-obra e de recursos baratos — deflagrando migrações econômicas humanas através das fronteiras (Barnet e Cavanaugh 1994). Em seu levantamento a respeito das multinacionais, "Big Is Back", *The Economist* reviu a reestruturação das empresas gigantes como "globalização de suas operações" e a sua aceitação como "membros da comunidade local" por muitos países. Espera-se que os investimentos globais das multinacionais aumentem em quatro vezes por volta do ano 2020, a partir dos 232 bilhões de dólares de 1993.[18] Os países intermediam suas forças de trabalho — por exemplo, a barata, dócil e não-sindicalizada ou a bem-treinada — para as corporações globais, juntamente com sua riqueza e sua biodiversidade naturais no bloco dos leilões diários dos mercados de capital globais — num trágico jogo em que sempre se perde (*lose-lose*). Os políticos não conseguem imaginar novas estratégias até que tais suposições e medidas perigosamente feitas a curto prazo sejam refutadas, juntamente com as predominantes taxas de descontos que favorecem o consumo atual sobre as necessidades futuras.

Uma tarefa-chave para a abordagem do dilema economicamente emoldurado da atualidade consiste em expor e em remediar um erro básico do industrialismo: perseguir eficiência na produção em massa estreitamente definida substituindo insumos humanos de habilidades e de mão-de-obra por capital, energia e recursos. E. F. Schumacher (1973) e Barbara Ward (1966) escreveram a respeito do desastre iminente que isto causaria, assim como Mahatma Gandhi já advertira: o industrialismo, guiado pelas fórmulas de produtividade *per capita* dos economistas, aumentaria sistematicamente o desemprego. Para a Índia, Gandhi recomendou enfaticamente a "produção pelas massas", descentralizada e com base no lar e na aldeia, e não no estilo britânico da produção em massa em fábricas cada vez maiores (Erickson 1969). Na década de 60, críticos sociais e analistas políticos (por exemplo, o Ad Hoc Committee on the Triple Revolution com sede nos EUA) notaram que a produção em massa cada vez mais mecanizada e automatizada já estava aumentando o desemprego.

Muitos observadores além de mim mesma apontaram que a produção em massa e o desemprego progressivamente mais automatizados não precisavam ter levado a um alargamento do âmbito da pobreza e à ruptura social se as sociedades industrializadas pudessem ter repensado seus paradigmas de manual econômico relativos à escassez e à insaciabilidade dos desejos humanos. Em vez disso, as sociedades industrializadas continuavam a contar com a guerra, com o trabalho e com o bem-estar* para distribuir o poder de compra necessário para manter a demanda. Nos países industrializados da Organization for Economic Cooperation and Development (OECD) houve debates, com freqüência conduzidos por sindicatos, a respeito das muitas maneiras pelas quais os frutos da abundância tecnológica poderiam ser espalhados de maneira mais imparcial e mais ampla, e das maneiras como a mentalidade puritana "não trabalha-não come", a crença no darwinismo social e a ética da competição, da propriedade privada e da escassez poderiam ser modificadas. Esse tipo de debate político e de inovação de planos de ação política poderia ter-nos levado a aceitar a nova abundância material, enquanto a dilaceração e a dor do desemprego e da pobreza seriam reduzidas. Estive profundamente envolvida nos debates das décadas de 60 e de 70 promovendo a propriedade do

---

* No original, *warfare, workfare, and welfare.* (N.T.)

trabalhador; cooperativas; empresas menores e que fazem um uso intenso da mão-de-obra; e formas de renda mínima garantida. No entanto, insisti e ainda insisto no fato de que a degradação do meio ambiente acabaria barrando as visões de abundância utópica, freqüentemente masculinas, dos otimistas tecnológicos: robôs domésticos fazendo o trabalho sujo e a natureza fornecendo indefinidamente os recursos.

Por volta do final da década de 70, a pobreza crescente e o desemprego estrutural tornaram-se demasiadamente visíveis para serem ignorados, e até mesmo a OECD publicou um relatório em 1978 advertindo que a década de 80 poderia ser "uma era de crescimento econômico sem empregos".[19] Em janeiro de 1993, a *Business Week* se preocupava em seu editorial com o fato de que, embora a economia dos Estados Unidos estivesse crescendo novamente após a recessão de 1992, tratava-se de um "crescimento sem empregos".[20] Os editores, incompreensivelmente, observaram que "o aumento da produção por trabalhador tinha sido a força impulsionadora" na expansão de 3% desde o final de 1992 — aparentemente sem compreender que o aumento da "produção por trabalhador", no âmbito do paradigma existente, era simplesmente outra maneira de dizer *aumento do desemprego.* Tornara-se claro, no final da década de 70, que o keynesianismo era insustentável, e que a alardeada demanda agregada para se obter emprego pleno estava se tornando cada vez mais inflacionária e desperdiçadora de recursos.

Enquanto isso, os economistas racionalizavam a crescente tendência para a "estagflação" (altos níveis de desemprego e inflação, que os manuais continuam a dizer que deveriam ser uma questão de compensação). Pior que isso, eles também têm de racionalizar a maneira como o desemprego parecia permanecer obstinadamente alto ou mais alto depois de cada recessão excessiva. Não havia teorias plausíveis no âmbito do arcabouço econômico que pudessem abranger a eclosão da síndrome do crescimento sem empregos. Somente modelos de planos de ação política mais amplos e interdisciplinares poderiam ter fornecido a explicação. Em vez de abrir o debate para outras disciplinas, a maioria dos economistas cerrou fileiras e redobrou seus esforços para administrar doses ainda maiores das prescrições viciosas. As economias industrializadas tornaram-se viciadas, em primeiro lugar na injeção monetária pelo governo, em seguida no consumo alimentado pela propaganda, depois no crédito fácil e, por fim, no uso crescente da energia numa profusão de bugigangas devoradoras de eletricidade e crescente produção de materiais. Na década de 70, o vício se espalhou até a inovação tecnológica — como foi mostrado por Orio Giarini e Henri Louberge (1979). Cada vez mais, as empresas e as nações eram forçadas a gastar mais em pesquisa e desenvolvimento na louca precipitação por produtos de inovação, com freqüência triviais, ou para competir tecnológica e militarmente.

Na década de 80, os economistas keynesianos foram suplantados pelos monetaristas, que tentaram — e ainda estão tentando, juntamente com os banqueiros centrais do mundo — nocautear a inflação não corrigindo os IPCs mas, como sempre, com arrocho monetário e altas taxas de juros. Eles irão malograr e desencadear uma deflação global ou continuarão a provocar um aprofundamento do desemprego, pois a inflação é, com muita freqüência, exagerada nas estatísticas nacionais e nos índices de preços (IPCs). Grande parte da inflação está vindo hoje de novas fontes, que ainda não são descritas nos manuais de economia: por exemplo, a crescente complexidade de sociedades industrializadas interdependentes, nas quais crescentes custos sociais, ambientais, infra-estruturais e reguladores ingressam indiretamente no sistema de preços e não podem ser espremidos para fora dos índices de preços ao consumidor por meio do estrangulamento da atividade econômica e do emprego.[21] Até mesmo o *Business Week* publicou "Let's End Our Inflation Obsession" em sua edição de 13 de novembro de 1995.

Os "supply-siders" (adeptos do "lado da oferta") entraram em cena nos Estados Unidos com Ronald Reagan e simplesmente viraram o keynesianismo de cabeça para baixo, alardeando o lado investimento/*input* da produção. Eles também alardearam a demanda com enormes aumentos nos gastos militares, e o consumo com cortes no imposto de renda das pessoas físicas — formas encobertas de política industrial. Os déficits dispararam para o alto e os Estados Unidos, bem como muitas outras economias industrializadas, ficaram viciadas em investimentos de capital cada vez maiores tanto no setor público como no privado. Em dezembro de 1992, o OECD relatou que os déficits orçamentários de todas as sociedades industrializadas tinham subido para 3,8% do PIB, o valor mais alto em dez anos.[22] Por volta de 1995, esses déficits foram rotulados de "estruturais". Uma nota de rodapé ao confuso debate sobre os déficits nos Estados Unidos foi um estudo realizado por Joseph Carson, da Dean Witter Reynolds, Inc., uma empresa de Wall Street, mostrando que os gastos do governo em bens e em serviços, em todos os níveis, atingiram uma baixa de quarenta anos em 1994. Praticamente todas as outras despesas foram pagamentos de juros sobre a dívida nacional — o terceiro item mais alto.[23] Como também ocorreu em outros países, o governo dos EUA estava à mercê das políticas das taxas de juros do discreto banco central independente, o Federal Reserve Board.[24]

Durante os anos Reagan, os códigos dos impostos e outras macropolíticas dos EUA foram ainda mais desequilibrados ao subsidiarem as entradas de capital, que aumentaram o lixo, a poluição e o esgotamento dos recursos. Contratar pessoas tornou-se ainda menos atraente por meio de regressivos impostos na folha de pagamentos e por forçar os empregadores a carregar nos ombros fardos de compensações dos trabalhadores, o seguro-saúde e outros benefícios assistenciais. Não é de se surpreender o fato de que, por volta de meados da década de 80, os patrões, particularmente nos Estados Unidos, responderam a isso intensificando a automação, e em 1993 ajudaram a liquidar o defeituoso plano de Clinton de assistência à saúde. Com freqüência, esses esforços corporativos somaram-se à ineficiência generalizada, tal como os 3 trilhões de dólares estimados que as empresas norte-americanas gastaram em computadorização inadequada, e que não elevaram perceptivelmente a produtividade (Tapscott e Caston 1992, 231). Essa tendência ulterior das relações capital/trabalho no código norte-americano dos impostos simplesmente levou os patrões a adotarem o "meio-período" para suas forças de trabalho a fim de evitar os fardos dispendiosos e os trabalhos burocráticos e de menor importância dos empregados em período integral. Isso levou à atual situação em que 33 milhões de norte-americanos trabalham por conta própria, sediados em suas próprias casas e à ascensão da força de trabalho contratada.

Os modelos econômicos são lineares e os economistas com freqüência não vêem o que os teóricos sistêmicos e os cidadãos comuns reconhecem como óbvio: "Tudo o que vai sempre volta." Por exemplo, o PNB produz um tipo de contabilidade de curto prazo, de fluxo de caixa, que levaria uma empresa particular a investir deficientemente e a negligenciar a manutenção — resultando em falência. Desse modo, a economia norte-americana, com base em patrimônio líquido, tem desinvestido em infra-estrutura pública e ficado para trás de todos os seus competidores do G-7. Pior que isso, uma vez que o PNB/PIB não responde pelo "capital humano", a educação continua a ser tratada como "despesa", o que, durante a era Reagan/Bush, resultou numa redução das taxas de alfabetização funcional norte-americanas — inferior às da maioria dos outros países industrializados e até mesmo de alguns países em desenvolvimento, tais como a Costa Rica. A administração Clinton tentou abordar esses problemas reclassificando esses gastos do governo, de maneira mais correta, como "investimentos". No entanto, os economistas ortodoxos e seus aliados republicanos e democráticos opuseram-se a tais heresias teóricas. Foram bem-sucedidos em reenquadrar todo o debate público norte-americano em termos macroeconômicos como sendo um exercício de registro de transações contábeis, isto é, de redução do déficit, de estabilização orçamentária e de cortes em todos os gastos sociais, sejam eles em assistência à saúde, em educação ou em prevenção ao crime, para alardear o crescimento do PNB — enquanto se deixa intactos os ainda inflados gastos militares.

Os economistas só chegaram a dominar a elaboração de planos de ação política nacional durante a Segunda Guerra Mundial, quando os países industrializados começaram a aceitar as noções de Lord John Maynard Keynes, da Inglaterra. Keynes era um matemático, um investidor e um jornalista que gostava de demolir os economistas neoclássicos imperantes na década de 1930. Ele legitimou as ferramentas dos macroeconomistas para guiar os políticos a fazer uma "sintonia fina" em seus planos de ação política fiscais e monetários: taxação, emissão de dinheiro, gastos do governo, taxas de juros e investimentos públicos e privados para criar "uma maré montante de crescimento econômico que levantaria todos os barcos". Esse vívido imaginário era poderoso, mas profundamente defeituoso: era construído sobre fórmulas matemáticas que permaneciam no topo de dados promediados, balançando sobre suposições irreais a respeito do comportamento de seres humanos "médios". Uma crítica de tais ferramentas estatísticas, feita na *Scientific American* de julho de 1995, previu o seu eclipse. Os economistas da escola das "expectativas racionais" criticaram os keynesianos durante décadas, oferecendo, aos elaboradores de planos de ação política, pouco mais que a trivial observação de que as expectativas das pessoas a respeito das políticas do governo ficam divididas nas suas decisões.[25] Não obstante, a demanda global alimentada com propaganda em quantidade cada vez maior e crédito fácil ainda era o volante desse crescimento econômico, e a injeção monetária foi ulteriormente ativada pelos gastos do governo, aumentando o suprimento de dinheiro e cortes nos impostos sempre que necessários.

Os debates econômicos contemporâneos ainda trazem o aroma desse imaginário keynesiano, mesmo quando sua contribuição é reavaliada e seu papel criativo na construção de instituições financeiras internacionais recebe merecida ênfase.[26] As prescrições de Keynes sobre política interna levaram, em parte, às economias viciadas da atualidade. Não obstante, o *round* de euforia de mercado do lado da oferta na Inglaterra e nos Estados Unidos durante a década de 80 nada fez para se deslocar rumo à sustentabilidade e agora também pode ser reavaliada. As restaurações sensacionalistas de Reagan e Thatcher tentaram manter em ascensão os números do PNB/PIB enfraquecendo a infra-estrutura, aumentando os déficits, vendendo bens públicos, isto é, de propriedade dos contribuintes, àqueles que tinham recursos para se apropriar das novas ações, e canibalizando o tecido social cooperativo e o setor informal, ao mesmo tempo em que explorava em excesso os recursos naturais e ignorava as ameaças do crescimento ao meio ambiente. Curiosamente, os velhos keynesianos freqüentemente convergiam com os adeptos do lado da oferta no sentido de minimizar a importância dos déficits e os esforços de equilibração do orçamento. Os keynesianos dizem que se deve permitir aos governos, assim como às empresas, administrar seus orçamentos em vista dos seus objetivos próprios ou democráticos, tais como investimentos no emprego, no treinamento e na infra-estrutura. A variável fundamental é a proporção do déficit em relação ao PIB.[27] Os adeptos do lado da oferta preocupam-se mais com os cortes nos impostos — mesmo que eles desequilibrem orçamentos. Infelizmente, até mesmo na década de 90, essa receita para o crescimento do PIB se difunde por todo o mundo à medida que os economistas espalham suas prescrições tiradas de manuais de economia do século XIX para o ex-império soviético e para os países aspirantes do Sul, enchendo de sofrimento os países em desenvolvimento por via dos planos de ação política do Banco Mundial e do FMI. Em 1995, a África do Sul, a quem o Banco Mundial e o FMI estavam ansiosos para fazer empréstimos, anunciou que não se interessava em dar a mínima importância para tais planos falhos de ação política.[28]

As receitas tradicionais de crescimento do PIB para o desenvolvimento atolaram nos custos ambientais e sociais, no desemprego e no aprofundamento do abismo entre ricos e pobres. Se o G-7 e outros grupos econômicos, incluindo a WTO, pretendem nos ajudar a sair desses círculos viciosos, eles precisam olhar para além dos seus economistas, como pensam 71% do público norte-americano, e acolher assessores vindos de outras profissões — pensadores sistêmicos, especialistas em teoria dos jogos, antropólogos culturais, ecologistas, especialistas em teoria do caos e psicólogos — para ajudar a entender os imperfeitos mercados da atualidade.[29] Os economistas precisarão passar por um novo treinamento em todas essas novas ferramentas e precisarão garantir novamente que querem melhorar os problemas sociais e ambientais que seus conselhos anteriores tão amiúde desencadearam.

Hoje, um monte de piadas sobre os economistas apontam para a verdade — a economia não é uma ciência, não obstante o dinheiro do Prêmio Nobel Memorial oferecido ao Comitê Nobel pelo Banco Central da Suécia para sustentar o prestígio da economia com seu próprio prêmio. Os economistas recomendam regularmente prêmios Nobel uns aos outros por descobertas que são triviais quando vistos a partir de uma perspectiva mais ampla da teoria sistêmica. Os economistas são profissionais não muito diferentes de advogados, com muito menos responsabilidade. A economia se revela hoje como um saco de surpresas com trezentos anos de idade, cheio de proposições não-verificáveis, proposições essas demasiadamente vagas para serem refutadas, e que, não obstante, desfilam como princípios científicos. Como escreveu Mahatma Gandhi, "nada na História tem sido tão vergonhoso para o intelecto humano do que a aceitação entre nós das doutrinas comuns da economia como uma ciência". A economista indiana

Nandini Joshi, autora de *Development without Destruction* (1992), citou a afirmação de Gandhi numa carta ao Departamento de Economia da Universidade de Harvard — onde ela obtivera seu doutorado — na qual renunciava à economia como algo "criminoso".[30]

PRÓXIMO PASSO: COOPERAÇÃO GLOBAL, IMPLANTAÇÃO DE PADRÕES E REGULAÇÃO

A conclusão lógica de toda essa louca competição e captura de mercados e de recursos são as ondas de um trilhão de dólares por dia de capital especulativo que chafurdam pelo nosso planeta nos dias de hoje. As forças globais precisam ser domesticadas e reguladas se as nações pretendem recuperar algum controle sobre seus destinos políticos. Alguns eventos que dominavam as notícias em 1995 foram o colapso do Banco Barings; a falência do Orange County, na Califórnia, o município mais rico dos Estados Unidos; e as ondulações que se sentiram vindas da fervilhante crise mexicana que ameaçou o dólar e outras moedas. Na Cúpula do Mundo das Nações Unidas sobre o Desenvolvimento Social, em Copenhague, em março de 1995, vários dos mais de cem chefes de estado em serviço, inclusive o então presidente da França Miterrand, Gro Harlem Brundtland, da Noruega, e Poul Nyrup Rasmussen, da Dinamarca, sugeriram que chegara o tempo para aplicar impostos às transações em moeda corrente, a fim de se reduzir o número de transações que são especulativas (mais de 90%). A *Business Week* indagou "A Nação-Estado é Obsoleta numa Economia Global?" Citando um assessor financeiro, "o último recurso de um governo é o poder, e temos visto repetidas vezes que a força de vontade dos governos pode ser dominada por ataques persistentes desferidos pelo mercado".[31]

Solicitações para nivelar o campo de jogo global e abrir os mercados só conseguem piorar as coisas para a maior parte das pessoas do planeta. O que é necessário é uma nova viga mestra, resultante do trabalho de acordos cooperativos, para construir um novo piso ético sob o campo de jogo global, de modo que os países e as empresas mais responsáveis possam ganhar. A conversão das economias de círculo vicioso de hoje em círculos virtuosos também exigirá acordos internacionais suplementares, estabelecimento de padrões para o setor privado, taxas internacionais para o uso comercial de bens comuns globais, e multas e impostos por abusos, sejam eles o tráfico internacional de armas, a especulação monetária ou a poluição através das fronteiras. Também será necessário harmonizar as regulações nacionais e os padrões de contabilidade que já existem nos mercados de capitais de cerca de oitenta países. As Nações Unidas poderiam muito bem facilitar muitos desses acordos, se seus estados-membros o permitissem.

No entanto, na Cúpula dos G-7 em 1995, em Halifax, os países do G-7 continuavam a prática dissidente de trabalhar fora das Nações Unidas. Seu enfoque estava nos novos regulamentos para o FMI, o qual, a exemplo do Banco Mundial, foi originalmente criado como parte das Nações Unidas, mas que foi também rapidamente recrutado pelas nações ricas e poderosas. Desse modo, passos em direção a acordos entre todos os países e os criadores de mercados públicos e privados para elaborar um versão global da Securities and Exchange Comission (SEC) foram iniciados de maneira informal e por intermédio do FMI. A Declaração de Windsor, de março de 1995 (que será discutida no Capítulo 12), mostrou o caminho harmonizando relatórios financeiros e outras regulações entre 16 países, e a cúpula dos G-7 de 1995 continha muitas propostas informais semelhantes. Sob as manchetes assustadoras, paradoxalmente, as nações competitivas do mundo e suas alarmantes economias de "círculo vicioso" estão agora todas elas ligadas à montanha russa da globalização, assim como aos bens comuns eletrônicos e financeiros. Conforme será detalhado nos capítulos 12 e 13, os mercados e os bens comuns estão inextricavelmente relacionados: as regras de perda e ganho do mercado (isto é, a competição) requerem que se administre cooperativamente em novos jogos com os bens comuns globais, jogos onde todos ganhem. O mundo mais estático de ontem, de economias nacionais separadas, desvaneceu-se, invalidado pelas novas realidades das tecnologias, do comércio e das rodovias de informação globalizadas, que criaram o novo ciberespaço financeiro.

A difusão das democracias e os crescentes fluxos de informação permitem que cidadãos em muitos países testemunhem o desenrolar das políticas de círculo vicioso da atualidade. As pessoas viram como a confusão envolvida no esforço para livrar o México das dificuldades de sua crise não fora prevista pelos entusiastas do NAFTA e pelos seus economistas, e como os banqueiros dos bancos centrais contam, com muita freqüência, com o aumento das taxas de juros para prevenir movimentos especulativos com as suas moedas ou para refrear a inflação interna — independentemente de perdas de empregos e de sofrimento interno. Os cidadãos, corretamente, questionam os acirrados debates a respeito de orçamentos balanceados e de déficits reduzidos, realizados sem que se aborde plenamente a questão das *prioridades*, uma vez que o corte nos impostos de uma pessoa sempre é a perda de emprego ou de educação ou de benefício social de outra pessoa. Não é de causar surpresa o fato de os eleitores e os cidadãos estarem indignados com os líderes e com os especialistas, e com seus turvos debates. Também não é de causar surpresa o fato de que até mesmo as pessoas cientes de nossas interconexões globais estejam confusas com as "novidades econômicas".

As questões não mudaram muito nos últimos vinte anos. Fundamentalmente, os economistas ainda adotam um ponto de vista centralizado no dinheiro (tendo com muita freqüência uma visão estreita da sociedade e concebendo a ecologia como algo distante e que pode ser representado em seus modelos como um "grupo de interesse especial", isto é, os ambientalistas). Os ecologistas vêem a economia como um derivado, isto é, como um subsistema tanto dos ecossistemas como das sociedades humanas. Minha visão da economia, que tenho divulgado por escrito desde, pelo menos, 1973, ainda permanece.[32] A economia não é uma ciência, mas sim, um saco de surpresas de proposições não-verificáveis e irrefutáveis que desfilam como se fossem "princípios". Desse modo, os economistas ainda tagarelam a respeito de vários princípios de Alfred Marshall, Vilfredo Pareto, A. C. Pigou, e outros, como se esses princípios fossem análogos a princípios físicos comprovados, tais como as Leis do Movimento de Newton! A economia é uma profissão, mais semelhante à dos advogados; e análises de custo-benefício não são muito diferentes de um resumo que um advogado prepara para um cliente a fim de justificar algum projeto. Aquilo que nós concretizamos como sendo as "economias" são apenas *conjuntos de regras* de interação derivadas dos objetivos e dos valores (isto é, os códigos de ADN cultural) de várias sociedades, a respeito de qual trabalho é importante e deve ser muito bem remunerado, e qual trabalho é menos importante (tais como criar filhos, manter um lar e atuar como voluntário), aos quais os economistas não atribuem valor algum.

Desde a década de 1970, os economistas (sempre mais organizados e mais acadêmica e politicamente poderosos que outros cientistas sociais e ecologistas) têm convertido ambientalistas e outros críticos, persuadindo-os a aprender economia. Muitos economistas, rapidamente, puseram novos rótulos em suas velhas garrafas de vinho e ostentam crachás com dizeres como "economistas de recursos naturais", "economistas sociais", "economistas ecológicos" e "assessores de tecnologia". A maior parte deles traz consigo sua velha bagagem metodológica (tipicamente, a teoria da guerra, isto é, princípios de "boa vontade para pagar" por ar limpo suficiente para se respirar; "boa vontade para ser compensado" em dinheiro se os pulmões de alguém forem danificados, etc. — tudo isso medido pelo princípio da Otimização de Pareto, que ignora a distribuição da renda, da riqueza, do poder e da informação entre as pessoas). Desse modo, os economistas, por exemplo, concebem uma terra úmida (o ecossistema mais produtivo que há no planeta) em termos de quanto os ambientalistas e os cidadãos médios estariam dispostos a pagar para mantê-lo impoluto — competindo até mesmo com as construtoras que planejam lucrar com as terras úmidas aterrando-as com condomínios residenciais! Isto é, naturalmente, absurdo, pois não apenas os cidadãos e os ambientalistas não estão tentando lucrar com as terras úmidas como também se espera que eles se comportem de maneira altruísta, o que é considerado comportamento irracional em teoria econômica! De fato, um artigo escrito por dois psicólogos e um economista apresentou muitas evidências de que estudar economia na verdade intensificava o comportamento egoísta e não-cooperativo.[33]

Desde o Dia da Terra de 1990, pesquisas de opinião têm mostrado que uma faixa majoritária de norte-americanos adultos chama a si mesma de ambientalista. Os economistas dizem hoje que jogaram fora as velhas teorias (por exemplo, a de que a natureza é um "artigo gratuito" e a de que a poluição, no clássico lapso freudiano desses economistas, é uma "externalidade") e incorporaram todas as lições da ecologia, da dinâmica sistêmica e da teoria do caos. Portanto, as pessoas não precisam se preocupar em deixar os economistas a cargo dos bancos centrais, dos negócios, do mercado de ações, da contabilidade nacional e das análises de custo-benefício das políticas locais e nacionais, do livre comércio, etc. Não obstante, a maioria dos economistas a cargo dos modelos macroeconômicos e da elaboração de planos de ação política dificilmente ouviu falar dos muitos esforços realizados para se estabelecer preços acima de zero para os recursos naturais, ou para introduzir a infra-estrutura nos livros de contabilidade nacionais, sem contar a dedução dos custos sociais e da poluição e as despesas de adequação à legislação ambiental incluídas nos balancetes das empresas e nas contas nacionais. Os economistas sabem que se todos os custos sociais e ambientais fossem de fato repassados para os preços de custo real do mercado, teriam de admitir que eles e suas teorias estão errados há décadas.

O Relatório da Comissão sobre Educação Superior em Economia da American Economic Association, composto por luminares tais como Alan Blinder, Kenneth Arrow, Lawrence Summers e outros, extraiu dados de levantamentos feitos em 91 departamentos de economia de universidades norte-americanas, que produzem 90% dos economistas Ph.D. em economia. O relatório concluiu que os economistas não concordam mais com aquilo que constitui o núcleo de sua disciplina, que a economia é freqüentemente impenetrável à evidência (devido ao seu método dedutivo e aos seus formalismos), e que 61% dos professores concordam com o fato de que as ferramentas matemáticas e estatísticas são excessivamente enfatizadas, em detrimento das questões substanciais.[34] O *Business Week* assinalou em "7.000 Economists and No Answers" que as falhas nos métodos dos economistas os tornam incapazes de fazer grande coisa para melhorar a verdadeira economia.[35] O *Newsweek* juntou-se à desilusão em "Dismal Science Grabs a Couch", apontando que os psicólogos manejam melhor o comportamento humano que os economistas.[36]

A maioria dos economistas opõe-se aos novos indicadores do desenvolvimento sustentável: o United Nations Development Programme's Human Development Index (HDI), o Herman Daly's Index of Sustainable Economic Welfare (ISEW) ou o meu próprio Country Futures Indicators (CFI), bem como as demandas para valorizar, no PNB, o trabalho não-remunerado, formuladas a partir da Conferência das Nações Unidas sobre Mulheres e Desenvolvimento, em 1995, e de cúpulas anteriores. Para cada Herman Daly, Peggy Antrobus, Marilyn Waring e Manfred Max Neef, há milhares de economistas que trabalham para bancos, grandes empresas e agências governamentais. Poucos economistas trabalham para os pobres — ou pela baixa remuneração que os grupos ambientalistas podem oferecer. "Can Economists Save Economics?" indagou Richard Parker em *The American Prospect*, na primavera de 1993. Sua resposta foi, provavelmente, não.[37] Hoje, tornou-se moda para os economistas acadêmicos, que permaneceram em silêncio por tanto tempo, oferecer suas próprias críticas, tais como as de Richard Douthwaite em *The Growth Illusion* (1993), de Roger Terry em *Economic Insanity* (1995), e de outros. Essas críticas constituem um coro bem-vindo para acelerar a mudança necessária. Outra virada teórica, a de Michael Rothschild em *Bionomics* (1990), pessoalmente dedicada a mim com "grande admiração" do autor, é tremendamente popular entre os conservadores, uma vez que, de maneira imprópria, considera analogicamente as economias de mercado como "ecologias". Outro prego no caixão foi o fato de um artigo em *The Economist* de 30 de setembro de 1995, "How Does Your Economy Grow?", admitir que "os economistas sabem surpreendentemente pouco a respeito das causas do crescimento econômico". Obviamente, essa guerra de paradigmas ainda não acabou.

CAPÍTULO 3

O ALÇAPÃO DA TECNOLOGIA

Na década de 90, o caso de amor das sociedades ocidentais com a tecnologia tornou-se global. Cuba se converteu num centro de biotecnologia e os microcomputadores tornaram-se símbolos de *status* desde Santiago, São Paulo e Shangai, passando por Manila, Kuala Lumpur, Delhi e Dakar, até Jacarta e Johannesburgo. Os países inculcados no hinduísmo, no islamismo e no budismo foram igualmente cativados por eles. Grande parte desse fascínio provou ser, em última análise, uma *trip* masculina, a julgar pelos levantamentos demográficos dos usuários da Internet. Como sugeri numa palestra a ansiosos tecnofilistas norte-americanos em 1976, os paradigmas mudam lentamente e as transformações de sociedades pré-industriais em pós-industriais são funções-escalão muito irregulares.[1] Para além da Era Solar reside um futuro baseado em ondas luminosas: a fotônica e as biotecnologias e nanotecnologias imitando o plano da natureza. Seria a Era da Luz, mais sábia, imaginada em *Transcendendo a Economia* (1991, 1995) ou seria uma repetição de nosso passado faustiano? Podemos aprender a ver a era industrial como uma estação intermediária para uma nova reintegração com a natureza, como Duane Elgin propôs em *Awakening Earth* (1993)? (Veja a Figura 10. A Inflexão Evolutiva e os Estágios do Desenvolvimento.)

Muitos colegas e amigos exploraram comigo esses temas como a Fellows of the Lindisfarne Association, fundada pelo historiador cultural William Irwin Thompson, editor de *GAIA: A Way of Knowing* (1989) e autor de muitos outros livros. As obras de ampla influência de Jeremy Rifkin, *Entropy* (1989), *Who Shall Play God?* (1977) e *Algeny* (1984), fizeram dele o flagelo

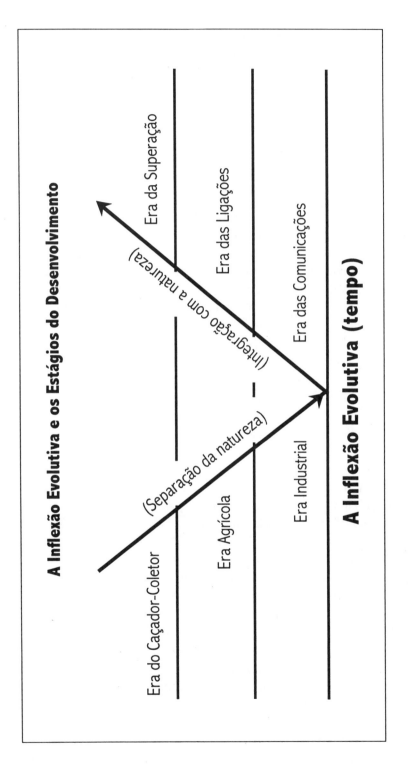

Figura 10. A Inflexão Evolutiva e os Estágios do Desenvolvimento

© 1993 Duane Elgin   Fonte: *Awakening Earth*

da comunidade científica. Jerry Mander, a quem conheci em Estocolmo na primeira Conferência das Nações Unidas sobre o Meio Ambiente, em 1972, evadiu-se sutilmente de sua agência na Avenida Madison para o Public Media Center sem fins lucrativos e se tornou um filósofo em seu *Four Arguments for the Elimination of Television* (1978) e em *In the Absence of the Sacred* (1991). Minha colaboração com Fritjof Capra em *O Ponto de Mutação* (1981) prosseguiu por intermédio de seu Elmwood Institute, onde os colegas Charlene Spretnak, Walter Truett Anderson, Joanna Macy, Ernest Callenbach, Riane Eisler, David Loye, Helena Norberg Hodge, Chellis Glendenning, Patricia Ellsberg, Carolyn Merchant e outros juntaram-se a nós na avaliação da armadilha tecnológica. Meu curso de "Ph.D." foi de seis anos no Conselho de Consultoria do U.S. Office of Technology Assessment (OTA) e em grupos de discussão da National Science Foundation e da National Academy of Engineering, de 1974 a 1980.

Atualmente, o debate apropriado sobre tecnologia é também global. Muitos de nós nos EUA nos ligamos (muito antes da Internet) com George McRobie e Satish Kumar, colegas ingleses de E. F. Schumacher, com Petra Kelly, do Partido Verde Alemão, e com outros líderes internacionais, incluindo A. T. Ariyaratne e seu Movimento Sarvodya, no Sri Lanka, com os físicos indianos Vandana Shiva e Ashok Khosla, com Maximo (Juni) Kalaw, em Manila, com Ziauddin Sardar e Martin Kohr Kok Peng, na Malásia, e com Frank Bracho, na Venezuela.

Em 1995, o *Business Week* celebrou as realizações da engenharia genética e dos "Reis dos Genes do setor privado", que fez fortunas a partir de pesquisas financiadas pelos contribuintes. O periódico elogiou os avanços em inteligência artificial em "Computers That Think Are Almost Here". Foi dito ao público para que não se preocupasse com questões sociais e éticas.[2] Em 1965, Gordon Moore, um dos fundadores da Intel, fabricante de chips de computadores, promulgou a "Lei Moore": os *chips* de computadores duplicariam em potência a cada dois anos. Por volta de 1995, a Lei Moore estava em queda, vítima de um princípio mais antigo, que restringe o crescimento de tais curvas exponenciais. Até mesmo a mudança para a litografia óptica sobre *chips* menores que 0,5 milionésimos de metro de lado a lado atingiria um limite em 0,18, de acordo com a Semiconductor Industries Association.[3] Hoje, a computação está mudando para o uso de cadeias de ADN vivas, que executam seu trabalho cem vezes mais depressa que os melhores computadores seriais da atualidade, com uma eficiência energética um bilhão de vezes maior e uma capacidade de armazenamento um trilhão de vezes maior, o que prova, mais uma vez, que a natureza é a melhor planejadora.[4]

Enquanto isso, no departamento tecno-absurdo, um dispendioso esforço para automatizar as rodovias e os automóveis que por elas viajam, feito por um grupo de quarenta universidades dos EUA e empresas de alta tecnologia, produziu um furgão Pontiac automatizado, o "Ralph", que dirige sozinho, como foi relatado num artigo do *Business Week*, "Look Ma, No Hands".[5] Pior que isso, a "Falha Elétrica do Milênio" foi realçada pelo *Business Week* num editorial de 13 de novembro de 1995: "Quando o novo século começar, a maioria dos computadores interpretará 01-01-00 como 1º de janeiro de 1900 e não como 1º de janeiro de 2000." Uma quantia de um terço dos gastos globais totais para os sistemas de informação sobre o futuro previsível pode ser necessária para retificar a falha elétrica.[6] Do lado do mundo real, o Development Alternatives, da Índia, revelou o Telhado de Microconcreto — a Telha de TARAcreto — um importante avanço revolucionário em tecnologia sustentável, que corta em um terço os custos dos telhados convencionais e permite aos aldeões oferecer empregos às pessoas do seu povo em empresas de propriedade local.[7] À medida que a Internet se torna comercial, com o aumento do número de propagandas espalhafatosas a seu respeito e o aumento do preço de admissão, os velhos adesivos, retornam: A TECNOLOGIA É A RESPOSTA. Mas Qual É a Pergunta? Eu o disse melhor vinte anos atrás, na seguinte conferência que proferi para a American Association for Industrial Arts.

NOSSAS PERCEPÇÕES GOVERNARÃO NOSSA SOBREVIVÊNCIA

Já se foi o tempo em que os cidadãos, automaticamente, identificavam tecnologia com progresso. Estamos todos cientes de suas imprevistas consequências na vida cotidiana. Essas consequências variam do poder destrutivo, cada vez mais assustador, que ela coloca à nossa disposição, passando pelas destruições de ecossistemas que ela cria e pela escala cada vez maior de operações industriais que produz, até a alienação individual e a sensação de poder e de controle cada vez mais reduzidos, que tantos de nós hoje experimentamos.

No passado, a escala da tecnologia era menor e seus efeitos eram ainda relativamente localizáveis. Muitas tecnologias descoordenadas ainda podiam coexistir sem que umas tentassem se impor sobre as outras ou afetassem grandes regiões ou populações. À medida que aumentava o domínio tecnológico, a escala crescente de inovações, juntamente com os efeitos cumulativos de muitas pequenas aplicações, começava a exercer impactos cada vez mais difundidos sobre as populações, as estruturas sociais e os ecossistemas. Hoje, os efeitos imprevistos de nosso conhecimento crescente e das tecnologias que ele cria aparentemente ultrapassaram as capacidades adaptativas, sejam elas psicológicas, sociais, organizacionais ou políticas. O resultado disso é a presente série de crises ingovernáveis. Quer as designemos como "crises de energia", "crises ambientais", "crises urbanas" ou "crises populacionais", elas estão todas arraigadas na crise mais ampla de nossas percepções da realidade inadequadas e estreitas. Quando nossa percepção está muito restritamente focalizada, por exemplo na metrópole ou na cidade onde vivemos, tendemos a perder de vista todos os fatores externos que as afetam, tais como políticas nacionais, transportes, agricultura e comércio. Quando um desses fatores externos muda, provavelmente perceberemos a mudança resultante em nossa metrópole como sendo uma "crise". Por exemplo, aquilo que foi designado, pela primeira vez, como a "crise urbana" é hoje entendido mais em termos das políticas nacionais que afetam nossas metrópoles freqüentemente desamparadas: por exemplo, políticas federais de habitação que, juntamente com o Highway Fund Trust, subscreveram a fuga da classe média contribuinte das metrópoles para os subúrbios; a mecanização da agricultura, que fez centenas de agricultores se dirigirem para as metrópoles; e assim por diante.

A maior parte dos seres humanos é motivada por percepções da realidade que são muito limitadas no espaço e no tempo. Em sua maioria, eles estão demasiadamente preocupados com o suprimento de alimentos, de que suas famílias precisarão amanhã, para se preocupar com a próxima semana ou com os seus vizinhos. Alguns deles, suficientemente ricos para não se preocupar com sua sobrevivência imediata, podem alargar seu campo de visão de modo a virem a se preocupar com sua comunidade e com ocasionais problemas de longo alcance. Uma minoria de afortunados com oportunidades para viajar pode estender sua preocupação de modo a que abranja casos nacionais e até mesmo internacionais, e talvez se preocupar com a espécie de mundo que seus filhos e netos herdarão. E alguns indivíduos extraordinários, não obstante a pobreza e a adversidade, graças ao poder da imaginação, podem se relacionar com as grandes preocupações do seu tempo e contribuir com sua visão para enriquecer nossa gama de futuros alternativos.

Porém, é natural que a maioria das pessoas perceba a realidade como seu ambiente circunvizinho e suas preocupações pessoais e familiares. E para o tipo de mundo rural, de tecnologia rudimentar, que conhecemos em épocas mais antigas e que ainda é uma realidade para a maior parte dos povos do mundo, tais percepções foram adequadas para se lidar com os problemas e com as decisões da vida diária. Mas agora que muitas das nações do mundo são tecnologicamente avançadas, os impactos e as interdependências globais constituem a regra e não a exceção; portanto, percepções estreitas se tornam cada vez mais perigosas e levam a decisões baseadas em informações inadequadas referentes a padrões de causalidade mais amplos e de maior alcance. Descobrimos não apenas que as "crises" caminham furtivamente por sobre nós porque não estávamos prestando atenção nas variáveis significativas, mas também, ao contrário, que não apreciamos adequadamente como as microdecisões e as ações individualmente racionais podem se somar, por descuido, até se tornar macrodecisões irracionais e perigosas. Pode-se ver o efeito cumulativo da tirania de pequenas decisões quando, num dia quente de verão, milhões de decisões de dirigir até a praia resultam em congestionamentos de tráfego.

Como podem tais percepções humanas tornar-se ulteriormente aprisionadas por nossas próprias tecnologias? Às vezes, combinamos nossa falta de percepção, como quando uma tecnologia produz um efeito imprevisto e nós, não obstante, tentamos outra saída problemática para melhorar essa tecnologia, adicionando assim mais variáveis desconhecidas e aumentando o ímpeto das mudanças sociais e das que ocorrem nos ecossistemas. De fato, a tecnologia nos circundou, nos dias de hoje, com um ambiente construído pelos seres humanos e capaz de isolar, de nossa vulnerabilidade e de nossa dependência com relação aos ecossistemas naturais primários, percepções vindas de experiências diretas. Um número enorme de argumentos e de interpretações errôneas entre pessoas de boa vontade parece ocorrer porque elas não trocam, já no princípio, algumas informações básicas sobre suas percepções. O diálogo pode ser muito mais facilitado se cada um de nós esclarecer, antes de mais nada, qual a posição em que vemos a nós mesmos no tempo e espaço. Onde está você no sistema total? Você experimenta a si mesmo no planeta com muita freqüência? Como cidadão dos Estados Unidos? Como membro de uma comunidade local? Como um membro de família ou como um indivíduo? De maneira semelhante, que referenciais de tempo você costuma empregar? Em sua maneira de ver, um milênio, um século, cinco anos, três semanas é um "longo tempo"?

Aprender a examinar nossos próprios arcabouços de espaço-tempo e os modelos mentais do sistema que habitamos, e que eles geram, é, hoje, de importância suprema para a nossa sobrevivência. "Realidade" é aquela imagem seletiva do mundo externo que, como Kenneth Boulding (1956) assinala, captamos nas nossas próprias "telas de TV" pessoais, perceptuais. Portanto, e a fim de me fazer mais explícita, vou lhes dizer onde penso que estou no espaço-tempo, e que modelos mentais minha percepção tem gerado, por cujo intermédio vivencio a "realidade". Creio que habito um sistema solar indistinto no âmbito do braço de uma galáxia espiralada igualmente pouco notável, e também habito um corpo que evoluiu a partir dos elementos de um dos mais belos planetas desse sistema solar. Os modelos mentais que essa experiência de percepção gera são sistêmicos e interativos, multidimensionais, equilibrando tanto os modos de comportamento estáveis como os dinâmicos, e evoluindo ao longo do tempo de alguma maneira propositada, a qual creio que nunca virei a entender. Parece haver elementos de expansão e de contração de subsistemas, de ordenação e de desordenação, de entropia e de sintropia, em ocorrência contínua, juntamente com transformações de energia/matéria/informação.

O aspecto mais enigmático para mim é o de como sou parte desse processo e, não obstante, também pareço experimentar a mim mesma como sua observadora. Porém, vamos, por um momento, deixar aos físicos aventurosos tais paradoxos mente-corpo, subjetivo-objetivo, observador-observado. Esses físicos estão tentando lidar com esses paradoxos conforme foram postulados por Werner Heisenberg (1971, 96) em seu famoso Princípio da Incerteza.[8] A ciência tornou-se uma religião para muitos, embora os valores humanos e as preocupações éticas sejam escamoteados, porque são, num grau embaraçante, não-quantificáveis e "não-rigorosos". A maior parte do mundo acadêmico recompensa o estudo reducionista de um número cada vez menor de fenômenos significativos.

Muitos ilustres eruditos têm chamado a atenção para esses "sofismas de concretude mal-colocada", como Alfred North Whitehead denominou tais esforços de microrrigor,* que incluem Heisenberg na física; Kurt Gödel em matemática; Oskar Morgenstern, Georgescu-Roegen, Kenneth Boulding e E. F. Schumacher em economia; Lewis Mumford, Gerald Holton, Margaret Mead, Gregory Bateson e muitos outros em ciência política; e Theodore Roszak, R. D. Laing e William Irwin Thompson em suas vigorosas críticas da ciência reducionista. A natureza normativa da ciência é revelada na primeira decisão de qualquer cientista: que fenômeno estudar. A escolha então influencia a visão geral da realidade: onde vemos a nós mesmos no espaço-tempo — um Princípio da Incerteza de Heisenberg no nível macroscópico, e não no nível quântico.

A sobrevivência humana exige hoje uma percepção que transcende nosso próprio antropocentrismo natural. Cada grande explosão de conhecimento baseia-se num novo nível de percepção expandida: da visão geocêntrica de Ptolomeu, com o Sol e as estrelas girando ao redor da Terra, até a revolução copernicana, que nos reduziu a uma posição subordinada no universo, e até a ulterior demolição, por Darwin com sua teoria da evolução, de nossa imagem orgulhosa. Grande parte do novo conhecimento dos dias de hoje está, cada vez mais, despedaçando nosso senso de auto-importância, tanto no estudo de nós mesmos como componentes de

---

* Isto é, rigor em escala microscópica. (N.T.)

ecossistemas vivos como no estudo de nós mesmos como as criaturas infinitamente maleáveis de *Beyond Freedom and Dignity* (1971), do behaviorista B. F. Skinner, cujas emoções mais profundas nada mais são que estímulos elétricos reproduzíveis por meio de instrumentos de sondagem cerebral. Duas outras das nossas reivindicações de unicidade estão igualmente se revelando falsas: os golfinhos e outros mamíferos têm linguagens bem-desenvolvidas, e muitas outras espécies usam ferramentas, inclusive até mesmo a humilde formiga, que transporta suprimentos de alimentos em fragmentos de folhas e, dessa maneira, multiplica por dez sua capacidade de transporte.[9] Apenas começamos a nos tornar cientes dos ecossistemas como inteligência imanente; por exemplo, mostrou-se que a grama de pastagens típicas é capaz de crescer mais dura e mais desagradável ao paladar; para conseguir isso, ela aumenta o conteúdo de celulose das suas folhas a fim de rechaçar um número excessivo de animais de pastoreio.[10]

IMAGINAÇÃO: FERRAMENTA-CHAVE PARA A SOBREVIVÊNCIA

Não devemos ficar desencorajados por essa nova evidência de uma necessidade de maior humildade, mas relaxem, desfrutem de nossa curiosidade natural e sejam indulgentes para com os surtos de imaginação e de especulação que ela cria. A imaginação, uma de nossas mais importantes ferramentas de sobrevivência, pode nos ajudar a lidar com a crise da percepção. Nossa espécie multiplicou-se hoje quase até os limites de seu nicho ecológico neste planeta. Essa crise da percepção tem dois aspectos: (1) estamos vivenciando uma implosão, à medida que o espaço e os recursos diminuem com relação à nossa população crescente. Sentimos a perda de fronteiras, a diminuição de velocidade da expansão econômica, o aglomeramento da população urbana e a evaporação de muitas liberdades historicamente definidas; e (2) ao mesmo tempo vivenciamos a nós mesmos ficando menores e menos significantes à medida que as velhas fronteiras perceptuais caem por terra. Sentimos que estamos *fisicamente* confinados e frustrados, mas devemos lidar com um modelo *mental* expandido do universo. Estamos novamente nos defrontando com o mais antigo dos dilemas humanos: uma consciência que pode vaguear entre os planetas, as estrelas e os milênios, num corpo que só dura um breve lapso de anos. Quando nos defrontamos com nossa própria morte e finitude, os velhos jogos que as nossas culturas têm proporcionado para nos proteger dessa realidade desmoronam. Eles não são apropriados para as novas condições, deixando-nos despojados de nossas roupagens psicológicas.

A imaginação pode nos ajudar a construir algum novo "espaço livre" psicológico ao se diversificar os estilos de vida, e novas imagens para nos ajudar a expandir a consciência rumo ao salto evolutivo que agora devemos dar. Imagine que somos visitantes extraterrestres vindos de um dentre os milhões de planetas de nossa galáxia que podem ter condições hospitaleiras para a vida. Somos mais evoluídos que as outras formas de vida existentes na Terra. Em nossa espaçonave, apontamos em direção a ela e nos aproximamos deste planeta. Não é importante o lugar onde pousamos; tudo parece igual, uma esfera azul e branca com pedaços pardos visíveis na parte de baixo. O lugar onde aterrissamos é aparentemente chamado pelos seus habitantes de "Washington, D.C." Vagueamos de um lado para o outro (tomando, antes de mais nada, a precaução de nos desmaterializarmos para não assustar os terráqueos) e espreitamos o interior de um grande edifício em que há uma reunião onde estão discutindo o futuro deles neste planeta. Eles ainda parecem estar debatendo se o seu planeta é um sistema finito ou não. Nós, extraterrestres, sabemos que do ponto vantajoso de nossa própria tecnologia altamente desenvolvida, ele não é realmente um sistema fechado; mas diante dos atuais níveis de tecnologia dos terráqueos, ainda o é. O problema parece estar no fato de que eles ainda não internalizaram a experiência de aprendizagem que o seu dispendioso primeiro empreendimento no espaço lhes proporcionou. Eles criaram todo aquele *hardware*, transmitiram de sua lua imagens de TV de sua situação real, mas pouco fizeram, pelo que parece, para inspecionar e reprogramar seus sistemas educacionais, políticos e econômicos de modo a ajustá-los com o que têm aprendido.

Para retomar nossa própria perspectiva terráquea, é encorajador saber que esse grande debate está na agenda. Estamos abordando em muitos níveis nossa propensão para criar *hardware* sem escrever o *software* necessário para programar seu funcionamento ordenado. Criamos uma tecnologia global tecnologicamente interdependente, e agora estamos tentando escrever o programa de *software* — acordos monetários e regulamentos internacionais — para operá-la sem colapsos catastróficos. Tenho, com freqüência, ponderado a respeito do motivo pelo qual somos muito melhores em criar *hardware* do que *software*. Em um nível, esse motivo está arraigado em nosso medo da morte e da não-existência. Quando construímos cidades, represas e fábricas, estamos tomando providências para suprir nossas exigências materiais, mas também afirmamos nossa existência e nossa importância. Esses artefatos físicos são a tal ponto tangíveis que nos reasseguram de nossa própria realidade. Outra causa do nosso interesse por *hardware* está no fato de que os seres humanos adoram manipular suas circunvizinhanças, e desfrutar do senso de domínio e de controle que derivam da expressão do eu encontrada em tal criação e em tal jogo. Não obstante, outra explicação pode ser a de que projetaríamos nossas tensões e nossos conflitos interiores no mundo objetivo em vez de resolvê-los examinando nossas próprias psiques e tentando nos reaparelhar. Poderia essa paixão pelo *hardware* ser o resultado de uma overdose cultural de consciência masculina? A psique masculina parece estar mais bem sintonizada (seja biologicamente seja por condicionamento cultural) para manipular coisas e objetos externos, ao passo que a psique feminina, ao contrário, parece mais sintonizada para relacionamentos e arranjos interpessoais e sociais.

A tecnologia, definida como conhecimento sistematicamente aplicado na solução de problemas humanos, significa tanto *software* como *hardware*. Por exemplo, os sistemas de Seguro Social e do imposto de renda retido na fonte são tecnologias como qualquer outro *hardware*. Lewis Mumford, em *The Myth of the Machine* (1966, 23), chamou a atenção para a tendência que nos atrai para o *hardware* em antropologia e em arqueologia. Assinalou que, quando fazemos escavações à procura de evidências de culturas antigas, tais remanescentes são, por definição, coisas tangíveis — constituem o *hardware* dessas culturas — sejam elas pontas de flechas, machados, potes ou outros artefatos. A partir da extensão e do grau de elaboração desses artefatos, deduzimos o seu nível de "civilização". Com freqüência, esquecemo-nos de que muitas culturas podem ter existido sem deixar vestígios. Elas podiam ter desenvolvido tecnologias altamente refinadas, mas do tipo *software*: técnicas para resolução de conflitos; relacionamentos interpessoais de apoio mútuo; sistemas de produção baseados em elaborados esquemas de comércio de troca, de reciprocidade e de redistribuição; mitos e tabus utilizados para regular o comportamento anti-social sem o uso de prisões, de cassetetes ou de restrições físicas. Uma cultura capaz de elaborar tais técnicas de *software* teria pouca necessidade de lanças e de pontas de flechas, e poderia ter economizado energias que seriam utilizadas para elaborar suas ferramentas; desse modo, poderíamos supor, de maneira muito casual, que, pelo fato de haver poucos remanescentes tangíveis, ela seria uma cultura menos "civilizada".

Durante a minha visita ao Japão, em 1972, conversei com um diretor de projetos na Japan Techno-Economics Society que estava dirigindo um trabalho de modelagem por computador dos sistemas de valor do povo japonês. Ele assinalou que, com base nas quantidades e nas configurações dos artefatos e das tecnologias materiais criadas por várias culturas, era possível deduzir muitas coisas sobre os seus sistemas de valor. Numa das extremidades da escala estão os balineses, que criam músicas, danças, rituais, histórias e roupas admiráveis, mas não se interessam por *hardware*. Na outra extremidade da escala estão os norte-americanos, que são fascinados por *hardware* e os produzem em quantidade maior do que qualquer cultura que o mundo já conheceu. Somos até mesmo incapazes de desfrutar de atividades de lazer, tais como fazer passeios a pé, sem recorrer a uma incrível quantidade de engrenagens — isso para não mencionar nossos *hobbies* que fazem um uso singularmente intenso de energia e de materiais, tais como aqueles que envolvem carros para neve e veículos para praia e para *camping*. Os valores são as variáveis dominantes que acionam não apenas os sistemas tecnológicos mas também os sistemas econômicos. Foram estabelecidas relações entre crenças religiosas judeu-cristãs e a ascensão do capitalismo e da Revolução Industrial (Weisskopf, 1971). E. F. Schumacher, em *Small Is Beautiful* (1973, 50-58), descreve o sistema de valores que impulsiona a economia budista: a mão-de-obra é um resultado (*output*) da produção, em vez de ser um insumo (*input*), e está incorporada na idéia de "meio de vida correto"; o trabalho é um valioso modo de auto-realização enquanto que o produto é de importância secundária.

A cultura ocidental pode estar finalmente despertando desse estado alterado de consciência que Thomas Berry chama de "transe tecnológico" e de todas as suposições irracionais subjacentes a ele.[11] Destas, a mais destrutiva é nossa crença no fato de que a inovação e o progresso tecnológico consistem em *hardware* e em eficiência, e são contínuos; raras vezes reconhecemos limites ou utilizamos a concepção de equilíbrio. Nossa consciência tecnológica nos tem permitido conquistar a natureza (temporariamente pelo menos), expandir nosso nicho tecnológico e administrar um maior número das variáveis que afetam nossa existência. À medida que prosseguimos, o compromisso consiste na tarefa de administrar as variáveis proliferantes, que se tornam cada vez mais complexas, até descobrirmos, como Schumacher o expressa, que precisamos de "um avanço revolucionário, algum dia, para manter a crise sitiada". Alguns processos humanos e naturais não são susceptíveis de um aumento de eficiência. As mulheres ainda entendem isso melhor do que os homens; elas sabem que ainda demora nove meses para se fazer um bebê e cem anos para se cultivar até a maturidade uma árvore de madeira de lei. Embora as interações humanas possam ser intensificadas e aceleradas com a tecnologia, elas raramente são melhoradas, e às vezes são pioradas. Um mito associado é o de que novas tecnologias sempre podem ser depuradas, bastando, para isso, esperar um tempo suficiente.

Um exemplo contemporâneo dessa miragem da eficiência é o esforço de funcionários do Serviço de Correios norte-americano para reduzir a mão-de-obra humana ineficiente e substituí-la por esmeradas máquinas automáticas para a classificação da correspondência. Depois de reduzir a força de trabalho humana e de aumentar as filas dos desempregados, e depois de investir milhões em melhoramentos fundamentais, as máquinas estão rasgando, esmagando ou destruindo um número alarmante de remessas postais.[12] Poderia ser mais eficiente do ponto de vista social agregar um milhão de trabalhadores desempregados ao Serviço de Correios, aumentando a atenção aos clientes e o cuidado no manuseio. As empresas de serviços públicos de eletricidade também procuram a eficiência em instalações geradoras maiores e mais automatizadas, e na energia nuclear, em vez de recorrer a tecnologias menos dispendiosas. Para obter essa eficiência suspeita, elas assumem riscos em nosso nome e oferecem em troca eficiência social, pois sistemas policiais e de segurança dispendiosos devem conter e administrar, agora e ao longo dos milhares de anos à nossa frente, o plutônio letal. Consumidores e cidadãos, em grande escala, estão em revolta contra essas ineficiências sociais.[13] A palavra *eficiência* está se tornando rapidamente destituída de significado. "Eficiência para quem?" é a pergunta presente em todos os assuntos nucleares e tecnológicos. Numa economia com 7% a 8% de desemprego, a energia solar limpa e segura poderia fornecer um suprimento de energia equivalente à nuclear, ao mesmo tempo em que criaria várias vezes mais empregos para cada dólar investido. A própria conservação poderia se tornar até mesmo nossa principal nova "fonte" de energia.

Nossa economia arriscou-se demais em sua substituição da mão-de-obra pelo capital. De fato, sustento que em centenas de processos de produção e de serviços, a mão-de-obra tornou-se hoje o mais eficiente fator de produção, e, à medida que os recursos naturais se tornam cada vez mais escassos, devemos empregar de maneira mais completa nossos recursos humanos. Stafford Beer, especialista em pesquisa operacional, assinala algo óbvio, mas de importância fundamental a respeito dos sistemas sociais humanos:

> Instituições são sistemas para ser o que *são* e fazer o que *fazem*. Ninguém acredita nisso, o que é incrível — e, não obstante, verdadeiro. As pessoas pensam que as instituições são sistemas destinados a ser aquilo que foram construídas para ser e para fazer, ou que elas *dizem* que elas são e fazem, ou que elas *querem* que elas sejam e façam. A primeira tarefa dos cientistas sistêmicos é olhar para os *fatos*: O que é o sistema? O que ele *faz*? Se a resposta se revelar, em última análise, algo que ninguém quer, não vá por aí repetindo a crença popular, mas fictícia, com a voz muito alta. Não arme uma campanha de relações públicas para projetar a imagem requerida. MUDE O SISTEMA![14]

O dr. Beer acrescenta que quando as pessoas se desencantam de suas instituições, elas expressam desencanto pelos seus *líderes*: "Por que o líder não *faz* alguma coisa?" Naturalmente, essa é a pergunta errada, pois o líder é um *produto* (*output*) do sistema. O ex-presidente da Exxon Corporation, J. K. Jamieson, falou sobre a quase impossibilidade de mudar o curso dessa empresa gigantesca. Qualquer suposto líder que tentasse cavalgar o tigre de tais sistemas maciços, como por exemplo o Departamento de Defesa, encontraria resistência institucional à mudança. A pergunta apropriada é: "Por que nossos sistemas institucionais elegem bem rapidamente líderes que parecem desamparados, incompetentes ou corruptos?"

Uma das principais razões da nossa confusão a respeito do fracasso de nossos sistemas em fazer o que planejamos que façam é, naturalmente, o fato de que não os entendemos e, portanto, não podemos planejá-los ou modelá-los com precisão. Qualquer sistema que não pode ser modelado não pode ser controlado. E nas complexas sociedades industriais da atualidade, a maioria das nossas instituições cai nessa categoria. O resultado disso é que, através dos filtros da nossa percepção míope, nossos débeis esforços para manejar esses sistemas levam à proliferação de exercícios de subotimização. Se não se pode modelar os sistemas maiores, pode-se tomar a via de menor resistência e tentar modelar os sistemas menores e mais fáceis, nos quais o número de variáveis é mais manipulável. A maior parte de nossas crises sociais são hoje os efeitos de nossa crescente proficiência em subotimização — extensamente ensinados em faculdades de administração comercial.

Devemos tentar modelar nossos contextos e nossas interações sociais mais amplos antes de desenvolver "artefatos" tecnológicos mal-estudados e de curto alcance. Por exemplo, é de pouco utilidade simplesmente contratar mais policiais e construir *hardware* de segurança mais dispendiosos sem reconhecer a criminalidade como parte do custo social da má distribuição da riqueza e da renda. Há uma evidência crescente de que o comportamento violento e os hábitos de alimentação deficientes são parte dos custos sociais da estrutura comercial da televisão na cultura norte-americana, assim como o enfisema e o câncer no pulmão são custos sociais da indústria de cigarros. Somente tal visão contextual nos permite avaliar melhor quais dos nossos problemas são com certeza susceptíveis de uma solução técnica.

Os custos com freqüência muito elevados dos programas de pesquisa e desenvolvimento das grandes empresas são habitualmente transferidos aos consumidores sob a forma de preços mais altos. Não obstante, os consumidores não têm controle sobre a maneira como esses fundos são distribuídos, que novas tecnologias são desenvolvidas e que impactos sociais elas podem causar. Restritos critérios de lucratividade são utilizados para essas taxas onipresentes de pesquisa e desenvolvimento arrecadadas dos consumidores. Além disso, os engenheiros que elaboram projetos e as empresas que fazem contratos são altamente organizados na solicitação de fundos públicos para subscrever novos desenvolvimentos tecnológicos, mas os contribuintes e os consumidores que pagam as contas nem mesmo tomam conhecimento, por meses, dessas propostas públicas ou privadas. Os indivíduos têm pouca informação ou incentivo para sustentar os pesados custos financeiros e temporais necessários para pesquisar a questão e desafiar tais forças poderosas. Essa síndrome é discutida por Mancur Olsen em *The Logic of Collective Action* (1965). Ele ilustra a dificuldade de se desafiar quaisquer propostas ou planos de ação política promovidos por grupos de interesse poderosos. Os lucros potenciais são tão grandes que os incentivos de um grupo de interesse em depositar fundos destinados a ganhar essas regalias são sempre maiores que os incentivos individuais em utilizar seus próprios fundos para se proteger organizando-se e aplicando uma pressão contrabalanceadora.

Os promotores e os fomentadores da tecnologia e as agências públicas de megaconstruções não poupam despesas em contratar economistas para lhes preparar análises de custo-benefício destinadas a justificar seus planos e apresentá-los como avanços significativos para o bem-estar público. Há outros problemas mais técnicos com as análises de custo-benefício. Elas pressupõem que informações adequadas estão disponíveis a todas as partes envolvidas, e aceitam como um dado a distribuição de renda existente. Esses dois fatores privam do direito ao voto muitos cidadãos, tais como aqueles destituídos de poder econômico ou político, ou de informações adequadas a respeito de custos, efeitos sobre a saúde ou riscos de longo alcance de uma determinada tecnologia ou desenvolvimento. Além disso, as razões custo/benefício podem ser completamente diferentes dependendo da taxa de desconto utilizada, isto é, da suposição de quais taxas de juros prevalecerão ao longo do tempo de vida do projeto. Tais suposições arbitrárias podem exagerar os custos e subestimar os benefícios ou vice-versa, e constituem atualmente assunto de inflamadas discussões entre economistas.

Podemos apreciar a relatividade de todos esses métodos de análise supostamente científicos. A "automobilização" dos Estados Unidos é um exemplo dos efeitos cumulativos da percepção míope, de análises mesquinhas e de subotimização. Demorou 25 anos para as conseqüências sociais e ambientais do automóvel alcançarem nossa atenção. Como Ivan Illich assinala em *Energy and Equity* (1974), ainda medimos o tempo ganho pela velocidade como quilômetros por hora *no veículo*. Esquecemo-nos do tempo gasto em ganhar o dinheiro para pagar o veículo, colocá-lo no seguro e fazer a sua manutenção, o que, numa visão global de nossa vida, é a medida real dos nossos custos em tempo e oportunidade com relação ao transporte por automóveis. Estendendo e concretizando nossos padrões de vida espaciais, e permitindo maiores distâncias envolvidas nas atividades de vida, no trabalho e nas compras, o automóvel declara que ele reduzirá mais tempo de viagem para executar atividades diárias e decreta que os automóveis serão indispensáveis. Por meio de tais cálculos de sistema total, Illich estima que nossos automóveis nos transmitem velocidades de cerca de oito quilômetros por hora, pois exatamente um quarto de nossas vidas no estado de vigília é gasto na execução de atividades involuntárias associadas com o sistema de transporte por automóvel. Ao contrário disso, em países sem rodovias, mostra Illich, as pessoas caminham numa velocidade quase equivalente, mas gastam somente 5% de seu tempo transportando a si mesmas de um lado para o outro.

Com freqüência, também passamos por cima dos enormes custos das taxas rodoviárias e policiais, dos ônus do nosso sistema jurídico, da perda de terras agriculturáveis, dos estragos nas plantações, das fatalidades e dos prejuízos (todas as "externalidades" quantificáveis ou aproximáveis), isso para não mencionar os fatores menos quantificáveis, tais como a explosão das metrópoles em subúrbios que devastam e se proliferam, a "inaptidão" de milhões de cidadãos que não podem dirigir ou não têm condições de comprar um automóvel, e a destruição de outras opções de transporte, tais como o caminhar a pé e o ciclismo. Num nível perceptivo ainda mais amplo, podemos discernir que a quantidade e o tipo de transporte que temos baseiam-se em como uma cultura valoriza a mobilidade e a aceleração e em como ela avalia as trocas associadas com esses valores. Vê-se que com um diferente conjunto de valores, uma sociedade poderia com igual facilidade medir o transporte como um indicador do nível de *disfunção* em seu sistema.

Para controlar nossos incômodos subsistemas institucionais, devemos reconhecer até que ponto seu comportamento é controlado por suas suposições de programação e por sua linguagem de programação. A linguagem de programação que eles usam é a da economia, a disciplina que monopoliza o discurso sobre todas as nossas decisões nacionais de distribuição dos recursos. Para entender o funcionamento de qualquer sistema, deve-se também examinar as suposições e os objetivos que programam suas atividades. Por exemplo, a Constituição norte-americana é o programa estabelecido por nossos fundadores para fornecer normas destinadas a operar esse sistema social. O sistema judicial desempenha a função de comparação, medindo o comportamento em confronto com essas normas. Como vimos, os crescentes subsistemas, econômicos e tecnológicos, do sistema social estão fazendo com que seja cada vez menos possível, nos dias de hoje, operar esse sistema de acordo com o programa original da Constituição. De fato, algumas de nossas tecnologias de grande escala, tais como a energia nuclear, requerem uma privação das liberdades civis e podem ser simplesmente inconstitucionais. À medida que um maior número de debates públicos a respeito de decisões sobre distribuição de recursos é espremido dentro de estreitas metáforas econômicas, tais como análises de custo-benefício, os objetivos do subsistema, de maximização do lucro e de eficiência, suplantam os objetivos prévios de liberdade, de justiça, de igualdade, e nossos julgamentos coletivos a respeito do que constitui uma boa sociedade — e não meramente uma sociedade rica.

A própria disciplina da economia é hoje o principal obstáculo à discussão racional que a nossa nação deve ter a respeito do que é valioso e de como nossos recursos devem ser distribuídos. Imagine, por exemplo, quão diferentes tais debates públicos seriam se utilizássemos a disciplina da biologia, ou talvez a teoria geral dos sistemas, como a linguagem do discurso. A economia ainda não incorporou a psicologia humanista de Abraham Maslow, de David McClelland e de outros. Ela entronizou algumas de nossas predisposições menos atraentes: ganância material, competição, glutonaria, orgulho, egoísmo, miopia e cobiça. Em sua época, Adam Smith provavelmente estava correto ao pensar que sua "mão invisível" permitia que as microdecisões, mesmo sendo egoístas, se somassem numa justa aproximação do bem-estar público. No mundo populoso de hoje, essas tendências humanas estão começando a nos destruir, na medida em que se tornam institucionalizadas e reverberam por todo o sistema, ajudando dessa maneira a criar nossas muitas "tragédias dos comuns".

Reconhecemos a necessidade vital de assumir compromissos em nossas decisões nacionais e individuais a respeito da distribuição dos recursos. Os líderes dos negócios e do governo mascaram essas escolhas devido à sua contínua inflação de expectativas do consumidor e do cidadão. Os políticos ganham votos prometendo a cada grupo a legislação que ele quer, e que envolvem um grande dispêndio de dinheiro com objetivos eleitoreiros, bem como os subsídios e a redução dos impostos, que se converteram numa sangria contínua ao tesouro público. As grandes corporações também inflam as nossas expectativas com os mais de 20 bilhões de dólares[15] que gastam a cada ano em propagandas, com freqüência alcovitando desejos e fantasias infantis e obscurecendo as compensações inerentes a todo o nosso consumo. Eles nos contam as boas notícias, mas esquecem de nos contar as más — eles nos contam sobre pratos e roupas brilhantes mas esquecem de mencionar a perda de rios e de lagos brilhantes. Ativistas do consumo e do meio ambiente trazem as más notícias sobre as conseqüências das inevitáveis compensações se prosseguirmos com nossos atuais padrões desperdiçadores de produção/consumo. Se quisermos mais — energia, carros, utilidades domésticas — deveremos esperar mais enfisema, mais jazidas devastadas, mais rodovias e mais poluição. Se as propagandas assinalassem com mais honestidade as verdadeiras compensações implícitas nessas trocas, os consumidores norte-americanos poderiam abraçar estilos de vida de menor consumo e exigir que os métodos de produção mudassem.

ABRINDO O LEQUE DAS NOSSAS OPÇÕES POR MEIO DA PARTICIPAÇÃO DOS CIDADÃOS

É de importância vital que os cidadãos se informem e que organizações voluntárias tornem-se parte integrante do processo de se definir opções tecnológicas e de ajudar a modelar a agenda de nossas decisões em ciência-política. Cada leigo bem-informado pode fazer as perguntas corretas: "Todas as opções possíveis foram adequadamente exploradas?", "Como os custos e os benefícios serão distribuídos entre diferentes grupos e indivíduos?", "Quais são os impactos sociais e ambientais e as conseqüências futuras?", "A nova tecnologia ou o novo projeto criarão mudanças irreversíveis?", "O objetivo pode ser atingido por qualquer outro meio?", e, se não puder, "Deve o objetivo ser posteriormente examinado à luz de outros objetivos e de outras prioridades?"

Assim como descobrimos que não podemos pretender a objetividade com afirmações que exerçam impacto ambiental, especialmente quando são preparadas pela mesma agência que está promovendo o projeto, da mesma maneira, ao avaliar novas tecnologias, não podemos supor a objetividade nem mesmo da mais prestigiosa equipe científica ou da aparentemente mais irrepreensível organização que elabora avaliações tecnológicas. As inclinações perceptivas e organizacionais são demasiadamente endêmicas e, com freqüência, estão abaixo do limiar de consciência. Portanto, a participação pública em cada fase de tais avaliações é a melhor maneira de suprir uma rigorosa função de cão de guarda, a fim de estimular assessores científicos a se voltarem para perspectivas mais amplas e análises mais completas. Diversas organizações voluntárias, tais como as trabalhistas e as de consumidores, e aquelas que se preocupam com impactos ambientais, devem examinar criticamente cada fase da avaliação: o plano do estudo, as suposições, a composição da equipe científica. Perspectivas significativas e habilidades disciplinares podem ter sido omitidas: saúde ocupacional para determinar efeitos sobre os trabalhadores; ciência política para determinar se uma tecnologia terá efeitos centralizadores ou descentralizadores; ecologia para investigar eficiências totais de conversão de energia e se os sistemas naturais poderiam desempenhar a mesma tarefa sem se precisar recorrer a novos e maciços *hardware*; e economistas ligados ao bem-estar social para examinar qualquer impacto sobre a distribuição da riqueza e da renda. Grupos voluntários devem exigir oportunidades para criticar o trabalho em andamento a fim de determinar se novas e importantes incertezas emergiram. Se avaliações de tecnologia são bem feitas, certamente trarão à tona algumas más notícias. A participação pública vigilante pode assegurar que tais averiguações não sejam suprimidas.

Todos os sistemas e ecossistemas humanos requerem equilíbrio: competição com cooperação, egoísmo e individualismo com preocupações comunitárias e sociais, avidez material com sede por conhecimento e por entendimento, direitos com responsabilidades e luta por amor, justiça e harmonia. À medida que estudamos a natureza, não deduzimos as absurdas interpretações caricaturais do darwinismo social para racionalizar nossa cobiça, mas sim a interdependência de todas as coisas vivas. Os sistemas naturais nunca maximizam variáveis isoladas, tais como o lucro ou a eficiência. Dessa maneira, podemos deduzir que a maximização do comportamento por parte de qualquer indivíduo ou empresa é míope e destrutiva do sistema mais amplo. Um exemplo extremo é a indústria da pesca de baleias, que ainda está maximizando suas pescas não obstante o conhecimento de que restam apenas pouco anos até que a maioria de suas vítimas seja extinta.[16]

Devemos aprender humildade se quisermos encarar as complexidades que criamos. Sentimos a verdade de que somente o sistema pode manejar o sistema e vemos animada arrogância em algumas de nossas concepções de direção e de administração. Examinamos novamente as suposições corriqueiras de que sistemas sociotécnicos são igualmente susceptíveis à manipulação pela legislação. Maravilhamo-nos mais uma vez com a engenhosidade das culturas primitivas, cuja característica mais óbvia é a relativa ausência de governo, pois nelas os controles sociais foram internalizados.[17] Estamos numa encruzilhada em nossa complexidade sociotécnica. Podemos tomar o caminho de nos aproximar do poder do computador para modelar essas complexidades; ou podemos tentar desemaranhar algumas das próprias interligações e tecnologias desnecessárias, e, por intermédio dessa descentralização de meios, reduzir o número de variáveis interagentes que deve ser agora manejado.

Não é mais apenas uma questão de compensações e de prioridades orçamentárias entre educação, transporte, saúde ou consumo, num nível mais privado; ou entre prioridades de pesquisa e desenvolvimento, investimentos públicos e privados, produção que faz uso intenso de capital e de mão-de-obra, ou alternativas energéticas. Educadores e profissionais devem lidar com a questão de se devem se especializar ainda mais ou se devem expandir seus horizontes para estudos interdisciplinares, mesmo às expensas do rigor, conforme é academicamente definido e recompensado. No nível pessoal, todos nós devemos escolher se trocamos consciência expandida por maior poder secular e dinheiro. Tais objetivos conflituam, pois o conhecimento tornou-se servo do poder em muitos casos, e nossos empreendimentos educacionais têm, com muita freqüência, se revelado mercenários intelectuais, cujas armas são destinadas, por obrigação contratual, a justificar políticas de burocracias e de grupos de interesse entrincheirados, em vez de procurar pela verdade.

Por fim, vemos que a ciência não é neutra, nem o é a tecnologia, e suas pretensões a uma objetividade livre de valores estão agora degradando a moeda corrente do debate público e das escolhas sociais. A tecnologia cria agora suas próprias configurações sociais, e devemos indagar em que medida o impulso contínuo em direção a tecnologias *big-bang*, que fazem uso intenso de capital, simplesmente concentram poder, riqueza e conhecimento em um número cada vez menor de mãos, ao mesmo tempo em que torna o restante de nós mais pobres e mais impotentes, e aumenta efetivamente a ignorância humana global. Hoje, está claro que o livre mercado não trabalha no sentido de destinar as inovações tecnológicas para a demanda do consumidor, como deveria. Se o fizesse, não teríamos agora violentos debates a respeito do fato de uma tecnologia ser ou não apropriada, o que transbordou da arena das opções de mercado para o domínio da escolha social e política. Tudo isso foi previsto em 1944, por Karl Polanyi, em *The Great Transformation* (1944). Ele demonstrou que os livres mercados, longe de derivarem de alguma ordem natural ou de leis comportamentais humanas, foram criados e planejados por seres humanos e prepararam o campo de ação para a Revolução Industrial.

O estudo do fracasso do mercado é necessário se pretendemos avaliar adequadamente a tecnologia e tentar simular suas conseqüências. Cada inovação tecnológica importante redistribui o poder, destrói alguns empregos e cria outros, rearranja os padrões populacionais e cria novas fileiras de ganhadores e de perdedores. Tecnologias não surgem do nada. Há sempre um campo de força de direitos institucionais deferidos cujas interações podem tender a promover ou a suprimir tecnologias. Por exemplo, os compromissos institucionais e financeiros com a energia nuclear minaram, durante décadas, os recursos destinados aos estudos sobre a utilização da energia solar, como assinalou James C. Fletcher, chefe da NASA (National Aeronautics and Space Administration).[18] Portanto, para manter intelectualmente honestas as avaliações de tecnologia, suas equipes de revisão devem nomear representantes dos segmentos da sociedade potencialmente sujeitos ao impacto dessas tecnologias, posição que encorajei junto ao U.S. Office of Technology Assessment.

O debate a respeito da avaliação de tecnologia também pode ser focalizado em torno da questão de se as tecnologias são motivadas pelo produtor ou se respondem à vontade do consumidor. À medida que a falta de capital e a inflação forçam escolhas sociais mais árduas, as análises de custo-benefício e de risco-benefício ficam mais difíceis. Uma típica tecnologia motivada pelo produtor é a do tomógrafo computadorizado,[19] que custa cerca de 500.000 dólares e diagnostica raras doenças cerebrais não-detectáveis por meio de outros procedimentos. Uma grande produção de tais aparelhos parece injustificável; não obstante, aqueles que os promovem vendem grande número deles aos hospitais, que estão recuperando rapidamente seus enormes custos ao combinar esse procedimento de diagnóstico às suas rotinas normais de *check-up* da saúde e cobrando taxas adicionais. Com recursos limitados, pode uma sociedade permitir que o capital flua para esse tipo de proliferação tecnológica questionável quando, talvez, os dólares para a saúde gastos em educação preventiva das doenças ou em outros equipamentos mais vitais porém menos fascinantes poderiam resultar em maiores benefícios?

A maior parte dos seres humanos aprende experimentalmente. Hoje, em muitas faculdades, vocês constatarão que os estudantes de engenharia, de química e de física têm dirigido os seus professores para fora da soberba conceitualização baseada nas salas de aula e em direção ao espaço aberto. Aí realizam experimentos de ativa participação com tecnologias apropriadas, de menor escala e com recursos renováveis: sejam eles a produção de gás metano a partir de bioconversão, coletores de energia solar, geradores eólicos ou multidões de outras tecnologias *soft*, ao contrário das tecnologias *hard*.[20] Tenho visto a plena alegria nos rostos de professores de física que trabalham com suas mãos construindo essas tecnologias vitais, experimentais e ecologicamente sustentáveis, cujo grande mérito é seu poder de integração. Hoje, todos nós devemos aprender a estudar sistemas completos com nossos eus completamente integrados.

Os sonhos do hedonismo baseado na tecnologia, nos quais as máquinas trabalhariam e as pessoas seriam treinadas para o lazer, foram prematuros e baseavam-se em modelos ecológicos inadequados. Eles permanecerão além do nosso alcance até que aprendamos a controlar nosso crescimento populacional, a reduzir os impactos da nossa tecnologia e a repartir com maior eqüidade os nossos recursos. Chegou a hora de a ciência e a tecnologia do industrialismo compreenderem suas limitações conceituais. As apostas na sobrevivência humana nunca estiveram tão altas. Precisamos de um novo paradigma científico, um paradigma conveniente para uma ciência que está à beira do desastre nuclear e da manipulação genética, uma ciência que tem o potencial de melhorar as possibilidades evolutivas humanas ou de nos converter numa raça que o psicólogo George Leonard, diretor do Leonard Energy Training Institute, com sede na Califórnia, chama de "*junkies* biônicos". Essa nova abordagem científica deve ser auto-reflexiva. A velha e inocente visão — do "cientista que observa os fenômenos" — não será mais suficiente. Hoje, devemos retroceder um "fotograma" e incluir uma nova visão composta: do "cientista que observa o *eu* que observa o fenômeno". Esse paradigma reflexivo existe em psicologia, onde aqueles que procuram praticar a psicanálise sobre seus semelhantes, devem, eles próprios, submeter-se a uma psicanálise prévia. Se o físico Gerald Holton está correto a respeito dos tipos de personalidade que escolhem atividades científicas, talvez todos os cientistas devam ser persuadidos a passar por uma tal avaliação psicológica.[21] Talvez devamos requerer uma moratória sobre Prêmios Nobel em áreas de pesquisa controvertidas e perigosas — a fim de garantir incentivos para a procura da verdade e não para a gratificação do ego.

Possivelmente, William Irwin Thompson (1973) está certo quando observa que precisamos redescobrir a tradição pitagórica na ciência em vez de prosseguir com a ciência arquimediana de hoje, que procura controlar a natureza por meio da previsão e da experimentação. Thompson observa que a abordagem pitagórica englobava uma visão mística da ciência que estava integrada com a arte e a religião. Em *The Tao of Physics** (1975), Fritjof Capra tira as mesmas conclusões e mostra como a física progrediu neste século para uma visão de mundo mais metafísica, mais coerente com os *insights* vivenciais diretos das tradições religiosas orientais do que com a visão atomística e mecanicista característica da era industrial, que hoje está em retrocesso.

John Todd, do New Alchemy Institute, tipifica a reverência que deve hoje animar nossos empreendimentos científicos. Ele concebe a evolução não como algo pré-programado, mas sim como um contínuo diálogo sagrado com nosso planeta. O aumento da produtividade natural e a reintegração de nossas atividades no âmbito dos processos biosféricos já está levando a uma revolução no planejamento e nos fazendo repensar nos muitos problemas de produção, de energia e de administração dos materiais. Os arquitetos planejam hoje casas "passivas", que reduzem ou eliminam a necessidade de unidades de aquecimento. Os fertilizantes podem ser produzidos reciclando-se resíduos animais e humanos ou aplicando-se engenharia genética em plantas para que aumentem sua capacidade própria de fixação do nitrogênio. Milhões estão transcendendo pontos de vista fragmentados graças ao aprimoramento da percepção humana, e muitos campos acadêmicos estão efervescendo. Podemos todos desempenhar nosso papel nesse drama evolutivo humano.

---

* *O Tao da Física*, publicado pela Editora Cultrix, São Paulo, 1980.

CAPÍTULO 4

O ALÇAPÃO DA PRODUTIVIDADE SEM EMPREGOS

O crescimento econômico sem empregos é resultado do paradigma da industrialização e de seu enfoque na eficiência da produção, que é rigorosamente computada, e em tecnologias que economizam mão-de-obra. As estatísticas de produtividade ainda se concentram na produtividade da mão-de-obra em termos de média *per capita*, impulsionando desse modo a economia para uma maior intensidade de capital e uma maior mecanização — assim como os políticos prometem emprego pleno. Os não-economistas assinalam que essas fórmulas são contraditórias, ignoram "externalidades", aumentam a automação e também aumentam o desemprego — a não ser que novos empregos sejam criados ainda mais depressa que os empregos que são destruídos. Embora muitos funcionários do governo apontem para a mudança tecnológica como a fonte da demissão de empregos, eles também contam com o crescimento do produto interno bruto (PIB) e com o "progresso tecnológico" para recontratar os demitidos.

Devido ao fato de focalizar restritas estatísticas de produção-eficiência no setor privado, a receita dos economistas para o crescimento econômico medido pelo PIB não leva em consideração os custos sociais e ambientais para os contribuintes e as gerações futuras. Essa desconsideração canibaliza ou reduz a produtividade social e a ambiental, levando a menos trabalhadores com ferramentas mais sofisticadas produzindo mais bens e mais serviços — enquanto o desemprego e o número de pessoas mantidas pela assistência social aumentam. (Veja a Figura 8. Sistema Produtivo Total de uma Sociedade Industrializada, na página 73.) Uma geração de economistas foi encarregada de elaborar argumentos nos quais a criação de empregos em novas empresas com o passar do tempo preencheu a lacuna. Esses estudos são freqüentemente utilizados por grandes empresas e por investidores para pressionar junto à Câmara a concessão de deduções de impostos para investimento mais generosos, justificando-as por estimularem a criação de empregos. Num arroubo de ortodoxia entusiasta, *The Economist*, num editorial de fevereiro de 1993, saudou a síndrome do crescimento econômico sem empregos como "o Santo Graal da prosperidade econômica".

A fórmula dos economistas para o progresso industrial, a produtividade e a competitividade global reestrutura inicialmente a sociedade tradicional deslocando trabalhadores de áreas rurais para áreas urbanas, do trabalho agrícola para o trabalho fabril. À medida que as fábricas se automatizam, as forças de trabalho são deslocadas para o setor de serviços: a vangloriada Sociedade da Informação dos dias de hoje, onde os trabalhadores devem ser continuamente retreinados para tarefas novas e mais sofisticadas, as quais, conforme supõem os manuais, aumentarão continuamente de modo a absorver os demitidos. As pessoas migram de comunidades rurais sustentáveis para metrópoles transbordantes à procura de empregos. Esse cenário está atualmente se desdobrando num estágio global, com resultados horrendamente inesperados: os setores de serviço também estão se automatizando em todo o mundo, e as grandes empresas, a fim de permanecer competitivas, agora vagueiam pelo mundo à procura de mão-de-obra mais barata e de recursos não-protegidos para explorar. Até mesmo nos Estados Unidos, a taxa de pobreza para famílias de trabalhadores aumentou de 7,7% para 11,4% entre 1977 e 1993.[1]

As empresas estão reduzindo o tamanho dos seus setores administrativos intermediários e criando forças de trabalho de meio-período a fim de eliminar benefícios assistenciais, enquanto automatizam ainda mais suas fábricas e seu trabalho de escritório. Os cortes na força de trabalho não são mais o resultado de recessões, mas são mudanças estruturais permanentes. Os sindicatos nos EUA, que representam menos de 20% da força de trabalho, têm respondido a isso fundindo-se. Em 1995, a United Auto Workers, a United Steel Workers e a International Association of Machinists fizeram um acordo para criar o maior sindicato dos Estados Unidos: 1,7 milhão de membros e 1,2 bilhão de dólares de fundos para greves.[2] Hoje, até mesmo o *The Economist* concorda com o fato de que "a tecnologia tem, até agora, desempenhado um papel maior que o do comércio no aumento da desigualdade salarial".[3] Em *Peddling Prosperity* (1994), Paul Krugman, que fazia parte do U.S. Presidential Council of Economic Advisors, descreve acalo-

O direito ao trabalho

Todos os que querem trabalhar deveriam ser capazes de fazê-lo. Toda pessoa adulta, independentemente de idade, sexo, raça ou religião, deveria ser capaz de ter um emprego satisfatório que lhe pagasse um salário mínimo. Deveria acontecer dessa maneira. Mas não acontece.

A Nova Zelândia tem muitas leis que protegem a propriedade privada. Não há nem uma lei que proteja o direito que uma pessoa tem de trabalhar!

Certamente, o salário-desemprego garante que uma pessoa desempregada não morra de fome, mas não pode fazer nada, absolutamente nada, para recuperar a dignidade dessa pessoa e seu sentimento de valor próprio.

O desejo de lucro a curto prazo significa que grande parte do crescimento econômico tem ocorrido em indústrias que não podem durar. Por exemplo, a indústria automobilística logo perderá o fôlego até parar quando o petróleo se tornar demasiado caro para ser importado. As indústrias de polpa e de papel, de alumínio e de aço, absorvem 60% da energia industrial da Nova Zelândia e, não obstante, empregam menos de 3% da força de trabalho.

O crescimento é a resposta?

Para superar retrocessos em direção ao passado, o sistema tem dependido de crescimento. Os recursos minerais e energéticos que alimentaram o crescimento no passado estão se tornando rapidamente escassos e mais dispendiosos. O crescimento não pode mais ser utilizado para se resolver o que é, basicamente, um problema de partilha. Até resolvermos a questão da posse e do controle dos recursos financeiros e produtivos da Nova Zelândia, a tragédia humana de pessoas sem empregos permanecerá conosco.

O trabalhador descartável

O desemprego é parte do sistema.
O desemprego é um resultado natural do nosso sistema, onde **o capital emprega as pessoas**. Numa economia cooperativa, onde **as pessoas empregam o capital**, o desemprego seria desconhecido.

As cifras oficiais desses desempregados ou das pessoas que recebem ajuda do governo estão perto de níveis recordes. A verdadeira taxa de desemprego é vertiginosa. Seria muito superior a 100.000 pessoas se os jovens que não podem ser registrados e as pessoas casadas cujos cônjuges trabalham fossem incluídos na estatística. Em sua maior parte, essas pessoas estão procurando trabalho e não conseguem encontrá-lo.

Muitas pessoas acreditam erroneamente que uma reviravolta econômica positiva logo está por vir. Elas estão preparadas para tolerar algum desemprego nesse meio-tempo. **Não** haverá reviravolta positiva permanente!

As altas taxas de desemprego permanecerão conosco enquanto não ocorrer uma mudança básica em nosso sistema econômico.

Figura 11. O Trabalhador Descartável
Fonte: Values Party, Nova Zelândia, reimpresso de *The Politics of the Solar Age*

rados debates, no âmbito da profissão da economia, sobre todas essas questões, as quais indicam que não há planos de ação política ou acordos teóricos aceitos para ajudar o governo.

O debate do North American Free Trade Agreement (NAFTA), "conduzido em termos de falácias expostas 150 anos atrás", de acordo com Paul Wallich,[4] constituiu somente um prelúdio para a briga global por mão-de-obra mais barata e pelo seu aspecto menos promissor: as crescentes migrações humanas globais, à medida que os trabalhadores tentam seguir os fluxos de capital e as promessas de empregos através das fronteiras nacionais. Hoje, as forças de globalização invalidaram os manuais e as estatísticas econômicos, que ainda supõem a existência de economias nacionais com capital e mão-de-obra relativamente estacionários no âmbito de suas fronteiras. Atualmente, todos os países da Organization for Economic Cooperation and Development (OECD) defrontam-se com um novo cenário: por exemplo, em 1995 a falta de empregos pairava em um nível médio de 11% na Europa, sendo, efetivamente, igual a 12,5% na França e na Bélgica e a 24,3% na Espanha, enquanto que o desemprego na Austrália era de 9,9%. Déficits orçamentários que se arrastam e crescimento sem empregos são os sintomas de novos problemas estruturais, mas os governos não podem mais aplicar os velhos remédios e os sindicatos não podem mais atuar como um fiel de balança para o poder corporativo.

Por exemplo, se se tenta estrangular a inflação com altas taxas de juros, um choque multiplicador será desfechado de volta sobre o índice de preços ao consumidor, desencadeando um círculo vicioso que sufoca crescimento, empregos e os gastos do consumidor dos quais dependem muitas economias — um outro círculo vicioso. Ou então, à medida que as economias recuperam suas forças e começam a repor empregos perdidos, os corretores de títulos globais, especulando entre taxas de juros de longo e de curto prazos, passam a se preocupar com a inflação. A Curva Phillips para uma compensação entre a inflação e o desemprego e o indicador Non-Accelerating Inflation Rate of Unemployment (NAIRU) assinalam inflação, mesmo que isso tenha sido, em grande medida, invalidado por mudanças globais e estruturais. Mas essa insinuação de que o monstro de Loch Ness da inflação fora avistado colocou em marcha à ré as políticas do banco central e os mercados financeiros. O indicador NAIRU está sendo atualmente questionado por assinalar pressões inflacionárias inexistentes e cálculos de "pleno emprego", quando, na verdade, a taxa de desemprego está em torno de 7% — cifra que foi aumentando a partir de 2% ao longo das décadas durante as quais as metas de criação de empregos não foram atingidas. Pior que isso, as crescentes dívidas e déficits governamentais impedem o estímulo das veneráveis ferramentas keynesianas e, além disso, aumentam o déficit com injeção monetária.

NOVOS PROBLEMAS ESTRUTURAIS EXIGEM NOVOS REMÉDIOS

O crescimento econômico sem empregos é hoje reconhecido pelos líderes dos países do G-7 como uma das principais contradições em seus futuros. Na sua reunião de cúpula em Tóquio, em 1993, eles expressaram preocupações por seus vinte e três milhões de desempregados, declarando que "uma parcela significativa" desse número "é de natureza estrutural" e concordando com um encontro para se procurar as causas desse "crescimento econômico sem empregos"[5] — um oxímoro, uma vez que o crescimento econômico deve *criar* empregos, por exemplo a *Full Employment Act* (Lei do Pleno Emprego), de 1946, nos Estados Unidos. Os ministros do trabalho e das finanças do G-7 reuniram-se em Detroit, em março de 1994, para a primeira Cúpula sobre Empregos, mas evitaram as questões subjacentes à falta de empregos. Eles não podiam se defrontar com as novas questões fundamentais — as forças não-controladas da globalização e a exaustão da própria receita do crescimento industrial, baseada nas fórmulas de "produtividade" e de "competitividade" de uma geração de economistas que contavam, muito intensamente, com o apoio de macroestatísticas e de modelos obsoletos. Até agora, poucos líderes mundiais vêem uma maneira de escapar desse atual beco sem saída, que exigiria um redirecionamento de seus planos de ação política para uma nova fórmula de desenvolvimento sustentável que integrasse o desenvolvimento econômico e social no âmbito de critérios de eficiência ecológica e de produtividade.

Em vez disso, os ministros do G-7 continuam a andar de costas para o futuro olhando pelo espelho retrovisor, ao desregular seus mercados de mão-de-obra a fim de torná-los mais "flexíveis" e ao focalizar mais e melhores treinamentos. Tornar os mercados de mão-de-obra mais flexíveis tem sido traduzido em convocações para desaparelhar redes de segurança de estilo europeu e limitar benefícios assistenciais, salários mínimos e programas sociais. Os ministros favorecem o mercado de mão-de-obra norte-americano, mais "eficiente", com seus 30% de força de trabalho contingente, salários relativamente mais baixos e benefícios que o *The Economist*, com sede em Londres, descreveu como sendo a inveja dos europeus. O treinamento foi saudado como uma "coisa boa", mas poucos explicam como o treinamento ajudaria os trabalhadores diante de uma base total de empregos cada vez mais reduzida. Milhões de norte-americanos com grau universitário estão subempregados em ocupações de baixos salários ou de meio-período. Enquanto isso, a remuneração de cargos executivos torna-se uma questão política na Europa, bem como nos Estados Unidos.[6]

É verdade que pequenas empresas familiares, nos Estados Unidos, ainda produzem mais da metade de todos os bens e serviços, e criam milhões de novos empregos, compensando de alguma forma o processo de enxugamento e de mudança para outros países de grandes empresas. De fato, as empresas administradas por famílias respondem por quase dois terços do PIB e dos empregos da Europa Ocidental. Mas, ao mesmo tempo, ilusões estatísticas, tais como a de computar como sendo "emprego pleno" qualquer emprego que ofereça vinte e quatro horas por semana ou mais, levam a uma auto-satisfação cega. É fácil se esquecer de que um emprego que era de quarenta horas por semana antes da década de 80, é hoje, com freqüência, convertido em dois "novos" empregos de meio-período de vinte horas por semana. Embora economistas, comentando a respeito da Cúpula sobre Empregos de 1994, concebessem empregos de meio-período como uma "preferência", a mesma concepção não é sustentada por desencorajados trabalhadores que procuram empregos, que desapareceram dos índices de desemprego ou estão tentando manter suas vidas e suas famílias juntas com dois ou mais desses empregos. Não é de se admirar que países do Hemisfério Sul estejam questionando o modelo ocidental/Bretton Woods tradicional e os seus indicadores de "progresso".

Nos Estados Unidos, a ulterior guinada das relações capital/trabalho no código dos impostos tem levado os patrões a criar forças de trabalho de meio-período para evitar o dispendioso ônus de funcionários em tempo integral. Em conseqüência, cerca de 30% da força de trabalho nos Estados Unidos consistem atualmente em trabalhadores ocasionais. As empresas que procuram ganhos de produtividade realizam seus objetivos cortando de maneira negligente suas forças de trabalho em vez de reavaliar suas operações globais. Por exemplo, a Sears, a gigantesca varejista norte-americana, a fim de melhorar seus rendimentos e sua avaliação no mercado de ações, cortou 60 mil funcionários que trabalhavam com caixas registradoras, substituindo-os por sistemas automatizados. Naturalmente, quando as notícias atingiram a mídia, os níveis de confiança do consumidor caíram, e, para completar o círculo, declarou-se que o panorama econômico se tornaria mais sombrio!

Alguma necessária reavaliação de toda essa "anorexia" corporativa mostra que investir em funcionários e lhes oferecer oportunidades de carreira pode se comprovar mais eficiente, em termos gerais, do que o modelo de contratação e dispensa.[7] Hoje, até mesmo as empresas japonesas, para a maioria das quais o emprego vitalício é uma norma, estão recorrendo a agências de recolocação. No entanto, na depressão econômica japonesa de 1994-95, o desemprego no Japão ainda era de apenas 2,8% — demonstrando que mesmo possuindo alta tecnologia, uma sociedade pode ter como prioridade a minimização da perda de empregos. O *World Development Report 1995: Workers in an Integrated World*, do Banco Mundial, optou, no entanto, por advertir os patrões do mundo que "mudanças na economia mundial estão afetando as vidas e as expectativas de trabalhadores em todo o mundo". O conselho do Banco não causou surpresa: "Estratégias baseadas no mercado constituem a melhor maneira de se elevar os padrões de vida dos trabalhadores, inclusive dos mais pobres." A Organização Internacional do Trabalho (OIT), intimidada pela difusão global de mercados, apoiou-se intensamente em velhos paradigmas econômicos e em dados do Banco Mundial e da OECD, em seu *World Employment 1995*, de postura moderada, enquanto que sindicatos independentes são muitas vezes esmagados em países da Ásia, da África e da América Latina.

Economistas têm oferecido a políticos uma terra prometida de desenvolvimento econômico e de progresso industrial por meio da criação de empregos e do pleno emprego. Eles prometeram fazer uma sintonia fina nas sociedades industrializadas de modo a criar aquelas "marés montantes que levantariam todos os barcos". Os economistas aconselham os políticos e seus governos a respeito de como inflacionar, desinflacionar ou reinflacionar suprimentos monetários; quando fazer a economia pegar no tranco, dar a partida, dar um empurrão; e quando pisar no acelerador ou no freio, como se as suas economias fossem automóveis. Seu conselho é olhar para o motor do automóvel – e raramente checar o planejamento, o fabricante ou os engenheiros econômicos.

À medida que as sociedades industrializadas se tornam mais complexas tecnologicamente e interligadas estruturalmente, o "efeito-cascata" de estímulos econômicos que, segundo os manuais, absorveria aqueles que estivessem na base, desempregados, ou dependentes da assistência social, é estancado. Em vez de reconceitualizar o modelo do manual, as estacas do alvo econômico foram deslocadas – o pleno emprego foi inicialmente calculado tomando-se como base a taxa de 2% de desemprego após a Segunda Guerra Mundial. À medida que essa meta para os empregos tornava-se cada mais mais inatingível sob as premissas políticas existentes, a cifra foi inexoravelmente guinada até os 7% de desemprego oficialmente tolerados hoje e computada como sendo pleno emprego na maioria dos países da OECD.

Por volta de julho de 1995, o *The Economist* reconheceu que "em poucos indicadores econômicos a carga política é tão grande como nas taxas de desemprego". Em "Counting the Jobless", os editores acrescentaram que muitos políticos vêem as persistentemente altas taxas de desemprego como um lembrete constante do malogro de suas políticas econômicas. Também reconheceram que muitas pessoas desencorajadas, que não procuram mais trabalho, são classificadas como fora da força de trabalho, embora muitas trabalhem meio período *involuntariamente*, pontos que eu e outros temos enfatizado durante décadas. Por exemplo, a OECD contou oficialmente 34 milhões de desempregados em 1993, mas se os quatro milhões de desencorajados adicionais e os quinze milhões de trabalhadores involuntários de meio-período fossem incluídos, isso duplicaria o número total de desempregados em seus 24 países membros. Nos Estados Unidos, isso teria aumentado o desemprego em 1993 dos 6,5% oficiais para 13%.[8] A taxa oficial do Japão pairava em 3% em 1995 e foi bruscamente expandida no *Bungi Shunju*, em junho de 1995, que mostrou uma taxa de desemprego entre as mulheres três vezes mais alta do que entre os homens.

Sejam eles contratados pelo Banco Mundial, pelo Fundo Monetário Internacional, pelas Nações Unidas ou por ministérios de economia e agências de desenvolvimento, os economistas, em sua maioria, graduam-se em universidades de elite, tais como Harvard, Yale, MIT e a London School of Economics. O crescimento sem empregos é um fracasso em teoria, um apavorante aborto de administração macroeconômica e um trágico desperdício de recursos humanos. As respostas estão debaixo dos narizes dos líderes do G-7. O presidente Clinton, falando na Cúpula sobre Empregos de 1994, em Detroit, fez uma alusão ao problema do crescimento econômico sem empregos:

> No setor agrícola, quando eu era um garoto, produtividade significava pessoas perdendo empregos na agricultura, certo? Mas produtividade em Detroit significava que mais empregos eram criados na indústria automobilística do que perdidos no setor agrícola. Ao longo de todo o século XX, até mesmo desde a Revolução Industrial, cada vez que tínhamos produtividade em uma área, isto significava que menos pessoas podiam fazer mais trabalho nessa área, e que mudanças tecnológicas estavam sempre criando mais empregos em outra área. Ora, isto ainda é válido hoje, mas o problema é que houve uma explosão de produtividade na área industrial — que não está parando. E agora ela ocorre na indústria de serviços, de modo que os bancos, por exemplo, ou empresas de seguros, ou o que que quer que vocês escolham, podem realizar mais trabalho com menos pessoas devido às produtividades da informação. E, ao mesmo tempo, todos esses outros países são capazes de fazer coisas de que antes não eram capazes. Por isso, em nossos países há uma grande insegurança de que a produtividade, pela primeira vez, possa constituir uma ameaça aos empregos, e não que seja uma criadora de empregos.

Os mantras derrotistas dos políticos — "competitividade global" e "não existe alternativa" — soam mais e mais como a linguagem daqueles que padecem de depressão clínica. O presidente Clinton, embora identificasse o problema, ainda clamava por crescimento econômico e por crescimento na economia global por meio do livre comércio e de outros remédios convencionais. O *The Economist* concordou com isso num editorial intitulado "Workers of the World Compete",[9] ao mesmo tempo em que acrescentava que as lacunas entre os salários para empregos de alta especialização e de baixa especialização continuariam a se alargar nos países da OECD, e que elas requerem novos remédios em âmbito nacional, que vão de programas de suporte de renda até a educação.

ALGUNS ANTÍDOTOS PARA O CRESCIMENTO ECONÔMICO SEM EMPREGOS

Desde que a Revolução Industrial começou, cerca de trezentos anos atrás, seu propósito tem sido o de produzir mais bens com menos trabalhadores — e essa meta está sendo alcançada atualmente em escala mundial. Mas poucos agora prestam atenção aos debates da década de 60 a respeito de como pessoas desempregadas seriam capazes de comprar os frutos de toda essa virtuosidade produtiva. Então, voltando a eles, as idéias iam desde o imposto de renda negativo de Milton Friedman e propostas de rendas mínimas garantidas até semanas de trabalho mais curtas, distribuição de empregos, retreinamento e novas indústrias do lazer. Na Europa, os sindicatos exigiam rendas mínimas garantidas, semanas de trabalho mais curtas, distribuição de empregos, férias remuneradas, participação acionária do trabalhador e fundos mútuos por intermédio de recursos tais como o Plano Meidner da Suécia.

Depois da queda da União Soviética, os países da Europa Oriental privatizaram empresas estatais distribuindo certificados de ações aos empregados e ao público em geral por somas nominais. O capitalista norte-americano Louis O. Kelso tem proposto a posse de ações por funcionários desde a década de 60;[10] muitas empresas são hoje de propriedade do trabalhador, sendo que a mais recente delas é a United Airlines, com sede nos EUA, da qual os funcionários têm o controle acionário. Se as máquinas estão tomando os empregos das pessoas, estas precisarão possuir uma parcela dessas máquinas. E. F. Schumacher, da Inglaterra, e eu apoiamos a maioria dessas propostas e fizemos eco à pergunta de Mahatma Gandhi: "Por que não uma produção mais descentralizada feita pelas massas em vez de uma produção em massa cada vez maior?" Robert Theobald[11] e W. H. Ferry[12] reconheceram a necessidade de reenquadrar a política social em torno da nova abundância tecnológica e de *dar as boas-vindas ao desemprego crescente como sendo lazer* — um bônus que poderia levar a um florescimento mais amplo das culturas humanas. Lancei um Citizens Committee on

Guaranteed Income nos Estados Unidos, em 1962, pedindo um debate pleno sobre fórmulas de automação e de produtividade, repensamento em grande escala a respeito da maneira de se distribuir os frutos da tecnologia, e uma revisão plena das políticas dos impostos.

O debate foi a pique devido a temores de que não se podia confiar nas pessoas, mesmo que tivessem tempo livre ou rendas garantidas planejadas para suavizar a mudança e manter o poder de compra. Os políticos vieram com esquemas mais familiares para redistribuir a nova riqueza criada pela tecnologia e pela automação: assistência social para aqueles que ficaram muito para trás; guerra (orçamentos militares crescentes); e trabalho (burocracia crescente do governo, programas de empregos e política de obras faraônicas com objetivos eleitoreiros). Hoje, esse complexo e fraudulento sistema industrial redistributivo está se espalhando ao redor do mundo, mas ainda não consegue acompanhar o ritmo da destruição de empregos relacionada com a tecnologia e com o enxugamento das empresas. O *Human Development Report, 1993* mostra a agourenta lacuna, presente em todos os países, entre o crescimento (conforme medido pelo PIB) e os níveis de emprego. O relatório adverte que o crescimento do emprego ficará cada vez mais para trás — a não ser que os países encarem a necessidade de se atacar diretamente esse problema.

Nos Estados Unidos, em 1977, um Jobs Tax Credit (Dedução Fiscal para Criação de Empregos) criou 900.000 novos empregos a um modesto custo temporário para o Tesouro. Conforme assinalou o economista Mark Goldes, essa dedução fiscal foi deficientemente divulgada porque tanto a Casa Branca de Carter como o Tesouro opuseram-se a ela, que acabou sendo repelida depois de um ano.[13] Subsídios salariais e outros esquemas para promover os empregos estão sendo atualmente testados na Inglaterra, na Austrália e em outros países da OECD. Recentemente, outras políticas têm reemergido, tais como a implementação de semanas de trabalho mais curtas — mas com freqüência com redução de salários; a tentativa de partilha de empregos por empresas japonesas; e a experimentação de projetos semelhantes, inclusive o retreinamento, por outros países do G-7. Além disso, maior atenção está sendo dada à Earned Income Tax Credit (Dedução do Imposto de Renda Auferido), abordagem favorecida pela administração Clinton nos Estados Unidos.[14] Os líderes do G-7, finalmente, devem enfrentar esses problemas e responder por que, por exemplo, quando, entre 1960 e 1987, a França, a Alemanha e a Inglaterra viram suas economias mais que duplicar, suas taxas de empregos *caíram*. Pior que isso, durante o mesmo período, menos de um terço dos aumentos do seu PIB veio do aumento das forças de trabalho, enquanto que dois terços resultaram de investimento de capital.

Eu e outras pessoas estamos pedindo que se repense a tributação em termos gerais.[15] Jeremy Rifkin (1995) e o economista inglês James Robertson chegaram a conclusões semelhantes e também pediram um debate mais amplo sobre renda garantida para o cidadão em *The End of Work* e em "Benefits and Taxes",[16] respectivamente. Os impostos, em princípio, deveriam ser destinados a desencorajar o comportamento insalubre e encorajar atividades saudáveis e produtivas. Esse princípio é claramente reconhecido na imposição, pela maioria dos governos, de tributos de "pecado" sobre o tabaco, o álcool e outras substâncias que ameaçam a vida, bem como nos cerca de 85 tipos de impostos sobre a poluição atualmente cobrados em países da OECD.

Os países precisam reequilibrar suas legislações tributárias para torná-las neutras entre o emprego e o investimento de capital, reconhecendo que excessivas deduções fiscais para investimentos de capital em automação (agora também no setor de serviços) são fatores-chave no impulso para o enxugamento das grandes empresas e para o crescimento econômico sem empregos. A introdução de deduções fiscais para a criação de empregos, de impostos sobre a poluição e de impostos de valor extraído (VET) para substituir os impostos de valor agregado (VAT), bem como para reduzir os impostos de renda e os impostos para as sociedades anônimas, poderia criar condições tanto para a sustentabilidade do meio ambiente como para o pleno emprego. Na medida em que os patrões são taxados com mais impostos e mais benefícios para os empregados, suas decisões se inclinarão para menos empregados em tempo integral e para o desemprego. Estudos feitos pelo Instituto Wuppertal, na Alemanha, indicam que os impostos de valor e que a taxação da poluição seriam capazes de produzir tantos rendimentos para os governos que os impostos de renda e muitos impostos cobrados das grandes empresas poderiam ser progressivamente desativados.[17] Em 1995, o impulso, dado pelos republicanos dos EUA, para a adoção de um "imposto único" foi contraproducente. O *Business Week* observou que aqueles que ganhassem 20.000 a 30.000 dólares por ano pagariam cerca de 25% a mais em impostos, enquanto que aqueles que ganhassem 200.000 dólares por ano veriam seus impostos caírem em 40%.[18]

Uma vez que a industrialização está em vias de economizar mão-de-obra, a síndrome do crescimento sem empregos não é nenhum mistério. A promessa, feita pelos líderes do G-7, de realizar mais pesquisas apenas criará empregos para economistas — ainda que suas obsoletas fórmulas para o crescimento econômico exacerbem o problema. Até a década de 70, os níveis globais de emprego nos países em processo de industrialização foram mantidos graças aos seus crescentes setores de serviços. Na verdade, os países do G-7, em sua maioria, não são mais economias industriais, mas sim, economias de serviços — mas essa expressão que serve para tudo inclui atividades muitíssimo diferentes. Serviços fornecidos pelo governo cresceram mais depressa a fim de coordenar todas as novas complexidades: metrópoles crescentes, empresas de utilidade pública, infra-estrutura, rodovias, seguros, advogados e regulações para se lidar com os custos sociais e com os impactos ambientais — acabando por desembocar naquilo que chamei de "O Estado Entrópico",[19] sociedades atoladas na estagflação. Os serviços do setor privado também cresceram: de empregos em atividades financeiras e de seguros até o aumento muito mais amplo de empregos de baixos salários para garçons, porteiros de prédios e outras ocupações de meio-período. De fato, esquecemo-nos de que se o salário mínimo nos EUA, de 4,25 dólares por hora, tivesse acompanhado o ritmo da inflação, ele estaria hoje perto de 12 dólares por hora. À medida que os empregos migram para o México e para a China, os salários nos EUA são ainda mais debilitados. Em "A Tilt toward the Rich", a revista *Time* observou a piora na distribuição das rendas nos EUA e "o impacto sobre uma economia já polarizada".[20]

Enquanto isso, o comunicado oficial de 1993 dos países do G-7, em Tóquio, apegava-se ao velho paradigma econômico para o crescimento da economia: produtividade, competitividade, livre comércio, reduções no déficit, níveis mais altos de poupança, deduções fiscais para investimento de capital e mercados de mão-de-obra mais eficientes. Esses *slogans* obsoletos mapeiam o desvanecido território, encontrado nos manuais, das economias de âmbito nacional, que hoje naufragam sob ondas de maré de trilhões de dólares diários de capital especulativo no cassino global. Nenhum dos líderes do G-7, na Cúpula sobre Empregos de Detroit, sabia o que fazer com relação a essas complexidades. Lloyd Bentsen, então Secretário do Tesouro dos EUA, observou que "a reunião, com cerca de 24 ministros, é uma clara demonstração da seriedade com a qual nossas nações encaram o problema dos empregos". E acrescentou, paradoxalmente, que "esses rápidos avanços em tecnologia que estamos presenciando, nos quais a velocidade dos *chips* de computador parece duplicar a cada semana, nos tornarão mais produtivos".[21]

A má vontade em examinar que *espécie* de produtividade é essa e a subjacente fórmula para a produtividade *per capita* indicam o problema do paradigma. As fórmulas de produtividade total deveriam incluir a produtividade da *administração*, a produtividade do *capital*, a produtividade de *investimento*, a produtividade da *pesquisa e desenvolvimento*, a produtividade da *energia* e a produtividade *ambiental*. A produtividade *social*, como Sixto Roxas (1987) assinalou, pode ser estatisticamente acentuada mudando-se o foco do cálculo do PNB da produção empresarial para a produção comunitária. As contabilidades nacionais devem também apresentar ativos, tanto em infra-estrutura construída por seres humanos como em recursos naturais, de modo que investimentos em tais ativos possam ser distintos dos atuais gastos com o consumo de modo a se obter balancetes nacionais baseados em "patrimônio líquido". A Nova Zelândia é líder em tais contabilidades de ativos, que também são necessárias para se evitar que políticos empreendedores utilizem lucros obtidos com privatizações para "embelezar" seus orçamentos anuais. A mudança de paradigma do Banco Mundial no sentido de levá-lo a responder por tais ativos nacionais será discutida no Capítulo 10.

A LUTA RUMO AO DESENVOLVIMENTO SUSTENTÁVEL

Recentes cúpulas do G-7 tornaram-se pouco mais que oportunidades para fotos. "Avanços revolucionários" na liberalização do comércio abusam da credulidade. A liberalização do comércio baseada na velha economia só pode levar a salários mais baixos e a mais desemprego numa escala global — juntamente com o agravamento da dívida, a destruição do meio ambiente e, por fim, à recessão em escala mundial. A privatização não pode mais ser uma panacéia; com muita freqüência, ela tem sido utilizada por pessoas influentes que têm acesso a informações reservadas do governo para adquirir ativos a preços abaixo dos do mercado — ou para cometer qualquer um dos outros sete pecados da privatização resumidos pelo *Human Development Report, 1993*. Na Cúpula dos G-7 de 1993, estimativas dos EUA de que reduções nas tarifas poderiam produzir 1,4 milhão de novos empregos nos Estados Unidos eram baseadas em premissas do crescimento pela OECD que hoje parecem muito ingênuas. Estimativas, radicalmente diferentes, de empregos a serem criados ou perdidos acompanharam os debates canadense, norte-americano e mexicano a respeito do NAFTA. Efetivas perdas de empregos vivenciadas no Canadá levaram, em outubro de 1993, à queda do governo Mulroney. Todas essas questões foram abordadas, pelo menos retoricamente, em março de 1995, na Reunião de Cúpula Mundial das Nações Unidas sobre Desenvolvimento Social, em Copenhague. Foi, no entanto, a "Declaração ONG" de grupos de cidadãos que resumiu opções realistas: domesticação de corporações globais e de mercados de capital; novo cálculo dos PNBs acrescentando-se trabalho não-remunerado e recursos naturais e subtraindo-se custos sociais e ambientais; cancelamento das dívidas dos países mais pobres, impossíveis de serem pagas; reforma das instituições de Bretton Woods; e concentração em modos de vida sustentáveis e em setores informais, bem como criação de empregos no setor privado.[22]

As economias da produção em massa precisavam de publicidade e de crédito para alimentar o consumo em massa. As "recuperações" dos EUA têm sido, em grande medida, alimentadas por aumentos da dívida do consumidor, cuja proporção relativamente à renda disponível aumentou para 16,5% por volta de janeiro de 1994. As economias industrializadas tornaram-se viciadas em desperdício de energia e de matérias-primas. Hoje, elas também são viciadas em espúrias diferenciações de produtos, inovação tecnológica e doses cada vez maiores de investimento de capital, conforme perseguem suas próprias caudas. Nas atuais globalizações de tecnologia, de finanças, de informações, de trabalho e de migração, cada país acabará perdendo na louca competição pela eficiência na produção e por crescimento liderado por exportações — leiloando suas forças de trabalho, seus ativos do setor público, sua herança cultural e seus recursos ambientais pelo lance mais alto em troca de voláteis somas de papel moeda. Isto está acontecendo agora, na medida em que as autoridades da Europa Oriental e da Rússia adotam o obsoleto capitalismo do século XIX extraído de manuais norte-americanos, e na medida em que os emergentes atores asiáticos — China, Indonésia, Malásia e Tailândia — são instigados a seguir o exemplo.

Até mesmo depois da Conferência de Cúpula sobre Desenvolvimento Social, de Copenhague, os países ainda visam "questões de desemprego estrutural" causados por "excessivos" salários, benefícios e custos com a saúde, populações idosas e mercados de mão-de-obra "ineficiente". Tais visões segundo o velho paradigma também almejam uma legislação de seguridade social nacional e culpam benefícios marginais e salários mínimos, em vez de culparem as deduções de impostos que favorecem a automação, por fixarem o preço da mão-de-obra fora dos preços de mercado. Não obstante, nos Estados Unidos, a remuneração total média (incluindo benefícios assistenciais) está *mais baixa* após a inflação do que em 1987. O verdadeiro problema que se quis afastar em editoriais do *The Economist* durante 1995 e que foi enterrado num artigo de 1993, no *Business Week*, é o custo relativo da mão-de-obra relativamente ao capital — exacerbado por fórmulas de produtividade e incentivos fiscais.[23] Numa economia global, os investidores são livres para vaguear por todo o mundo em vez de criar empregos em âmbito nacional, que exigiriam o incentivo de deduções fiscais para os empregos. "Equities Are Disappearing", um estudo feito por Gary E. Schlossberg, do Wells Fargo Bank, mostrou outro efeito perverso dos impostos que favorecem o investimento — o de que fusões e reaquisições de empresas estavam passando à frente de novas questões, fazendo subir o preço das ações corporativas. Schlossberg apontou as razões: "As empresas que mantêm níveis elevados de caixa estavam numa onda de novas aquisições para expandir a parcela do mercado global, e ... as reaquisições são ... impulsionadas pela grande lacuna entre impostos sobre a renda comum e impostos sobre ganhos de capital."[24] Dessa maneira, tanto as grandes empresas como os seus acionistas *ganhavam* desviando dinheiro de dividendos para ganhos de capital.

Com a implementação de preços de custo total para a energia e matérias-primas, bem com um imposto de valor extraído (VET) para desencorajar o desperdício e a poluição, todas as economias podem aprender a operar numa combinação mais escassa de capital, energia e materiais e numa combinação mais rica de recursos humanos. Tal mudança básica pode redirecionar as economias para o pleno emprego — mesmo que os novos empregos, forçosamente, refiram-se a atividades de controle da poluição e de limpeza ambiental, e desenvolvam tecnologias, empresas e serviços públicos mais eficientes e "mais verdes". A introdução do VET e de deduções fiscais para a criação de empregos pode ajudar, particularmente nos casos de pequenas empresas e de empregados autônomos. Por exemplo, tal assistência aos desempregados e aos autônomos, na Inglaterra, elevou o emprego autônomo a 11% da força de trabalho e criou 650.000 novos pequenos negócios. Em maio de 1994, a revista *Fortune* examinou como os consumidores norte-americanos estavam fugindo da macroeconomia dominada pelo produtor — passando por cima dos varejistas e indo hibernar em suas "fortalezas" eletrônicas domésticas do tipo faça-você-mesmo. Tais norte-americanos que trabalham por conta própria superam hoje a casa de 25 milhões, ao passo que outros oito milhões dele trabalham via *modem* — assim como os Tofler previram em *The Third Wave* (1980).

O atual nivelamento por baixo do campo de jogos global continua tristemente a nivelar florestas tropicais, a destruir redes de seguridade social e a homogeneizar culturas em muitos países. No contemporâneo jogo global em que todos perdem (*lose-lose*), à medida que o desemprego dispara para o alto e que os salários são jogados por terra, os padrões de vida e o poder de compra, em declínio, impedirão as heróicas façanhas do consumo necessárias para a recuperação econômica tradicional. Como um alcoólatra, a economia global não-sustentável pode "tocar o fundo" numa orgia de cortes nos déficits e nos orçamentos antes que o G-7 e outros líderes, ainda focalizados em míopes exercícios de contabilidade nacional, possam abrir os olhos e modelar planos de ação política que se ajustem às novas realidades. Hoje, o campo de jogos global deve ser nivelado por cima e não por baixo, negociando-se tratados e acordos de modo a se elevar seu piso ético.

O aparato econômico globalizado da atualidade, pode-se argumentar, impulsiona a maioria das outras instituições, políticas e atividades humanas. Isso facilitou a bem-sucedida difusão do industrialismo e de seus efeitos secundários — a marginalização de sociedades e de culturas tradicionais; a reestruturação do trabalho e da produção; o alargamento das lacunas entre ricos e pobres; a difusão da poluição e de níveis insustentáveis de consumo, de desperdício e de destruição dos recursos — enquanto atraem as pessoas de sua situação de auto-suficiência rural em direção às metrópoles, à procura de empregos na economia do dinheiro vivo. Quando a economia do Japão caiu na deflação em 1995, a usual injeção monetária falhou quando sua "economia de bolhas" da década de 80 explodiu. Até mesmo taxas de juros negativas malograram em impulsionar a produção ou o emprego. Embora tanto as ferramentas políticas fiscais como as monetárias estivessem falhando, o banco central do Japão poderia ter recorrido simplesmente à emissão de dinheiro — um caminho defendido por alguns — inclusive por um ex-pesquisador do Banco do Japão que trabalhava para a empresa de corretagem Jardine Fleming.[25]

Os líderes mundiais devem mudar o seu enfoque para a reestruturação de setores desperdiçadores, redirecionando e mudando as regras deste jogo econômico mundial a fim de dar apoio ao desenvolvimento sustentável. (Veja a Figura 4. A Reestruturação das Economias Industriais, na página 50.) Acordos têm sido firmados no sentido de se mudar os indicadores por cujo intermédio o jogo do desenvolvimento é jogado. Por exemplo, em março de 1995, o presidente do Parlamento Europeu promoveu uma conferência de dois dias a respeito da correção do crescimento econômico *per capita* medido pelo PNB/PIB. Como será descrito no Capítulo 10, uma multidão de novos indicadores, incluindo o United Nations Human Development Index (HDI) e o meu próprio Country Futures Indicators (CFI), começaram a aparecer em meados da década de 90. Esses desenvolvimentos instigaram líderes e cidadãos a mudar muitas crenças de longa data a respeito de dinheiro, de riqueza, de produtividade, de eficiência e até mesmo nossas noções sobre o próprio progresso.

A onda de especulação global da atualidade provoca o naufrágio multiplicado das recentes transações comerciais e torna simplesmente irrelevantes as políticas de comércio e as estatísticas bilaterais, tais como o acordo entre os EUA e o Japão e outros acordos para o comércio de microcomputadores. O comércio tornou-se o ponto focal da Organização Mundial do Comércio (OMC), depois da conclusão da última rodada de negociações do Acordo Geral sobre Tarifas e Comércio em 1994. No entanto, o comércio responde hoje por apenas 10% dos fluxos mundiais de capital. Todas as questões relativas ao futuro da OMC e à maneira como seus acordos comerciais, de enfoque restrito, podem abranger o desenvolvimento sustentável são, compreensivelmente, consideradas obsoletas no *Greening the GATT.*[26] O tumulto nos mercados de títulos, que se espalhou para os mercados de ações em abril de 1994, foi desencadeado por um mercado de títulos alavancado em excesso. Os especuladores foram forçados a liquidar quando o presidente da Reserva Federal dos EUA, Alan Greenspan, aumentou as taxas de juros, refletindo os obsessivos temores de inflação sentidos pela maioria dos banqueiros centrais. Evidentemente, as taxas de juros e o enfoque nelas por parte dos banqueiros centrais para espremer a inflação até reduzi-la a zero estão cobrando o seu preço, não somente no crescimento sem empregos como também na elevação dos IPCs, uma vez que os custos dos juros figuram de maneira tão proeminente nos preços de todos os bens e serviços e elevam o custo dos empréstimos do governo — mais um círculo vicioso. Por exemplo, os aumentos decretados pelo Conselho da Reserva Federal nas taxas de juros em 1995 acrescentaram 125 bilhões de dólares ao déficit federal e 67 milhões de dólares ao serviço de dívida anual da Cidade de Nova York, o que levou a mais perdas de empregos.[27]

Enquanto isso, a compreensão salarial nos Estados Unidos estava piorando, embora a produtividade e os lucros das empresas estivessem em alta. O *Business Week* assinalou que o salário real caiu nos últimos cinco anos, de acordo com o Departamento de Trabalho, enquanto outros estudos mostravam salários e benefícios subindo — mas subindo menos. Embora celebrasse o retorno da produtividade à faixa dos 2%, o editorial advertiu que todo o corte nos orçamentos iria exigir taxas de crescimento e de expansão ainda mais rápidas.[28] Apenas duas semanas mais tarde, o Departamento de Comércio dos EUA anunciou que novos cálculos do PIB mostravam um crescimento menor da produtividade — apenas 1,4% entre 1991 e 1995.[29] O *The Economist* relatou: "Nos EUA e na Inglaterra, os lucros, enquanto parcelas da renda nacional total, estão atualmente perto do seu nível mais alto há quase trinta anos, enquanto que na maioria dos países os salários mal conseguem acompanhar a inflação; na América do Norte, os salários reais continuam a cair." No entanto, o artigo acrescentava que as empresas não deveriam ser pressionadas por trabalhadores ou por governos para que repartissem seus ganhos.[30]

O U.S. Office of Technology Assessment (OTA) advertira a respeito do desemprego estrutural em seu relatório de 1986, *Technological and Structural Unemployment: Re-employing Displaced Adults* que rastreou a mudança de trabalhadores norte-americanos do setor de manufatura — o qual, mesmo na ocasião, representava menos de 20% da economia. Em 1944, um relatório do Institute for International Economics, intitulado *The Political Economy of Policy Reforms* fez uma revisão dos planos de ação política de treze países. Não obstante as crescentes evidências em contrário, o relatório constatou que os países que foram bem-sucedidos em fazer movimentos para uma desregulamentação mais "liberal" de suas economias, incluindo a Polônia, Portugal, a Turquia, a Espanha e o México, tinham líderes dotados de visão e de treinamento técnico em economia, entre eles Carlos Salinas do México.[31] Menos de um ano depois, esses países e seus líderes tinham perdido *o status* de "estrelas", outro sinal da exaustão do crescimento do PNB, paradigma da guerra econômica global.

À medida que os conflitos a respeito de estatísticas econômicas eclodiam, levantamentos feitos pela Americans Talk Issues Foundation (ATIF) mostraram que uma ampla maioria do povo norte-americano era favorável à regulamentação internacional de muitos setores da economia global da atualidade, da especulação monetária à industrialização global e ao comércio de armas.[32] As Nações Unidas devem ser fortalecidas e remodeladas para enfrentar situações globais com que nem se sonhava em 1945: por exemplo, o crescimento econômico sem empregos, as migrações em massa, a poluição global e a necessidade de se dar novo enfoque ao crescimento industrial com vistas ao desenvolvimento sustentável. Por volta de 1995, o Levantamento nº 28 da ATIF constatou que 77% do público norte-americano apoiava a regulamentação dos mercados de capital globais e a taxação de transações de câmbio.[33] A próxima rodada da OMC poderia, com pressão popular suficiente, mudar seu enfoque para o emprego e para o desenvolvimento sustentável, e ser negociada por equipes multidisciplinares de cientistas, que forneceriam os dados necessários sobre prioridades sociais e ecológicas ausentes. A OMC já se tornou politizada a respeito da abertura dos mercados financeiros diante da solicitação insistente dos Estados Unidos. Estranhamente, a OMC poderia ter imaginado normas para subjugar a especulação dos mercados de capital globais. Em vez de abordar esses 90% de fluxos globais, ela optou por se concentrar nos outros 10%, que representavam o comércio efetivo e outras transações reais.[34]

A fim de nos prepararmos para empregos e modos de vida do século XXI, devemos abraçar mudanças tecnológicas e contextos globais. A educação deve ser globalizada e deve focalizar o aprendizado vitalício, sistemas globais e ciências da vida. Os professores devem aprender e transmitir a habilidade holística de aprender como aprender. As universidades e as faculdades podem ajudar os legisladores e as fontes de financiamento a ver que tal educação amplamente calibrada é muito mais eficiente no custo do que limitados treinamentos profissionais em habilidades vocacionais, que se tornam obsoletas cada vez mais depressa. Os estudantes podem obter seu equilíbrio num mundo em mudança e aprender a assumir riscos quando vêem a si mesmos com maior clareza no âmbito de mercados de emprego e de sociedades que estão se reestruturando, e, na verdade, no âmbito das condições planetárias em mudança. Além de tais reformas necessárias, um entendimento mais fundamental a respeito do dinheiro e de todas as suas funções deve ser uma prioridade na educação pública e deve ser ensinado nas escolas. Como será discutido no Capítulo 9, as pessoas em todo o mundo precisam entender que o dinheiro não está escasso, nem tampouco o crédito ou a liquidez. Eles são criados por bancos e por banqueiros centrais e por inúmeras outras diretrizes de política pública. Assim como os mercados não derivam de Deus nem de qualquer estado original da natureza, mas são criados pela política humana.

Parte do trabalho de escoramento sólido necessário para se erguer o piso sob o campo de jogo global até um nível mais ético já está em andamento, com acordos globais sobre a segurança do trabalhador e a proteção do consumidor e do meio ambiente; acordos assinados sobre a destruição da camada de ozônio e a biodiversidade; e outras providências da *Agenda 21*, assinada no Rio, na Cúpula da Terra, em 1992. Todas as economias da atualidade são mistas, isto é, são misturas de mercados e de regulamentos, o que os economistas de hoje não entendem e sobre as quais não têm teorias. Na realidade, o que chamamos de "economias" são, simplesmente, conjuntos de regras derivadas de vários códigos de ADN cultural, como veremos no Capítulo 8. Esses códigos de ADN cultural explicam diferentes padrões de desenvolvimento, por exemplo, dos mercados sociais da Suécia, de Taiwan, da Alemanha, do Japão, da China, da Rússia e da Europa. Esse entendimento das muitas faces culturais do capitalismo reintroduziu a criatividade no pensamento e nos debates estéreis que sobraram da Guerra Fria. Os mercados, assim como as tecnologias, são bons criados porém maus patrões.

CAPÍTULO 5

O GOVERNO POR MEIO DA MIDIACRACIA E A ECONOMIA DA ATENÇÃO

mi-dia-cra-ci-a\mí-dia-cra-cí-a **s**: nova forma de governo baseada na mídia como sistema nervoso de um novo corpo político (ainda não suficientemente analisado por cientistas políticos, por eruditos ou pela própria mídia).

e-co-no-mi-a da a-ten-ção\e-co-no-mí-a da a-ten-ção **s**: nova forma de economia associada com as midiacracias, e baseada na produção de informações, de entretenimento e de outros bens e serviços que competem com os políticos e com os educadores pela atenção das pessoas. As economias da atenção constituem os setores dominantes das midiacracias: cinemas, videocassetes, audiocassetes e CDs, TV e rádio, livros, revistas, computadores e *software*, propaganda, turismo, educação e política. Calculados dessa maneira, os setores da atenção respondiam pela fatia do leão do PIB mundial em 1995. Seria útil se a economia, que estuda meios escassos aplicados a desejos supostamente infinitos, mudasse o seu enfoque do dinheiro para o estudo da suprema escassez para os seres humanos: seu tempo e sua atenção. Gastar o nosso precioso tempo para ganhar moeda inflacionária não merece uma parcela tão grande da nossa atenção.

SOFREMOS TODOS DA DOENÇA DO DÉFICIT DE ATENÇÃO?

Nossa vida está mergulhada numa fartura de informações: manchetes de jornais, comerciais, cartazes, ordens do governo e multidões de programas

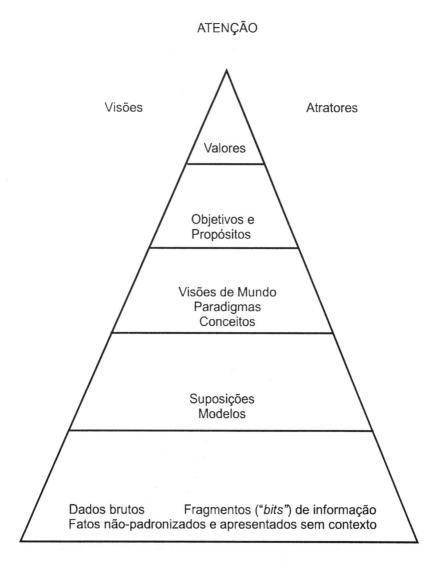

Figura 12. Escala de Qualidade de Informação
(Significado da informação em sua relevância para os propósitos humanos)

© 1980 Hazel Henderson   Fonte: *Transcendendo a Economia*

de entrevistas pelo rádio e pela TV chamando nossa atenção aos gritos. Naturalmente, nós, em número cada vez maior a cada dia, estamos "zapeando" as propagandas e simplesmente tirando tudo de sintonia. Será esse um sinal da nova doença crônica, a "doença do déficit da atenção", ou será apenas senso comum? Estarão nossas prioridades e nossos valores pessoais reivindicando nossas psiques bombardeadas por informações? Ou estaremos de fato sofrendo de uma perturbação mental hoje tratada por legiões de psicoterapeutas? Para melhor ou para pior, a Era da Informação gerou midiacracias e as emergentes economias da atenção. As economias industrializadas desenvolveram-se, em primeiro lugar, pela produção em massa de artigos por meio de máquinas cada vez mais eficientes e pela venda de mais produtos a consumidores ansiosos para gastar os cheques de pagamento de seus salários em todas as bugigangas mais recentes. Hoje, 67% de nossa economia está apoiada nesse consumo. Porém, essas heróicas façanhas do consumo em massa, que, com freqüência, vão além das necessidades básicas, requerem hoje técnicas de persuasão — com 147 bilhões de dólares por ano de propagandas — somente para agarrar a nossa atenção.

Limitados "orçamentos da atenção" devem ser partilhados entre empregos (cada vez mais, em número maior que um); crianças, cônjuge e outros membros da família; vizinhos e comunidade; política (atualmente global, bem como local e nacional); desenvolvimento profissional e pessoal; programas de cultivo da forma física, esportes e filiação a clubes; aposentadoria e planejamento escolar para os filhos (se formos suficientemente afortunados); isso para não mencionar férias, entretenimentos, observação de TV e consumo de produtos. Como a maioria de nós descobriu, não há um número suficiente de horas no dia. Cada um de nós desempenha um papel de importância-chave na economia da atenção como consumidores, cidadãos, pais, proporcionadores de cuidados e de ajuda, processadores de informações, produtores, investidores, poupadores e membros da comunidade.

O consumo de produtos precisa aguardar sua vez na fila. Tentamos poupar tempo fazendo compras de casa por meio de catálogos ou da TV, encomendando até mantimentos por telefone e alimentando-nos de pratos rápidos em *drive-ins*. E ainda assim os norte-americanos se sentem aflitos e sobrecarregados. Os sonhos com a "sociedade do lazer" prometida na década de 60 como frutos da eficiência industrial e da automação não funcionaram. Os norte-americanos têm menos tempo livre do que nunca. As pessoas não trabalhavam tantas horas para satisfazer as suas necessidades na Idade da Pedra — quando nós, seres humanos, éramos coletores e caçadores (Sahlins 1972). Clifford Stoll conta-nos, em *Silicon Snake Oil* (1995), que lamenta as décadas de seu tempo gastas navegando pela Internet.

Comecei a estudar o que chamo de midiacracias (e elas certamente são medíocres) em 1969,* com a publicação de um artigo na *Columbia Journalism Review*.[1] Tornei-me uma ativista da mídia, trabalhando na Cidade de Nova York com Amitai Etzioni e outros para que fosse aprovada a lei urbana que requeria que os operadores de cabo instalassem canais de acesso público — que na época estavam se espalhando para muitas outras cidades. Os problemas tornaram-se mais críticos desde aquela ocasião: violência e pornografia comercialmente lucrativas; má educação das crianças devido às propagandas e ao comercialismo nas salas de aulas; surgimento de multidões de programas de entrevistas no rádio e na TV, e de *shows* de conversas odiosas; e bombardeadores loucos que matam para exigir espaço no *New York Times* ou que explodem instalações federais para chamar a atenção para suas "causas". Hoje, muitos dos países do mundo saltaram do feudalismo para a midiacracia sem ter passado pelos estágios do industrialismo e da democracia. Esse novo tipo de governo acidental pela mídia concentra poder político por vias não-exploradas pelos cientistas políticos. Suas perigosas tendências para novas formas de totalitarismo, bem como suas brilhantes possibilidades, serão exploradas no Capítulo 11. As economias da atenção cresceram em todo o mundo, acompanhando os passos das midiacracias que se difundiam, à medida que satélites, a Internet, gigantes de *software* de computador e impérios da mídia se expandiam e se conglomeravam — competindo pela atenção de pessoas na China e em outras sociedades asiáticas que despertavam, e na América Latina, que gerou gigantes nativos, tais como a Rede Globo de TV no Brasil. O continente africano permaneceu o último posto avançado da vida tradicional.

Líder por suas opiniões, Jacques Cousteau fez com que uma nova geração ficasse ciente da poluição e das pressões do excesso de consumo e da superpopulação graças às suas aventuras oceânicas pela TV. Cousteau, no editorial "Information Highway: Mental Pollution", afirmou que as mentes das pessoas estavam hoje inundadas de informações que aumentam a confusão. "A mente deve ser cultivada e irrigada — e não inundada." Ele solicitou às pessoas para que caíssem fora das rodovias da informação e voltassem para as estradas laterais e para os caminhos secundários da vida.[2] Fritjof Capra, Jerry Mander, Joseph Weizenbaum (um pioneiro do computador) e muitos outros especialistas da educação têm advertido contra a computadorização indiscriminada do ensino em *The Proceedings of the Conference on Computers in Education*.[3] O Center for Media Literacy e a revista de sua cruzada, *Media and Values*, fundada pela ex-freira Elizabeth

---

* Em inglês, *mediocracies* e *mediocre* (N.T.).

Thoman, lançou um abrangente currículo de educação comunitária, com livros e videocassetes, "Beyond Blame: Challenging Violence in the Media".[4] Theodore Roszak, com sua introvisão e discernimento, autor de *Where the Wasteland Ends* (1972), e outros críticos do estágio avançado do industrialismo, resumiram o debate em *The Cult of Information: A Neo-Luddite Treatise on High-Tech, Artificial Intelligence and the True Art of Thinking* (1994). À medida que o Windows 95 e o Java tomam conta do mundo, meu computador próprio ainda continua firme: o lap-top em minha cabeça, que tem uma memória de um multigigabyte, funciona com carboidratos e água, e é gratuito.

O PAPEL DA COMUNICAÇÃO DE MASSA NA SOCIEDADE

Meu artigo "Access to Media: A Problem in Democracy", publicado na *Columbia Journalism Review*, em 1969, expôs questões que ainda permanecem conosco nos dias de hoje:

O atual interesse público por todas as formas de comunicação de massa reflete um entendimento crescente de seu papel central em nossa vida nacional. Temos escolas de comunicação em muitas de nossas faculdades e um corpo cada vez maior de análises eruditas dos efeitos da *mass media* sobre nossas psiques culturais e individuais, notadamente aquelas de Harold Innes (1950) e de Marshall McLuhan (1966). Finalmente, mais pessoas também estão compreendendo o terrível poder político que vem com a posse ou com o controle sobre qualquer meio de comunicação, seja ele a televisão, o rádio, os jornais, as revistas, os serviços de informações por linha telefônica, as redes de computadores ou qualquer outro sistema que transmite informações e idéias para um número significativo de pessoas. A comunicação entre todos os cidadãos e todas as suas instituições é realmente a força integrativa básica necessária para converter nosso corpo político fragmentado e descoordenado num todo que funcione de maneira saudável. A soma de todos os canais de comunicação numa sociedade compõe o seu sistema nervoso vital. O grande desafio consiste em assegurar que todos os componentes desse sistema nervoso sejam condutos livres e abertos para o maior número possível de intercâmbios de informações entre o maior número de cidadãos.

Os canais de comunicação dos Estados Unidos são atualmente mais avançados em tecnologia do que aqueles disponíveis em qualquer outro corpo político. De fato, os meios de comunicação de massa estão quase começando a substituir os partidos políticos em nosso sistema de governo. Eles têm informado e desinformado nossos cidadãos sobre questões nacionais numa escala sem precedentes, mas de uma maneira em grande medida não-planejada. Os meios de comunicação de massa têm mostrado aos pobres como vivem os ricos, e têm mostrado aos ricos o que é viver num cortiço de metrópole infestado de ratos. Eles nos têm proporcionado discernimento a respeito de problemas urgentes tais como "umidade da transpiração", "mau hálito" e "os blablablás". Eles fizeram com que os norte-americanos se interessassem uns pelos outros e estimularam seu apetite para se comunicar. Mas a única maneira de fazer isso de maneira eficiente é usando os meios de comunicação de massa, especialmente as ondas aéreas — que sempre parecem ter um editor ou um proprietário, um porta-voz autorizado ou um patrocinador, postando-se entre os cidadãos comuns e aquele precioso microfone, isso para não mencionar a "estática" de infindáveis comerciais e programas de entretenimento.[5]

Não obstante, aparelhos de rádio e de televisão são as ferramentas mais eficientes à mão para nos ajudar a entender relações raciais, o porquê de as metrópoles estarem em decadência, o que os políticos estão dizendo e qual deveria ser o nosso papel no mundo. Para a pessoa insatisfatoriamente habilitada, a radiodifusão poderia oferecer treinamento profissional e educação básica em âmbito nacional. Para as crianças, a radiofreqüência poderia oferecer mais programas do tipo Vila Sésamo e "Headstart", sem os custos de transportes e de instalações especiais. Os meios de comunicação de massa poderiam tornar-se um mecanismo de *feedback* nacional ao proporcionar uma via de acesso aleatório para toda a sabedoria, criatividade e diversidade dos nossos cidadãos.

Nossos meios de comunicação de massa constituem apenas uma pobre sombra do que poderiam ser — não por falta de tecnologia, mas devido ao nosso entendimento imperfeito do seu poder potencial. Nos Estados Unidos, os meios de comunicação de massa ainda são operados com base na noção de que se trata apenas de negócios cuja preocupação básica é oferecer lucros para os seus acionistas, e fornecer um meio para comercializar artigos. Começamos a aprender sobre o custo considerável, oculto para a sociedade, de fazer propagandas, a principal fonte de rendimentos para sustentar as operações dos seus meios de comunicação de massa. Desde a época da decisão original de ceder o uso da radiofreqüência para emissoras de rádio e de TV privados, aprendemos que se os anunciantes pagam o custo de irradiar programas, o público deve pagar o preço de assistir somente programas que os anunciantes sentem que venderão seus produtos. Em vez de termos a censura do governo, justamente temida, acabamos ficando com a censura feita pelos patrocinadores e pelos proprietários particulares.

A vontade dos anunciantes de ter a maior audiência possível conflitua, naturalmente, com as necessidades e os interesses de audiências minoritárias.

Também impede a germinação de idéias novas e controvertidas, que precisam irromper no mercado de massa se devem ganhar consideração. Num país que se alastra como os Estados Unidos, a cobertura pelos meios de comunicação de massa constitui o único meio de se alcançar a vitória na corte da opinião pública. Se grupos minoritários não conseguem obter cobertura, seu único recurso não-violento é pedir ajuda à propaganda ou comprá-la. Aqui, porém, eles devem competir com anunciantes gigantescos de produtos de grandes empresas, que têm condições de pagar 125.000 dólares ou mais por minuto para veicular suas propagandas em horários de grande audiência. A competição pela publicidade gratuita de "serviços públicos" está esquentando; mas aqui, mais uma vez, foram, até recentemente, as causas seguras, tais como "Previna os Incêndios Florestais" ou "Ajude a Faculdade de Sua Escolha", que tiveram permissão de veicular sua mensagem.

Quando grupos cívicos "vendem" suas idéias e seus programas competindo com produtos e com políticos, a quem caberia decidir quanto tempo e quanto espaço deveriam ser concedidos a esses diferentes propósitos? Apenas aqueles que são os donos da mídia ou que a controlam? Para as emissoras de rádio e de TV e para os órgãos de regulamentação, esse problema já é sério. Quais grupos merecem tempo gratuito de "serviço público" e quais devem pagar? Se um grupo cívico, um político e um anunciante de um produto querem, todos eles, comprar o mesmo tempo limitado da propaganda, como as emissoras de rádio e de TV decidem de quem é a mensagem que entrará no ar e de quem é aquela que será suprimida da transmissão? Para grupos cívicos incipientes, a necessidade de publicidade é uma questão de vida ou morte, e uma decisão negativa poderia condenar uma organização ao esquecimento.

Problemas semelhantes têm surgido nos horários políticos. Políticos tomam a dianteira no envio de seus candidatos e compram todo o tempo disponível. Outros candidatos chegam e se vêem suprimidos. E se um grupo cívico local quisesse permanecer no ar por um tempo suficiente para levantar uma questão que foi inadequadamente abordada pelos candidatos? Algumas dessas questões estão sujeitas a um conjunto de regras frouxas (a "Doutrina da Imparcialidade") promulgada pela Comissão Federal de Comunicações, e hoje estão sendo continuamente contestadas nos tribunais; porém, com maior freqüência, essas decisões são deixadas a cargo dos negócios.[6]

Quando uma sociedade está em processo de fermentação, como acontece com a nossa atualmente, as pressões para um igual acesso à opinião pública, por intermédio dos meios de comunicação de massa, aumentam à medida que o velho consenso se estilhaça. Novas idéias e novos grupos de opinião minoritária irrompem por toda a parte. Essas novas idéias são vitais para o processo contínuo de renovação e de adaptação que impede a decadência das culturas. Tais novas idéias são necessariamente disruptivas e controversas, e portanto deficientemente financiadas e sem veículos institucionais para promovê-las. Em grupos que defendem essas novas idéias está hoje despontando a compreensão de que numa sociedade de massa, tecnologicamente complexa, a liberdade de expressão será apenas um questão técnica se não puder ser vinculada ao sistema de amplificação que somente os meios de comunicação de massa podem proporcionar. Quando os fundadores dos EUA falavam em liberdade de expressão, eles não se referiam à liberdade de falar para si mesmo. Queriam dizer liberdade de falar para toda a comunidade. Uma máquina de mimeógrafo não pode mais tornar a mensagem clara e convincente.

É inteiramente possível que grande parte da recente radicalização da política norte-americana se deva a esse gargalo da mídia. Grupos de opinião minoritária descobriram que, enquanto a mídia ignora uma *press release* tradicional sobre suas atividades, ela envia repórteres que se precipitam para cobrir um piquete de grevistas ou qualquer "acontecimento" que chame a atenção. Uma vez que outros grupos aderem a esse jogo, a mídia fica dessensibilizada com o mero piquete, e se torna necessária uma expansão da cobertura. Agora, para alcançar a mídia e, portanto, a atenção do público, deve-se manter como refém um reitor de faculdade, dançar nu pelas ruas, atirar uma pedra ou iniciar um tumulto. Em termos psicológicos, a mídia das notícias está "recompensando", e portanto reforçando, o comportamento destrutivo, ao chamar a atenção para ele e ao transformar em figuras nacionais aqueles que aprenderam que tipo de comportamento os mantêm sob o olho da câmera.

Ao mesmo tempo, o comportamento tranqüilo e construtivo por parte de todos aqueles milhares de pessoas que trabalham continuamente para construir e para curar a sociedade é punido pela sanção negativa de ser ignorado pela mídia, e de nunca obter a atenção da sociedade. Naturalmente, há exceções. Muitas publicações responsáveis, bem como algumas raras estações de rádio e de televisão, não adotam a prática de explorar notícias sensacionalistas. O jornalismo prevalecente, supersimplificado, baseia-se no uso editorial consagrado do "estupro, tumulto e ruína" (*rape, riot, and ruin*) como a melhor maneira de vender as notícias. Até que reconheçamos suas tendências perigosas, a radicalização da política continuará. Até que grupos de opinião minoritária sejam providos de direitos de acesso significativos aos meios de comunicação de massa, e, por meio disso, à consciência grupal da sociedade, eles continuarão a se comportar de qualquer maneira aberrante para chamar a atenção. Assim como o movimento operário teve de permanecer nas ruas até que ganhasse o direito de um canal de comunicação pacífico (neste caso, uma mesa de negociações) para a realização de acordos e a reparação das injustiças, da mesma maneira os novos movimentos políticos irromperão com violência até que o sistema possa lhes fornecer canais de comunicação abertos e bem organizados.

A batalha em torno do direito de acesso público aos meios de comunicação de massa pode muito bem ser a questão constitucional mais importante desta década. A questão afeta todos os segmentos da sociedade, desde os negros, que querem ser representados adequadamente na mídia, até grupos antimilitaristas que, em vão, tentam neutralizar os orçamentos promocionais de fornecedores militares; grupos antipoluição que querem estancar o fluxo de milhões gastos em propaganda defensiva, em relações públicas e em *lobbies* contratados por grandes empresas poluidoras; ou grupos antifumo, que tentam neutralizar os milhões gastos pelas empresas de cigarros para promover o hábito de fumar. Até bem recentemente, só têm ocorrido algumas escaramuças por esse direito de acesso, travadas por uns poucos cruzados e grupos de cidadãos prontos para o combate. A primeira mudança efetiva surgiu em 1953, com o nascimento da televisão educativa. No entanto, até hoje, a televisão pública ainda é insatisfatoriamente financiada em comparação com a televisão comercial, e nossas emissoras de televisão pública ainda devem contar, em grande medida, com a caridade local para montar os seus programas.

Pressões no sentido de se democratizar a mídia têm aumentado e, como sempre, algumas críticas são responsáveis e justificadas, e outras são demagógicas. Muitos grupos cívicos têm aprendido que podem desafiar emissoras de rádio e de TV em audiências para a renovação de licenças, realizadas a cada três anos pela Comissão Federal de Comunicações. Outra resposta tem sido o crescimento explosivo da mídia "*underground*". Revistas e jornais de protesto estão proliferando e a "rádio *underground*" está começando a florescer em bandas FM mantidas por igrejas e universidades. A American Civil Liberties Union trabalhou para ampliar a interpretação da Primeira Emenda a fim de que incluísse o "direito de acesso" do público à mídia. O professor Jerome A. Barron, da George Washington Law School, apresentou essa concepção num artigo intitulado "Access to the Press — A New First Amendment Right" publicado na *Harvard Law Review* de junho de 1967. Ele pedia "uma interpretação da Primeira Emenda que focalizasse a idéia de que restringir a mão do governo é totalmente inútil para se assegurar a livre expressão, se uma restrição ao acesso for efetivamente assegurada por grupos *privados*". O professor Barron pensa que a cura para a supressão é a regulamentação do governo por meio de regras e leis jurídicas destinadas a forçar a mídia a dar tempo e espaço para idéias impopulares.

O que pode ser feito para se democratizar a mídia e permitir a participação de mais cidadãos? Algumas emissoras de rádio e de TV têm reexaminado suas políticas. Tem havido mais *feedback* e programas de discussão sobre emissoras locais, inclusive vários programas "ombudsman" para ajudar os cidadãos a iniciar ações judiciais contra governos e empresas irresponsáveis. No entanto, esforços para, simplesmente, passar por cima dos meios de comunicação de massa por intermédio da comunicação alternativa continuam. Devemos nos lembrar de que a atual estrutura dos nossos meios de comunicação de massa não foi ordenada pelo Todo-Poderoso, mas apenas cresceu. A Primeira Emenda não deveria ser um disfarce para os nossos atuais operadores da mídia se esconderem por trás, ou para abanar o dedo à frente do nosso rosto se sugerimos algo novo. Devemos perguntar: "De quem é a liberdade de imprensa? Apenas a liberdade dos atuais proprietários? E, se for, o que dizer das liberdades de imprensa dos cidadãos, e de nossa liberdade para ouvir a máxima diversidade de opiniões sobre todos os assuntos?

Se formos bem-sucedidos em libertar nossos meios de comunicação de massa de alguns dos seus padrões de operação passados, podemos decidir o que precisa ser comunicado e como utilizar as comunicações para construir nosso futuro. Em primeiro lugar, devemos ter fé no fato de que a nova informação, adequadamente comunicada, pode mudar a percepção humana da realidade e, portanto, as nossas atitudes e o nosso comportamento. Deve haver uma ética de jornalismo, nova e madura, tanto para a mídia eletrônica como para a impressa. O atual jornalismo de massa ainda é, em grande medida, baseado na velha e fragmentada visão newtoniana – onde os seres humanos eram os observadores desapaixonados e objetivos de seu mundo. Mesmo que poucas pessoas ainda acreditem que os seres humanos possam, de fato, observar o mundo objetivamente, pois constituem uma parte do mundo que interaje com eles, ainda há um atraso amplamente difundido da parte de nossos meios de comunicação de massa em ter uma percepção dessa natureza integral da realidade.

O novo jornalismo, pós-newtoniano, estará menos preocupado com acontecimentos e manifestações aberrantes e violentos. Em vez disso, repórteres e editores inteligentes e criativos se defrontarão, sem encolher os ombros, com o conhecimento de que a verdadeira objetividade é impossível, e devem portanto levar nos ombros, e reconhecer, o pesado fardo da responsabilidade assim colocado sobre eles. Analisarão as complexas estruturas e inter-relacionamentos que se acham sob os eventos de superfície, da mesma maneira que apenas um punhado de "pequenas" revistas faz hoje, e apresenta esse material simplesmente para audiências de massa. Numa democracia tão complexa como a nossa, somente se os eleitores

140 / HAZEL HENDERSON

puderem obter tal cobertura simplificada dos parâmetros das principais questões, poderão eles esperar que os seus votos sejam utilizados de maneira inteligente. Os repórteres dos meios de comunicação de massa procurarão injustiças e pressões na sociedade antes de precisarem irromper com violência ou encontrar expressão na "mídia *underground*". Assim como o sistema sensorial das criaturas primitivas só pode sinalizar perigo ou disfunção, nosso primitivo jornalismo de massa concentrou-se em sinalizar esses dois ao nosso corpo político. Os editores procurarão notícias a respeito das atividades integrativas das pessoas, bem como dos seus atos destrutivos. Assim como os indivíduos, uma sociedade precisa de confiança em si mesma, e de sua capacidade para lidar à altura com seus problemas. Devemos conhecer o amor humano e a coragem humana, bem como nossos ódios e temores.

Para abordar adequadamente a necessidade de mais acesso democrático à opinião pública, bem como para satisfazer suas imensas responsabilidades como nosso mais poderoso sistema educacional, o jornalismo de massa, tanto o eletrônico como o impresso, devem confrontar, sem encolher os ombros, uma função muito ampliada numa complexa sociedade de massa. Se ele falhar, as conseqüências poderão ser desastrosas.

COMO ENTENDER A ATUAL REVOLUÇÃO DAS INFORMAÇÕES

Na década de 1990 e para além dela, as tecnologias da informação difundem conhecimento público e tornam possíveis novos meios de se revitalizar economias locais mortas de fome de moeda de curso legal por bancos centrais e por outras políticas nacionais. (Veja o Capítulo 9.) A mesma revolução nas informações pode nutrir a sociedade civil global, não somente por meio da atual "estreita difusão"* em dispendiosos sistemas de *E-mail* ou na Internet, mas também pela expansão das capacidades da radiodifusão e da teledifusão, e pela ligação de instalações de televisão e produtores. A WETV, sediada no Canadá, um incipiente consórcio de televisão global para o desenvolvimento sustentável, é articulada, juntamente com outros esforços, no sentido de se corrigir a monocultura mental global da televisão com revigoradas programações multiculturais e notícias de soluções e de inovações populares. Tais shows populares (*grassroots*) de TV podem com certeza ligar produtores de áreas rurais e de países em desenvolvimento com espectadores que querem ajudar ou comprar diretamente

---

* No original, *narrow* [estreita] *casting*, em contraposição a *broad* [ampla] *casting* (radiodifusão ou teledifusão). (N.T.)

projetos de arte aplicada. Haverá pouca necessidade de se deixar a beleza de habitações naturais e não-estragadas e as satisfações da cultura tradicional e sair à procura de um emprego em áreas urbanas poluídas e infestadas de crimes. Toda aldeia poderia ter acesso a oportunidades, educação, novas tecnologias e a uma rica variedade de contatos culturais, bem como a notícias globais, regionais e locais. Tais produtores e programas populares, culturalmente diversificados, já estão ligando as organizações sem fins lucrativos de televisão e de notícias do mundo. A televisão comercial, atualmente dominante, impulsionada pela propaganda para encorajar o consumo não-sustentável e estilos de vida que fazem uso intensivo e desperdiçador de energia, precisará ser taxada e não subsidiada, como nos Estados Unidos.

Formas de propaganda que utilizam manipulação psicológica e rebaixam a auto-estima precisarão ser banidas da radiofreqüência, a despeito de protestos de cineastas e de *videomakers*, alegando que isso infringiria os direitos de livre expressão da Primeira Emenda. A Primeira Emenda dos EUA não confere aos produtores de Hollywood o direito de encorajar jovens em Belize a formar gangues de combate. Também é geralmente aceito que a livre expressão não inclui o direito de fazer propaganda de heroína, de cocaína ou de tabaco por radiodifusão ou de gritar "fogo" num teatro lotado. Os "teatros" são agora o planeta, nossas metrópoles ou nossas vizinhanças lotados. A mídia alternativa para cobrir as boas notícias em câmera lenta hoje ignoradas são vitais para o desenvolvimento pessoal, a educação e a evolução da sociedade e das culturas humanas. Em 1997, uma nova Human Development Network (HDN) nos Estados Unidos veiculará as vozes de muitos dos líderes e agentes de mudança transformacional já mencionados. Os novos movimentos de cura e seus médicos, incluindo Larry Dossey, M.D.; Bernie Siegel, M.D.; Deepak Chopra, M.D.; Carl e Stephanie Simonton; e muitos agentes de cura indígenas, terão tempo no ar. Muitos outros autores inspirativos populares e líderes de *workshops*, de Barbara Marx Hubbard a Jean Houston, Chris Griscom, Marianne Williamson e Tony Robbins se comunicarão nos Estados Unidos por meio da HDN.[7]

Nos Estados Unidos, o amor, anjos e milagres (para recarregar nossa imaginação) tornaram-se moda novamente numa sociedade que padece de excesso de competição e de individualismo excessivo.[8] Muitos cidadãos norte-americanos ficam horrorizados com as principais exportações de nossa sociedade para o mundo: armas e violência gratuita em nossa TV, em nossos filmes, em nossa música e em nossos "entretenimentos". Muitos, como eu mesma, que temos viajado e visto os efeitos corrosivos de tais exportações norte-americanas, envergonhamo-nos e nos empenhamos ativamente, em nosso país, para denunciar a responsabilidade da mídia. Essa questão cruza todas as linhas partidárias e se liga poderosamente com grupos populares e com ativistas em todo o mundo. As fileiras de cidadãos do planeta estão crescendo. Como Margaret Mead corretamente afirmou: "Nunca subestime o poder de grupos de cidadãos comprometidos em mudar o mundo. De fato, é a única coisa que o tem feito."[9]

Enquanto isso, uma sutil mudança está ocorrendo, à medida que a idéia de que muitas economias não são mais baseadas na venda de mais artigos, mas contam, cada vez mais, com a provisão de serviços, está despontando em elaboradores de planos de ação política, em homens de negócios, em especialistas em *marketing* e em pesquisa de opinião pública. Obviamente, precisamos de novos indicadores além do PNB — indicadores baseados em serviços e em qualidade de vida. O Departamento de Comércio dos EUA já está revisando o PNB para que ele reflita uma economia amplamente baseada em serviços, que vão desde segurança, saúde, educação e governo local até limpezas do meio ambiente e controle da poluição. (Veja o Capítulo 10.) Em 1995, cerca de 67% da nossa economia ainda se apoiava no consumo pessoal; essas heróicas façanhas de consumo exigem persuasão em doses cada vez maiores. Devido ao fato de que muitas pessoas estão à procura de propósitos superiores em suas vidas, novas motivações e novos incentivos entram em jogo. Os especialistas em *marketing* devem ir além do medo, das táticas de escassez e das ameaças à auto-estima (você não estará bem enquanto não comprar esse produto) típicos de grande parte das propagandas e do *marketing* atuais.

Muitos norte-americanos conscientes estão protestando contra essas abordagens manipulativas, e estão comprando e gastando de maneira mais seletiva. A empresa emprega trabalho infantil? Explora mulheres e crianças em propagandas semipornográficas? Polui ou discrimina? Vende armas a ditaduras instáveis? Recicla e reutiliza, ou desperdiça, recursos naturais? Investidores socialmente responsáveis exigem que seus administradores de portfólio também levem em consideração essas questões ao administrar seus fundos mútuos. Muitos rejeitaram, em seu todo, o jogo da "Mania de Ostentar Grandeza". Um grande número de novos livros entraram na lista dos *best-sellers* norte-americanos, inclusive *How Much Is Enough?*, por Alan T. Durning (1992), meu ex-colega no Worldwatch Institute; *Your Money or Your Life*, pelo ex-corretor de ações Joe Dominguez e Vicki Robins (1992); e *Enough*, pelo planejador financeiro James D. Schwartz (1993). Esses autores receberam destaque no Oprah Winfrey e em outros programas de entrevistas de rádio ou TV. O Dia da Terra de 1990 trouxe uma enorme efusão de sentimentos que aceitavam a necessidade de estilos de vida mais moderados. Grupos e *workshops* de apoio a respeito de como reduzir o consumo estão se tornando populares.[10] Lojas de descontos que dão apoio a todo tipo de instituições beneficentes estão despontando aqui e ali juntamente com um comércio associado a uma causa, cartões de crédito para "grupos de afinidade", ecoturismo e serviços voluntários.

Os especialistas em *marketing* utilizam grupos de referência e levantamentos para analisar essas motivações de crescimento pessoal, e o porquê de livros espiritualistas, com freqüência publicados por conta própria e promovidos somente por divulgação boca a boca, tais como *The Celestine Prophesy (A Profecia Celestina)* e *Mutant Message*, entraram na lista dos *best-sellers* norte-americanos. À medida que os políticos e os especialistas em *marketing* começarem a entender que a venda baseada em sugestões suaves e até mesmo no respeito pessoal é necessária para merecer a atenção dos eleitores pós-industriais da atualidade, nossa sociedade e nossa economia mudarão em conformidade com isso. O PNB pode continuar a decair, mas os novos índices de qualidade de vida que estão emergindo nas metrópoles, desde Jacksonville, na Flórida, até Seattle, em Washington, estão registrando um *boom* no âmbito da economia da atenção. O desenvolvimento pessoal abrange o estudo feito em casa e o conhecimento independente. Explode o interesse por cursos gravados em vídeo ou em audiocassetes, e por estudos autodirigidos, tais como o Open Campus, da Florida Community College, em TV a cabo. Pessoas que adquiriram controle de suas próprias vidas oferecem mapas rodoviários para as outras pessoas, por exemplo, *Making a Living While Making a Difference* (1995), de Melissa Everett, e o clássico de Ronald Gross, de 1982, *The Independent Scholar's Handbook*. Uma pesquisa de opinião realizada pelo Harwood Group for the Merck Family Fund, "Yearning for Balance", constatou que 82% dos norte-americanos concordavam que "a maior parte de nós compra e consome muito mais do que precisa; é um desperdício".[11]

As economias da atenção podem já ser dominantes mas são estatisticamente invisíveis nas sociedades pós-industriais em maturação da América do Norte, da Europa e do Japão. Elas prenunciam o princípio do fim do consumismo do tipo mínimo-denominador-comum e gratificação-instantânea. As economias da atenção começaram seu rápido crescimento com os entretenimentos, os computadores e os *software*, e o turismo — três das maiores indústrias do mundo em 1995. A crescente ponta desses mercados da atenção é a *world music*, a arte e a cultura pop, *software* de computador e a Internet, bem como astros de rock socialmente preocupados, em seguida aos concertos Live Aid e Food Aid da década de 80 e à efusão de preocupações ecológicas em concertos, filmes e especiais de TV sobre vida silvestre da década de 90. O turismo já é a maior indústria do mundo, respondendo por 10% da produção, dos empregos e dos investimentos globais, e por 13,4% do PIB da União Européia.[12] O ecoturismo é o segmento que cresce mais depressa — expandindo-se anualmente a uma taxa de 25% a 30%.

Outro segmento da economia da atenção está vigilante com relação às pessoas que precisam de cuidados — sejam elas pessoas doentes, pais idosos ou crianças em fase de crescimento. O setor da assistência à saúde nos Estados Unidos correspondia a 16% do PIB em 1994 durante o grande debate a respeito de paradigmas e de definições de assistência à saúde. O debate ficou bastante concentrado na necessidade de mais dinheiro para se sustentar o material do velho paradigma e a base tecnológica da indústria da assistência à saúde. Mas as pessoas preocupadas com o bem-estar queriam uma mudança com relação à intervenção da alta tecnologia, impessoal, acionada por crises e dispendiosa. Elas mudaram o debate para a prevenção, e o setor não-material da assistência à saúde tornou-se visível. Os pacientes precisam da atenção humana, da bondade e do cuidado dirigido de pessoa a pessoa — com freqüência em seus próprios lares e comunidades.

Como ocorre com outros setores, esse movimento em direção a serviços de atenção e de informação menos materiais significa uma das principais reclassificações das economias nacionais. Certamente, se reclassificássemos a economia dos EUA — que já consiste em 80% de serviços — usando o modelo da economia da atenção, esta predominaria, incluindo grandes segmentos dos nossos sistemas de assistência à saúde e de educação, bem como os serviços de informação e de atenção. Também predominaria na Europa, no Japão e na maioria dos outros países da OECD. Quando as estatísticas incluem os direitos humanos, serviços de assistência a refugiados e serviços pela paz, e serviços voluntários (por exemplo, os oitenta e nove milhões de homens e de mulheres nos Estados Unidos que oferecem cinco horas ou mais por semana para serviços comunitários), emerge um novo quadro econômico. À medida que os seres humanos se desenvolvem, as economias da atenção se expandirão e amadurecerão, servindo aos indivíduos zelosos e cuidadosos, que prestam atenção à saúde do planeta, à família humana e aos seus próprios valores e motivações superiores.

O setor de entretenimentos da economia da atenção dos EUA, que é regressivo do ponto de vista do desenvolvimento pessoal, representa 400 bilhões de dólares por ano, ou 8,5% do consumo total no PIB; emprega 2,5 milhões de norte-americanos; e é uma das principais exportações dos EUA. Quando o projeto de lei para as telecomunicações, que desregulamentou ulteriormente as empresas de TV a cabo e de telefone, foi assinado em Washington, D.C., em 1966, muitos economistas e especialistas subestimaram os difundidos temores de monopólio. Assinalaram que as tecnologias mudam rapidamente e, de qualquer maneira, esses mercados estão crescendo em todo o mundo — de modo que haverá bastante competição.[13] Essa visão não muito tranqüilizadora foi ressaltada por outra história, "One More Place You Can't Escape Ads". Parece que as bombas de gasolina nos Estados Unidos terão agora monitores de vídeo exibindo mercadorias que você poderá comprar pelo cartão de crédito, junto com a conta da gasolina, enquanto estiver enchendo o tanque.[14]

Em 1995, quando grandes empresas da mídia se fundiram, nove magnatas emergiram nos países da OECD, cujas empresas captam hoje a atenção da família humana: Rupert Murdoch, proprietário australiano da rede Fox dos EUA; a Sky TV européia; a Star TV asiática, juntamente com dúzias de jornais, revistas e editores; Gerald Levin, chefe da Time-Warner sediada nos EUA, dono da *Time*, da *Life* e da *Fortune*, e grande número de outros ativos da mídia, que vão da imprensa e da TV a cabo ao cinema; John Malone, chefe do TCI, a maior operação a cabo nos Estados Unidos; Sumner Redstone, patrão da Viacom, um conglomerado de 7,4 bilhões de dólares, ao qual pertence a Paramount, a Blockbuster TV e uma cadeia de cinemas; Ted Turner, da Turner Broadcasting, da CNN e do time de beisebol Atlanta Braves; Michael Jordan, diretor-executivo da Westinghouse, que assinou um acordo, em 1995, para a compra da rede CBS de TV por 5,4 bilhões de dólares; Michael Eisner, chefe da Disney, uma empresa de 19 bilhões de dólares, depois de engolir a rede ABC-Capital Cities de TV; Edgar Bronfman, diretor-executivo da Seagrams Distillers do Canadá, que comprou a MCA por 5,7 bilhões de dólares; e Michael Ovitz, o homem de negócios de Hollywood, que intermediou muitos desses meganegócios, e em seguida aceitou a presidência da Disney.[15] Lawrence K. Grossman, expresidente da NBC News e da PBS, sugeriu que o público fosse incluído entre os agentes de megafusões. Sugeriu que uma modesta porcentagem desses acordos poderia financiar uma TV de alta qualidade.[16]

À medida que se inflamavam as discussões a respeito da mudança do clima, do aquecimento global e do aumento do número de furacões e de inundações, o consumo excessivo, impulsionado pelo PNB, de energia e de materiais pelas midiacracias industriais enfrentou um desafio ainda maior. O Banco para o Desenvolvimento Asiático, com sede em Manila, advertiu que um planeta mais quente poria em risco grande parte da produção agrícola da Ásia, bem como suas metrópoles litorâneas, enquanto que Syed Sibtey Razi, presidente do comitê parlamentar da Índia sobre o meio ambiente, assinalou que 25% da população nos países desenvolvidos consomem mais de 75% de muitos recursos naturais.[17]

As boas notícias foram as de que muitas das vozes em defesa de estilos de vida mais moderados encontraram, finalmente, uma expressão internacional no The Factor Ten Club, composto por cientistas e institutos de pesquisas da Inglaterra, da Alemanha, da França, da Holanda, do Canadá, da Índia, dos Estados Unidos, da Suíça e da Áustria. A Declaração Carnoules dessa instituição, feita em Carnoules, na França, em outubro de 1994, pede para que os países industrializados desmaterializem suas economias aumentando em dez vezes a eficiência com a qual materiais e energia são usados, e para que se "reavalie o papel central dos materiais, da energia e do consumo de terra em nossas culturas; se reverta/reoriente as estruturas de incentivo que atualmente desencorajam o comportamento ecologicamente sensível; e se desenvolva uma nova cultura de aprendizagem: encorajar as pesquisas sobre tecnologia sustentável e sobre mudança e adaptação social".[18] Quando os pedidos para que se desmaterializem as economias industrializadas foram levados perante o Parlamento Europeu, a OECD e a International Climate Convention, em 1995, a mudança em direção a economias baseadas na atenção e seu desenvolvimento posterior tornaram-se mais visíveis.

PARTE II

BOAS NOTÍCIAS EM CÂMERA LENTA: MAPAS RODOVIÁRIOS E RECURSOS PARA O RENASCIMENTO

Junte-se ao Mundo dos Empresários Públicos

Não há nada mais forte que uma grande idéia nas mãos de um empresário.

Desde 1978, Ibrahim tem possibilitado que mais de 1,7 milhão de crianças de baixa renda freqüentem escolas — uma notável façanha em Bangladesh, onde 70% da população não recebe, em absoluto, educação formal.

Ibrahim descobriu que a eliminação do trabalho doméstico e a permissão concedida a crianças pobres para ganhar dinheiro reduzia drasticamente os índices de evasão escolar entre estudantes de baixa renda. Ele duplicou a carga horária, de modo que as crianças pudessem fazer as lições na escola, e incorporou projetos geradores de renda no currículo. Os resultados dessas idéias simples foram espantosos.

Se Ibrahim pode levar 1,7 milhão de crianças para a escola, o que você pode fazer? Aprenda como se envolver com a Ashoka e com nossa associação global de mais de 500 empresários públicos como Ibrahim. Torne-se um co-empreendedor. Ligue para nós, ou preencha o formulário ao lado. Essa poderá ser a idéia mais poderosa que você já teve entre as mãos.

```
TO: Ashoka: Innovators for the Public
    1700 North Moore Street, Suite 1920
    Arlington, VA 22209, USA
    Phone: 703-527-8300, Fax: 703-527-8383, E-mail: Ashoka@tmn.com

I'd like to learn more about Ashoka's global network of public
entrepreneurs. Please send me more information.

Name:
Address:
City, State, Zip:
```

Ashoka: Inovadores para o Público

Figura 13. Ashoka: Inovadores para o Público
© Ashoka   Fonte: Ashoka: Innnovators for the Public

CAPÍTULO 6

GLOBALISMO POPULAR

Hoje, as forças mais criativas e mais vigorosas que enfrentam os problemas planetários da pobreza, da injustiça social, da poluição, do esgotamento dos recursos, da violência e da guerra são movimentos populares de cidadãos (*grassroots*). Essa nova forma de globalismo do tipo "efeito-cascata invertido" (*trickle up*) é muito diferente das abordagens dos líderes nacionais nas cúpulas do G-7 e da Asia Pacific Economic Cooperation (APEC), dos líderes de negócios globais em mesas redondas executivas, ou de acadêmicos e eruditos vindos de comissões de projetos governamentais e de ricas fundações de retiro para férias.

O globalismo popular refere-se a pensar e a agir — global e localmente. Sua resolução de problemas é pragmática: soluções locais que mantêm o planeta em mente. Essas abordagens do tipo "efeito bolha" (*bubble up*)[1] são, com freqüência, inovadoras e enfatizam a ação positiva e a formação de exemplos. Alguns exemplos que abordam a pobreza, em particular entre as mulheres, são programas de microempréstimo tais como os bancos populares Grameen Bank, de Bangladesh, o Women's World Banking, o ACCION ou o movimento Chipko, que economiza recursos florestais tradicionais para meios de vida sustentáveis.

O globalismo popular, com freqüência, mantém responsáveis as nações. A Anistia Internacional despertou a consciência do mundo para os abusos dos direitos humanos, e hoje protege vítimas em todo o mundo divulgando encarceramentos ou maus-tratos, bem como relatórios sobre direitos humanos nas nações. O Greenpeace tem demonstrado que campanhas efetivas na mídia podem impedir testes de armas nucleares e descarga de lixo tóxico nos oceanos, e ajudar a salvar espécies ameaçadas. A ligação do globalismo popular a meios de comunicação de massa é de importância vital e pode concentrar a preocupação pública em questões globais e locais que as nações e as corporações, com freqüência, preferem ignorar. A Turner Broadcasting e a CNN, com sede nos EUA, a British Broadcasting Corporation (BBC) e outros meios de comunicação de massa da mídia tradicional cobrem problemas relacionados com a delegação de poder às mulheres e com o meio ambiente. Não obstante, é necessária uma cobertura imensamente maior das soluções de problemas locais populares. Grupos sem fins lucrativos, incluindo a TV for the Environment, com sede em Londres, a Worldview, de Sri Lanka, e a WETV, do Canadá, fazem co-produções com grupos de cidadãos e oferecem o necessário antídoto culturalmente diversificado para a monocultura corporativa global do consumismo da mídia comercial.

ORGANIZAÇÕES DE CIDADÃOS DESAFIAM O *STATUS QUO*

Globalistas populares e suas organizações são, com freqüência, desprezados pelos governos como amadores, agitadores e causadores de problemas. Até mesmo as Nações Unidas manifestam apenas um interesse brando pelas organizações de cidadãos. Hoje, eles estão emergindo como um terceiro setor, independente, em assuntos mundiais — desafiando a dominação das agendas globais pelas nações-estados e pelas corporações transnacionais. A sociedade civil global, recém-interligada à Internet, e por meio de milhões de boletins de informações, está, cada vez mais, movimentando agendas de nações e de corporações, que ainda se referem a grupos de cidadãos como organizações não-governamentais (ONGs). Muitos líderes globalistas populares retrucam que os governos e as corporações são ONCs (organizações não-civis). Preocupações globais têm estado nas agendas de grupos cívicos populares, incluindo igrejas e outras organizações que têm trabalhado por ajuda alimentar, pacificação, educação, cultura e intercâmbios de estadia entre jovens de países diferentes, desde a virada deste século. Com a fundação das Nações Unidas, em 1945, grupos locais afiliaram-se com o United Nations Associations (UNAs) para apoiar as Nações Unidas e sua agenda.

Todos os tipos de movimentos e de associações de cidadãos — desde clubes de serviços, igrejas e grupos espirituais e de auto-ajuda até câmaras de comércio e associações profissionais de professores, de médicos, de agricultores, de cientistas, de músicos e de artistas — compartilham de uma preocupação pela sociedade humana que abrange a gama das necessidades humanas e cruza fronteiras nacionais. A ascensão de organizações civis é um dos fenômenos mais notáveis do século XX, descrito por Elise Boulding (1988, 36) como "uma das principais mudanças na natureza do sistema internacional". Outros futuristas que estudam organizações de cidadãos e movimentos sociais como precursores de tendências sociais incluem Magda McHale, Johan Galtung, Eleanora Masini, Ziauddin Sardar, Robert Theobald, Nandini Joshi, Riane Eisler, Anthony J. N. Judge, Ashis Nandy e David Loye. A falecida Barbara Ward e Robert Jungk compartilharam do meu enfoque no papel-chave dos cidadãos, como expressei em *Creating Alternative Futures* (1978, 1996). Além de grupos de cidadãos, grupos criminosos e de terroristas, gangues urbanas, sindicatos do tipo máfia, cartéis de drogas e outros grupos extremistas étnicos e religiosos violentos também proliferaram. Seu potencial negativo no período pós-Guerra Fria é mais estudado por estrategistas militares, dos serviços de inteligência e para imposição de leis do que por futuristas. Uma notável exceção é o penetrante *War and Anti-War* (1993) de Alvin e Heidi Toffler. Minha própria pesquisa examina o potencial positivo de grupos, movimentos e associações, tanto para a inovação social como para o desenvolvimento da ética e das sociedades humanas.

As Nações Unidas reconhecem esses proliferantes atores não-estatais somente como organizações não-governamentais (ONGs) ou como organizações internacionais não-governamentais (OINGs). Inexplicavelmente, as corporações transnacionais gigantes (CTGs) são também classificadas como atores ONGs ou não-estatais na terminologia das Nações Unidas. É claro que as CTGs e suas associações de comércio nacionais e internacionais, tais como o Conselho dos EUA para Negócios Internacionais e a Câmara de Comércio Internacional, deveriam ser excluídas da categoria ONG. Sempre que as Nações Unidas concentram suas pesquisas nas grandes corporações e em seu impacto global — seja por intermédio de seu Centro para Corporações Transnacionais, fundado na década de 70; ou da United Nations Commission on Trade and Development (UNCTD), ou do Economic and Social Council (ECOSOC), que deveria ser uma contrapartida igualmente poderosa do Conselho de Segurança — essas agências são subestimadas. O Centro para Corporações Transnacionais foi "rebaixado" em importância no final da década de 80 devido à pressão dos Estados Unidos e de outros poderosos estados-membros e de seus eleitorados corporativos e financeiros. No entanto, associações de pequenos negócios, de propriedade local, que são representados por grupos de serviços filantrópicos, tais como os Rotary Clubs e o Rotary International, não se qualificam como ONGs nem como OINGs.

Em 1909, havia 176 ONGs (Boulding 1988, 35). No *Yearbook of International Organizations*, de 1985-86, publicado pela Union of International

Organizations (UIO), são discriminadas 18.000 ONGs, das quais cerca de 1% são federações de outras ONGs, 8,5% são universais, 17% são intercontinentais e 74% são regionais (isto é, européias, latino-americanas e asiáticas). O *Yearbook of International Organizations* de 1994-95 dá a lista de um total de 36.486 organizações internacionais em um número proliferante de categorias além das formas convencionais discriminadas acima. Anthony J. N. Judge, secretário-geral assistente da UIO, enfatiza a ambigüidade da concepção de sociedade civil, a necessidade de se rever a legislação nacional relativa a associações e a ação civil coletiva, e também observa que a União Européia, em 1994, delineou um plano para ajudar cooperativas, sociedades de assistência mútua, associações e fundações.[2] CIVICUS, uma rede global lançada em 1993, publicou *Citizens: Strengthening Global Civil Society* em 1994, que documenta vários milhares de grupos cívicos na Ásia, nas Américas Latina e Central, na África, na Europa e na América do Norte.[3]

Redes de ONGs são, com freqüência, mais livres para atuar e para responder a preocupações humanitárias do que nações-estados. Elas podem servir como precursoras para novas estruturas de governo nacionais e internacionais; por exemplo, a Anistia Internacional incitou os governos de todo o mundo a exercerem maior proteção dos direitos humanos. O estilo intelectual das ONGs tende para a visão de futuros e de cenários preferidos e para a organização de atividades cívicas, bem como para a advocacia e a "pesquisa da ação" (para utilizar o termo de Kurt Lewin [1948]). Dessa maneira, invocam o *possível* mapeando potenciais sociais, em vez de empregar a postura "objetiva" daqueles futuristas que identificam tendências ou criam cenários impulsionados pelas inovações científicas e tecnológicas. Organizações de cidadãos e seus futuros preferidos estão, com freqüência, em discrepância com vaticinadores de orientação mais tecnológica, pois a maior parte das inovações tecnológicas emerge de instituições que são culturalmente dominantes — sejam elas corporações ou instituições patrocinadas pelo governo. Organizações de cidadãos enfocam inovações sociais, impactos de novas tecnologias e "futuros preferidos", isto é, cenários que são normativos (implicando valores em mudança) e, com freqüência, são utópicos. No entanto, organizações de cidadãos usualmente reestruturam soluções denominadas *utópicas*, *idealistas* ou *ingênuas* como sendo mais *práticas* do que mudanças incrementais ou marginais para sociedades humanas "em crise".

Em muitos casos, organizações e movimentos de cidadãos podem ser destrutivos e regressivos ou liderados por demagogos. Esse tipo de organização muitas vezes surge de pressões sociais, tais como a crescente migração experimentada na reunificação da Alemanha; as dolorosas transições econômicas que afetaram a Rússia e a Europa Oriental; os malogros da administração macroeconômica, que produziram desemprego na Europa ou exacerbaram a pobreza, como ocorreu em muitos países da América Latina; ou o fracasso de governos como na Somália, no Cambodja, em Ruanda e na ex-Iugoslávia. Outros movimentos surgiram em reação à modernização industrial, sejam eles movimentos fundamentalistas cristãos favorecendo o isolacionismo ou proibindo o aborto nos Estados Unidos, ou outros movimentos religiosos fundamentalistas, em particular no mundo islâmico. Muitos desses movimentos também protestam contra o expansionismo econômico ocidental e sua dominação secular e tecnocrática de tradições culturais locais. De fato, há movimentos em todo o mundo de povos étnicos e indígenas ligando os yanomami do Brasil, os sami ou lapões da Escandinávia, os nativos norte-americanos dos EUA e do Canadá, os bascos e os catalães da Espanha. O tribalismo étnico emergiu na Europa Oriental e na ex-União Soviética. Esses movimentos representam os maiores desafios futuros para as nações-estados e para a globalização de corporações e do industrialismo, que muitas nações ainda defendem.

A maior parcela da soberania das nações tem erodido a partir de fora devido a forças de globalização. Ao mesmo tempo, as nações estão desmoronando a partir de dentro devido à incapacidade dos governos para cumprir promessas de progresso e de crescimento econômico para as suas populações. Cada vez mais, populações minoritárias, ambientalistas e alguns movimentos sociais não querem suas identidades homogeneizadas no âmbito da conformidade do consumo de massa e da produção exigida pelo industrialismo. Políticos e acadêmicos ocidentais têm reagido com alarme. Samuel Huntington, cujo "Clash of Civilizations"[4] baseou-se num estudo anterior feito pelo futurista marroquino Mahdi Elmanjdra (1992) e por Paul Kennedy e Robert Kaplan, cujos escritos apareceram no *Atlantic Monthly* em 1994, vê somente anarquia e caos na proliferação de atores e de movimentos não-estatais. Suas visões desse caos que está vindo raramente são enquadradas dentro do contexto da crise geral do industrialismo global, cujas forças continuam a varrer culturas e fronteiras entre nações. À medida que o capital especulativo se afunda na lama em torno do planeta, elas continuam a esmagar os mecanismos macroeconômicos: alavancas monetárias e fiscais por cujo intermédio os países têm administrado a si mesmos. Nas devoluções subseqüentes de meados da década de 90, tudo esteve à disposição para ser conquistado — o que torna imperativo o estudo de movimentos sociais e de grupos de cidadãos de maneira ainda mais cuidadosa.

A era da Guerra Fria (1945-1990) trouxe à tona grande parte do florescimento adicional de ONGs que se concentravam em paz, direitos humanos, proibições de testes nucleares, não-proliferação de armas nucleares, desarmamento, desenvolvimento, globalização de currículos educacionais e programas de intercâmbio de estudantes, bem como ajuda humanitária — oferecendo novos tipos importantes de *know-how* aos governos. Por volta da década de 60, questões planetárias emergentes geraram maciços movimentos de cidadãos para a proteção da biosfera da Terra contra a degradação, a poluição, a desertificação, a extinção das espécies e o esgotamento dos recursos. Esses movimentos também abordavam o crescimento populacional não-controlado, o alargamento da lacuna entre ricos (Norte) e pobres (Sul), a expansão dos direitos humanos e uma participação política e econômica mais plena para as mulheres do mundo.

As Nações Unidas tornaram-se um local natural para a abordagem dessas novas preocupações nacionais e transnacionais. Organizações mais recentes, tais como a National Organization for Women, Friends of the Earth, Greenpeace e Zero Population Growth nos Estados Unidos, juntaram-se a ONGs mais antigas, tais como a Planned Parenthood e a International Union for the Conservation of Nature, com sede na Suíça, para empurrar questões nas agendas dos governos nacionais. Tal pressão sobre os estados-membros, exercida por ONGs tanto do Norte como do Sul, resultou numa série de conferências *ad hoc* das Nações Unidas, notavelmente aquelas sobre Meio Ambiente (1972), População (1973), Alimentação (1974), Mulheres (1975), Hábitat (1978) e Fontes de Energia Novas e Renováveis (1981). A Cúpula da Terra, mais recente (1992), bem como conferências sobre Direitos Humanos (1993) e População e Desenvolvimento (1994) serão discutidas mais adiante. A fonte mais abrangente sobre questões globais é a edição de 1994 da *Encyclopedia of World Problems and Human Potential*, um produto da criatividade de Anthony J. N. Judge, da Union of International Organizations.

Em cada uma dessas conferências das Nações Unidas houve um reconhecimento progressivamente maior de que as agendas tinham sido modeladas por novas organizações de cidadãos e por movimentos sociais mais amplos que exerciam pressão sobre os governos dos estados-membros. Em conferências anteriores, tais como aquela sobre o meio ambiente realizada em Estocolmo, na Suécia, em 1972, as organizações de cidadãos foram relutantemente reconhecidas com seu próprio Fórum sobre o Meio Ambiente paralelo, realizado num lugar que ficava afastado meia hora de ônibus da imprensa e da conferência principal no centro da cidade. Enquanto os delegados do governo, com freqüência mal-informados, roncavam na conferência principal, o Fórum Ambiental dos cidadãos abrigava brilhantes debates realizados por muitos dos principais intelectuais do mundo, do Norte e do Sul, incluindo representantes dos povos indígenas de todo o mundo. O ar estava carregado de excitação enquanto ONGs reiteravam suas próprias declarações de princípios e esboçavam tratados e protocolos para proteger a Terra. Isso deu início a um esforço de vinte e cinco anos para dirigir o curso do desenvolvimento econômico em direção a novos valores: sustentabilidade ecológica, redução da pobreza e reconhecimento do papel-chave que as mulheres desempenham como produtoras de alimentos básicos do mundo, como educadoras de crianças e como protetoras do meio ambiente.

Na verdade, muitos dos planos de ação política e inovações sociais propostos pelas ONGs no Fórum sobre o Meio Ambiente de Estocolmo — auditoria ambientalista de grandes empresas, investimentos socialmente responsáveis e impostos "verdes" para ajudar a promover a pesquisa e o desenvolvimento em tecnologias de recursos renováveis e de eficiência energética — fazem parte atualmente da política do governo em grande número de países. Elites governamentais e corporativas, isoladas em hierarquias articuladas de cima para baixo, com freqüência permanecem ignorantes de tais alternativas políticas viáveis. Elas e suas instituições são criações da ordem existente, do pensamento convencional e dos investimentos passados em tecnologias prévias. Em todos os níveis, do local ao global, organizações de cidadãos surgem em torno dos *custos sociais e ambientais* das políticas e das tecnologias industriais existentes. As instituições do *status quo* contratam a maior parte dos cientistas e dos engenheiros (e dos futuristas), além de subvencionarem universidades e pesquisas acadêmicas. Isso deixa o *feedback* da "advertência prévia" a cargo de uma minoria de acadêmicos dissidentes e de pesquisadores independentes em programas interdisciplinares, deficitariamente financiados, que abordam preocupações amplas a respeito do direcionamento da ciência, da tecnologia, do meio ambiente e da sociedade.

Dessa maneira, organizações de cidadãos formam-se em torno de impactos sociais, tecnológicos e ambientais negligenciados pela cultura dominante — por exemplo, poluição do ar e da água; produtos químicos tóxicos; lixo nuclear; distorcidas políticas do desenvolvimento que fazem uso intensivo de energia (tais como aquelas promovidas por economistas do Banco Mundial); programas coercitivos de planejamento familiar, e ajuda externa dominada por homens, que reforçam desigualdades sociais, econômicas e de sexo. Embora grupos de cidadãos freqüentemente se organizem em torno de identificação de problemas, eles rapidamente se dirigem para agendas mais positivas e mais prescritivas — sendo, com freqüência, forçados a inovar, pois as instituições existentes não podem responder às suas propostas. Por exemplo, o Council on Economic Priorities, sediado nos EUA, foi pioneiro em avaliações sociais do desempenho corporativo porque as firmas de análise de segurança de Wall Street não entendiam essa necessidade.[5] À medida que essas inovações sociais se tornam reconhecidas como valiosas, imitadores começam a surgir nas academias com novas propostas de subvenção para "pesquisas". Empresários do setor privado aparecem com planos de negócios para comercializar ou para privatizar tais inovações sociais. Na maioria das vezes, os primeiros cidadãos inovadores, que nunca pensaram em registrar ou proteger por direitos autorais sua propriedade e seu trabalho intelectual, são ultrapassados ou descartados sem cerimônia desses mercados e dessas empresas incipientes.

A GUERRA FRIA ROTULA A CRIATIVIDADE REFREADA

Durante a era da Guerra Fria, as oportunidades para as ONGs se ligarem com cidadãos na ex-URSS e nas nações do bloco soviético foram seriamente limitadas por falta de canais de comunicação. Além disso, a cooptação da expressão popular e a distorção das agendas dos movimentos de cidadãos pelo controle ou pela intervenção do governo, ou por financiamento preceptivo (tal como aquele do Comitê de Paz oficial na ex-URSS), inibiram contatos, devido a suspeitas de interferência. Desse modo, uma das principais avenidas para o debate, a polinização cruzada de idéias e a inovação social tanto para os modelos capitalistas como para os modelos socialistas de industrialismo e de "progresso" econômico foi barrada por esse rígido clima ideológico da Guerra Fria nas superpotências e em suas esferas globais de influência. Por exemplo, na América Latina, a bem-intencionada teologia da libertação de milhares de sacerdotes e freiras católicos e suas organizações de caridade foram apanhadas no fogo cruzado da Guerra Fria e, com freqüência, injustamente rotulados de marxistas por defenderem objetivos de justiça social, de reforma agrária e outros esforços para a mitigação da pobreza.

Nos Estados Unidos, durante o mesmo período, a criatividade das organizações de cidadãos voltadas para o agravamento dos efeitos sociais e ambientais do industrialismo tradicional, de livre mercado, foi com freqüência sufocada por rótulos a elas impostos pela Guerra Fria, taís como esquerdista, liberal, socialista ou marxista. Em outros casos, grupos de cidadãos eram neutralizados por fundações que financiavam projetos e que exerciam uma influência profundamente conservadora, pois aceitar uma subvenção impõe limites à atividade do *lobby* e às abordagens ativistas, e reduz o mandato de um grupo à "educação". Em meados da década de 90, algumas fundações estavam preocupadas com a transferência de estruturas políticas e começaram a financiar, como uma "política de seguros", o ativismo cívico: por exemplo, a formação da rede CIVICUS foi financiada por meio de subvenções provenientes de muitas fundações importantes. Se o financiamento por fundações irá, de maneira semelhante, reduzir o ativismo, é algo que ainda está para ser constatado.

Outra perversão da Guerra Fria nos Estados Unidos tem sido a formação de "grupos de frente" corporativos e industriais, que adotam nomes implicando que são cidadãos estabelecidos e que lutam por liberdade individual e por direitos de propriedade, quando sua função efetiva consiste em atuar em *lobby* contra a legislação que obriga a submissão das grandes empresas a objetivos ambientalistas e sociais. Por exemplo, sob a bandeira de supostas coalizões de cidadãos, a indústria automobilística dos EUA combateu os padrões de eficiência de combustível das empresas automobilísticas (CAFE) para carros de quilometragem mais alta na *Clean Air Act* (Lei do Ar Limpo) de 1991. Ela utiliza dispendiosas táticas de *lobby*, de relações públicas, de propaganda e de mala direta, que esmagam os orçamentos de verdadeiros grupos de cidadãos. Dessa maneira, é necessário investigar todas as organizações de cidadãos, ONGs e OINGs para determinar suas fontes de financiamento e seus aliados políticos e corporativos.[6]

A era da Guerra Fria, que congelou as Nações Unidas até a impotência devido ao uso constante que as superpotências faziam de seu veto no Conselho de Segurança, também congelou o debate vital a respeito do industrialismo e das abordagens alternativas do desenvolvimento humano e social. Em conseqüência, vemos hoje os povos dos estados da ex-União Soviética e da Europa Oriental lutando para se recuperar dos fracassos do socialismo centralmente planejado, no estilo estalinista, ao adotar o capitalismo confuso do século XIX. O conhecimento a respeito dos países capitalistas ocidentais era escasso e respingava de propagandas do governo e não por meio de intercâmbio de informações, visitas e experiências com grupos de cidadãos, bem como outros canais civis e acadêmicos.

Por isso, muitos elaboradores de planos de ação política e cidadãos nesses países do antigo bloco soviético têm visões não-realistas, pinçadas em manuais obsoletos, a respeito de como devem funcionar os mercados "livres" e a competição "perfeita". Muitos acadêmicos que encontrei nesses países acreditavam inicialmente que as economias capitalistas, como a dos Estados Unidos, funcionavam quase sem regulações. Ficaram surpresos ao descobrir que há milhares de regulações — metropolitanas, estatais e federais — que circunscrevem todas as atividades econômicas nos Estados Unidos; que todas as economias do mundo são, na verdade, misturas de mercados e de regulações; e que diferentes normas culturais, padrões éticos e *lobbies* de cidadãos refreiam adicionalmente os mercados livres de acordo com diferentes códigos de ADN cultural. (Veja o Capítulo 8.) Dessa maneira, os especialistas em teoria dos jogos que estudam regras de interação nas sociedades humanas estão se tornando mais importantes, e até mesmo os economistas estão hoje reconhecendo que as regras e as regulações são tão fundamentais quanto os mercados.

Podemos esperar uma enorme eclosão de criatividade e de soluções de problemas sociais à medida que os rótulos da Guerra Fria e as restrições ideológicas forem se tornando cada vez mais irrelevantes. É provável que as ONGs e suas propostas sejam agora julgadas com base em seus méritos e não de acordo com as prioridades da Guerra Fria. Hoje, as organizações de cidadãos são interpretadas dentro do contexto de debates globais emergentes a respeito da redefinição do que se entende por desenvolvimento, e a respeito do aperfeiçoamento da própria democracia ao longo do espectro que vai do elitismo ao populismo. As preocupações da atualidade referem-se à maneira como tornar tanto os governos como as grandes empresas globais mais responsáveis para os cidadãos, os consumidores, os trabalhadores, os investidores e tudo aquilo que não tem representação, isto é, as crianças, os povos indígenas, as gerações futuras e as outras espécies, bem como o meio ambiente. Além disso, se mais nações colapsarem à medida que a soberania continuar a erodir, as atividades e as metas das ONGs, das OINGs, das minorias étnicas e dos povos indígenas irão adquirir uma importância muito maior como pioneiras de tendências para o futuro.[7] Por exemplo, o esboço da Declaração e Programa de Ação para a Cúpula Mundial das Nações Unidas sobre o Desenvolvimento Social, realizada em Copenhague em 1995, continha não menos de quinze referências à participação, consultoria e parcerias entre governos e sociedade civil.

Os cidadãos estão assumindo novos papéis pacificadores, tais como os esforços para a solução de conflitos na Armênia e no Azerbaidjão, na guerra Nagorno-Karabakh, empreendidos pela Foundation for Global Community, com sede na Califórnia. Depois das missões realizadas em 1994, esse grupo juntou-se a outros, tais como o Physicians for Social Responsibility, o Search for Common Ground, o Institute for Multi-Track Diplomacy e o Partners for Democratic Change, para explorarem novas opções para o povo do Azerbaidjão. Suas suposições são as de que "somente as pessoas — seres humanos e não governos — podem fazer com que as pessoas entrem num relacionamento de reconciliação".[8] Eu diria que não é ou/ou, mas sim, as pessoas *e* os governos.

Políticos nos principais partidos do Japão estão respondendo a pressões populares, tanto nacionais como internacionais, para proibir testes e armas nucleares. O ex-primeiro-ministro Toshiki Kaifu, líder do Partido Nova Fronteira, de oposição, pediu que os consumidores fizessem um boicote dos produtos franceses depois que a França realizou um teste nuclear em 1995, em Mururoa, no Pacífico. O então primeiro-ministro Tomiichi Murayama, dos Sociais Democratas, anunciou que o Japão proporia uma resolução das Nações Unidas para cessar todos os testes nucleares.[9] Todas essas questões e grupos são examinados no *Peace Newsletter*, publicado pela International Non-Violent Peace Teams e editado por Elise Boulding.[10]

Inovações sociais pioneiramente introduzidas por movimentos de cidadãos ainda sofrem ampla resistência por parte da cultura e da mídia dominantes, que as rotula de não-práticas; são retratadas como frívolas ou são trivializadas. Enquanto isso, inovações na tecnologia, na produção e no *marketing* no setor privado são servilmente relatadas e, em geral, saudadas como progresso. Esse contraste é total mas compreensível, uma vez que inovações do setor privado surgem nos negócios por motivos competitivos e de lucro, que são altamente aprovados em todas as culturas ocidentais e industrializantes. Tais inovações no setor dos negócios são rotineiramente divulgadas com alarde em propagandas e no *marketing*, e são também apoiadas por subsídios do governo (incluindo contratação de pesquisas sobre armas e autorização para aquisição por grandes empresas de alta tecnologia) e por dotações financeiras a universidades, a laboratórios de pesquisa e a grupos de altos especialistas em projetos governamentais.

No entanto, sociedades ocidentais e outras sociedades industrializadas fornecem poucos recursos para que pesquisadores ou organizações identifiquem os *custos sociais e ambientais* de tais inovações tecnológicas do setor privado. Enormes investimentos em tecnologias inapropriadas, que aumentaram a produtividade e simplesmente "pavimentaram velhas trilhas de bois" (isto é, assentaram no concreto velhos mapas de organização), devem hoje ser cancelados e substituídos por uma computadorização de "segunda geração", mais dispendiosa. Consultores de grandes empresas avaliam alegremente as novas despesas exigidas, embora seus clientes de grandes empresas tentem descobrir como criar novos mercados para justificar esses investimentos. Os custos sociais e ambientais da industrialização e da automação inadequadas, desde o crescimento econômico sem empregos e o alargamento da lacuna entre ricos e pobres até o consumo não-sustentável de recursos, constituíram o ponto focal do Fórum de ONGs da Cúpula Mundial das Nações Unidas sobre Desenvolvimento Social, realizada em Copenhague, em 1995.[11]

Pesquisas sobre os custos e os impactos adversos de inovações impulsionadas por políticas industriais e de mercado ainda estão atrasadas — muitas vezes demoram décadas. A constatação desse atraso levou o Congresso dos EUA a lançar o Office of Technology Assessment (OTA), em 1974, depois de vários anos de debates acadêmicos e políticos e de esforços de *lobbies* populares. Como membro do Conselho Consultivo do OTA, de 1974 a 1980, posso atestar a ampla oposição que ele encontrou. O argumento mais freqüentemente utilizado contra ele foi o de que o OTA era desnecessário, uma vez que os mercados podiam muito bem determinar o curso da inovação tecnológica para o benefício dos consumidores sem dispendiosas regulações ou interferências do governo. Esse argumento deriva de modelos de competição perfeita vindos de manuais de economia obsoletos, que ignoram os aspectos estruturais de economias maduras.[12] O OTA sobreviveu porque desenvolveu laços com as instituições acadêmicas mais altamente respeitadas, porque nomeou uma parte dos seus contratos de pesquisas e porque nomeou impecáveis grupos de consultoria que representavam um pleno espectro de conhecimentos especializados para dirigir cada estudo. Devido à sua diretoria formada por membros dos dois partidos no Congresso, a um currículo de alta qualidade, imparcial, e a suas pesquisas inovadoras, o OTA superou a oposição inicial e gerou instituições semelhantes em muitos países. O OTA foi alvo do ataque de republicanos, como também o foram a ajuda multilateral e as próprias Nações Unidas, e em 1995 o Congresso Republicano conseguiu abolir o OTA sob pretexto de ser ele demasiado liberal. As Nações Unidas se tornaram um bode expiatório de políticas norte-americanas cada vez mais polarizadas, e conferências especiais das Nações Unidas — talvez os mais bem-sucedidos de seus programas para fazer publicidade de questões globais — foram acusadas de "desperdiçadoras".

As funções do OTA foram antecipadas e executadas por mais de uma década por grupos de cidadãos, que incluíam muitos profissionais preocupados, que se organizavam para pesquisar os impactos da tecnologia sobre a sociedade e maneiras alternativas e mais benignas de satisfazer as necessidades humanas. O Public Citizen, de Ralph Nader, com sede em Washington, D.C., e seus derivados no âmbito universitário, os Public Interest Research Groups, são exemplos desses protótipos de pesquisas prototípicas de avaliação de tecnologia, como também o são o Scientists Institute for Public Information, com sede nos EUA, a Union of Concerned Scientist e o Physicians for Social Responsibility (hoje de âmbito mundial). Embora tais grupos sejam lamentavelmente mal-financiados, eles e muitos outros têm incitado governos e suas burocracias científicas internas a desenvolver suas próprias capacidades de avaliação de tecnologia. Essas organizações também solicitam com insistência que as agências governamentais utilizem métodos e análises alternativas e altamente criativas de definição de problemas, tais como o Rocky Mountain Institute, sediado nos EUA (pioneiro na administração, pelo lado da demanda, de utensílios elétricos e de tecnologias eficientes no uso da energia, que estão sendo hoje adotadas em todo o mundo).[13]

Organizações de cidadãos constituem um recurso social inestimável, oferecendo novos paradigmas a sociedades agarradas a velhos costumes ou aprisionadas, como as sociedades industrializadas ocidentais, a hábitos e a tecnologias de produção e consumo desperdiçadoras, que estão se comprovando não-sustentáveis. A razão pela qual organizações de cidadãos independentes proporcionam tantos programas e concepções inovadores, e fornecem paradigmas totalmente novos para a definição de problemas está no fato de que são capazes de extrair e de organizar lateralmente as informações. Elas podem formar redes que atravessam fronteiras, inclusive as fronteiras de grandes empresas e do governo, permitindo rápidas sínteses de informações novas ou negligenciadas em abordagens e em paradigmas revigorados.[14] Elas podem questionar a sabedoria convencional, avaliar a qualidade das informações e apontar casos onde "o imperador está nu". A união de OINGs com populações indígenas, que começou na década de 60, criou novas agendas baseadas na sabedoria antiga e em tradições espirituais que ensinam como viver de maneira sustentável na Terra, o que as sociedades industrializadas, em grande medida, esqueceram.[15]

Outra função que as ONGs e as OINGs desempenham é atuar como nodos e como ímãs, atraindo informações previamente censuradas, bem como informações vindas de "informantes" nos negócios e no governo. Por essa razão, todas as organizações competentes de cidadãos estabelecem boas relações com os meios de comunicação de massa e com os jornalistas investigativos, que contam com elas para essas pesquisas clandestinas (mesmo que o grupo de cidadãos não tenha reconhecimento público ou que seus programas gerais sejam rotulados de "muito remotos"). Organizações de cidadãos tais como o Movimento Cinturão Verde, com sede no Quênia, e o Movimento Chipko, na Índia, bem como outros incontáveis grupos ambientalistas, que estavam ocupados plantando árvores muito antes que cientistas que estudavam a mudança climática começassem a advogar a necessidade do reflorestamento e do apoio a esses programas, foram ridicularizadas pela mídia como "os adoradores de árvores". Essa difícil relação simbiótica entre as organizações de cidadãos e a mídia pode levar a muitos dilemas políticos e éticos. Algumas organizações de cidadãos "passam à frente" de suas pesquisas ou sensacionalizam seus dados para atrair a atenção da mídia em sua busca pela ajuda financeira de que tanto necessitam. Desde o Dia da Terra de 1990, quando o mundo dos negócios começou a adotar políticas "verdes" de *marketing*, algumas organizações de cidadãos no movimento ambientalista têm feito alianças com empresas, e até mesmo endossado os seus produtos, num aparente qüiprocó por financiamento, muitas vezes perdendo por isso a credibilidade.[16]

As organizações de cidadãos, para permanecer leais à sua função mais elevada de inovadoras sociais, devem resistir às constantes tentações para se ligar à cultura dominante. Se decidirem se juntar à corrente principal, deveriam desistir de suas vantajosas isenções de impostos e competir como empresas impulsionadas pelo mercado. Organizações de cidadãos sem fins lucrativos e isentas de impostos criam, com freqüência, novos mercados ao longo de um período de anos ao oferecer novos valores e estilos de vida atraentes, tais como os hoje multibilionários mercados de produtos e tecnologias verdes. À medida que esses mercados incipientes vão se tornando viáveis graças a novas histórias e aceitações pelo público, impulsionadas pelos meios de comunicação de massa, tais ONGs inovadoras podem, muitas vezes, mudar gradativamente sua base financeira de donativos e subvenções para a comercialização de suas principais inovações (com freqüência, livros e relatórios de pesquisas), e se mover em direção a uma confiança maior na renda adquirida. De fato, algumas podem se tornar plenamente auto-suficientes.

Outros grupos optam por mudar seu enfoque para preocupações mais incisivas, desbravando novos terrenos, permanecendo inovadores e ostentando sua impopularidade como um distintivo de honra. Em meu próprio ativismo com o New York's Citizens for Clean Air, que ajudei a organizar em 1964, e na Campanha para Tornar a General Motors Responsável, na qual me juntei a Ralph Nader em 1968, preferi permanecer na linha de frente. Sirvo na equipe do Council on Economic Priorities desde 1970 e fui membro fundador dos Environmentalists for Full Employment em 1975. Redigi seu primeiro manifesto, que atraiu o apoio de centenas de grupos ambientalistas, com a ajuda dos colegas Peter Harnik, do Environmental Action (agora junto à Rails to Trails, que advoga ciclovias), Byron Kennard, autor de *Nothing Can Be Done: Everything Is Possible* (1982) e Richard Grossman. Ajudei a fundar o Public Interest Economics Center em 1972 e recrutei muitos economistas voluntários para ajudar cidadãos a quantificarem as "des-economias, os des-serviços e os des-encantos" de muitos megaprojetos não-sustentáveis. Conduzi minha própria "campanha" entre meus aliados do grupo de ativistas, a fim de servir como o único advogado do grupo de cidadãos no Conselho de Consultoria do OTA. Foi depois dessas experiências que suspeitei que a economia era irredimível como ferramenta política para grupos de cidadãos. Vi a economia conduzir tanto os seus praticantes como os cidadãos a uma forma de doutrinação provocadora de lesões cerebrais. Horrorizada, retirei-me do ativismo, e pesquisei e escrevi *The Politics of the Solar Age* (1981, 1988).

ORGANIZAÇÕES DE CIDADÃOS ESTÃO EMERGINDO COMO LÍDERES

Em nenhum outro lugar as organizações de cidadãos desempenharam um papel mais amplo do que nas "economias informais" do mundo, que são anomalias estatísticas geradas pelos estreitos paradigmas da macroeconomia e suas ferramentas estatísticas estreitamente combinadas: o PNB e o PIB; taxas de poupança, de investimento e de desemprego promediadas; taxas de juros; balanças comerciais; e assim por diante. Descrevi em *The Politics of the Solar Age* o alcance dessas economias informais, que, mesmo nas sociedades industrializadas, representa aproximadamente metade de toda a produção não-remunerada e, portanto, não computada nas estatísticas macroeconômicas. Na maioria dos países do hemisfério, tais setores informais são muito mais amplos que os setores oficiais, medidos pelo PNB/PIB, baseados no meio circulante − abrangendo freqüentemente três quartos de toda a produção. As associações voluntárias de cidadãos, aldeias, tribos, cooperativas e famílias no âmbito dos setores informais representam formas de produção, de consumo, de poupança e de investimento tradicionais, autoconfiantes, que apenas recentemente foram reconhecidas por economistas ocidentais, treinados no mercado, ou por suas contrapartidas socialistas. Minha análise foi difamada por economistas como sendo desatinada e absurda. Aprendi a interpretar isso como evidência de que eu estava passando uma descompostura em alguém e lembrei-me de que, em alguns países repressores, ativistas cívicos são encarcerados ou assassinados − como aconteceu, por exemplo, com Chico Mendes, o corajoso seringueiro que se tornou ativista no Brasil, e com muitos outros.

Algumas protótipicas organizações de cidadãos operando no âmbito de economias informais são o movimento Sarvodya Shramadana, do Sri Lanka, que introduziu uma forma viável de desenvolvimento baseado em princípios budistas em mais de oito mil aldeias;[17] a coalizão Fórum Verde nas Filipinas, que produziu seu próprio plano para o futuro da economia filipina;[18] e a Self-Employed Women's Association (SEWA) da Índia, que financia pequenos empreendimentos. Quando tais movimentos são bem-sucedidos, são com freqüência perseguidos pelos governos. Programas de microempréstimos − tais como a SEWA; o Women's World Banking em cerca de cinqüenta países; o Grameen Bank de Bangladesh; o ACCION, que faz empréstimos para microempresas nas Américas Latina e Central; bem como o First Nations Development Institute, com sede nos EUA, que faz empréstimos a grupos de desenvolvimento da comunidade dos nativos norte-americanos − proporcionam um novo paradigma de desenvolvimento sustentável. A nova forma de desenvolvimento é um modelo do tipo "efeito-cascata invertido" − o oposto especular do modelo elitista e tecnocrata do "efeito-cascata" promovido por teóricos do desenvolvimento econômico tradicional − que é melhor descrito, além das metáforas econômicas, como o modelo do tipo "efeito-bolha".

Uma efusão sem precedentes de interesse pelos debates globais sobre desenvolvimento e democracia, no âmbito de uma mudança de paradigmas, e pelas organizações pioneiras dos setores independentes do mundo ocorreu na Conferência das Nações Unidas sobre Meio Ambiente e Desenvolvimento, a Cúpula da Terra realizada no Rio de Janeiro, no Brasil, em junho de 1992.[19] Essa conferência intensificou o crescimento de organizações de cidadãos ao fornecer um fórum global para cerca de treze mil desses grupos e reforçou suas atividades de *network*, que foram encorajadas pelo secretário-geral Maurice Strong e por sua esposa Hanne Strong, dinamarquesa de nascimento, a qual foi organizadora do Earth Restoration Corps, uma organização de cidadãos. Muitas das organizações de cidadãos presentes no Fórum Global no Rio já estavam ligadas a sistemas de conferência por computador, tais como o Peace-Net, o Togethernet e o Eco-Net.

Uma efusão semelhante de participação da sociedade civil era evidente na Conferência das Nações Unidas sobre População e Desenvolvimento, realizada no Cairo, no Egito, em 1994. Como ocorreu na Cúpula da Terra, e também nas Cúpulas sobre o Desenvolvimento Social, em Copenhague, e sobre Mulheres e Desenvolvimento, em Pequim, ambas em 1995, a mistura criativa da mídia e de grupos da sociedade civil focalizou a atenção mundial sobre as questões e empurrou os delegados oficiais e os Planos de Ação para além das fronteiras previamente estabelecidas por líderes patriarcais. Noções antes consideradas "radicais" ingressaram no pensamento tradicional, inclusive as idéias de que o anticoncepcional mais eficiente é a obtenção de poder econômico e político pelas mulheres e a de que o melhor investimento que uma sociedade pode fazer para o desenvolvimento é o investimento em seu povo, particularmente na educação de meninas.

Organizações de cidadãos têm emergido em todo o mundo como atores e líderes importantes em áreas tais como a procura de uma ética global e códigos de ADN cultural saudáveis e fomentadores da sobrevivência. Elas realizavam cúpulas de cidadãos sobre questões vitais onde quer que os líderes agissem com deliberada morosidade. Um exemplo é o "The Other Economic Summit" (TOES), com a qual estive envolvida, e que seguiu o rastro das reuniões anuais de cúpula das nações do G-7 com abordagens alternativas desde 1984. A TOES divulgou comunicados sobre assuntos tais como a necessidade de formas de "efeito-cascata invertido" para o desenvolvimento sustentável, realçando que as mulheres de todo o mundo produzem mais da metade do alimento do mundo e administram 70% de seus pequenos negócios, mas recebem só 10% dos salários do mundo e são donas de apenas 1% das propriedades do mundo.

As atividades diplomáticas dos cidadãos ajudaram a pôr um fim à Guerra Fria e são, finalmente, bem-vindas nas Nações Unidas — em vez de serem meramente toleradas. Em 1994, o secretário-geral das Nações Unidas,

Boutros-Ghali, convocou organizações não-governamentais a mobilizar *estados*, bem como a opinião pública, a fim de promover a paz, acrescentando: "As Nações Unidas foram consideradas um fórum apenas para os estados soberanos. Dentro do espaço de alguns poucos anos, essa atitude mudou. Organizações não-governamentais são hoje consideradas participantes plenas da vida internacional ... em grande medida devido à rápida sucessão de eventos históricos. ... Hoje, estamos bem cientes de que a comunidade internacional deve se dirigir a uma comunidade humana que é profundamente transnacional. O movimento da riqueza, as pessoas, o capital e as idéias são tão importantes hoje como o controle do território o era ontem."[20]

Grupos de cidadãos ligados eletronicamente estão se tornando um setor independente autenticamente global, uma terceira via para a solução de problemas globais e, na expressão de Boulding (1988), "uma cultura cívica global". O dr. Howard H. Frederick, da International Association for Mass Communications Research, descreveu a germinação de organizações de cidadãos centralizadas nas comunicações, de ONGs e de OINGs em *Edges*, uma publicação, com sede em Toronto, do Institute for Cultural Affairs, ele mesmo uma OING global. Frederick assinala a realidade global de que, na atualidade, as tecnologias da comunicação são dominadas por grandes empresas globais, mercados financeiros e sistemas bancários eletrônicos de transferência de fundos (EFTS) de âmbito global, bem como gigantescos serviços de informação por fios, tais como a Reuters e a Associated Press. Ainda vivemos no mundo dos info-ricos e dos info-pobres. Por exemplo, 95% de todos os computadores estão nos países industrializados do Norte, e 75% da população mundial, vivendo no Sul, manuseia apenas 30% dos jornais do mundo. Os Estados Unidos e a Commonwealth of Independent States (CIS), com apenas 15% da população mundial, utilizam mais de 50% das órbitas geoestacionárias do mundo com seus satélites de comunicação, enquanto que o Sul utiliza menos de 10% dessas órbitas.[21]

Duas questões-chave assinalam a maturidade do globalismo popular e o crescente impacto internacional de suas organizações civis. A primeira é a nova questão da legitimidade — levantada por executivos de grandes empresas, oficiais do governo, políticos e partidos políticos competidores. "Quem e quantas pessoas esse grupo representa, e são as suas políticas direcionadas democraticamente?" Organizações civis abordam essas legítimas questões abrindo ao escrutínio público a filiação de seus membros com direito de tomar decisões, suas práticas para levantamento de fundos e seus processos políticos. O ativista Ralph Nader, sediado nos EUA, observou certa vez que os escrutínios público, jornalístico e científico dados a relatórios de pesquisa vindos de cidadãos são muito mais rigorosos do que o atento exame acadêmico. Alguns grupos e líderes desfrutam de um tal apoio popular que são suprimidos como uma ameaça às estruturas de poder existentes.

Um segundo sinal de maturidade é a proliferação de abordagens, de táticas e de metas. A maior das lacunas refere-se ao financiamento. Grupos provenientes dos ricos países industrializados excedem de longe em número os grupos de países em desenvolvimento do Sul. Isso, com freqüência, inclina o cenário global das agendas para preocupações de longo prazo vindas do Norte: meio ambiente, população, espécies ameaçadas, biodiversidade, mudança de clima e destruição da camada de ozônio. Grupos do Sul se preocupam com o meio ambiente como perda de suas terras comuns tradicionais e de seus recursos florestais, e dos modos de vida que eles proporcionam; também se preocupam com a injustiça, com a pobreza, com a fome, com a carência de instalações de saúde pública, com água limpa, com escolas e com outras mais terríveis ameaças imediatas à sua sobrevivência.

Atualmente, o globalismo popular cresce com mais força à medida que as nações vão perdendo a soberania nos mares turbulentos dos fluxos de capital globais de trilhões de dólares diários. Países menos capazes de administrar suas economias nacionais para manter os empregos e as redes de seguridade social devem encorajar a auto-ajuda popular. Até mesmo as grandes empresas globais sabem hoje que não podem tomar decisões executivas sobre fechamentos e localização de fábricas, por exemplo, exclusivamente para beneficiar seus acionistas e obrigacionistas. Agora eles consultam grupos mais amplos de interesse: funcionários, fornecedores, usuários, grupos ambientalistas e, atualmente, também grupos de globalistas populares. Os políticos também têm respondido: por exemplo, um membro do Parlamento inglês, Tony Blair, e o congressista norte-americano Richard Gephardt apresentaram projetos de lei para encorajar as empresas a adotarem o modelo de grupos de interesse. Os globalistas populares participam de conferências globais em número cada vez maior. Gradualmente, passaram a ser aceitos — e até mesmo saudados pelos seus projetos inovadores.

Atualmente, solicita-se a grupos de cidadãos antes menosprezados para que eles mesmos mobilizem as nações, promovam a paz e ajudem a apoiar as atividades das Nações Unidas de muitas novas maneiras. Organizações de cidadãos são não apenas solicitadas a se envolverem mais com a manutenção da paz, a pacificação e o desenvolvimento sustentável, mas também com a redução supervisionada das vendas de armas, com o desarmamento e com a conversão para economias civis. O novo lema para os líderes do governo e dos negócios globais na perigosa década de 90 é "Conduza,

Siga, ou Saia do Caminho". A militância de organizações de cidadãos está relacionada com a urgência evolutiva que sentem. Talvez isso explique por que um número menor de cidadãos consome o seu tempo jogando boliche juntos. Muitos grupos acreditam, juntamente com grupos de pesquisa de OINGs, tais como o Worldwatch Institute, que os seres humanos têm hoje apenas mais algumas décadas para evitar o desastre social e ecológico. A longo prazo, e num contexto planetário, todos os nossos interesses próprios individuais são *idênticos*. A responsabilidade humana e a ética global simplesmente tornaram-se pragmáticas.

CAPÍTULO 7

REPENSANDO O DESENVOLVIMENTO HUMANO E O TEMPO DE NOSSA VIDA

Como os psiquiatras sabem, o movimento da adolescência para a vida adulta geralmente significa rebelião – em particular contra mamãe e papai. Poderia ser que os ataques ao governo, particularmente nos Estados Unidos, quer o governo seja visto como a "babá" ou como o estado "paternalista", sejam um sinal de que estamos crescendo? Essa idéia pode proporcionar uma chave para a nossa atual política confusa. No entanto, se assim for, estamos aqui para uma viagem acidentada. Todas as questões candentes a respeito do governo – devolução de regulações federais aos estados, mandatos não-financiados, bem-estar social, impostos, equilíbrio orçamentário, justiça, ação afirmativa – remexem profundos poços de paixões. Homens de todas as épocas que cresceram em circunstâncias de privação do pai experimentaram a mamãe como a figura de autoridade – e agora insultam o governo como babá. Mulheres de todas as épocas que cresceram em famílias tradicionais do tipo "pai-patrão" transferem sua ira para os governos patriarcais.

Esses sentimentos podem criar parte da onda de fervor bipartidário para cortar as asas do poder do governo central, reconhecidamente inepto e, com freqüência, corrupto. Sim, os políticos e os burocratas em Washington, D.C., e em outros lugares estão fora de controle – muito afastados das pessoas e muito perto dos *lobbystas* e do seu dinheiro de CAP (comitê de ação política) ligado a grupos de interesse especial. Sim, essas burocracias precisam ser mais eficientes e responsáveis para com as pessoas. Sim, os níveis estatal e local mais próximos das pessoas deveriam ter mais responsabilidade. Sim, precisamos de mais participação do cidadão e do eleitor, e de uma democracia mais responsiva, e talvez assessorada por ajuda eletrônica. Sim, é preciso que nossos meios de comunicação de massa aceitem a responsabilidade de ser o "sistema nervoso" de nosso aflito e perturbado corpo político.

De fato, a nova e pouco examinada forma de governo, a midiacracia, governa hoje a nossa vida. (Veja o Capítulo 5.) Como foi mencionado, muitos países do mundo emergiram do feudalismo e se dirigiram diretamente para a midiacracia sem passar pelos estágios intermediários da democracia ou do industrialismo. Políticos competem com "os formadores de opinião pública" ligados a grupos de interesse especial por *bytes* de som na TV. Candidatos passam por cima das estruturas partidárias e dos escrutínios prévios para a escolha dos candidatos e vão diretamente para o *Larry King Live* para anunciar a própria candidatura. Julgamentos judiciais intermináveis, como o de O. J. Simpson, tomam a dianteira de notícias mais importantes — mesmo em outros países. Um jornal isolado da Costa Rica publicou diariamente, durante 1995, um *box* que dizia "Este É o 365º Dia em Que Não Cobrimos O. J. Simpson". Os filmes de Hollywood e a violência em vídeo degradam nossa vida em família. Garotos em Belize, saturada pela mídia estrangeira, imitam em suas próprias ruas a guerra de gangues entre os "Krips" e os "Bloods" de Los Angeles que viram em programas de TV vindos de Hollywood. Nas "revoluções de veludo" da Europa Oriental, os rebeldes sitiaram emissoras de TV — em vez de edifícios do parlamento ou do governo. Até mesmo bombardeadores loucos atraem a atenção da mídia para as suas "causas".

A HUMANIDADE ESTÁ CRESCENDO?

Bem-vindo à Era da Informação pós-industrial (a "Terceira Onda" dos Tofflers), à "Era da Midiacracia" e à emergência da "Economia da Atenção". Depois da era da produção em massa, das economias baseadas em bens de consumo da "segunda onda" da era industrial, por volta de meados da década de 90, políticos, grandes empresas, publicitários, educadores e grupos de interesse competiam nos meios de comunicação de massa pela atenção de pessoas cada vez mais cansadas, céticas e entediadas, ou cada vez mais cientes e seletivas. Estamos crescendo? As rebeliões de eleitores nos Estados Unidos, na Europa, no Japão e em outras midiacracias são um sinal de psiques adolescentes alcançando a maturidade? Se for assim, podemos decodificar a ira e desempacotar os *slogans* simplistas da atualidade. Adotemos uma visão socialmente terapêutica: os Estados Unidos e outras midiacracias emergentes estão tendo alguma espécie de colapso nervoso, de crise de meia-idade, uma crise de valores e de normas culturais. Ou será que as pessoas simplesmente estão crescendo?

As boas notícias são todas as conversas sobre valores e responsabilidade. Sim, encorajemos a responsabilidade empresarial, hoje um mercado de investimento grande e crescente, como será descrito no Capítulo 10. Sim, vamos adotar meios de comunicação de massa e entretenimentos responsáveis, paternidade responsável, maior responsabilidade individual para o bem-estar e o desenvolvimento pessoal, bem como boa cidadania. E, sim, tornemos todos os níveis de governo responsáveis e plenamente capazes de prestar contas aos cidadãos. Na década de 90, grupos de cidadãos em todo o mundo começaram a exigir códigos de conduta e a delinear seus próprios conjuntos de princípios (tais como os Princípios CERES [Coalition for Environmentally Responsible Economies]) de responsabilidade para com o meio ambiente, a ética e os estatutos da Terra — fazendo *lobbies* para que eles entrem nas agendas de espantados políticos e executivos do mundo dos negócios.[1]

As más notícias são que questões mais profundas, inclusive a velha ira submersa contra "mamãe e papai", permanecem encobertas. O equilíbrio orçamentário tornou-se um exercício vazio de contabilidade, mascarando todas as questões mais profundas de sofrimento, valores e prioridades pessoais. Homens que ainda estão zangados com a autoridade parental feminina se insurgem contra o estado "babá" e também contra a intrusão de impostos e de regulações em sua liberdade de ação. Suas prioridades são o progresso tecnológico, a atividade empresarial exuberante, um forte militarismo, liberdade para portar armas e, com freqüência nos Estados Unidos, capitalismo de livre mercado e uma parcela maior do crescimento econômico desregulamentado e desimpedido que lhes proporcionou oportunidades de prosperar.

As prioridades das mulheres tendem freqüentemente para a reforma do "pai" — estendida ao estado paternalista. Elas procuram repelir leis profundamente codificadas, mudanças no governo e nas instituições econômicas que favorecem os brancos e controlam os direitos de parentesco e outros direitos das mulheres de escolher suas próprias vidas. As mulheres, bem como muitos homens, favorecem a educação; a Headstart; as creches; a assistência à saúde e a Healthy Start; a seguridade social; os serviços públicos e a infra-estrutura; oportunidades culturais, artísticas e recreativas; a proteção do consumidor e do meio ambiente. Investem e, com freqüência, trabalham em pequenas empresas, agências e mídia socialmente responsáveis que prestam serviços a todos esses setores econômicos. Muitas mulheres querem cortes nos benefícios concedidos pelas empresas, e não nos pessoais, e cortes nos subsídios às atividades militares e a outras atividades nocivas ao meio ambiente e que ameaçam a vida.

Entre essas ênfases e prioridades masculinas-femininas há muitos terrenos comuns. Ambos os sexos apóiam a responsabilidade pessoal e a dos pais, ambos querem tornar o governo e os políticos mais responsáveis, e que a legislação tributária seja reformada no sentido da justiça. Além disso, homens e mulheres querem um pleno debate público a respeito da reinvenção do governo e a respeito de que níveis são mais apropriados para quais funções públicas — das locais para as globais. Todos nós procuramos por melhores futuros e por melhores definições de progresso, desenvolvimento, riqueza e satisfação à medida que nos encaminhamos para o século XXI. Sigamos em frente com a política do crescimento — juntos — investigando, como minhas colegas Barbara Marx Hubbard, autora de *The Evolutionary Journey* (1982), Jean Houston, em *The Possible Human* (1982), e legiões de psicólogos humanistas, conselheiros e terapeutas estão fazendo atualmente, as midiacracias do mundo.

Se nos cabe redirecionar nossos caminhos para um desenvolvimento centralizado nas pessoas e para uma segurança global e humana recém-definida, devemos criar um clima que favoreça a criatividade humana e a inovação social. Isto, por sua vez, significa favorecer a sociedade civil global e fortalecer e conectar globalmente as organizações de cidadãos. Estamos falando nada menos que de reinventar a nós mesmos, reenquadrar nossas percepções, remodelar nossas crenças e nossos comportamentos, adubar nosso conhecimento, reestruturar nossas instituições e reciclar nossas sociedades. Não é uma tarefa impossível. É, ao contrário, uma rotina no repertório dos comportamentos humanos. De fato, tal mudança social sistêmica é o material de toda a história humana.

Os seres humanos, no final das contas, são as mais maleáveis dentre todas as espécies. Essa adaptabilidade permitiu à nossa espécie um sucesso espetacular na colonização deste planeta. Os seres humanos inventaram formas culturais de evolução — ultrapassando as escalas milenares de tempo exigidas para a evolução biológica. Não podemos mais permanecer no presente estado de negação psicológica do impressionante acervo das mudanças que fizemos em nós mesmos, em nossas sociedades, em nossas culturas e em nossos sistemas de crenças. Hoje, devemos reafirmar a história espetacular de nossa espécie, de contínua adaptação a mudanças de condições climáticas e de ecossistemas. De fato, somos a única espécie global, além das bactérias, capaz de criar maciças mudanças ecológicas globais visíveis do espaço.[2]

A obra da vida de William Drayton é a afirmação da ação humana exemplar em âmbito mundial. Ele dirige a Ashoka, uma organização não-lucrativa que procura inspirar as pessoas a realizar obras extraordinariamente boas em seus países. Então, a Ashoka documenta essas histórias, as retrata em artigos que dirige à mídia mundial e sustenta o ânimo no espírito dos ativistas ao ligá-los em rede e levantar fundos para as suas causas. (Veja a Figura 13. Ashoka: Inovadores para o Público, na página 148.) Desse modo, os negativistas, os cínicos, os pessimistas e os covardes podem ser confrontados e excomungados. Sim, a agenda para a mudança perante esta geração da família humana é imensa — mas está claramente ao nosso alcance.

Como afirma Robert Muller, ex-secretário-geral assistente das Nações Unidas: "Nós, seres humanos, somos ainda uma espécie jovem."[3] Precisamos reconhecer que nossa nova agenda pode ser simultaneamente abordada em todos os níveis — desde o indivíduo, passando pela comunidade local, até as organizações civis globais. Algumas tarefas podem ser abordadas mais adequadamente por empresas do setor privado e outras são mais convenientes aos governos municipal, estadual e nacional. A maior das novas agendas está, naturalmente, diante da comunidade internacional: a sociedade civil global, as Nações Unidas e o regime financeiro global efetivo da atualidade. A maioria das nossas crenças de longa data sobre dinheiro, riqueza, produtividade e eficiência, bem como nossas noções de progresso, estão arraigadas em estados mentais imaturos, com freqüência infantis — facilmente manipulados por políticos e por publicitários. (Veja a Figura 14. Cálculo Expansivo do "Interesse Próprio".)

Felizmente, as pessoas aprendem mais depressa que as instituições, e muitas pessoas podem já estar à frente de seus líderes. Nos Estados Unidos, levantamentos relativos à população norte-americana feitos pela Americans Talk Issues Foundation (ATIF) mostram grande maioria de pessoas favoráveis à regulamentação internacional de muitos setores da economia global de hoje, desde a especulação monetária, passando pela industrialização global e o comércio de armas até novos indicadores do progresso nacional.[4] Um levantamento da ATIF realizado em 1994, que colheu dados da opinião pública sobre governo global e o futuro das Nações Unidas, e feito em cooperação com o Earth Council, a Society for International Development e a Global Education Associates, constatou que 73% de norte-americanos pensavam que as Nações Unidas, e não os Estados Unidos, deveriam assumir a liderança quando defrontadas com futuros problemas de agressão; 93% de norte-americanos queriam que as Nações Unidas fossem mais eficientes em assuntos ambientais globais; e 84% eram favoráveis ao envolvimento das Nações Unidas em formas de desenvolvimento mais sustentáveis. Perguntas sobre as finanças das Nações Unidas constataram que 68% eram favoráveis à cobrança de juros sobre dívidas atrasadas dos estados-membros; 82% eram favoráveis à imposição pelas Nações Unidas de tributos sobre a poluição e a descarga de lixo tóxico nos oceanos; 79%

A Consciência Humana e seus Estágios de Maturidade

Cálculo Expansivo do "Interesse Próprio" em Relação aos
Estágios do Crescimento Pessoal e às Teorias Econômicas

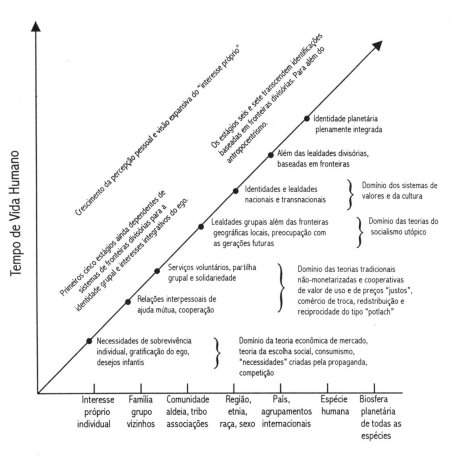

Figura 14. Cálculo Expansivo do "Interesse Próprio"

© 1980 Hazel Henderson   Fonte: *The Politics of the Solar Age*

apoiavam impostos sobre as emissões de dióxido de carbono; e 77% eram a favor de um novo Conselho de Segurança do Desenvolvimento, paralelo ao Conselho de Segurança.[5]

Quando os indicadores do crescimento industrial — o Sistema de contas nacionais baseada no PNB/PIB — forem revisados em conformidade com o novo *System of National Accounts, 1993* (Sistema de Contas Nacionais, 1993) (que será discutido no Capítulo 10), os critérios para projetos, empréstimos, estratégias de desenvolvimento e prioridades se encaminharão para o desenvolvimento sustentável.[6] Aperfeiçoamentos nos novos indicadores, que incorporam mais plenamente custos e benefícios ambientais, bem como trabalho não-remunerado, foram supervisionados por organizações de cidadãos. Na verdade, essas revisões estatísticas se devem, em grande medida, aos vigilantes esforços de organizações de cidadãos e ONGs. Outro exemplo de esforço bem-sucedido de cidadãos é a paciente mobilização popular de indivíduos conscientizados da Anistia Internacional, que sustentou o ativismo do consumidor pelos direitos humanos. Aung San Suu Kyi, Prêmio Nobel da Paz — líder vencedor do movimento democrático em Myanmar, foi liberado de prisão domiciliar pela junta militar devido a um boicote realizado por consumidores e investidores em empresas que exerciam atividades comerciais no local.[7] Cidadãos organizaram-se até mesmo para monitorar o legado mortal do lixo nuclear no Nuclear Guardianship Project, dirigido pela escritora Joanna Macy, em Berkeley, na Califórnia.

A Comissão Independente sobre População e Qualidade de Vida e sua presidente, dra. Maria de Lourdes Pintasilgo, enfatiza acertadamente questões populacionais em sua relação com a qualidade de vida. À medida que as populações humanas se estabilizam e que as mulheres têm menos filhos, sua criatividade fica disponível para o processo evolutivo. Os debates sobre população na década de 90 centralizam-se em torno de questões amplas, que incluem a igualdade Norte-Sul e tecnologias ecologicamente sustentáveis, e devem incluir as mulheres do mundo em todos os seus aspectos, dos direitos humanos à plena participação nas democracias emergentes e nas políticas do desenvolvimento. Têm sido feitos progressos desde que os "falcões" da política de controle populacional da década de 60 tenderam a pôr em foco os aumentos brutos da população, sobretudo nos países em desenvolvimento do Sul. Percebeu-se amplamente que as visões dos falcões tinham conotações racistas e sexistas: os pobres, as mulheres e até mesmo os próprios bebês eram, com freqüência, retratados como sendo o problema. Ansiedades a respeito de alimentos, recursos, escassez e distribuição de terras dominavam. Os papéis da religião e das tradições culturais patriarcais nas políticas pró-natalidade no Sul foram subestimados — como também o foram as questões relativas ao consumo excessivo no Norte.

O Norte e o Sul descobriram um novo terreno comum na Conferência das Nações Unidas sobre População e Desenvolvimento, no Cairo, no Egito, em setembro de 1994. Os países em desenvolvimento têm hoje muito apoio vindo do Norte na articulação de suas próprias teorias: o problema populacional no Sul é também um problema de excesso de consumo e de desperdício de recursos no Norte industrializado. Para ilustrar a questão, Andrew Mele, em sua obra *Polluting for Pleasure* (1993), observa que nos Estados Unidos "a aglomeração total de poluição pelo petróleo e por hidrocarbonetos causada pelo prazer do iatismo é de 420 milhões de galões por ano — o equivalente a 40 desastres da Exxon Valdez a cada ano". Outro estudo, realizado por F. H. Borman, D. Balmore e G. T. Geballe, *Redesigning the American Lawn* (1993), observa que "os gramados norte-americanos cobrem cerca de 20 milhões de acres e requerem um uso de 30% a 60% da água urbana, ao mesmo tempo em que causam poluição por pesticidas e aumentam significativamente o lixo sólido". Muitas pessoas tanto no Norte como no Sul sustentam atualmente que as cifras para a população bruta devem ser corrigidas acrescentando-se outras cifras, que reflitam o consumo de recursos *per capita*. Por esses cálculos, a população norte-americana deve ser computada em dezenas de bilhões de habitantes e reconhecida como a que mais contribui para o problema da população global.

Enquanto os movimentos das mulheres em todo o mundo levantavam vôo depois da Conferência das Mulheres da Cidade do México das Nações Unidas, em 1975, as pesquisas sobre o problema populacional aprofundavam-se no exame mais pormenorizado das transições demográficas para a substituição dos níveis de fertilidade que se supunha acompanhar automaticamente a industrialização e o crescimento do PNB. As mulheres assinalaram não só que esse tipo de desenvolvimento desperdiçava os recursos da Terra, mas também que a queda na taxa de fertilidade que ocorria era mais uma função da emancipação econômica, social e política das mulheres do que da industrialização *per se*. As sociedades industrializadas maduras da Europa Ocidental começaram a tender para o crescimento zero da população e até mesmo a reduzir esse crescimento no final da década de 80 quando as mulheres reivindicavam seus direitos humanos e optavam por ter menos filhos. Ao mesmo tempo, o custo envolvido na criação de um filho disparou para o alto e o divórcio criou legiões de pais separados em litígio — grande número dos quais são mulheres. Somente nos Estados Unidos, 50% de todas as crianças vivem em lares de pais separados e dois terços de todos os que recebem assistência social representam 9,5 milhões de crianças.[8] Por volta do final da década de 80, os planos de ação política estavam, lentamente, reenfocando as preocupações das mulheres: educação, assistência à saúde pré-natal e pós-natal, cuidados com o bebê, prevenção do baixo peso do recém-nascido, amamentação como o método anticoncepcional natural mais eficiente e prevenção de doenças do início da infância e de mortalidade infantil desnecessária. Até mesmo o *Business Week* enfatizou o papel indispensável que as mulheres desempenham no desenvolvimento social e econômico, e o Banco Mundial está se aproximando dessa visão — pelo menos retoricamente.

Hoje, os principais obstáculos à estabilização da população e ao desenvolvimento humano em muitos países ainda são as políticas paternalistas, que concentram a maioria dos recursos no crescimento industrial não-sustentável medido pelo PNB, a competição internacional e os excessivos orçamentos para a defesa. Como assinalei em *The Politics of the Solar Age* (1981, 1988), as sociedades patriarcais são organizadas como "sistemas de cobrança para proteção": desde as nações-estados, que fornecem proteção, contra a competição militar e econômica internacional, até a família, que ainda é, muito freqüentemente, outra forma de raquete de proteção machista — onde é oferecida à mulher proteção contra outros homens, às vezes ao custo de dominação doméstica ou até mesmo de violência. Por fim, um importante ensaio, "What about Male Responsibilities?",[9] editado pelo Worldwatch Institute, abordou a falta de responsabilidade dos homens do mundo com relação ao controle da natalidade e ao planejamento familiar. Esse artigo sublinha o grau em que as mulheres de todo o mundo ainda são intimidadas pelos homens para ter mais filhos do que desejam.

Grupos de mulheres se juntaram a muitas outras organizações populares para advogarem a proteção do meio ambiente, a justiça social, os direitos humanos, o planejamento familiar e a reestruturação de instituições nacionais e internacionais hierárquicas, de modo a que passem a incluir participação mais plena e modelos de parceria. O equilíbrio entre os sexos em todos os níveis de tomada de decisão pode ajudar a destruir "os sistemas de cobrança para proteção"; também é urgentemente necessário proporcionar melhor *feedback* sobre o impacto de políticas e canalizar os recursos das mulheres do mundo. A importância da igualdade dos sexos para o desenvolvimento humano foi estatisticamente demonstrada num estudo de três anos, "Women, Men, and the Global Quality of Life".[10] Em oitenta e nove nações, foi encontrada uma correlação entre a igualdade dos sexos e a qualidade de vida de todos os membros da sociedade. Correlações semelhantes foram corroboradas no *Human Development Report, 1995*, da UNDP.

AS PESSOAS ESTÃO ACEITANDO O DESAFIO DA CIDADANIA GLOBAL

Agora, mulheres e homens por toda a parte estão se comportando de uma maneira sem precedentes: estão assumindo, audaciosamente, responsabilidade por toda a família humana e pelo futuro da vida sobre o planeta. Comunidades locais não apenas se organizam para subjugar atividades corporativas transnacionais mas também para estabelecer associações de crédito e novas formas de microempréstimo, tais como o Women's World Banking, ativo em cerca de cinqüenta países. Cidadãos que foram marginalizados nos países industrializados aprenderam com os países em desenvolvimento a respeito de atividades tais como o Banco Grameen de Bangladesh, clubes de investimento do tipo "loteria", e outros empreendimentos populares de subsistência nos setores informais do mundo. Moedas locais, como por exemplo os Local Exchange Trading Systems (LETS), estão proliferando em muitos países da OECD juntamente com clubes de comércio de troca auxiliado por computadores, "vendas de garagem" por rádio e trocas de habilidades. Desse modo, instituições financeiras globais, bancos centrais e as instituições de Bretton Woods devem agora reconhecer que seu monopólio sobre a criação de dinheiro e as facilidades de crédito foi quebrado. Nas midiacracias, as boas notícias vêm dos movimentos populares (*grassroots*) – abaixo dos limites do radar dos produtores de TV nacionais.

As pessoas estão aceitando o desafio de se tornar "cidadãos globais", não obstante o pavor das atividades de protesto e de organização, por mais dispendiosas e consumidoras de tempo que sejam. Elas estão descobrindo o que Barbara Marx Hubbard denomina "despertar vocacional" – pessoas juntando os seus gênios para co-criar uma nova arquitetura social em vez de juntar os seus genes para procriar. A disponibilidade do controle de natalidade tem ajudado a proporcionar tais oportunidades e tem levantado novas questões, como foi discutido em *The Pill: A Biography of the Drug That Changed the World*, por Bernard Asbell (1995).

Na década de 70, Barbara Marx Hubbard, Jean Houston e eu analisamos as questões relativas às potencialidades humanas emergentes para sobreviver às atuais crises da família humana, hoje com 5,8 bilhões de membros, e transcendê-las, durante dois encontros de fim de semana no Princeton Center for Alternative Futures, em Nova Jérsei, encontros que eu co-dirigi com meu ex-marido, Carter Henderson.[11] Barbara Marx Hubbard previu essas crises como sinais de que a humanidade estava nascendo como uma espécie interplanetária, idéia que ela desenvolveu em *The Revelation* (1993), e Jean Houston continuou a explorar o desenvolvimento humano por meio da The Foundation for Mind Research.[12] Elas e outros líderes conscienciosos semearam toda uma geração com suas idéias, oferecendo "novas mensagens para o novo milênio".[13]

Sempre fui um pouco mais reservada, e ofereci seminários de fim de semana no Instituto Esalen, na Califórnia, na década de 70, sobre "Cidadania Planetária". Ainda dou esses seminários, apenas para manter meu próprio entusiasmo. Não há nada melhor do que passar um fim de semana com aspirantes a cidadãos planetários num estado de despertar vocacional para restaurar minha fé na humanidade. O crescimento fenomenal de grupos de auto-ajuda, de co-aconselhamento, de programas em doze estágios adaptados do sucesso dos Alcoólicos Anônimos e de um amplo espectro de novas atividades para a solução de problemas — juntamente com uma gama imensa de livros para auto-ajuda e de linhas telefônicas diretas para ajudas de emergência em situações de crises — é uma evidência de que as pessoas inspiram umas às outras para o desenvolvimento pessoal. Todas essas questões que se referem ao desenvolvimento pessoal e social envolvem o "Declínio do Arrivismo Social" (*Decline of Jonesism*), assunto que explorei mais profundamente no artigo seguinte com esse título, publicado pela primeira vez em *The Futurist*, em 1974:[14]

Temos notado a preocupação com *hardware*, com a técnica e com os meios materiais de nossas vidas — que têm preocupado tanto as culturas industrializadas. À medida que o industrialismo exaure sua lógica, o pêndulo oscila novamente — em direção a um reexame das causas não-materiais. As premissas culturais e os arranjos econômicos associados com o jogo do "arrivismo social" estão precisando de uma drástica reavaliação. Num mundo de crescente escassez e interdependência, esse esporte — tão popular entre as classes média e alta dos países ricos — parece ter atingido os seus limites. O arrivismo social está se tornando uma força motivadora cada vez menos viável para o crescimento econômico, uma vez que tais estratégias para o consumo de massas em nações já opulentas exigem uma parcela injusta dos recursos do mundo, cada vez mais escassos, e impede o crescimento econômico necessário nos países menos ricos. O resultado disso é o crescente "déficit da atenção" nos países ricos, juntamente com a cobiça e com maiores tensões internacionais em nossa aldeia global.

Há muitos níveis de arrivismo social. Os governos toleram uma versão internacional dele com suas linhas aéreas estatais e suas tecnologias *big-bang*, tais como a dos foguetes. Há arrivismo social corporativo e organizacional, tipificado pela proliferação de arranha-céus de vidro espelhado, tapetes espessos, constrangidas coleções de arte em edifícios administrativos construídos em lugares altos, desfile de limusines luzidias e jatos de grandes empresas — tudo isso sensivelmente sintonizado com as necessidades de *status*, de prestígio e de exibição. Talvez o mais interessante de tudo seja o arrivismo social do consumidor, requintadamente inter-relacionado com todas as outras variedades e por elas reforçado. É aí que o arrivismo social começa e é aí que pode terminar, conforme mudem nossas percepções e nossos valores individuais. O arrivismo social, em todas essas formas, está hoje desencadeando novos retrocessos bruscos e violentos e novas forças contrárias. Um pouco de história pode ajudar a preparar o palco para nosso exame de suas presentes, e prováveis futuras, expressões. O consumo conspícuo de excedentes tem sido um tema contínuo do comportamento humano desde a construção das pirâmides. Os excessos de reis e de imperadores fornecem hoje um modelo geral para ser imitado por grande número de pessoas. Antes da Revolução Industrial, um nível de consumo de massa além do necessário para a subsistência era quase impensável. Excedentes, quando ocorriam, tendiam a ser relativamente pequenos e imprevisíveis, dependendo dos ciclos das colheitas e da pilhagem militar. Portanto, a distribuição de excedentes dificilmente constituía uma preocupação central, e era, com freqüência, imaginativa e idiossincrática, quer eles fossem distribuídos em festas e em *potlachs*, quer usados para visíveis ostentações de poder dos governantes ou de prestígio de grupos, ou ainda para expressão religiosa ou artística.

Não foi muito depois que o industrialismo começou a gerar excedentes maiores e mais previsíveis que os primeiros críticos das manifestações iniciais do arrivismo social começaram a expressar dúvidas. Marx apontou as injustiças sociais que o industrialismo criava e enfocou as iniqüidades na distribuição do excedente produzido. À medida que o industrialismo norte-americano se desenvolvia na opulência de sua Idade de Ouro, Henry David Thoreau, rejeitando a busca pelo consumo, apresentou aos seus concidadãos os valores alternativos expressos em seu famoso livro *Walden*. Thorstein Veblen, economista nascido na Escandinávia, carregou a tocha e se insurgiu contra os insípidos excessos dos ricos em seu livro, *The Theory of the Leisure Class*, publicado em 1899. Até mesmo o economista John Stuart Mill, e o pai da moderna arte do crescimento econômico, John Maynard Keynes, previram um fim para o aumento contínuo da produção de bens e a saciedade final dos desejos humanos. Subjacentes a todas essas críticas do materialismo estavam os ensinamentos das principais religiões, que sempre advertiram contra a busca da riqueza e celebraram a procura de valores espirituais e as regras de ouro da cooperação, da simplicidade, da humildade e do amor. A futilidade do arrivismo social foi talvez mais bem-expressa no famoso texto *Desiderata*, descoberto numa igreja em Baltimore, datado de 1692, e que afirmava simplesmente: "Se você se compara com outros, pode se tornar vaidoso e amargo; pois sempre haverá pessoas maiores e menores do que você."

Voltemos ao fenômeno contemporâneo do arrivismo social e sua expressão no comportamento internacional, nacional, organizacional e individual. O arrivismo social internacional é tão velho como a nação-estado, e seus símbolos, tais como monumentos públicos e edifícios, novas metrópoles tais como Brasília, forças militares bem-equipadas, alta tecnologia e *status* de membro das Nações Unidas, são todos familiares. Tem-se suposto, em ampla medida, que todas as nações poderiam, eventualmente, passar pelos estágios do crescimento econômico, como foi descrito pelo economista Walt W. Rostow (1960), e atingir a fase do consumo de massa, e até mesmo as alturas do "estado pós-industrial" do sociólogo Daniel Bell (1973). Esse tipo de arrivismo social internacional parece menos viável num mundo com uma população, em 1974, de aproximadamente quatro bilhões de habitantes (e inclinado a atingir seis bilhões em vinte e cinco anos) e com crescente escassez de recursos. A inflação em todo o mundo está tornando as despesas militares e em obras públicas mais difíceis de suportar, enquanto acrescentam pouco aumento à segurança nacional. O desenvolvimento industrial no estilo ocidental parece criar, com freqüência, problemas mais onerosos de que aqueles que ele procura melhorar. Embora a necessidade de desenvolvimento nos países mais pobres seja indiscutível, o crescimento que faz uso intensivo de capital torna essas nações dependentes dos países ricos tanto em capital como em tecnologia, e torna inadequados os trabalhadores locais, que precisariam passar por um treinamento dispendioso para poder exercer quaisquer dos empregos exceto os mais humildes.

Com tais perdas na auto-suficiência nacional, surgem outros problemas — tais como migrações de áreas rurais para metrópoles explosivamente crescentes e, com freqüência, pior distribuição da riqueza e mais desemprego. Novas e dispendiosas infra-estruturas devem ser fornecidas: de transportes, de comunicações, de tratamento de esgoto e de habitação com financiamento público. E, à medida que os consumidores locais despertam para a publicidade transplantada do mundo afluente, eles são, com freqüência, seduzidos para gastar seus magros rendimentos em artigos marginais, como por exemplo remédios acessíveis, bombons, ou substitutos inadequados tais como dispendiosas fórmulas de alimentação infantil, muitas vezes com terríveis conseqüências nutritivas.

Tecnologias intermediárias, que fazem uso intensivo de mão-de-obra, constituem uma alternativa de desenvolvimento viável.[15] Indústrias que fazem uso intensivo de capital nunca podem oferecer empregos em número suficiente, embora tecnologias mais simples e menos dispendiosas possam criar auto-suficiência rural, aumentar a produtividade individual, interromper o crescimento canceroso das metrópoles e reduzir injustiças sociais e a dependência dos países pobres com relação aos ricos. Tais concepções de

E. F. Schumacher, Ivan Illich, Murray Bookchin, David Dickson, Francis Moore Lappé e outros argumentam a favor do desenvolvimento baseado na idéia de Mahatma Gandhi de produção pelas massas — e não produção em massa. De qualquer forma, tais idéias foram introduzidas em conferências das Nações Unidas sobre ciência e tecnologia na década de 70. As metas tradicionais do arrivismo social internacional têm sido modificadas pelo modelo rural chinês, que faz uso intensivo de mão-de-obra, e que instiga interesse porque emprega os recursos que todos os países menos desenvolvidos têm em abundância, a mão-de-obra e as habilidades de suas populações.[16]

Voltemos ao arrivismo social tal como é praticado nas nações afluentes da Europa Ocidental, da América do Norte e do Japão, onde é encorajado como a força motivadora chave do crescimento econômico nacional. Um dos primeiros exemplos dessa forma de arrivismo social ocorreu na recessão norte-americana de 1958-59, quando o presidente Eisenhower aprovou uma intensa campanha de propaganda que usava o *slogan* "Compre Já o seu Carro!" Os custos sociais do arrivismo social e a contínua alimentação forçada do consumo de massa por meio da propaganda e da obsolescência planejada foram amplamente proclamados, pela primeira vez, em livros tais como *The Affluent Society* (1958), de J. K. Galbraith, *The Wastemakers* (1960), *The Hidden Persuaders* (1957) e *The Status Seekers* (1959), de Vance Packard, e *The Mechanical Bride* (1951), de Marshall McLuhan. Todos esses críticos observaram que nossa sociedade, embora bem suprida com cosméticos, novidades em plástico e automóveis do tipo rabo de peixe, parecia estar gerando custos sociais e ambientais, como por exemplo água e ar poluídos, metrópoles em decadência, ruptura de padrões comunitários e sociais — bem como dependência com relação a drogas, criminalidade, mobilidade excessiva, desenraigamento e outros efeitos, que Alvin Toffler resumiu mais tarde em *Future Shock* (1970).

A idéia de que os recursos mundiais nem sempre poderiam estar à altura da tarefa de alimentar o precipitado consumo de materiais atingiu como um duro golpe os economistas keynesianos. O aumento quadruplicado dos preços do petróleo pela Organização dos Países Exportadores de Petróleo (OPEP), em 1973, pode ser considerado como uma advertência sobre o futuro. Outras nações produtoras estão lhes fazendo eco ao exigir preços mais altos para os seus recursos. Mesmo que substituições infinitas possam ser encontradas — como esperam os economistas, em sua maioria —, a prudência dita atualmente uma economia menos desperdiçadora, mais ajustada para a satisfação das necessidades básicas de cidadãos mais pobres do que para encorajar o consumo excessivo por parte das classes média e alta. A contínua procura da superafluência nos países ricos, como

Robert Heilbroner especulou em *An Inquiry into the Human Prospect* (1974), pode levar a um aumento de sabotagens e de chantagens internacionais dos países ricos por terroristas do Terceiro Mundo, bem como a um aumento da probabilidade de guerras. Barry Commoner notou, em *The Closing Circle* (1971), esse crescente dilema moral das nações ricas, cujas economias ficam com a fatia do leão dos recursos mundiais e criam a maior parcela da poluição.

A iminente carência mundial de alimentos, justaposta com as dietas cada vez mais ricas em carne dos consumidores afluentes, realça esse dilema. Uma vez que a produção de carne exige grandes quantidades de grãos para a alimentação de animais, os consumidores nas sociedades afluentes ingerem muitas vezes mais grãos *per capita* dos que as populações do Terceiro Mundo. Uma redução do consumo de carne liberaria grãos desperdiçadamente usados na engorda de animais de criação, para o consumo humano direto, dos necessitados do mundo (Lappé 1971). Por fim, não só devemos começar a nivelar por baixo nosso próprio consumo de todos os recursos, como devemos também nos preparar para uma redistribuição geográfica da produção para outros países com recursos locais; forças de trabalho maiores e mais ávidas; e meios ambientes relativamente não-poluídos.

Como o declínio do arrivismo social afetará grandes empresas, que têm desempenhado um papel-chave como empregadoras, produtoras, anunciantes e criadoras de padrões culturais, reforçando essa tendência humana? Por um motivo, as próprias grandes empresas terão provavelmente de começar a ajudar os consumidores a cair fora dessa *trip*. Tendo criado o monstro Frankenstein da demanda por intermédio dos mais de 20 bilhões de dólares que gastam a cada ano com publicidade,[17] as grandes empresas se vêem agora, cada vez mais, incapazes de "entregar a mercadoria". Os utensílios elétricos constituem o primeiro *hit* devido ao seu papel fundamental em acionar outros processos de produção, bem como os usos do consumidor. Devido ao fato de que os preços de seus insumos básicos de carvão, petróleo e gás natural são hoje estabelecidos de maneira mais realista (inclusive com uma avaliação mais precisa de seus custos sociais e ambientais), esses utensílios ficam espremidos entre os custos de produção e os custos operacionais, que disparam para o alto, e a resistência do consumidor a taxas crescentes. Quando ficou claro para eles que não podiam mais aumentar lucrativamente a capacidade, começaram a reduzir sua publicidade e suas promoções, e começaram a nos pedir para que não utilizássemos os seus produtos.[18] Essas campanhas de "desmarketização" acionadas pelos utensílios elétricos foram precursoras do que estava por vir. Elas deram um impulso ao incipiente movimento da contrapropaganda (isto é, à emergência de locais de serviço público) e a grupos cívicos que tentam obter tempo na mídia, à luz da Doutrina da Imparcialidade, para divulgar suas próprias opiniões. O consumo de energia, assim como o consumo de cigarros, tornou-se mais uma questão política controversa do que uma simples questão de *merchandising*.

No futuro, mais e mais tipos de consumo tornar-se-ão controversos e confundirão os produtores em campanhas de contrapropaganda e em distúrbios políticos, pois o consumo cria tantos custos externos quanto a produção.[19] Em alguns casos, o consumo de itens específicos parecerá irresponsável, assim como é visto hoje o uso de casacos de peles de espécies ameaçadas. De maneira semelhante, classes inteiras de produtos que fazem uso excessivamente intenso de recursos serão evitadas, assim como muitas pessoas rejeitam carros grandes e que queimam muita gasolina e garrafas descartáveis. A publicidade das grandes empresas, jogando com as inseguranças e com as motivações psicológicas por *status*, e com símbolos visíveis de sucesso, típicos da síndrome de arrivismo social, pode ser chamada para prestar contas. Dois professores de *marketing* da Universidade Northwestern, Philip Kotler e Sidney J. Levy, tentaram preparar executivos de grandes empresas para o mundo, que não lhes era familiar, da desmarketização, num artigo para a *Harvard Business Review* intitulado "De-marketing, Yes, De-marketing". O executivo de publicidade Jerry Mander, de São Francisco, acreditava que, se a publicidade deve sobreviver como uma indústria importante, ela fará melhor se entrar no negócio de vender questões sociais e promover organizações de serviços públicos.[20]

Depois que os consumidores passaram a contar com a presença, em suas vidas cotidianas, de quantidades ilimitadas de produtos de papel barato, e depois que as refeições para viagem passaram a depender das embalagens de folha de alumínio, a reação à retirada desses artigos seria de cólera. O problema para as empresas é que nos tornamos todos acostumados ao bombardeamento diário de propagandas e aos seus milhares de ilusões insignificantes. É difícil acreditar em empresas que dizem que seus suprimentos acabaram ou que os preços ficaram muito altos para permitir a fabricação lucrativa de alguns produtos. A única resposta para tais grandes empresas sitiadas será deixar que sejam outros os mensageiros a trazer as más notícias. É esse o papel que os ambientalistas e os que defendem os interesses do consumidor têm desempenhado durante anos. A publicidade das grandes empresas tem proclamado as boas notícias enquanto evita as más: tem aclamado utensílios que poupam trabalho e empurrado alimentos ricos em carboidratos mas com baixo valor nutritivo, enquanto se omitem sobre os seus efeitos: excesso de peso e consumidores amiúde pouco saudáveis. Embora as propagandas elogiem as vantagens de carros rápidos e de utilidades domésticas que devoram energia, os ambientalistas nos têm lembrado do preço que pagamos em mais usinas nucleares, em mais destruição dos recursos naturais e em mais enfisema. A estratégia mais viável para as grandes empresas será a de desviar uma parcela dos seus orçamentos de publicidade e doá-la para organizações voluntárias apropriadas, sejam elas de consumidores, de ambientalistas ou de outros grupos da comunidade. Essas organizações poderão preparar as campanhas de desmarketização necessárias e atuar como mensageiras de confiança para levar aos lares as más notícias. Tais grupos não se esquivarão à tarefa de explicar a nova necessidade de duras substituições e escolhas, pois eles estão acostumados com controvérsias e advogam mudanças em estilos de vida, em valores e em acordos econômicos.

Tais mudanças nos estilos de vida são ordenadas pela energia declinante e pela disponibilidade dos recursos. Algumas grandes empresas talvez não sobrevivam à mudança de padrões e sigam o destino dos fabricantes de arreios para carroças até caírem no esquecimento. Outras igualmente dependentes de um consumo que faz uso intensivo de recursos podem ter poder político para forçar os contribuintes a livrá-los de dificuldades, assim como o fazem várias empresas aeroespaciais, automobilísticas e de utilidade pública. Empresas que negociam a transição para uma economia de estado estacionário[21] serão aquelas dispostas a servir a necessidades do setor público, tais como o transporte coletivo e a reciclagem, e a minimizar o uso de recursos enfatizando a durabilidade em vez da obsolescência. As corporações também podem ter de se contentar com modestas margens de lucro pois as empresas terão de internalizar uma parcela maior dos custos sociais de produção e de consumo. A energia para os transportes será taxada de maneira mais realista, e a produção das grandes empresas, excessivamente centralizada, tornar-se-á menos eficiente que a das indústrias menores, regionais e localizadas, que servem mercados descentralizados.[22]

A REVOLTA CONTRA O CONSUMO ELEVADO

Vamos examinar as motivações individuais para a síndrome de arrivismo social. Sigmund Freud identificou o narcisismo como um fator crucial no comportamento humano e suas múltiplas expressões na ostentação e na procura de *status* ou de reconhecimento como uma validação da importância do indivíduo e da própria existência. Todos nós queremos deixar o registro de nossa passagem no decurso dos eventos humanos e deixar alguma marca gravada no mundo natural ao nosso redor. Norman O. Brown, em *Life against Death* (1959) e Ernest Becker em *The Denial of Death* (1973) sugerem que toda a nossa história pode ser interpretada como a saga da luta humana para validar a importância da nossa existência e para superar nosso medo da morte e do nada por meio da manipulação frenética de cada uma das outras pessoas e da natureza.[23]

As expressões de impulsos tais como a aquisição material e o consumo excessivo típicos do arrivismo social dos dias atuais é um fenômeno transitório, associado com o intervalo de tempo relativamente curto de duzentos anos do industrialismo, que pode agora estar se desvanecendo. Em 1937, Karen Horney fez uma advertência a respeito do ônus psicológico que o arrivismo social impunha aos cidadãos norte-americanos. Em seu estudo fundamental, *The Neurotic Personality of Our Time*, ela observou que a neurose característica produzida pela competição, que se estende do berço ao túmulo, para estar no topo do sucesso, está associada com três dilemas: agressividade que cresce a ponto de não poder mais se reconciliar com a fraternidade cristã, desejo por bens materiais tão vigorosamente estimulado que não pode mais ser satisfeito, e expectativas de liberdade desencadeada que pairam tão alto que não podem mais se enquadrar na multidão de responsabilidades e de restrições que nos confina a todos.

Em 1950, David Riesman examinou os traços de personalidade e a sociologia de uma sociedade cada vez mais abundante e móvel em *The Lonely Crowd: A Study of the Changing American Character*. Como mencionou, à medida que a mudança social se acelera, os valores mudam tão depressa que os indivíduos, em vez de contarem com os "giroscópios" de seus próprios princípios dirigidos a partir do interior, começam a contar com suas "telas de radar" e se tornam dirigidos a partir das outras pessoas, mudando constantemente de rumo de modo a se ajustar com os gostos, as opiniões e os valores de seus semelhantes e da sociedade. À medida que aumentam as oportunidades de ganho material e a mobilidade para cima nos estilos de consumo, outros papéis e nichos mais tradicionais, que conferiam *status*, dignidade e respeito em outras situações, caem diante dos exclusivos padrões de sucesso do arrivismo social, baseados no dólar. Em 1954, David M. Potter, em seu livro *People of Plenty*, forneceu um aguçado resumo dos impulsos sociais, econômicos e individuais que contribuem para a cultura norte-americana característica.

Em meados da década de 60, os rumores contra a tirania do arrivismo social tornaram-se manifestos, assentando-se sobre esses *insights* prévios e sobre a consciência emergente dos rebeldes da "geração *beat*", tais como Jack Kerouac, Allen Ginsberg e outros, cujos estilos de vida foram sensivelmente examinados pelo sociólogo Robert Jay Lifton. A revolta dos estudantes contra o que eles viam como a frívola e sem sentido ganância dos seus pais, a qual cobrava um preço exorbitante em conformidade com os interesses das grandes empresas e em detrimento da auto-realização e do crescimento pessoal, logo levou ao desenvolvimento da florescente contracultura. Os objetivos do consumo excessivo e da busca de *status* começaram a ser vistos como obscenos, e os publicitários que faziam propagandas de desodorantes e de produtos de beleza, tocando em profundos temores e inseguranças psicológicos, contribuíram para a reação dos cabeludos e despenteados *hippies*, que gloriosamente recusavam-se ao banho. Velhas roupas e artefatos tornaram-se os símbolos de *status* da contracultura, e as riquezas em tempo individual adquiriram maior preço do que a renda em dinheiro. Ambientalistas logo se juntaram ao movimento por estilos de vida mais simplificados, pois entendiam o papel destrutivo da produção e do consumo, que fazem uso intensivo de recursos, sobre o meio ambiente.

O tratado popular do economista sueco Staffan Linder, *The Harried Leisure Class* (1970), apontou as anomalias do arrivismo social no fato de que, à medida que a afluência aumenta, o tempo se torna mais escasso. As pessoas pobres, freqüentemente desempregadas, têm abundância de tempo, mas os ricos assemelham-se a *hamsters* numa roda de exercícios, sem tempo para saborear os frutos duramente conquistados nessa competição pelo sucesso. Linder mostrou que o consumo exige tempo, da mesma maneira que a produção, ponto freqüentemente negligenciado pelos economistas. O tempo exigido para o uso e a manutenção de nossos automóveis, barcos, piscinas, peruas veraneio e equipamentos para praticar esqui, tênis, golfe e passeios a pé fornece um limite superior de consumo. À medida que o tempo se torna mais escasso para o aflito superconsumidor, deleites tais como o ocioso desdobrar dos assuntos do coração, leitura tranqüila, contemplação despreocupada de onde estamos indo e por que, cedem lugar a encontros sexuais fugazes, bares para solteiros, leitura dinâmica, férias associadas com negócios e a tirania do relógio.[24]

Em *Alienation and Economics* (1971), Walter Weisskopf chegou a conclusões semelhantes e assinalou que, para os seres humanos, as verdadeiras dimensões da escassez não são econômicas, mas sim, existenciais. O tempo e a vida são os recursos escassos em grau supremo, devido à nossa mortalidade. Tais necessidades psíquicas são semelhantes às descritas pelo psicólogo Abraham Maslow: paz de espírito, amor, auto-realização, comunhão e tempo para lazer e para contemplação. Kenneth Boulding enfatizou nossa tendência para acreditar que os direitos de propriedade privada nos permitem exaurir os recursos em vez de simplesmente usá-los, mesmo que sua utilidade para nós não seja, por meio disso, melhorada nem diminuída se os reutilizarmos e os reciclarmos. Nossas preocupações também estão avançando para além dos direitos de propriedade e passando a considerar os direitos às benfeitorias, que são, com freqüência, violados pelas atividades de consumo dos adeptos de passeios em carros para neve e em carros para praias, dos entusiastas do *hi-fi* e dos amantes de radios transistores.

Há muitos sinais de que a necessidade de cair fora dessa *trip* do arrivismo social está sendo hoje amplamente entendida. A crise energética estimulou a tendência para automóveis pequenos, bicicletas e transporte coletivo. Os aparelhos elétricos são agora considerados de acordo com sua economização de energia e as pessoas estão redescobrindo os prazeres do cultivo doméstico de alimentos e do exercício físico. A popularidade de manuais de sobrevivência tais como o *The Whole Earth Catalog, Living Poor with Style* e *Diet for a Small Planet* não se deve apenas ao seu conteúdo educativo sobre como readquirir auto-suficiência básica quando o aperto econômico chegar, mas também porque articulam os valores e os prazeres — para não mencionar o alívio psicológico — reservados para aqueles que dão um pontapé nos hábitos consumistas.

Podemos nós, seres humanos, amadurecer suficientemente de modo a transcender as motivações básicas do arrivismo social ou devemos nos contentar com o redirecionamento desses impulsos humanos para objetivos menos materialistas e autodestrutivos? Talvez seja suficiente alterar as metas e os símbolos de sucesso de modo que nosso narcisismo seja expresso em auto-realização e em reintegração de nossas imagens próprias. A competição pode ser canalizada para o aperfeiçoamento de habilidades, da forma física e do bem-estar. A cobiça pode reemergir como luta por níveis mais elevados de consciência. O *status* e o reconhecimento podem ser obtidos de outras maneiras; por exemplo, muitas sociedades conferem medalhas e *status* simbólicos para realizações sociais. Os ingleses oferecem títulos de fidalguia e de nobreza, ao passo que os russos e os chineses oferecem prêmios simbólicos por feitos heróicos de produção e de serviços prestados ao povo. Ao satisfazer necessidades de exibição e de expressão, poderíamos aprender com muitas das assim chamadas culturas primitivas em seu uso imaginativo de adornos para o corpo, de cores, de danças rituais e de festas para concretizar e celebrar nossos anseios coletivos emocionais e espirituais. Se tais conseqüências forem o resultado, então ficar livre da *trip* de arrivismo social Jones poderia nos abrir novas perspectivas para a exploração cultural.

CAPÍTULO 8

CÓDIGOS DE ADN CULTURAL E BIODIVERSIDADE: A VERDADEIRA RIQUEZA DAS NAÇÕES

D esde o fim da Guerra Fria, as economias se moveram para além do materialismo, para além das polarizações e das ideologias do comunismo *versus* capitalismo, e para além da esquerda *versus* direita em direção às realidades dos mercados globalizantes. Agora, há muitas diferentes "economias mistas" instaladas em países que usam seus próprios mercados, regras, leis, contratos e assim por diante, refletindo seus próprios objetivos e valores, tradições e culturas. Nossa compreensão dos códigos de ADN cultural e da economia da atenção humana explicarão e irão prever as economias do século XXI melhor que as velhas ideologias e os velhos rótulos. Todos os países procuram novas combinações de mercados e de regras para dirigir seu desenvolvimento, e procuram suas próprias definições de progresso e de riqueza, que vão além da fase européia inicial do industrialismo e de sua fórmula de crescimento medido pelo PNB. Muitos dos países industrializados e pós-industriais da Organization for Economic Cooperation and Development (OECD) consistem hoje em economias da atenção focalizadas na "qualidade de vida" e no "desenvolvimento humano", ambos justos e ecologicamente sustentáveis. Muitos outros países, particularmente da Ásia, das Américas Latina e Central, da África e da Europa Oriental, ainda estão se industrializando e em vários estágios de transição para a democracia e os mercados. Todos esses estágios e transições foram examinados por líderes políticos, economistas, sociólogos, futuristas e cientistas políticos em incontáveis livros e artigos — muitos deles citados neste volume.

Hoje, estamos redescobrindo que os valores, longe de serem periféricos, impulsionam efetivamente todos os sistemas econômicos, tecnológicos e sociais — ponto que tenho acentuado repetidamente desde a década de 70. Atualmente, devemos esclarecer as imensas transições políticas, sociais, econômicas e tecnológicas que estamos experimentando. Como essas transições estão relacionadas com as novas e com as velhas metas e valores, com as idéias de riqueza e de progresso, de satisfação, de liberdade e de desenvolvimento, e com as preocupações espirituais e religiosas mais profundas que incorporam? Qual será a forma das economias da atenção em nosso mudado mundo do século XXI, onde estaremos todos ligados por tecnologias que cingem o mundo — jatos, satélites e rodovias de informação — as quais deram origem à nova interdependência no ciberespaço financeiro global? Como temos visto, a era industrial enfatizava a eficiência por meio da produção em massa material, do consumo de massa e da escala tecnológica — muitas vezes levando a cidades e a produções centralizadas, e a organizações de larga escala. Isso resultou numa "monocultura mental" e em fórmulas de manuais para se obter crescimento econômico num mundo de nações cujas economias nacionais podiam ser separadamente dirigidas por regras bem-reconhecidas da administração macroeconômica.

Esses mesmos países precisam agora lidar com os efeitos da globalização, inclusive com a perda da soberania nacional em questões internas e com o aumento da exploração ecológica e social por forças de mercados internacionais que resistem às regulações. Como poderiam as nações-estados reunir em *pool* sua soberania perdida para poder lidar com as novas questões da globalização para além das fronteiras de qualquer nação: por exemplo, regras comerciais, drogas ilícitas e tráfico de armas, migração entre fronteiras de trabalhadores em busca de melhores empregos e de empresas em busca de mão-de-obra mais barata, poluição entre fronteiras, desperdício dos recursos naturais? No final da década de 90, surgem outras questões, entre as quais as seguintes: Como poderão as sociedades se desenvolver de modo a satisfazer necessidades que não o foram e criar oportunidades e meios de vida para os seus cidadãos? Como poderão as sociedades fechar lacunas cada vez mais largas entre ricos e pobres? Poderão elas se inovar socialmente forjando novas parcerias e novos empreendimentos entre os setores privado, público e civil? Os mercados se espalham e as grandes empresas tornam-se globais, com freqüência sem prestar contas a ninguém exceto aos seus acionistas. Precisamos esclarecer os papéis e as responsabilidades das empresas e dos governos em todos os níveis, e também nos setores civis e informais da sociedade. A que "códigos de conduta" devem as grandes empresas socialmente responsáveis se submeter e que sistemas de relatórios aos seus acionistas e a outros grupos de interesse devem elas desenvolver, tais como auditorias social e "verde"?

Que contribuições para o futuro estão contidas nos códigos de ADN cultural dos povos indígenas do mundo? Conforme o modelo ocidental eurocêntrico vai sendo questionado em todo o mundo, redescobrimos, por exemplo, que os povos indígenas foram inovadores — até mesmo em matemática. Reavaliações, tais como as de Ziauddin Sardar (1977), sobre o papel da ciência islâmica na Europa do século X nos trazem novas revelações. O matemático Dirk J. Struik, do Massachusetts Institute of Technology, enfatiza que a matemática ocidental baseada nos gregos é menos avançada do que se pensa. "O teorema de Pitágoras era conhecido na Babilônia pelo menos um milênio antes que os gregos dessem esse nome a ele." Struik enfatizou ainda que Joseph Needham mostrara que a antiga matemática chinesa influenciou a matemática árabe e talvez a indiana, e daí o Ocidente e outras culturas. A "etnomatemática", termo introduzido pelo matemático brasileiro Ubiratan D'Ambrosio, iluminou a sofisticação matemática dos incas e de muitos povos indígenas ignorados pelo eurocentrismo.[1] Estudos fascinantes tais como *Africa Counts*, por Claudia Zaslavsky (1973), *The Code of the Quipu*, por Marcia e Robert Ascher (1981) e *Ethnomathematics*, por Marcia Ascher (1991) enfatizam a sofisticação das culturas indígenas.

CULTURA: O FATOR DOMINANTE NO DESENVOLVIMENTO

Todas essas questões, que estão muito além da jurisdição dos economistas e dos negociadores comerciais, ajudam a explicar o crescente interesse em todo o mundo pela cultura como um fator dominante não apenas em modelos econômicos e desenvolvimentistas, mas também em geopolítica. Até mesmo a Comissão de Relações Externas dos EUA e seu prestigioso jornal *Foreign Affairs* acabaram chegando a essa visão, publicando dois artigos no número de setembro/outubro de 1995, onde se enfatizava a preponderância da cultura no desenvolvimento. Estrategistas políticos e militares não desenvolveram a capacidade de abordar a geopolítica implícita nas midiacracias e nas economias da atenção. Entre 1989 e 1992, houve 79 conflitos armados dentro de nações-estados, com freqüência em torno de questões políticas e econômicas inflamadas por diferenças étnicas e culturais.[2] Não podemos romantizar a cultura e a tradição; às vezes, elas têm levado a abusos dos direitos humanos. É evidente, com base nas muitas faces culturais únicas das economias da atualidade, acionadas pelo mercado em grau cada vez maior, que elas podem ser mais bem entendidas por antropólogos culturais, psicólogos sociais, historiadores, etnomatemáticos e pesquisadores em outros setores das ciências sociais. Pelo menos, está sen-

CONSTRUINDO UM MUNDO ONDE TODOS GANHEM / 191

do aceito o fato de que pessoas que trabalham nessas disciplinas precisam informar as análises econômicas, uma vez que podem abordar melhor as questões subjacentes ao *por que* economias específicas funcionam da maneira como o fazem. Os economistas foram treinados para examinar *como* esses sistemas econômicos específicos funcionam, mas não por que eles surgem. Somente com tais análises multidisciplinares dos códigos de ADN cultural mais profundos podemos esperar entender *por que* e *como* as economias, por exemplo as dos países escandinavos, são tão diferentes daquelas dos outros países europeus, da América do Norte, da América Latina, da Ásia e da África.

O grau de negligência da ciência multicultural é documentado em "Lost Science of the Third World", uma chocante acusação formal da inclinação ocidental dos periódicos científicos dominados pelos EUA.[3] O Science Citation Index (SCI), sediado nos EUA, uma firma particular da Filadélfia, indexa artigos extraídos de cerca de 3.300 periódicos científicos em todo o mundo. Em 1994, 30,8% de suas citações eram de artigos dos EUA, com apenas 8% do Japão e do Reino Unido, respectivamente; 7,1% da Alemanha; 5,6% da França; 4,3% do Canadá; 4% da Rússia; 3,3% da Itália; 2% da Espanha; 2% da Holanda; 2% da Austrália; 1,8% da Suécia; e 1,6% da Suíça. Em contraste, a Índia e a China, com 1,3% cada, eram os únicos países em desenvolvimento, ou do Hemisfério Sul, a exceder 1%. Todos os outros países do planeta estavam representados, quando o estavam, com menos de 1% das citações. O exame das razões para uma tal negligência com relação aos países do Terceiro Mundo revelou que a SCI exigia resumos em inglês, compra de uma assinatura de 10.000 dólares para o Índice e outros critérios onerosos como exigências para que um artigo fosse incluído. Uma revisão semelhante dos principais periódicos científicos mostrou o mesmo tipo de preconceito.

O enfoque na cultura está sendo preparado desde 1988, quando as Nações Unidas promulgaram uma Década Mundial para o Desenvolvimento Cultural (de 1988 até 1999). As Nações Unidas também designaram uma Comissão Mundial sobre Cultura e Desenvolvimento, presidida por Perez de Cuellar, ex-secretário geral das Nações Unidas, que incluía muitos destacados antropólogos e intelectuais globalmente reconhecidos. A definição de cultura utilizada pelas Nações Unidas é: "Cultura é toda a coleção de características distintivas, espirituais e materiais, intelectuais e afetivas, que caracterizam uma sociedade ou um grupo social."[4] Como notou D. Paul Schafer, diretor do World Culture Project, sediado no Canadá, observar o processo do desenvolvimento através da lente das culturas permite uma reintegração urgentemente necessária e uma visão holística desses processos. Schafer enfatiza:

Há uma enorme batalha assomando no mundo. É uma batalha para se decidir se são as culturas ou as economias que devem se constituir no principal objeto e ponto focal da atividade do desenvolvimento e do interesse nacional e internacional. ... À medida que a batalha se inflama e que as linhas de batalha se tornam mais firmemente estabelecidas, vai ficando claro onde está o poder. Ele está justamente do lado das economias. Não só as economias dominaram os pensamentos nacional e internacional durante grande parte do século passado como também a maioria dos governos, das grandes empresas e das organizações nacionais e internacionais tem interesses investidos em manter as coisas nessa situação.[5]

Desse modo, o fim da Guerra Fria não significou uma vitória do capitalismo *per se* — mesmo que, muito sensivelmente, o uso de mercados começasse a se difundir juntamente com a democracia no início da década de 90. Os próprios mercados estão passando por profundas mudanças culturais e terão uma aparência muito diferente no século XXI — irreconhecível a partir do ângulo do capitalismo do século XIX. Até mesmo Adam Smith não reconheceria o capitalismo que temos hoje. Para sobreviver nas sociedades pós-industriais, o capitalismo precisa ostentar um rosto mais "socialmente responsável". Investidores, consumidores e cidadãos, à medida que forem atingindo uma consciência mais alta das preocupantes questões planetárias e dos impactos sociais e ambientais das atividades privadas do mercado financeiro, irão exigir mais das grandes empresas. Votos e preços de custo integral constituem um *feedback* muito útil vindo dos indivíduos para orientar decisões sociais, como será discutido nos Capítulos 11 e 12.

Como expliquei em *The Politics of the Solar Age* (1981, 1988), o fim do industrialismo também coincide com o fim do patriarcado, mesmo que essa transição para fora dos sistemas de "cobrança para proteção" possa se estender por muitas décadas de luta. As forças democráticas finalmente deverão prevalecer sobre as grandes empresas e os governos hierárquicos, instrumentais e impulsionados pela eficiência porque estes não conseguem administrar a complexidade e também porque criam caos social e ambiental. (Veja o Capítulo 11.) As sociedades, como parte da democratização, estão revisitando, em grande escala, a polarização masculino-feminino, que foi exacerbada durante o período industrial, quando os homens tinham de deixar suas casas, pequenas propriedades ou aldeias para trabalhar em fábricas e em cidades. Quando o processo de produção foi deslocado para fora dos lares, as mulheres e as crianças perderam poder porque não eram relacionadas com a produção fabril, exceto quando cruelmente exploradas, muitas vezes como trabalhadores quase escravos. O industrialismo inicial envolvia a arregimentação e a submissão em massa. A tirania intelectual dos manuais de economia refere-se à sua regularização de processos e de desenvolvimentos industriais em fórmulas e em algoritmos relativos ao crescimento econômico que se supunha serem aplicáveis em todo o mundo, independentemente da cultura, da tradição, dos valores ou dos ecossistemas. Atualmente, vemos a diversidade cultural e a biodiversidade reemergindo necessariamente para desafiar o economismo. Está claro hoje que as economias e seus setores de atenção crescente, com suas diferentes misturas de regras e de mercados, baseiam-se em códigos de ADN cultural e não em algoritmos econômicos.

Ziauddin Sardar, um colega futurista altamente conceituado, com interesse voltado para as culturas indígenas e muçulmanas, falou-me recentemente sobre a marcha inexorável do modelo ocidental do economismo. Ele decidira ir a Sarawak, na Malásia, para encontrar um grupo "intacto" de povos indígenas. Alugou um barco e o pôs em movimento por meio de varas, descendo o rio durante um dia e meio com seu guia, até que o barco afundou. Sardar e o guia tiveram de sair e caminhar o restante do trajeto pela parte seca do leito do rio. Finalmente, chegaram à aldeia que estavam procurando e em sua grande casa comunal de bambu. O povo da aldeia acolheu-os bem, e Sardar foi convidado a passar alguns dias com os aldeões na grande casa comunal.

Depois de escurecer, na primeira noite, todos se achavam sentados por perto e pareciam estar se sentindo pouco à vontade. Notando isso, Sardar indagou, pelo seu guia, se eles estavam constrangidos com a sua presença e se ele deveria se afastar e dormir em algum outro lugar. Os aldeões responderam: "Não, em absoluto", mas ficaram bastante entediados sentados ali no escuro. Os aldeões queriam saber se Sardar se importava se assistissem TV. Então, saíram e ligaram o gerador. Depois que as luzes acenderam, descobriram apenas um velho seriado da BBC, que já tinham visto antes. Então, tiraram o VCR e estenderam um longo rolo de papel sobre a parede: era um pôster de propaganda do *Exterminador do Futuro II*. Todos se sentaram e assistiram a versão em vídeo do *Exterminador do Futuro II*. Quando o filme acabou, Sardar perguntou o que o filme significava para os aldeões. Disseram que o Exterminador do Futuro era parecido com os tratores cujo ruído eles agora escutavam na selva. "Eles estão se aproximando cada vez mais e nós sabemos que vamos ser atropelados." Os aldeões tinham reenquadrado totalmente o filme. Como Sardar comentou: *"O Exterminador do Futuro II* era o modelo ocidental de desenvolvimento que estava vindo para esmagá-los."

Atualmente, o caráter ubíquo desse modelo ocidental é a questão que move milhões de cidadãos ativistas em sua tentativa de limitar o poder desse modelo e o de seus agentes corporativos. A tentação e o alcance desse modelo ocidental, que hoje domina culturas em todo o mundo, está provocando uma tremenda preocupação pela cultura e alimentando o crescimento do globalismo popular e da sociedade civil. Poderosas declarações de inquietação recentes incluem *Staying Alive* (1989), do físico indiano Vandana Shiva, e *We Have the Right to Exist* (1995), de Wub-E-Ke-Niew. Esses livros fornecem testemunhos da destruição das vidas de incontáveis povos indígenas em todo o mundo. Esse novo gênero literário se expande em periódicos pioneiros, tais como *Akwesasne Notes*, publicado desde a década de 60 pelas nações indígenas da região nordeste do que é hoje os Estados Unidos.[6]

A partir da perspectiva cultural dos povos indígenas, o industrialismo eurocêntrico, baseado no modelo científico ocidental, é vivenciado como alienado, roubando e explorando com voracidade os povos e a Terra. Vozes estão se erguendo em muitos países e não serão silenciadas. Os povos indígenas estão repudiando os tratados coercitivos e reivindicando suas terras ancestrais no Canadá e nos Estados Unidos, na Austrália e na Nova Zelândia, na América Latina e na Ásia. Na própria Europa, onde começou o processo industrial, grupos que incluem os povos bascos, catalães, frisões, escoseses, gauleses, eslavos e sami têm se reunido e formado redes de comunicações desde a década de 70. Outros povos indígenas e rurais vêem o modelo ocidental industrial através de vislumbres nas propagandas e nos programas de televisão, e não têm meios de apreender seus custos sociais e ambientais e de reconhecer que a não-sustentabilidade não é um caminho para o desenvolvimento.

Por volta de 1995, críticas culturais do desenvolvimento e do economismo estavam rapidamente ganhando influência. Em *Creating Alternative Futures* (1978, 1996), propus que as Nações Unidas estabelecessem um banco de dados mundial sobre recursos culturais, analisando códigos de ADN cultural para determinar aqueles que comprovaram ser os mais bem orientados para a sobrevivência e para o aperfeiçoamento da vida ao longo dos séculos. Essa idéia e minhas afirmações de que as culturas e os valores, longe de serem periféricos, constituíam as forças impulsionadoras nos sistemas econômicos e tecnológicos foram rejeitadas. Não obstante, a perspectiva cultural fornece instrumentos de análise mais aguçados, uma vez que permite o exame de suposições e de normas — inclusive as dos economistas e das teorias dos manuais econômicos. Sob essa luz, o "livre comércio" pode ser visto como um sistema de crenças e não como um princípio científico, e sua falsidade foi exposta pelo especialista em teoria do caos W. Brian Arthur (1994), por mim mesma (1991, 1995) e por outros.

Possivelmente, esse enfoque econômico no comércio e nos modelos de desenvolvimento "conduzidos pela exportação" surgiram de raízes culturais na Europa, onde, em sua maioria, as nações estavam orientadas para a exportação e para o comércio com objetivos mercantilistas. Essa tendência para a exploração, o expansionismo e o âmbito externo levou a muitas guerras na Europa, ao colonialismo e aos mercados globalizados da atualidade. Isso contrasta de maneira considerável com as culturas da Ásia, da Índia, da China, do Japão e de outros países, as quais, durante séculos, tiveram orientação mais interna, o que era um sinal de atraso no desenvolvimento para os economistas ocidentais. Um exemplo dos conflitos, ocorridos em meados do século passado, entre as culturas oriental e ocidental foram as Guerras dos Boxer: as economias colonialistas da Europa, orientadas para a exportação, tais como a da Inglaterra, lutaram vergonhosamente pelo direito de vender drogas aos chineses. Em outro exemplo, os Estados Unidos, que herdaram esse modelo de exportação, chegaram ao Japão — com o Almirante Perry e os seus navios de guerra — exigindo que os japoneses abrissem seus mercados com base no "princípio" do livre comércio. A retórica militante do livre comércio a respeito de "abrir os mercados" com "pés-de-cabras" e outras "armas" traz o cheiro da guerra econômica histórica.

Os ativistas da atualidade, culturalmente preocupados, têm juntado forças com os ambientalistas que enfocam a biodiversidade e com os movimentos holísticos das mulheres em todo o mundo para proporcionarem críticas maciças ao industrialismo, à ciência eurocêntrica e a toda a marcha para a "modernização". Essa palavra curiosamente antiquada, significando a marcha para o industrialismo, é, talvez, mais bem resumida no perene *Stages of Economic Growth* (1991), de Walter W. Rostow — uma racionalização do progresso industrial que tem se fortalecido desde que foi publicado pela primeira vez, em 1960. Outra resposta muito difundida à industrialização tem sido o movimento cultural do "pós-modernismo" — particularmente na Europa e na América do Norte. Eu compartilho grande parte da crítica de Ziauddin Sardar ao pós-modernismo, definindo-o como indulgente, com fantasias niilistas e esperanças de reabilitar o Iluminismo. Henry S. Kariel, cientista político da Universidade do Havaí, em Manoa, Honolulu, é mais complacente:

> Os pós-modernos podem ser entendidos como uma *política* para se interagir com um poder impiedoso e irrevogável, um poder cada vez mais global que oblitera a consciência, que anestesia os seres humanos, que unifica contradições e diferenças, e uma política que institucionalizou nada mais que um processo em andamento de duplicidade, de diversidade, de incongruência e de ambivalência. Persistindo em fazer *deliberadamente* o que outros fazem às cegas, os pós-modernos iluminam eventos e obsessões do dia-a-dia. Intensificando o familiar, eles

exageram o dinamismo, o impulso e o alcance da modernidade. Eles sabem que as pseudo-emoções do presente estão longe de ser globais, que a atual tecnologia é muito branda para monitorar e para organizar de maneira abrangente a experiência humana, e que a prevalecente busca por identidade pessoal, étnica e nacionalista continua a enriquecer a indústria de armamentos. ... Os desempenhos dos pós-modernos — inclusive os meus próprios desempenhos — são realidades, construções, ficções e vaidades desavergonhadamente fabricadas, todas elas planejadas para tornar visíveis os enlouquecedores centros da modernidade. Eles desafiam o otimismo dos modernos. Distanciando-se das realidades intratáveis da modernidade e superando-as em engenhosidade, reconhecem a incapacidade para mudar a modernidade. Estando sentenciados a viver com qualquer coisa que esteja sucedendo, eles a abraçam plenamente ... mais plenamente que os outros, que foram robotizados por ela e estão nela encaixados. ... Os pós-modernos seguem o *Sísifo* de Camus, o "Cool Hand Luke" de Paul Newman e o coronel inglês encarcerado que, às portas da morte, colabora para a construção da "Ponte do Rio Kwai".[7]

À medida que a perspectiva cultural ganha ascendência, sinais de reação dos exaltados setores do mercado indicam que o economismo ainda reina sobre a elaboração de planos de ação política em todo o mundo. Um exemplo interessante é o destino de uma bem fundamentada proposta apresentada pelo futurista Sam Cole, da State University de Nova York, em Buffalo, e pela antropóloga Victoria Razak — uma contribuição feita por convite da World Commission on Culture and Development (WCCD). A proposta do professor Cole e de Razak era a de se estabelecer um General Agreement on Culture and Development (GACD), presumivelmente para complementar o pacto puramente comercial, o General Agreement on Tariffs and Trade (GATT), atualmente a World Trade Organization (WTO). A proposta deles desafiava diretamente o economismo ao advogar preços de custo integral para bens e serviços comerciais. Também pediam o envolvimento de grupos de ação indígenas, tribais, populares e comunitários, de ONGs, de fundações privadas e de todos os outros principais setores no processo de acordo geral.

Os renomados membros da WCCD, que incluíam três prêmios Nobel: Aung San Suu Kyi, Ilya Prigogine e Derek Walcott; o ex-presidente da Suíça, Kurt Furglar; e os antropólogos Claude Levi-Strauss e Lourdes Arizpe — juntamente com importantes ministros e acadêmicos da América Latina — endossaram a proposta em sua reunião em Costa Rica, em fevereiro de 1994. Uma *press release* enviada pela UNESCO (Organização Cultural, Científica e Econômica das Nações Unidas) anunciou que a proposta seria aperfeiçoada antes de sua apresentação à Assembléia Geral das Nações Unidas no final de 1995. Outras propostas semelhantes incluíam (1) um Plano Marshall para a Cultura e o Desenvolvimento, o qual "reduziria as despesas improdutivas e principalmente militares e objetivaria a otimização dos gastos públicos e a implementação de novas políticas de preços que levem em conta custos não-econômicos, ambientais e culturais"; e (2) uma Agenda para complementar a *Agenda 21* da Cúpula da Terra de 1992 e para servir de "projeto para a reforma das políticas culturais", estruturada em torno de quatro metas fundamentais: "acesso à cultura; controle sobre o futuro no contexto de revoluções em tecnologia, inclusive cultural e de comunicações; preservação de ambientes culturais; e promoção de criatividade e de liberdade de expressão".[8]

Desde a época dessa *press release*, o presidente da Comissão Mundial, Perez de Cuellar, tentou, malogradamente, obter a presidência do Peru, e a comissão estabeleceu um novo secretariado. O professor Cole e Razak foram informados de que sua proposta do GACD fora "completamente descartada" e que "a comissão não devia, sob nenhuma circunstância, ser associada a ela".[9] No entanto, o esboço do GACD está disponível nas *UNESCO Sources* em Paris. A proposta do GACD, e presumivelmente as outras, comprovou-se política e economicamente explosiva. Os atores do mercado preferem sua atual liberdade e nem burocratas do governo nem intelectuais esperam ir muito longe com tais transferências de poder. Durante a década de 80, a UNESCO pagou um alto preço por muitas de suas iniciativas mais corajosas. Uma desaprovadora administração Reagan nos Estados Unidos retirou-se da UNESCO, e os Estados Unidos somente retornaram em meados da década de 90, depois de muitos *lobbies* nacionais feitos pela sociedade civil.

Outros indícios mais gerais de reação do economismo incluem intensificados esforços, feitos em âmbito mundial, para se criar regiões de livre comércio e pactos multilaterais. O início da década de 90 viu a culminação de oito anos de rodadas do GATT no Uruguai finalmente estabelecidas como a Organização Mundial do Comércio em janeiro de 1995. Enquanto isso, o remanejamento pós-Guerra Fria que descrevi em *Transcendendo a Economia* (1991, 1995) passou por uma nova mudança, da retórica Leste/Oeste de "destruição mutuamente assegurada" para a luta Norte/Sul a respeito de geopolítica. A retórica do "desenvolvimento mutuamente assegurado" ainda está se desdobrando. A corrida precipitada pelo livre comércio, e pela recolonização sob a bandeira da liberdade e da democracia *igualada* à difusão dos mercados, continua a se acelerar — e ainda não está sob controle. A competição global tem sido abertamente advogada para se refrear a inflação, isto é, para manter baixos salários e preços.

O setor privado juntou-se a governos impulsionados pelas empresas para alimentar os pactos comerciais. Por exemplo, as despesas de grupos empresariais que apóiam o NAFTA nos Estados Unidos, juntamente com cerca de 40 milhões de dólares gastos pelo governo de Salinas no México, acionado pelas empresas, para persuadir os legisladores dos EUA a aprovar o NAFTA são documentadas em detalhe pelo Center for Public Integrity e seu destemido diretor, Charles Lewis, assim como pela Common Cause, pela Public Citizen e por outros grupos civis com sede em Washington, D.C.[10] A luta a respeito do NAFTA foi vencida por margem estreita pela administração Clinton. Retratada como uma vitória bipartidária, ela tanto confundiu como iluminou as linhas de batalha por vir e preparou o caminho para um terceiro partido político nos EUA. (Veja o Capítulo 11.) Será ela uma globalização de cima para baixo de mercados não-regulados e de tecnologia que torna o mundo seguro para grandes empresas, bancos e investidores globais? Ou será um "globalismo popular" com TV e rádio de acesso público do tipo "efeito-bolha", baseado em economias locais arraigadas em ecossistemas locais sustentáveis, na proteção de sua biodiversidade *e* de sua diversidade cultural, tal como o modelo do Green Forum White Paper das Filipinas?

CRUZAMENTO CULTURAL DE DIÁLOGOS E CRÍTICAS

As novas linguagens que emolduram as questões qualificam a economia, o economismo e as economias — contextualizando seu lugar menos importante no âmbito do arcabouço cultural mais amplo. Por exemplo, ativistas no Haiti reformulam suas metas e falam menos de uma cultura do desenvolvimento e mais a respeito do desenvolvimento da cultura. O papel fundamental dos códigos de ADN cultural emergiu: valores, ética e responsabilidade humana podem ser reenfocados sobre a santidade de toda a vida e seu desdobramento diversificado neste belo e profuso planeta que todos chamamos de "lar". A elite que toma as decisões nos negócios, nas finanças e nos governos nacionais ainda se precipita em direção à nova liberdade dos negócios em acordos comerciais, desde o MERCOSUL (Argentina, Chile, Uruguai e Brasil) e a visão da Zona de Livre Comércio do Hemisfério Americano oferecida em Miami, na Flórida, em 1994, até o APEC (Asia Pacific Economic Cooperation) no Pacífico e o TRAFTA (Trans-Atlantic Free Trade Agreement) para ligar a América do Norte e a Europa. Não obstante, tudo isso ainda é governado pelo paradigma competitivo de perda-ganho da economia de mercado e sua triste visão da natureza humana como um "dilema de prisioneiro" (isto é, devido ao fato de não confiarmos uns nos outros, continuaremos a competir e a "trair uns aos outros" —

mesmo sabendo que todos faríamos melhor se cooperássemos). Esse dilema, enunciado em termos tão categóricos, é um problema central em teoria dos jogos, e será discutido mais amplamente no Capítulo 12. Por isso, esses pactos de livre comércio regional, com suas metáforas militares, são geralmente defensivos. Até mesmo economistas do livre comércio, equivocados em outros aspectos apontam corretamente que as abordagens regionais apenas desviam o comércio para os seus parceiros — em vez de intensificar o comércio mundial global.

Infelizmente, a maioria dos economistas ainda deixa escapar a principal questão: a de que o conceito de livre comércio é demasiadamente estreito. Ele favorece poderosos e bem-organizados atores do mercado, e suas atividades comerciais, sobre praticamente todos os outros interesses e objetivos locais, nacionais e internacionais, inclusive direitos e necessidades humanas de assistência à saúde, mitigações da pobreza, justiça social, educação, autodeterminação local, agricultura para o cultivo de alimentos e de fibras destinados ao uso local, pequenos negócios, mercados locais, setores informais — e até mesmo as condições indispensáveis para a infra-estrutura local e nacional e para a própria soberania nacional. Dessa maneira, alguns economistas corajosos, na tradição de Barbara Ward, de Joan Robinson e de E. F. Schumacher — incluindo Herman Daly, Manfred Max Neef, Paul Ekins e outros — começaram a ridicularizar tais fixações estreitas no livre comércio como sendo teologia, e não análise. Os economistas tentam se desvencilhar de seus críticos rebatizando sua atividade como "geonomia" — sob o novo invólucro da geopolítica. As coalizões cada vez mais amplas dentro e através das fronteiras nacionais contra a estúpida "loucura do livre comércio" estão, inevitavelmente, dividindo as velhas elites e os políticos tradicionais. Um colega desesperançado, o famoso ambientalista holandês Wouter van Dieren, lamentou essa loucura quando estávamos nos esquivando de enormes caminhões com reboque na rodovia de oito pistas de Bruxelas a Amsterdã. Ele observou: "Esses caminhões estão transportando batatas locais, que vão para a Europa Oriental ou para a Rússia para ser descascadas. Daí serão reenviadas por caminhão até a Grécia ou a Turquia para ser cortadas, fritas, empacotadas e congeladas, e enviadas de volta para cá, para ser vendidas! Flores em nossos mercados holandeses estão agora crescendo na Venezuela, e voam diariamente por sobre o Atlântico em jatos. Logo o nosso país nada mais será senão aeroportos e corredores de transporte por estradas e por trilhos subsidiados por contribuintes holandeses."[11]

O entendimento público a respeito da estreiteza dos acordos de livre comércio e dos absurdos que eles encorajam vão além do entendimento dos políticos e das elites. Em 1993 e 1994, a Americans Talk Issues

Foundation fez uma estatística junto ao público norte-americano numa série de levantamentos de opinião relativos à globalização. Em questões que indagavam se os acordos comerciais deveriam ser conduzidos "de maneira mais eficiente apenas por economistas e corretores comerciais ou se deveriam se tornar mais extensos e mais complexos pela incorporação de cientistas sociais e de físicos preocupados com questões e com impactos mais amplos", 71% do público escolheram os acordos mais extensos e mais complexos com muitos especialistas diferentes, mesmo lhes tendo sido informado que isto poderia retardar a criação de novos empregos.[12] Até mesmo as empresas de porte médio só podem sobreviver atualmente à implacável competição global fundindo-se e baseando sua produção em mão-de-obra sempre mais barata. Uma vez que os preços ainda não incluem custos sociais e ambientais, isto resulta, numa medida cada vez maior, em transporte subsidiado de bens mais ecologicamente destrutivo — e, portanto, irracional. A concepção segundo a qual o capital, os bens e os serviços podem cruzar as fronteiras à vontade, enquanto que a "mão-de-obra", isto é, as pessoas, deve ser restringida, é hoje exposta como inconsistente — mas a força impulsionadora ainda está com o economismo.

Como revi em *Transcendendo a Economia*, reações sociais, culturais e ambientais emergiram na Europa na década de 80 como demandas por uma "Europa Social" e uma "Europa Ambientalista". A União Européia, em 1995, tinha muitas regulações ambientalistas e adotou parcialmente um "Capítulo Social"— sob acirrada negociação e sob oposição do governo conservador da Inglaterra, dominado pelas atividades comerciais. Forçando suas críticas culturais na terminologia do economismo, as oposições populares em cada país aprenderam a denunciar o "dumping" (isto é, a exportação de bens baratos baseada na exploração injusta desses recursos) social, ambiental e cultural. Os grupos populares foram obrigados a se organizar internacionalmente porque a confusão se refere hoje à questão de níveis de governo. Agora que os mercados, as finanças e as comunicações de massa romperam as fronteiras nacionais, todas as coisas estão disponíveis a quem queira lançar mão delas, dos níveis local, nacional e regional até o global. Os seres humanos, sem experiência de administrar a si mesmos nas escalas atuais, encontram-se numa espécie de "comportamento desnorteado": experimentando, reorganizando a redistribuição dos mesmos elementos, reestruturando, efetuando reengenharia ou simplesmente desestruturando e fazendo transferências em meio ao caos crescente e a trágicos conflitos.

Tudo isso pode explicar a popularidade entre as elites do ensaio desesperançado de Robert Kaplan sobre a decadência dos padrões de vida e dos ecossistemas africanos, "The Coming Anarchy", das advertências de Samuel Huntington a respeito do "The Clash of Civilizations" mencionadas no Capítulo 6. Embora todo esse caos seja visto com alarme a partir das fortificações da velha ordem e do ponto de vista do economismo, as forças populares e culturais vêem oportunidades nessa "zona de ruptura" e nichos onde sociedades mais sustentáveis podem criar raízes. Naturalmente, a ira popular está aumentando diante da difundida corrupção dos governos democráticos relacionada ao dinheiro e à influência de interesses especiais entrincheirados. Em *The Politics of the Solar Age*, referi-me aos dois principais partidos dos EUA, os republicanos e os democratas, como "dois times de futebol que pertencem aos mesmos proprietários". Hoje, cerca de 35% do eleitorado norte-americano que vota "independente" parece concordar com essa idéia. Até agora, isso não facilitou em nada os debates emergentes a respeito de valores, família e qualidade de vida. Com a midiacracia comercial no controle, nem os partidos políticos nem qualquer outro grupo que encontre as palavras corretas pode ganhar acesso à mídia, sustentar a palavra ou mesmo encontrar fóruns convenientes para o muito necessário diálogo nacional.

Apesar de todas essas dificuldades, as sociedades pós-industriais estão emoldurando um novo caminho para o desenvolvimento cultural e para o desdobramento das culturas humanas. O diálogo através das fronteiras está em andamento em periódicos tais como o *Cultures and Development*, publicado em Bruxelas desde 1990 em três línguas; as publicações da Third World Network, em Penang, na Malásia; o Green Forum nas Filipinas; a IBASE no Brasil; e muitos outros periódicos e boletins de informações. Para muitos grupos culturais populares, esclarecer as questões significa retroceder ao que é básico. A IBASE do Brasil (sediada no Rio de Janeiro, e cujo líder visionário, Herbert de Souza, tive a sorte de conhecer durante a Cúpula da Terra de 1992) liderou a "Campanha Contra a Fome" no Brasil. Iniciada em 1993, essa campanha difundiu a consciência e a ação nacionais em todas as questões relacionadas com a fome e com a pobreza. Ela superou o cinismo amplamente difundido, gerou três mil comitês locais que reuniram pessoas através de todas as suas muitas divisões, e hoje é conhecida pela maioria dos setenta milhões de habitantes do Brasil. A mensagem da campanha está cheia de possibilidades para a ação pessoal, para a transferência de poder e para a transformação social. Desde a época da Cúpula da Terra, as investigações interculturais têm aumentado graças a redes de informação, periódicos e livros, e em alguns casos graças a uma nova geração de diplomatas sensíveis, tais como o ex-embaixador da Venezuela na Índia, Frank Bracho, autor de *Toward a New Human Development Paradigm* (1992) e um dos editores de *Indo-Asiatic Encounters with Ibero-Americans* (1992)

No Japão, críticas culturais ao economismo ocidental estão aumentando, juntamente com associações e cooperativas populares. Uma conferência em 1995, em Tóquio, reuniu representantes desses grupos com os de outras organizações cívicas e religiosas asiáticas para discutir "O Papel da Cultura na Cooperação Internacional do Japão no Século XXI". A conferência enfatizou o fato de que o Japão esteve aberto a culturas estrangeiras do século VI ao século VIII, quando influências chinesas e coreanas trouxeram, pela primeira vez, o elemento budista da civilização indiana. Quando os governantes japoneses encontraram os europeus (chamados de "bárbaros do Norte") no século XV, eles sentiram os perigos do colonialismo e isolaram o Japão durante os 250 anos seguintes. Após a adoção do modelo ocidental, o *slogan* dos japoneses tornou-se "tecnologia ocidental mas espírito japonês", que ajudou a manter o orgulho local. Não obstante, muitos, na conferência, lamentavam o que acontecera com sua cultura desde a americanização pós-Segunda Guerra Mundial. Foi proposta uma fórmula para o desenvolvimento futuro: D = C + U, onde D é o desenvolvimento, C é a comunalidade (*commonality*) (isto é, valores comuns, universais) e U é a unicidade (isto é, a especificidade cultural).

Os participantes japoneses enfatizaram o fator da unicidade japonesa: o politeísmo e o respeito à natureza, como, por exemplo, em sua religião shintoísta. Eles argumentaram, e eu *concordo*, que o fato de se ter muitas divindades deveria conduzir a um tipo de democracia que permite a diversidade, enquanto que as religiões judeu-cristã, islâmica e outras religiões monoteístas podem levar a um tipo de democracia que tem mais dificuldade para reconhecer a ambigüidade e a diversidade. O grupo discutiu o lado perigosamente ilimitado, prometéico, do iluminismo ocidental, e a maneira como esse tipo de desenvolvimento tem levado a um aumento da homogeneização e das desarraigadas "sociedades de lugar algum" do consumismo, das *fast foods* e do vídeo. O interesse próprio deve ser substituído, como muitos acreditam, pela Regra de Ouro. Foram feitas freqüentes referências a noções de importância fundamental para salvar o mundo hoje: ecologia profunda, feminismo e pluralismo religioso, com consciência dos deveres humanos, bem como dos seus direitos — de acordo com o relatório de Thierry Verhelst, editor de *Cultures and Development*.[13]

Uma vez que o Japão é economicamente poderoso, seu papel cultural na evolução dos mercados e da democracia também será progressivamente mais poderoso. Desde o final da década de 80, o Japão tem sido um dos principais financiadores da Official Development Assistance (ODA), do Banco Mundial, de bancos privados e de outras instituições financeiras internacionais. O financiamento japonês de projetos de desenvolvimento na Ásia, na África e na América Latina tem sido acompanhado por financiamentos mais recentes de seminários acadêmicos, pesquisas e conferências de estudos sobre o modelo exclusivamente japonês de capitalismo — e não no onipresente modelo anterior europeu. Mesmo que as muitas novas faces do capitalismo ainda sejam, num grau maior ou menor, as faces do economismo, dou boas-vindas à elucidação posterior do "modelo japonês". Cada expressão cultural do capitalismo e do economismo oferece novas oportunidades para se ampliar a esfera da cultura como determinante básico. A coopção já é predominante, com "consultores culturais" oferecendo suas oportunas análises aos viajantes comerciais por meio de artigos de revistas de linhas aéreas sobre "How To Do Business" na Tailândia, na China, na Malásia, na Indonésia, no Vietnã ou em qualquer país que seja visto como o novo alvo de "oportunidades de lucro" ou como o mais recente "Tigre emergente". Os fluxos de investimento privado total para os países em desenvolvimento (ou, como preferem os economistas, para os "mercados emergentes") atingiu 97 bilhões de dólares em 1994, e quando a ODA e os créditos de exportação foram incluídos, esses fluxos totalizaram 169,4 bilhões de dólares.[14] O desastre mexicano de 1994-95 mal causou um blipe na maioria das telas de radar das empresas uma vez que o mundo é agora a sua casa e que os contribuintes norte-americanos pagaram a fiança da maioria dos grandes atores financeiros.

Talvez ainda mais profundas do que as críticas culturais globais são as críticas ao economismo feitas pelas mulheres de todo o mundo. Finalmente, as mulheres começaram a ser ouvidas na Cúpula das Nações Unidas sobre População e Desenvolvimento, no Cairo, em 1994, na Cúpula sobre Desenvolvimento Social, em Copenhague, em 1995, e na Cúpula sobre Mulheres e Desenvolvimento, em Pequim, também em 1995. As mulheres têm sido tão sistematicamente excluídas da economia, do desenvolvimento econômico e até mesmo de muitas críticas culturais do economismo, que não é de surpreender o fato de que elas rejeitem todo o aparelho intelectual e institucional construído pela economia. Por volta de 1980, cheguei à mesma rejeição, depois de quinze anos de esforços para reformar a economia como escritora e como ativista. Em *The Politics of the Solar Age*, desisti da reforma e comecei a estudar códigos de ADN cultural, a evolução da ética humana, o comportamento altruísta, a cooperação e soluções em que todos ganhem (*win-win*), bem como o que denominei "a economia do amor".

As feministas, e também muitas mulheres que não chamariam a si mesmas de feministas, captaram minhas concepções. Algumas desenvolveram suas próprias críticas, prolongando as minhas, inclusive Gloria Steinem, em *Moving Beyond Words* (1994); Mary Mellor, da Inglaterra, em *Breaking the Boundaries* (1992); e Barbara Brandt, em *Whole Life Economics* (1995),

204 / HAZEL HENDERSON

que recomendo com veemência. Marilyn Waring, a cientista política e parlamentarista neo-zelandesa, aprofundou-se nas afrontas perpetradas contra as mulheres pela economia e pelos economistas, e na sistematização global do economismo feita pelo Sistema das Nações Unidas de Contas Nacionais, em seu livro *If Women Counted* (1988), que eu, com prazer, resenhei. Outras mulheres pensavam, como eu, que aprenderiam economia e a superariam, mas isso enquanto acadêmicas, a partir do âmbito universitário, e não como ativistas, como eu mesma. Peggy Antrobus, no Caribe, Hilkka Pietila, na Finlândia (1990), e outras pioneiras na Ásia e na África ajudaram a iniciar o agora florescente campo da economia feminista. Outras mulheres seguiram a tradição gandhiana da autoconfiança local e espiritual, notavelmente minha colega Nandini Joshi, autora de *Development without Destruction* (1992), que ainda é um clássico. A Zed Books, de Londres, publica uma ampla variedade de livros escritos por mulheres observadoras, de muitos países, por exemplo, *Feminist Perspectives on Sustainable Development*, organizado por Wendy Harcourt (1994).

Além de arpoar as idiotices do economismo, as mulheres também têm se empenhado numa campanha para desmascarar os chavões suavizadores, supridos por líderes masculinos das sociedades patriarcais de todo o mundo, a respeito das virtudes da cultura e da tradição. Na Cúpula sobre o Desenvolvimento Social, de 1995, as mulheres desafiaram as cláusulas que procuravam proteger as tradições e as diversidades culturais no esboço da Declaração acrescentando uma restrição: "*Exceto quando tais tradições e práticas culturais violam os direitos humanos, especialmente os de mulheres e de meninas.*" Uma decisiva mudança de tom ocorreu em 1994, na Cúpula sobre População e Desenvolvimento, no Cairo: os defensores de medidas drásticas para o controle populacional no Norte convenceram-se, embora com relutância, de que o crescimento populacional nas sociedades não poderia ser restringido sem a educação das meninas e a delegação de poder político e econômico às mulheres. As hierarquias católica romana e muçulmana, vendo que suas ordens sociais estavam sob ameaça, desempenharam papéis negativos no Cairo — jogando areia nas engrenagens, muitas vezes em nome da cultura e da tradição. No entanto, essas ações galvanizaram muitos países do Hemisfério Norte num notável consenso retórico — as mulheres tornaram-se o fator crucial no desenvolvimento, a chave para a sustentabilidade, e assim por diante. O Banco Mundial retomou uma afirmação feita em 1992 por Larry Summers (para compensar sua anterior falta de tato a respeito da hipótese econômica de deslocar a poluição para os países pobres), segundo a qual o melhor retorno de investimento (cerca de 18%) seria obtido com a educação das meninas. Até mesmo as Nações Unidas, que fui forçada a descrever, em *Transcendendo a*

Economia, como a organização mais sexista do planeta, começou a se juntar à retórica — promovendo algumas mulheres de maneira bem visível.

As mulheres estão profundamente interessadas em preservar as tradições e a cultura — sempre que estas forem benignas e afirmadoras da vida. Não obstante, as mulheres também estão profunda e vivencialmente cientes dos perigos dos "sistemas de cobrança para proteção", das tradições "machistas", das "iniciações" cruéis e de outras práticas, além dos efeitos corrosivos exercidos por culturas patriarcais dominadoras e guerreiras, tais como a da Grécia Antiga, documentadas em *Reign of the Phallus*, por Eva Keuls (1985), bem como aquelas culturas que invadiram e conquistaram as primitivas culturas mediterrâneas de parceria descritas pela falecida Marija Gimbutas (1989), também por Riane Eisler em seus desbravadores livros *The Chalice and the Blade* (1988) e *Sacred Pleasure* (1995). Todo esse reescrever a história masculina e a *história feminina** (como as estudiosas feministas corretamente enfatizam) está, pacientemente, recarregando nossos bancos de imagens e proporcionando-nos novos panoramas e novos caminhos para a evolução cultural.

A efusão, em âmbito mundial, de preocupações com o meio ambiente e com a biodiversidade, expressas na Cúpula da Terra das Nações Unidas, em 1992, aglutinou-se de muitas maneiras com movimentos pela diversidade cultural, pela justiça social e pelos direitos dos pobres e dos povos indígenas, das mulheres e de todos os marginalizados pelo economismo. Devido ao fato de que os povos indígenas desenvolveram culturas e co-evoluíram com outras espécies em ecossistemas específicos, uma compreensão da inseparabilidade entre a biodiversidade e a diversidade cultural teve condições de emergir. Destruir um ecossistema significa destruir os hábitats não apenas de povos indígenas mas também de outras espécies únicas e diversificadas. Tais lições estão sendo lentamente assimiladas por políticos, desenvolvimentistas e economistas ecológicos. Quando elas forem plenamente entendidas, o desenvolvimento, como o temos conhecido, não mais fará sentido humano nem ecológico. Helena Norberg-Hodge (1991) é convincente em documentar a gradual degradação da cultura e das condições ambientais em Ladakh, província do norte da Índia, quando os modelos de desenvolvimento ocidentais despedaçaram sua economia, que antes era auto-suficiente. Edward Goldsmith, editor pioneiro de *The Ecologist*, da Inglaterra, tem sido um dos mais prescientes futuristas do mundo ao alertar as sociedades industrializadas para que façam a grande virada, *The Great U-Turn* (1988), em direção à sustentabilidade, como também o assinalou em seu clássico *Blueprint for Survival*, publicado em 1972.

---

* Trocadilho intraduzível: his*tory* (história *dele*) e her*story* (história *dela*). (N.T.)

MITOS ANTIGOS PODEM PROPORCIONAR CAMINHOS PARA O FUTURO

Dessa maneira, muitos reformadores sérios, tanto do Norte como do Sul, estão hoje estudando atentamente as profecias dos hopi, decodificando a arte africana, estudando festas, aprendendo danças do Sol e da chuva, analisando histórias duradouras, tais como as dos Kokopelli nas Américas, com seu saco de sementes levado aos ombros (um símbolo de biodiversidade), e reaprendendo os métodos agrícolas nativos da Ásia e da África, assim como as permaculturas dos nômades, dos coletores e dos caçadores. Os povos indígenas também estão se esforçando para ajudar em tudo isso. Rebecca Adamson, membro da nação *cherokee* que habitava a área centro-leste do que constitui hoje os Estados Unidos, instituiu o First Nations Financial Project como parte do trabalho do First Nations Development Institute. Atualmente sediado na Virgínia, o principal trabalho do grupo consiste em ligar essas primeiras nações, algumas ainda nas reservas, com investidores norte-americanos responsáveis e preocupados que querem dar apoio a microempresas locais, ao desenvolvimento sustentável e à eco-restauração. A pesquisa financeira do First Nations proporciona uma maneira de os cidadãos norte-americanos, os investidores e os planejadores financeiros aprenderem os princípios do desenvolvimento humano sustentável com os povos indígenas. Um princípio de unicidade cultural infunde esse trabalho e é expresso num artigo escrito por Rebecca Adamson, "Indigenous Economics and First Nations":

> Embora um crescente número de pesquisas a respeito de sistemas de conhecimento tribais ou indígenas esteja sendo realizado atualmente, a literatura mostra que o conhecimento tribal ainda não é reconhecido como o produto de sistemas holísticos de percepções, de relações e de arranjos organizacionais. Esforços para se promover o desenvolvimento culturalmente apropriado colocam esse trabalho no âmbito da visão de mundo holística e dos sistemas de crenças dos povos tribais. Desenvolvimento econômico "culturalmente apropriado", conduzido e administrado por comunidades nativas, não significa necessariamente as atividades tradicionais e históricas empreendidas por uma tribo para a sobrevivência. Em vez disso, pode significar atividades de desenvolvimento econômico que são acionadas pelos valores culturais de uma comunidade, baseados em parentesco, responsabilidades e benefícios compartilhados, e respeito pelo meio ambiente.
>
> A compreensão indígena tem sua base espiritual num reconhecimento da inter-relação e da interdependência de todas as coisas vivas. É uma visão de mundo holística e equilibrada, na qual todas as coisas estão

unidas e relacionadas. O que acontece com a Terra acontece com os filhos da Terra. Os seres humanos não teceram a teia da vida; são porém um dos seus fios. O que fizermos à teia, faremos a nós mesmos. O "meio ambiente" é percebido como uma entidade sensata, consciente, impregnada de poderes espirituais e por cujo intermédio a compreensão humana só se realiza perante o todo em estado de perfeita humildade.[15] (Veja a Figura 15. Elementos de Desenvolvimento.)

As primeiras nações praticavam, nas suas culturas, maneiras de afirmar a vida, até que foram invadidas e conquistadas por europeus a partir de Cristóvão Colombo. Kirkpatrick Sale fornece um comovente relato dessa historia trágica e deprimente em *The Conquest of Paradise* (1990), livro que mudou de maneira considerável a natureza das celebrações dos 500 anos de Colombo nos Estados Unidos.

Outras reformas culturais de desenvolvimento incluem aquelas inspiradas pelas concepções budistas sobre o "despertar" de todos os membros de uma comunidade, tais como o movimento Sarvodaya e muitos outros documentados por Development Alternatives, da Índia, que fornece concepções bem pesquisadas de tecnologias alternativas para conferir poder às aldeias e às comunidades locais.[16] O industrial indiano e especialista em energia solar J. C. Kapur realizou muitas conferências em suas Fazendas Solares perto de Delhi. Essas conferências examinam questões críticas para o desenvolvimento humano, inclusive para o desenvolvimento espiritual, com participantes vindos de muitos países. A conferência de fevereiro de 1995 focalizou a cultura e o desenvolvimento, e o relato no diálogo deles começou com esta afirmação:

> O desenvolvimento deve assegurar a satisfação das mínimas necessidades básicas de alimento, hábitat, saúde, educação e emprego, e a busca humana de paz interior e de auto-realização. Isto só será alcançado se formos capazes de cultivar estilos de vida baseados na necessidade e não no desejo, que não sejam superficiais ou auto-indulgentes, nem destruam o meio ambiente ou outras culturas. Esses estilos de vida devem ser frugais em seus meios e ricos em seus fins, e estar ao alcance do número crescente de cidadãos. Ao mesmo tempo em que seja justo, o desenvolvimento não deve sacrificar a iniciativa e a excelência, mas precisa ser ecologicamente responsável, economicamente viável, cumulativo, intensificador da vida, peculiar a cada cultura e culturalmente sensível.[17]

O potencial dos movimentos populares, tais como o Kerala Sastra Sahitya Parishad, na província indiana de Kerala, para elevar os índices de alfabetização e a prosperidade geral, está documentado em *Science in Participatory*

Elementos de Desenvolvimento

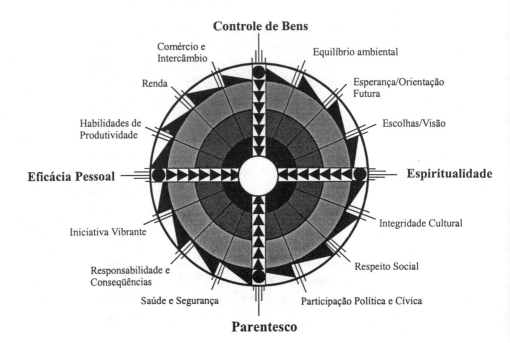

Figura 15. Elementos de Desenvolvimento

© 1991 First Nations Development Institute   Fonte: First NationsDevelopment Institute

Development, por Mathew Zachariah e R. Sooryemoorthy (1994). Até mesmo o otimista futurólogo Buckminster Fuller, em seu último livro, *Critical Path* (1981), tornou claro até que ponto as sociedades ocidentais e seus modelos de desenvolvimento econômico haviam errado de percurso. Fuller também reavaliou a hipótese de que a história da colonização humana deste planeta teria começado na Ásia entre povos navegantes. Ele acreditava que as habilidades desses povos na construção de navios e seu conhecimento dos ventos alísios permitiram a difusão de suas colônias nos estuários dos rios de Bangkok, na Tailândia, e de outras regiões litorâneas no Sudeste asiático até a Índia, a África e mais além.

Alguns historiadores e paleoantropólogos estão hoje contestando todo o paradigma linear do "progresso humano", que sustenta o paradigma do desenvolvimento econômico. Em *Memories and Visions of Paradise: Exploring the Universal Myth of a Lost Golden Age*, Richard Heinberg (1989) elabora uma hipótese interdisciplinar para reconsiderar o paradigma unidirecional imperante do progresso humano. Laboriosamente, Heinberg percorre, em seu meticuloso estudo, a arqueologia, a antropologia moderna e a paleoantropologia, a psicologia, a filosofia, e as religiões e culturas do mundo, examinando hipóteses alternativas, como, por exemplo, a de que as sociedades humanas antigas podem ter sido, em vários sentidos, mais avançadas e mais sábias que as de hoje. Heinberg explora, em cada cultura, os mitos de uma queda de um estado paradisíaco anterior, mitos que contêm, codificados, conselhos e experiências. Talvez possamos aprender com essas histórias e aplicar esse conhecimento para evitar nossas atuais crises sociais e descobrir caminhos mais saudáveis para o futuro. É claro que os seres humanos não são fundamentalmente inclinados à violência e à selvageria, ou ao egoísmo irresponsável e egocentrado. Temos iguais tendências para a responsabilidade, a partilha e a cooperação, e já existimos em sociedades pacíficas em muitas épocas e lugares. Heinberg reúne muitas evidências para mostrar que, em muitas culturas, o individualismo egocentrado era vivenciado como uma perda do sentido holístico de união com a natureza e com o divino. Quando tais preocupações egocentradas são reforçadas pela cultura, como no modelo ocidental de desenvolvimento, e dominam nossa percepção da sociedade e da natureza, podemos nos tornar mental e fisicamente doentes, e nossas sociedades podem se desintegrar.

Acho muito penetrante a visão de Heinberg — segundo a qual os onipresentes mitos sobre o paraíso podem servir a uma função específica em nossa sociedade, como diz Heinberg (1989, 241), "como um *planejamento para se viver* incorporado no circuito da consciência humana. Todos os organismos biológicos, inclusive os seres humanos, contêm um elemento de planejamento. Sabemos, por exemplo, que os padrões das moléculas de ADN em nossas células governam o planejamento de nossos corpos físicos. Talvez também contenhamos em nosso interior um programa neurológico ou psíquico para o planejamento ótimo de relações sociais e espirituais entre nós mesmos, o Cosmos e a Natureza". Voltemos agora para esse elemento mais profundo de planejamento que, sob a forma do ADN humano, replica fielmente nossos miraculosos corpos físicos geração após geração.

Assim como somos forçados a "despertar" como uma espécie agora planetária, com todas as novas tensões que nossa façanha tecnológica criou e com todo o potencial evolutivo à mão, podemos igualmente expandir nossa percepção de nossos vários códigos de ADN cultural. De fato, a competição e a cooperação são estratégias de importância-chave para todas as espécies, juntamente com a criatividade, que é muito mais rara e evolutiva. Nas sociedades humanas e nos códigos de ADN cultural, a *replicação* (isto é, a tradição) é básica, como o é na codificação de todo ADN, enquanto que a *inovação* (isto é, a mutação) é um fenômeno muito mais raro.[18] O excesso de inovação pode desestabilizar uma sociedade e, como sabem os estudiosos de sistemas complexos, o truque consiste em achar e em estudar o regime que opera à beira do caos. Em *Complexity: Life at the Edge of Chaos* (1992), Roger Lewin relata como o Santa Fe Institute, sediado nos EUA, expandiu seu enfoque das economias e dos mercados financeiros globais para as culturas. O presidente do conselho do instituto, Murray Gell-Mann, adotou minha concepção de códigos de ADN cultural como uma ferramenta para a pesquisa de sistemas complexos e adaptativos, do caos, da complexidade e das propriedades emergentes de tais sistemas.

As raízes do que é hoje pomposamente denominado a ciência da complexidade estão na cibernética, na teoria da informação e na teoria geral dos sistemas, na biologia e na ecologia. A complexidade foi explorada na década de 50, nas famosas Conferências Macy, e bem resumida no Simpósio das Nações Unidas sobre "A Ciência e a Prática da Complexidade", em Montpellier, na França (maio de 1984). Fui uma participante, juntamente com muitos dos "nomes" nesse campo, de Aida, Allen, Atlan e Boulding a Dupuy, Margalef, Prigogine, von Foerster e Zeleny.[19] A literatura sobre a ciência da complexidade remonta ao *Tratado sobre Tectologia*, do cientista russo A. Bogdanov, publicado em russo em três volumes, em 1913, 1917 e 1920. Banido na União Soviética, o texto foi resgatado pelos teóricos sistêmicos I. Blaouberg e V. Sodowsky, e republicado em 1977 como *Systems Theory: Philosophical and Methodological Problems*, pela Progress, em Moscou. Foi finalmente traduzido para o inglês e publicado como *Essays in Tektology* em 1984. Esta divagação é importante para contextualizar o trabalho mais recente do Instituto Santa Fé, que iniciou suas operações em 1984. Aquilo de que melhor me lembro no Simpósio Montpellier foram os poemas apresentados como resposta instantânea a cada apresentação por meu falecido e querido amigo Kenneth Boulding — poemas que abrem um atalho no pesado jargão com sua costumeira inteligência e clareza travessas.

As pesquisas sobre complexidade e caos nos sistemas vivos e não-vivos estão fornecendo metáforas, mas essas pesquisas também estão atingindo limites, esboçados em recentes relatórios vindos do Instituto Santa Fé e adjacências.[20] O aumento de tensão pode estar correlacionado com a irrupção do "estado de entropia", onde a *des*-estruturação e a *re*-estruturação são necessárias — e não mais a construção sobre a base estrutural existente. Comparo essa des-estruturação de sociedades que se aproximam do beco sem saída evolutivo com o fenômeno da pedomorfose nas espécies, onde a forma adulta mal-adaptada é descartada com o tempo, e a espécie, em seu lugar, toma um novo caminho evoluindo posteriormente a partir do seu estágio larval, mais jovem e mais flexível.[21] Existem analogias nos sinais de des-evolução do industrialismo, e de seu controle centralizado, não-sustentável, excessivamente estruturado, e que faz uso intenso de capital e de recursos, modelos de replicação do tipo "efeito-cascata invertido", comparativamente com os novos modelos de desenvolvimento do tipo "efeito-cascata", de comunidades populares ainda erroneamente entendidos como "caóticos", acompanhados de fluxos laterais de informações, redes de movimentos e de organizações de cidadãos — e talvez uma sabedoria maior.

A questão não é outra senão a do sentido da evolução social humana sobre este planeta pequeno e ecologicamente comprometido. O debate a respeito do desenvolvimento sustentável tornou-se uma metáfora para um complexo aglomerado de questões, mas em seu cerne é um debate a respeito de valores, e de quais repertórios culturais, sociais, tecnológicos e comportamentais, incorporados nos vários códigos de ADN cultural dos povos do mundo, contêm efetivamente os "programas" que podem servir como sementes para a sobrevivência (*survivability*) humana.

A sobrevivência deveria ser o critério global de sucesso, isto é, aqueles códigos de ADN cultural que se comprovam sustentáveis durante o mais longo prazo no âmbito de seus contextos ecológicos — proporcionando a satisfação das necessidades materiais e oportunidades de desenvolvimento para o seu povo, ao mesmo tempo em que oferecem significados, propósitos e papéis satisfatórios, bem como "histórias" metafísicas e filosóficas coerentes. No Epílogo de *Creating Alternative Futures*, especulei a respeito de quais valores centrais seriam provavelmente identificáveis, incluindo reverência pela vida e pelo mundo natural, amor, honestidade e partilha — as mesmas crenças centrais codificadas em todas as grandes religiões e tradições espirituais do mundo, e sobre as quais os seres humanos podem construir um mundo em que todos são vitoriosos. Por exemplo, pode-se interpretar a Regra de Ouro, a concepção hinduísta de karma, e muitas outras expressões da *responsabilidade* humana (bem como dos direitos humanos) como afirmações precisas que descrevem sistemas dinâmicos e não-lineares. Teóricos sistêmicos também reconhecerão a concepção bíblica do "Dia do Juízo" como um sistema que se aproxima do tempo real — no qual não há mais atrasos de informação e onde todas as contas serão liquidadas. A sociedade civil global e os povos indígenas do mundo são os últimos depósitos atuais de tal sabedoria comum codificada no mito, nas tradições espirituais, no folclore, na arte, na dança e no ritual, como Jean Houston tem mostrado em seus muitos livros.[22]

Um fator inevitável está claro atualmente: os seis mil anos de ascensão das metrópoles, estados e nações constituíram uma necessidade imposta pelo enorme aumento das populações humanas desde sua origem na África. Formas de civilização humana dominadas pelos homens, guiadas exclusivamente por sistemas de crença religiosos patriarcais, vieram a prevalecer sobre quase todos os ecossistemas do planeta, ao contrário das primeiras sociedades matrilineares baseadas na parceria entre homens e mulheres e na reverência pela natureza. Essa "guinada" patriarcal exacerbou-se por meio de processos de desvio-amplificação (como nos modelos de caos) e finalmente levou a uma expansão territorial mais ampla e ainda mais competitiva, e à explosão da população humana. Obviamente, as mulheres devem estar no controle de sua fertilidade para que as populações humanas permaneçam estáveis e dentro da capacidade de carga dos ecossistemas.

Encontrar meios alternativos para processar as informações que não foram levadas em conta, que foram negligenciadas ou suprimidas é hoje vital para a nossa sobrevivência. Grande parte dessas informações estão armazenadas nos códigos de ADN cultural de grupos desvalorizados no âmbito dos paradigmas industriais e do economismo — culturas indígenas e as mulheres de todo o mundo. Como Walter Weisskopf (1971) assinalou, todas as civilizações envolvem diferentes conjuntos de *expressões* e de *repressões* que representam todas as maneiras humanas de ser e de se comportar. As revoluções sociais sempre envolvem um "retorno do reprimido" à cena social. Gregory Bateson (1973) descreve sistemas adaptativos complexos, tais como as sociedades humanas, como estando num constante intercâmbio global entre adaptação e adaptabilidade. Se o estoque de adaptabilidade da sociedade foi exaurido por uma excessiva adaptação bem-sucedida às condições passadas, então a sociedade está muito rigidamente comprometida com suas velhas estruturas para conseguir evoluir. Esse problema do "nada fracassa mais que o sucesso" é enunciado por antropólogos culturais como a Lei da Liderança Protelada, isto é, as sociedades menos adaptadas aos velhos meios ambientes com freqüência dispararão à frente, à medida que as condições mudarem.

Atualmente, todos esses dramas estão sendo representados num palco global. Visões milenaristas e profecias apocalípticas, de qualquer maneira que as interpretemos, podem servir como "chamados para o despertar". Caminhos evolutivos para as sociedades humanas incluem o replanejamento da ciência: a reorganização do conhecimento para equilibrar o conhecimento material com o não-material.[23] Os seres humanos devem aprender a viver dentro dos limites de tolerância da natureza. Isto significa planejar mais mecanismos de realimentação a partir da sociedade civil (por exemplo, os votos) e a partir do mercado (por exemplo, os preços de custo mais global, que incluem tanto os impactos sociais como os ambientais), bem como aprender melhores métodos para decodificar o *feedback* a partir de sistemas naturais (por exemplo, a chuva ácida, a destruição da camada de ozônio e o acúmulo de dióxido de carbono na atmosfera) e criar novos indicadores de qualidade de vida para corrigir a tendência mortal e sem direção do economismo. A parceria, em vez do paradigma do dominador para a organização humana, é um caminho evolutivo mais seguro, como Riane Eisler (1988) documenta. Os verdadeiros recursos disponíveis para a nossa sobrevivência exigem a mineração de nossas jazidas de códigos de ADN cultural e a destilação de estratégias para preservar e para intensificar a diversidade. Dessa maneira, os seres humanos poderão continuar a co-evoluir na biosfera.

PARTE III

CONSTRUINDO UM MUNDO ONDE TODOS GANHEM: AVANÇOS REVOLUCIONÁRIOS E INOVAÇÕES SOCIAIS

CAPÍTULO 9

A INFORMAÇÃO: A VERDADEIRA MOEDA CORRENTE DO MUNDO NÃO ESTÁ ESCASSA

As inovações na tecnologia da informação criaram um intercâmbio diário de um trilhão de dólares no cassino financeiro global. Em 1993, o Bank for International Settlements (Banco para Acordos Internacionais) registrou um aumento de 14,9 trilhões de dólares nas transações de derivativos de ações, títulos, mercadorias e moedas (o que os corretores chamam de títulos, permutas, operações a termo, opções de compra virtuais, e assim por diante) numa tentativa de administrar riscos na economia global. Porém, derivativos trazem suas próprias incertezas: desde as especulações de desvalorização das moedas até perdas imensas, como as que tiveram destaque nos noticiários ao longo do ano de 1995. Em julho de 1995, a revista *Fortune* citou essas cifras de 1993 como o último ano para o qual os dados estavam disponíveis, mas, com o comércio de derivativos "agora sem dúvida cada vez mais em alta", acrescentava, "pode-se afirmar que a globalização de mercados financeiros que operam, em grande medida, além do controle dos governos é o desenvolvimento mais significativo do nosso tempo". Em setembro de 1995, o *The Economist* relatou que o comércio de derivativos chegou a atingir mais de 20 trilhões de dólares no fim de 1994.[1]

As crises financeiras globais que assomam nos dias de hoje têm profundas raízes sistêmicas no paradigma do industrialismo, o qual, inadequadamente, ainda impulsiona a Era da Informação, reconhecidamente *pós*-industrial. Novos paradigmas – para além do reducionismo, do materialismo instrumental, da competição nacionalista e de outras estratégias sociais baseadas no medo e na escassez, e para além do impulso de dominar a natureza e de perpetuar a dominação masculina — são necessários. Não obstante, banqueiros centrais e políticos nacionais, preocupados com cenários de colapso financeiro, estão contando com remédios econômicos de manuais deficientes (tais como taxas de juros crescentes ou tentativas de comprar suas moedas nos mercados abertos) para sustentar suas economias e suas moedas nacionais. Por volta de meados de 1995, os atores nacionais começaram a manobrar com dificuldade rumo à *inovação social* necessária para se acompanhar a *inovação tecnológica* do cassino global baseado no computador e no satélite.[2]

EVOLUÇÃO TECNOLÓGICA E SOCIAL: A LEBRE E A TARTARUGA

Como vimos nos Capítulos 3 e 7, ao longo dos trezentos anos de evolução das sociedades industrializadas ocidentais tem havido uma constante defasagem entre inovações tecnológicas e as inovações sociais necessárias para acomodar a assimilação das primeiras. Desde a máquina de fiar e a máquina a vapor até o automóvel e o computador, as novas tecnologias sempre tomaram a dianteira, fazendo com que finalmente surjam as inovações sociais que respondem a elas: a escrituração mercantil de partidas dobradas e sistemas de contabilidade; moedas correntes nacionais e bancos centrais; padronização de bitolas de trilhos, de sinais de trânsito de rodovias e de aparelhos elétricos. A indústria do computador, que sustenta o cassino global, ainda está em sua fase competitiva, de expansão de mercado. Está se defrontando com um paradoxo de evolução tecnológica freqüentemente experimentado nesse estágio do ciclo da inovação: incompatibilidade e más combinações entre *software*, sistemas operacionais e outros componentes. Essa diversidade de planejamento — originalmente uma vantagem competitiva para firmas individuais — começa a obstruir a expansão ulterior do mercado para aplicações mais amplas do sistema.

A competição de mercado ou, em termos da teoria dos jogos, as estratégias ganha-perde, começam a limitar a penetração do mercado. Por exemplo, no século XIX, as bitolas dos trilhos das ferrovias eram incompatíveis, como o eram as múltiplas moedas emitidas pelos bancos, e na década de 70 havia cerca de uma dúzia de sistemas de códigos de leitura mecânica de produtos diferentes, desenvolvidos isoladamente. Essa incompatibilidade leva freqüentemente a condições caóticas. Como detalhei em *Transcendendo a Economia* (1991-1995), uma abordagem sistêmica constataria que a estrutura ganha-perde de mercado está entrando numa fase de transição na qual a cooperação (isto é, as estratégias ganha-ganha, tais como a Sematech e a Universal Product Code) poderia estender oportunidades para todos padronizando, para isso, um regime regulador. Paradoxalmente, a teoria de mercado dos manuais *inibe* muitas vezes a resposta em inovações sociais, que poderia ampliar a penetração do mercado, como sendo "interferência em mercados livres".

Esses paradigmas da competição e da cooperação, que competem entre si, avançam agora enfurecidos na Internet. Irão a Microsoft e a Intel continuar a fornecer seu padrão privado, dispendioso na verdade: Windows e Intel — ou Wintel — quase um monopólio? Ou serão novos *software*, tais como o Java, um avanço revolucionário em simplicidade para os usuários, pioneiramente lançado pela Sun Microsystems, os vencedores, graças a uma rápida concessão dos direitos de venda do Java a baixo custo para a Netscape e todos as novas empresas que desenvolvem *software* para navegação na Internet e na sua Rede Mundial? Poderá o Java se tornar então um novo padrão para a Internet — estabelecido por um poder de mercado monopolista e privado? Como deveriam os governos se relacionar com a Internet, muito menos regulamentada?[3] John Heielmann resumiu as questões como uma épica batalha entre os paradigmas de Al Gore, vice-presidente dos EUA, e os de Newt Gingrich, porta-voz da Casa Branca, ambos futuristas com estilo próprio e proponentes da Era da Informação. Vencerão os padrões de Newt, libertários e estabelecidos pelo mercado, ou os padrões reguladores de Gore, com suas regras para o acesso público?[4]

O atraso social permitiu efetivamente a rápida germinação da Revolução Industrial na Inglaterra do século XVIII. Milhões de pequenas e diversificadas decisões, semeadas pelas férteis mentes de inventores individuais, mudaram o cenário social. Ninguém pensava que suas atividades individuais também fossem ajudar a mudar o mundo irreversivelmente. Além disso, os hábitos sociais criaram um contexto favorável ao surgimento do Iluminismo, que propugnava o individualismo e o melhoramento material por meio do progresso científico e tecnológico. Como mostra a teoria do caos, essas condições iniciais permitiram a fácil difusão das primeiras inovações tecnológicas. É claro que os diretores-executivos da indústria dos computadores sabem das vantagens de se capturar rapidamente os mercados e de exercer o controle da imposição de padrões, como foi recentemente documentado por W. Brian Arthur, em *Increasing Returns: Path Dependence in the Economy* (1994).

Além disso, várias "linhagens" de códigos de ADN cultural forneceram um clima que acelerou mais a "colonização" tecnológica das sociedades britânica, européia, norte-americana e, finalmente, muitas outras. Essas linhagens incluíam uma cultura que recompensava a curiosidade científica, o desejo de dominar a natureza e o reducionismo instrumental cartesiano/

newtoniano, numa estrutura patriarcal (a qual, como Boulding [1976] assinalou, forçou gerações de mulheres inventoras a tirar suas patentes nos nomes dos seus maridos e expulsou as mulheres das sociedades e atividades científicas). O movimento ludita na Inglaterra, famoso por ter quebrado muitas máquinas porque elas tiravam o emprego das pessoas, foi tudo menos destituído de inteligência. Os primeiros industriais eram bastante honestos em seus desejos de "disciplinar" os operários por intermédio do medo do desemprego tecnológico (Dickson 1974).

Por isso, não é surpreendente o fato de que esforços sociais ainda não consigam acompanhar as inovações tecnológicas e sejam incapazes de controlar a rapidez e a direção dessas inovações. As sociedades ocidentais ainda não são bem-sucedidas em canalizar esses agora poderosamente institucionalizados impulsos tecnológicos em direção a metas sistêmicas, sociais e ecológicas – não obstante invenções sociais tais como o U.S. Office of Technology Assessment (OTA). Em nenhum lugar esse atraso cada vez maior dos avanços sociais com relação às inovações tecnológicas é mais visível que na crescente defasagem entre a explosão das rodovias da informação computadorizada, a Internet, a multimídia e o comércio financeiro global, ainda não-regulamentado. Em 1995, a Electronic Share Information, Ltd. (ESI) foi inaugurada em Londres; ela passa por cima das bolsas de valores e dos corretores e oferece, a qualquer pessoa que tenha um microcomputador, acesso ao comércio de pequenos lotes de ação a um décimo do custo estipulado pela Bolsa de Londres.[5] Uma firma semelhante, a E-Trading, que abriu em Wall Street, oferece diretamente a usuários de microcomputadores negócios a 19,95 dólares por transação. Até agora, políticos, incluindo o vice-presidente Al Gore, o porta-voz republicano da Casa Branca, Newt Gingrich, Tony Blair da Inglaterra e outros, saudaram essas novas tecnologias quase como se fossem panacéias sociais, negligenciando os perigos monopolistas de empresas privadas capturarem processos de padronização – em vez de padrões que sejam impostos por meio de acordos públicos e legais. O consultor presidencial para assuntos científicos John H. Gibbons advertiu para o fato de que o descuido com relação às regulamentações estava atrás da curva, e que a evasão de impostos e a lavagem de dinheiro criariam novos problemas.[6] A abordagem dos "gênios das finanças" também é útil para desviar a atenção dos eleitores de problemas mais intratáveis, tais como o alargamento da lacuna entre ricos e pobres – ironicamente óbvia também no ciberespaço.

Políticos, ministros das finanças, banqueiros e corporações internacionais, tais como o Banco para Acordos Internacionais (BIS) e o Fundo Monetário Internacional (FMI), foram forçados, com base nas manchetes de 1995, a fortalecer os regimes reguladores necessários. Essa nova estrutura de regulamentação é agora essencial; ela deve ser global e deve funcionar em "tempo real" exatamente tanto quanto os próprios mercados. Outras questões referem-se à privacidade, à vigilância eletrônica, a padrões de codificação, a direitos autorais e a liberdades civis.[7] Os atores do mercado, inclusive o ex-presidente da Federação de Bancos, Charles Sanford, visualizou as conseqüências de redes de informação globais que podem hoje passar por cima dos bancos – permitindo aos empresários em busca de capital simplesmente exibir seus planos de negócios na Internet.[8] De maneira semelhante, previ que canais de TV do setor financeiro ofereceri-am *shows* tais como "The Venture Capital Show" e "The Initial Public Offering Show", completado com o número de 800 adesões para comple-mentar os sistemas comerciais eletrônicos existentes, tais como o Instinet, o AutEx e o Reuters. Por volta de 1995, a Internet se vangloriava de seu primeiro "E-cash" eletrônico e de seu "banco virtual", enquanto que os planos de negócios e as empresas de pequeno capital eram espionados nas *home pages* dos criadores de mercado informal, dos editores de boletins de informações e dos especuladores – todos eles além do alcance da Securities and Exchange Commission (SEC) e de outros órgãos regulamentadores.[9] À medida que o proletariado afluía em grande número para comprar microcomputadores e entrar no congestionado tráfego da Internet, os gran-des atores mudavam para o vBNS, o Very high-speed Backbone Network Service, com 155 megabytes por segundo, rodado pelo MCI para a U.S. National Science Foundation. O vBNS, com velocidade dez mil vezes mai-or que a da Internet, destina-se a atores da grande ciência, que estão "entedia-dos com a rede".[10]

CRISES DO CASSINO GLOBAL COMO PROBLEMAS DE PARADIGMA

O abstrato modelo atual do mercado mundial/competitividade global alie-nou os mercados financeiros da economia real de Main Street (onde pesso-as reais em fábricas reais produzem sapatos reais ou constroem casas reais e cultivam alimento real). Desse modo, o cassino global está agora rodopi-ando para dentro do ciberespaço, divorciado de qualquer entendimento da situação geral: as sociedades humanas cooperam e competem enquanto interagem dentro de teias de outras espécies numa biosfera frágil e sempre em mudança. O uso emergente de modelos de mudança dinâmicos e de paradigmas sistêmicos, ecológicos e caóticos pode permitir que as inova-ções sociais acompanhem o ritmo avassalador das inovações tecnológicas, seja nos mercados financeiros globais computadorizados seja no ciberespaço, para responder à globalização dos mercados e às indústrias e ao manuseio de recursos comuns.[11] Esses novos paradigmas, incluindo os da teoria dos jogos e os da psicologia, estendem-se para além dos modelos econômicos individualistas, baseados na escassez e no medo, voltados para a maximização do interesse próprio como sendo comportamento "racional". Os novos paradigmas reintegram intelecto, empatia, intuição, administração e visão no cuidado para com as gerações futuras, o que permite um reequilíbrio de motivos em direção à cooperação ganha-ganha. Os novos paradigmas são agora *condições* para a mudança dos nossos sistemas financeiros e, cada vez mais, também do ciberespaço, a partir do crescimento econômico baseado no PNB, de "efeito-cascata", em direção ao desenvolvimento sustentável, diversificado, descentralizado, de "efeito-cascata invertido", que reincentiva a ajuda mútua e os setores informais cooperativos.

Essas mudanças de paradigma começam com o repensar a escassez, a abundância, as necessidades e a satisfação, e leva inevitavelmente a uma redefinição geral de dinheiro, de riqueza, de produtividade, de eficiência e de progresso. Por mais surpreendente que isso pareça, um pré-requisito dessa nova visão de mundo é o entendimento de que *o dinheiro não está escasso*, e que sua aparente escassez é, ela própria, um dos principais mecanismos reguladores sociais. Os sistemas monetários constituíam uma das principais inovações sociais. Quando funcionam bem, o dinheiro oferece um sistema circulatório benéfico para um intercâmbio humano mais amplo, que vai além do comércio de troca direto. Essa brilhante invenção social — o planejamento de mercados como sistemas predominantes de distribuição de recursos — foi adotado na Inglaterra do século XVII pelo Parlamento num pacote de legislação social ferozmente contestado, em torno do qual travou-se uma guerra civil (Polanyi 1944). Embora Adam Smith observasse corretamente, em seu *An Inquiry into the Nature of the Wealth of Nations* (1776), que os seres humanos tenham, desde os tempos mais antigos, exibido "uma tendência para o comércio de troca", os intercâmbios mercantis eram localizados. Um fato muitas vezes esquecido é que Adam Smith também reconheceu a necessidade de regras e de legislação, isto é, ele sustentava que os mercados só poderiam funcionar adequadamente se (1) todos os atores se encontrassem nos mercados com igual poder e informação, e (2) nenhum dano fosse causado a espectadores inofensivos. Os seres humanos fazem regras para suas interações tão facilmente quanto fazem mercados.

No século XVIII, as transações monetárias apenas tinham começado a substituir os sistemas primitivos de interação e intercâmbio humanos: reciprocidade, parentesco, *potlatchs*, ajuda mútua e os "preços justos" de Aristóteles, bem como redistribuição por reis, por lordes ou pela igreja, ou por simples mandato (feudalismo, conquista e escravidão).[12] Kenneth Boulding (1968) observou que há três tipos básicos de interações humanas:

(1) *ameaça*, baseada no medo; (2) *intercâmbio*, baseado no comércio de troca e na reciprocidade; e (3) *amor*, baseado em presentes, em altruísmo e em sistemas de valor mais abrangentes e de longo prazo. Os psicólogos humanistas também têm observado que modelos econômicos baseados em temores de escassez podem erodir os sentimentos naturais de bem-estar e de abundância, e até mesmo fazer populações inteiras regredirem a uma situação de ansiedade e de tensão excessivas, e a uma motivação irrealista para o poder, o "sucesso", a ostentação de riquezas e outros comportamentos cumulativos.

Muitos dos princípios operantes derivados dos paradigmas industriais permanecem não-examinados: a inovação tecnológica é encorajada e subsidiada; a inovação social fica sob suspeita de ser "planejamento" e ocorre somente depois de crises, tais como a Grande Depressão. Supõe-se que a sociedade esteja dividida num setor privado (competição de mercado) e num setor público (governo e instituições sem fins lucrativos), com um Muro de Berlim inibindo a interação (alicerçada por leis antitruste). Ao governo é proibido "competir" com empresas do setor privado. Enquanto isso, as empresas fazem *lobby* junto aos governos para se apossar de processos reguladores e de códigos de tributários: as familiares raposas guardando o galinheiro. Muita criatividade e muita inventividade são represadas por trás das definições rígidas e das instituições restritivas que operacionalizam o paradigma industrial. Em sociedades pré-industriais e tradicionais, a maior parte da terra e dos recursos tradicionais pertencia à comunidade e era mantida comunitariamente e era conhecida como "*the commons*" (bens comuns) — isto é, o prado da aldeia — como eram conhecidas as terras comunais para pastagem na Inglaterra. De um ponto de vista sistêmico, mercados são sistemas abertos, com abundantes recursos que podem ser utilizados individual e competitivamente, enquanto que os bens comuns constituem sistemas fechados, onde os recursos são utilizados de maneira indivisível, tais como parques nacionais, ar, oceanos, órbitas de satélites e o espectro eletromagnético da Terra. (Veja a Figura 20. Diferentes Modelos de Mercados e de Bens Comuns, na página 295.)

Debates relativos à super-rodovia da informação tipificam a atual falência das polarizações público-*versus*-privado e mercado-*versus*-regulação, e estão se tornando confusos e esquizofrênicos. Por exemplo, analistas de Wall Street dedicados aos livres mercados caracterizam o setor das telecomunicações como estando empacado e fragmentado, e necessitando de padronização nacional a fim de se desenvolver posteriormente. Além disso, a liberdade no ciberespaço atrai conservadores, tais como o porta-voz da Casa Branca, Gingrich, o autor George Gilder (um dos pais da economia do lado da oferta), e o ex-consultor científico de Reagan, George A.

Keyworth, Jr., juntamente com os autores, mais orientados para o futurismo, Michael Rothschild, Lewis Perleman e Alvin e Heidi Toffler.[13] A Progress and Freedom Foundation, um reduto do pensamento neoconservador norte-americano alinhado com Gingrich, promove princípios para a Era da Informação em conferências dominadas por homens brancos de classe média — os promotores e usuários predominantes do ciberespaço. A maior parte deles ainda vê as questões em termos de ou isto/ou aquilo: *ou* regras e regulações *ou* liberdade e mercados. Não é de causar surpresa o fato de *The Economist*, embora admitindo que as redes precisem de padrões comuns e precisem reconhecer os perigos de grandes empresas privadas, tais como a Microsoft, virem a capturar esses padrões, ainda opinasse que "por enquanto, pelo menos, é mais sensato confiar no mercado".[14]

Os ciberlibertários, que se opõem à regulamentação das super-rodovias da informação global, usam paradigmas transacionais híbridos. Justificam a desregulamentação reimpondo idéias de *laissez-faire* e igualando a evolução tecnológica da livre empresa com a evolução natural dos ecossistemas. Enquanto isso, invocam a teoria do caos e a dinâmica sistêmica para provar que a intervenção regulatória é demasiado imprevisível e que a regulamentação privada das novas redes, e até mesmo a captura do poder de imposição de padrões, é simplesmente a sabedoria do mercado. Não obstante, a regulamentação do ciberespaço é inevitável. Por volta de 1995, a Internet estava politizada pelo comercialismo, pelo afluxo de material não-solicitado, tais como propagandas, no *E-mail* do usuário, pela fraude, e pelo roubo envolvendo dezenas de ações judiciais.[15] Até mesmo a abastada Telluride, no Colorado, pioneira da revolução das informações, com relutância estabeleceu regulamentações para seu sistema de computadores aberto ao público, o InfoZone, depois que mensagens racistas, pornográficas e difamatórias começaram a proliferar.[16]

O caótico cassino financeiro global, assim como os outros novos domínios tecnológicos no ciberespaço, provavelmente também se tornarão ainda mais imprevisíveis sem alguma intervenção reguladora. O *The Economist*, num levantamento feito em 1º de julho de 1995, "The Internet: The Accidental Superhighway (A Internet: A Super-rodovia Acidental), projetou vários cenários para o futuro de tais redes abertas. Paradigmas híbridos têm enxertado uma dinâmica atualização na "mão invisível" da economia neoclássica. Ironicamente, formas arbitrárias de regulação e de censura privadas estão se tornando um verdadeiro problema. À medida que o comercialismo invade a Internet, os reguladores estão se precipitando para criar "regras de trânsito" que limitem a liberdade nas rodovias da informação e no ciberespaço — assim como eles já fizeram na rádio e na TV comerciais. Será o ciberespaço regulado como um novo tipo de recursos comuns (isto é, como um bem comum) a fim de se impedir a criação de regras privadas e arbitrárias por servidores tais como a America Online e a Compuserve, ou para impedir a captura de padrões por grandes atores, tais como as empresas de telecomunicações (telecoms) ou a Microsoft?

O cabo-de-guerra nos Estados Unidos é entre a regulação pela Federal Communications Commission (FCC) e ondas sucessivas de fusões e de aquisições que levam a uma padronização nacional efetiva por meio de um oligopólio do setor privado com pouca responsabilidade pública. Em 1995, tais fusões e capturas de padronização por telecoms e gigantes da mídia nos Estados Unidos e na Europa tinham consolidado seu poder geopolítico na midiacracia. Há uma longa história de leis antitruste destinadas a impedir esses poderosos monopólios centralizados de controlar e de administrar os preços de serviços de utilidades essenciais – nos Estados Unidos e em outros países da OECD. A captura do processo de estabelecimento de padrões por um novo setor industrial ou tecnologia confere um enorme poder de mercado, freqüentemente um monopólio. No entanto, uma história igualmente longa de monopólios *regulamentados* de propriedade estatal, com concessão de exploração dada pelo governo, têm mostrado abusos de poder semelhantes, influência de interesses especiais e imposição de preços excessivos. Hoje, os efeitos *potencialmente* descentralizantes da tecnologia da informação são ameaçados pelas imensas recompensas que essas tecnologias conferem aos primeiros que nelas ingressarem e que as colonizarem pela imposição de padrões. Não obstante, como discutimos, em todas as sociedades humanas, e em todos os níveis, regras de interação são fundamentais. É apenas uma questão de quem, o que, quando, por que, onde e como escolhemos regular a nós mesmos. A "mão invisível" é uma projeção – que ofusca nossas próprias responsabilidades e escolhas. Somente mais poder conferido a usuários, eleitores e consumidores da sociedade civil organizada, e *feedback* vindo deles, pode exercer uma influência democratizante.

As revoluções democráticas que se espalham, também produzidas pelas tecnologias da informação, estão reestruturando as instituições hierárquicas, burocráticas e monopolistas – sejam elas megacorporações privadas ou agências governamentais que funcionam inadequadamente. Não obstante, a menos que apliquemos novos paradigmas, modelos sistêmicos, e padrões e acordos regulamentadores do tipo ganha-ganha, não poderemos transcender a dicotomia setor público *versus* setor privado. A precipitação para colonizar comercialmente a multimídia por meio das telecomunicações, da TV a cabo e de empresas de computadores e de entretenimentos, que resultou no tumulto de fusões de meados da década de 90, está criando situações de mercado oligopolísticas. Como foi mencionado no Capítulo 5, gigantescos conglomerados das comunicações controlam hoje a atenção do mundo. Por volta do final de 1995, a Disney-Capital Cities-ABC; a Time-Warner; a NBC-General Electric; Robert Murdoch; e a CBS-Westinghouse emergiram como as gigantes globais. Em todo o sensacionalismo em torno de tais fusões, a maior das quais foi a Disney-Capital Cities-ABC, raramente há uma menção à necessidade de se melhorar o conteúdo ou o acesso do público, às possibilidades de assembléias populares eletrônicas, ou a maneira como essas tecnologias poderiam aperfeiçoar a democracia e fomentar a evolução cultural.

Com tecnologias da informação, poderíamos planejar novos métodos de tomadas de decisão multiniveladas dentro das organizações, baseadas em princípios sistêmicos, plugadas no *feedback* e no *feedforward* dos usuários numa Era da Informação mais democrática. Além disso, os povos do mundo poderiam ser ligados, em todos os níveis, como produtores e como consumidores por meio de *intercâmbios de informação*, as novas moedas do mundo. A informação, diferentemente dos bens materiais, não está escassa, o que explica por que a teoria econômica baseada na escassez não pode abranger bem a informação. Se você me dá informação, você ainda a tem, e ambos ficamos mais ricos por tê-la compartilhado — uma proposição em que todos são vitoriosos (*win-win*). Na Era da Informação, jogos em que todos ganham (*win-win*) gradualmente eclipsarão os jogos de ganho-perda (*lose-win*).

Estruturas sistêmicas mais expansivas são essenciais para se reconceitualizar as grandes globalizações da atualidade e os processos de reestruturação que elas engendram. Três conceitos em mudança ajudam a pôr em contexto a ascensão das sociedades de informação e o eclipse do industrialismo e de seu hoje disfuncional paradigma econômico:

1. A mudança da economia convencional e materialista, baseada no equilíbrio, para o modelamento caótico e sistêmico e a teoria dos jogos — isto é, a visão segundo a qual sociedades humanas de informação, adaptativas e em evolução, e seus códigos de ADN cultural e processos de decisão existem no âmbito de sistemas ecológicos igualmente dinâmicos, governados tanto por laços de *feedback* positivos como negativos. (Veja a Figura 2. Dois Sistemas Cibernéticos, na página 26.) A precipitada corrida mundial de políticos para adotar mercados e democracia é instintivamente correta: sociedades complexas são mais bem governadas por *feedback* vindo de atores individuais e dirigido para os centros de decisão em todos os níveis. Como foi mencionado no Capítulo 8, as duas formas-chave de tal *feedback* são os *preços* e os *votos*. Mas os preços devem ser corrigidos

de modo a refletir custos sociais e ambientais, ao passo que as democracias devem refletir escolhas de eleitores em vez de grupos de interesse especial, ricos e poderosos. Outras formas de *feedback* são hoje necessárias, inclusive novos indicadores e novas estatísticas para se medir resultados e assinalar advertências antecipadas, bem como meios de comunicação de massa para amplificar e realçar essas novas questões e preocupações. Todas as economias, atualmente, são "mistas", isto é, são misturas de mercados e de regulações.

2. A mudança da identificação de progresso humano com crescimento quantitativo do PNB de modo a abranger metas mais complexas relacionadas com qualidade de vida e com desenvolvimento sustentável. (Veja o Capítulo 10.) Isto requer reclassificação da economia para além do setor público *versus* setor privado e para além do livre mercado *versus* regulação, a fim de abranger o aumento de serviços ricos em informação e de setores da atenção. O exame da produtividade total de sistemas sociais expande o mapeamento de setores produtivos de modo a incluir a sociedade civil, a economia não-remunerada do amor e a produtividade da natureza, todos eles subsídios atualmente escondidos aos setores públicos e privados definidos pelo PNB e pelo dinheiro. (Veja a Figura 8. Sistema Produtivo Total de uma Sociedade Industrializada, na página 73.) Cada sociedade estabelece as fronteiras entre setores e regras de interação de acordo com seus códigos de ADN cultural específicos.

3. A mudança de um modelo econômico que vê o mercado privado e o setor público como totalmente separados para um modelo sistêmico que reflita uma visão dos mercados como sistemas *abertos* e dos bens comuns como sistemas *fechados*. (Veja a Figura 1. Três Zonas de Transição, na página 22.) Essa mudança esclarece opções políticas e novas estratégias para empresários. A maior parte das empresas engrenadas para satisfazer as necessidades atuais e as do futuro desenvolvimento sustentável exigirá a reestruturação e a ligação coperativa em redes e consórcios de *ambos* os setores, público e privado, bem como parcerias com instituições da sociedade civil.

RUPTURA DO CARTEL MONETÁRIO GLOBAL

Vemos hoje o crescimento de economias informacionais não-monetárias (redes local, regional e global para comércio de troca, contra comércio, reciprocidade e ajuda mútua) todas as vezes em que a administração macroeconômica está falhando nas sociedades. Desde os países do G-7, que incluem o Canadá, a Grã-Bretanha e a Itália, até a Rússia e países da Europa Oriental, as pessoas estão criando suas próprias sociedades de informação locais na Internet e em outras redes, onde o número de usuários está aumentando a uma taxa de 25% ao mês. Na área de Washington, D.C., pequenos negócios em redes de comércio de troca aumentaram de 1.200, em 1990, para 3.500 desde 1995.[17] As empresas estão emitindo cupons de desconto e outras moedas escriturais, assim como o fizeram metrópoles em todos os Estados Unidos durante a Grande Depressão da década de 30.

À medida que a democracia varre o planeta, pessoas em todos os lugares vêem, nas transmissões de TV via satélite, como a política, a economia, o dinheiro e as tradições culturais interagem para controlar os assuntos humanos desde o nível global até o local. A sociedade civil global, hoje ligada eletronicamente, está desafiando tanto os governos como as grandes empresas. Muitas pessoas no governo e no nível local compreendem as implicações da Era da Informação global: *dinheiro e informação são hoje equivalentes – se você tem um deles, pode obter o outro*. De fato, a informação é, com freqüência, *mais* valiosa que o dinheiro. Atualmente, o dinheiro, com freqüência, *segue* a informação (e, às vezes, a informação errônea). Os mercados se revelam menos que eficientes porque ignoram os custos sociais e ambientais e pressupõem que as pessoas são racionais apenas se maximizam seu interesse próprio, em vez de ser impelidas por motivações múltiplas e complexas. De fato, a psicologia e a teoria dos jogos explicam hoje os mercados melhor do que a economia.

Em 1994, descrevi como o monopólio global do dinheiro estava se rompendo à medida que se tornava mais instável com moedas elásticas, derivativos e volatilidade crescente.[18] Os governos podem agora contornar o monopólio do dinheiro e conduzir sofisticados comércios de troca e acordos de contracomércio diretamente (como o fazem as grandes empresas) utilizando sistemas comerciais baseados no computador e semelhantes àqueles que os corretores da Bolsa de Mercadorias de Chicago utilizam. Desde meados da década de 80, tenho indagado de funcionários do Hemisfério Sul por que eles não agem de acordo com esse conhecimento. De fato, até um quarto de todo o comércio mundial já é realizado dessa maneira, de acordo com algumas estimativas da indústria. Assim, a "necessidade de se obter divisas externas", que pendia sobre a cabeça dos governos como uma espada de Dâmocles, pode ser agora removida. Complicadas transações comerciais que envolvem muitos parceiros podem ser realizadas quase sem necessidade de dinheiro. Computadores registram os rastros, em livros contábeis, daqueles que prometeram "pagar" por determinada mercadoria em troca de outro determinado artigo em determinada data – o que, de qualquer maneira, é aquilo que o dinheiro é e faz. Concluí que os paradigmas ocidentais têm dominado as mentes dos ministros das finanças no Sul — a menos que eles simplesmente sonhassem em *juntar-se* à rede financeira e internacional dos "velhos camaradas".

O dinheiro, essencialmente, é uma unidade contábil que entra em vários livros-razão para rastrear e manter o registro da produção, dos serviços e das transações dos seres humanos à medida que estes interagem uns com os outros e com os recursos da natureza. Como sabem os banqueiros centrais, o dinheiro não está escasso, e pode servir como um depósito estável de valor se o seu suprimento for controlado de modo a corresponder à produção em expansão e a transações de câmbio, e se for utilizado para rastreá-las. Quando os governos e os bancos centrais fornecem muito dinheiro e gastam ou investem muito (além do dinheiro recebido em impostos) em projetos e em serviços públicos de curto prazo ou não-sustentáveis, o dinheiro perde o seu poder de compra: isto é, ocorre inflação. Déficits orçamentários e taxas mínimas de inflação têm sido aceitas por governos desde que John Maynard Keynes (1934) mostrou que alguns investimentos poderiam ser necessários para se "reativar, através de injeção monetária", as economias nacionais, que poderiam afundar num equilíbrio bem abaixo do nível de pleno emprego. No entanto, a teoria econômica é notoriamente deficiente em fornecer quaisquer fórmulas viáveis e repetíveis que pudessem ser sabiamente investidas na criação de ativos sociais futuros (quer a meta seja cidadãos saudáveis e instruídos, e infra-estrutura positiva, ou a manutenção de recursos naturais e da qualidade ambiental). Isto se deve ao fato de que a teoria econômica ainda considera muitos custos sociais como sendo "externalidades"; esses custos não são internalizados nos balancetes das grandes empresas ou do governo para se chegar a preços de custo global.

Como foi discutido nos Capítulos 2 e 4, os instrumentos da administração macroeconômica nacional (isto é, as políticas fiscal e monetária) tornam-se cada vez mais irregulares à medida que as fronteiras nacionais são inundadas por ondas de capital especulativo eletrônico. As pessoas por toda a parte estão compreendendo que o dinheiro e o crédito também são usados como *instrumentos políticos* para se criar incentivos e substitutos para a regulação. Globalistas populares conscientes também sabem que o dinheiro não pode mais ser usado de maneira eficaz como o principal instrumento para a expressão de indicadores mais amplos da qualidade de vida e do progresso ou para fornecer dados precisos destinados a administrar as economias nacionais ou o sistema do comércio mundial. Desse modo, as organizações não-governamentais (ONGs) populares em todo o mundo estão hoje desafiando os fundamentos políticos do sistema financeiro global. Esse sistema não foi revisado desde seu estabelecimento pelas Nações Unidas, em 1945, na famosa conferência de Bretton Woods.

As instituições de Bretton Woods — o Banco Mundial, o Fundo Monetário Internacional (FMI), o GATT (Acordo Geral sobre Tarifas e Comércio), bem como o Banco para Acordos Internacionais (BIS) — foram solicitadas a refletir sobre as condições na era pós-Segunda Guerra Mundial. Muitos compromissos foram assumidos, tais como o de se excluir alguns países do GATT, em vez de se criar uma Organização Mundial do Comércio (OMC) democrática e inclusiva, como fora originalmente concebida. Hoje, essas instituições ainda formam a maquinaria política que sustenta a economia global. Elas são extensamente acusadas, não apenas pelas ONGs mas também por muitos governos, de ser não-democráticas e de se inclinar a favor dos já ricos e poderosos. Tais visões consolidaram-se primeiro no encontro do Grupo dos Setenta e Sete, em Lome, no Togo, em 1972, onde a comunidade financeira global ouviu o primeiro tiro de partida exigindo uma Nova Ordem Econômica Internacional (NOEI). Então, a OPEP quadruplicou o preço do petróleo em 1973 — a segunda salva de artilharia que desafiou as premissas do jogo monetário global.

Exigências para se democratizar o Banco Mundial, o FMI e o GATT (hoje OMC — Organização Mundial do Comércio), bem como para se abrir o BIS, que ainda era privado, se avolumaram a partir do malogro da Terceira Década das Nações Unidas para o Desenvolvimento (a década de 80). Em vez de progresso, essa década viu o desenvolvimento na África, na Ásia e na América Latina se atolar em montanhas de dívidas não-reembolsáveis (freqüentemente contraídas devido à camaradagem entre elites internacionais), alargando as lacunas entre ricos e pobres, e em devastações ecológicas. Os "empréstimos para ajustes estruturais" feitos pelo Banco Mundial e pelo FMI condicionavam os endividados países a apertar dolorosamente o cinto de modo a que pudessem manter os pagamentos dos juros sobre as suas dívidas. Dada a estrutura não-democrática de muitos governos, tais programas de austeridade esmagaram os pobres e os destituídos de poder enquanto protegiam das dificuldades os grupos influentes e afluentes (Rich 1994).

Os bancos da África do Sul proporcionam um exemplo do uso de novas tecnologias bancárias para tornar as coisas piores nas vizinhanças pobres. O novo E-Bank, do Standard Bank, e o Peoples Bank, do Nedcor Bank, oferecem aos pobres serviços limitados e automatizados. Utilizando tecnologia de ponta para substituir por máquinas os custos da mão-de-obra, eles oferecem aos seus clientes cartões inteligentes reconhecíveis por meio de impressão digital do polegar em suas máquinas para a retirada de dinheiro. O governo subscreve alguns desses riscos bancários mesmo que eles ofereçam apenas serviços mínimos e alguns pequenos empréstimos domésticos.[19] Nos Estados Unidos, a tentativa do First Chicago Bank para aumentar ainda mais a automatização, impondo uma taxa de 3 dólares sobre as transações face-a-face do cliente, não deu certo. Esse novo imposto de serviço resultou em muitas retiradas de dinheiro.[20]

As exigências para uma revisão das instituições financeiras Bretton Woods das Nações Unidas culminaram em 1994 com a campanha global popular "Fifty Years Is Enough" para que o Banco Mundial fosse efetivamente fechado. Essa campanha resultou em algumas reformas por volta de 1995. Os protestos se tornarão mais estridentes à medida que mais pessoas perceberem que o suprimento de dinheiro não está em baixa, e que os créditos e a liquidez com freqüência seguem a política. A ajuda na forma de crédito, de cancelamento de dívidas ou de uma nova emissão dos direitos de Saque Especiais (SDRs), às vezes conhecidos como "ouro-papel", poderia tornar-se disponível mais ampla e eqüitativamente por intermédio do FMI e do Banco Mundial, em vez de o ser apenas para os governos ou para escorar poderosas alianças nacionais, ou então para conchavos com banqueiros centrais, corretores de títulos e outros interesses especiais.[21] Reformadores democráticos procuram acesso mais amplo ao crédito para grupos privados, empresas locais, aldeias e muitas outras ONGs e comunidades para um desenvolvimento de um "efeito-bolha" local. Campanhas para se democratizar os reservados governos do Banco Mundial, do FMI e da OMC persistirão até que suas premissas políticas sejam desvencilhadas de seus modelos econômicos e que suas relações com governos, bancos, corretores de títulos, bolsas de valores e acionistas tornem-se mais claras.

SOCIEDADES DE INFORMAÇÃO LOCAL PODEM TORNAR-SE NOVAS REDES DE SEGURIDADE SOCIAL

À medida que as crises e os malogros da administração macroeconômica tornam-se mais evidentes em todo o mundo, pessoas nas organizações populares estão redescobrindo a mais antiga e mais confiável das redes de seguridade social: a economia não-monetária da informação pura. Todas as sociedades humanas são sociedades de informação e sempre têm operado com a partilha de informações — dos gestos à linguagem, dos sinais de fumaça aos telefones, fax e Internet da atualidade. Assim, a informação é mais básica do que o dinheiro para as transações e para o comércio humanos (Henderson 1981). Como foi descrito, mais de metade da produção, do consumo, das operações cambiais, dos investimentos e da poupança mundiais são realizados fora da economia monetária — até mesmo em países industrializados. Por exemplo, 89 milhões de homens e de mulheres norte-americanos atuam como voluntários durante uma média de cinco horas por semana, economizando aos contribuintes milhões de dólares em programas sociais.[22] (Veja a Figura 8. Sistema Produtivo Total de uma Sociedade Industrializada, na página 73.) Enquanto isso, os países da OECD enfrentam índices de desemprego médio obstinadamente altos.

Em muitos países em desenvolvimento, as economias oficiais definidas pelo dinheiro e rastreadas pelas contas nacionais e pelo PNB são inferiores a um terço de toda a atividade econômica dessas sociedades e economias de subsistência com freqüência tradicionais. Não é de se admirar o fato de que muitos projetos do Banco Mundial e outros projetos de desenvolvimento tivessem malogrado quando negligenciaram esses setores não-monetarizados. Em todo o mundo, pessoas estão respondendo ao "tratamento de choque" econômico e piorando, pragmaticamente, a dívida nacional — ao reinventarem o comércio de troca, moedas alternativas, intercâmbio comunitário, agricultura sob contrato do consumidor e ajuda mútua, muitas vezes auxiliados por computadores, pelo rádio e por centrais telefônicas. A maioria dos manuais de economia acusa de retrógradas e de ineficientes tais economias locais informais e ignora a rica história de tais alternativas, baseadas na informação, aos bancos centrais e às moedas nacionais.

Sistemas monetários urbanos independentes sempre têm florescido todas as vezes que os governos nacionais administram mal os assuntos nacionais. Essas moedas alternativas são catalogadas em *Depression Scrip of the United States*, por Ralph Mitchell e Neil Shafer (1984), que documenta as centenas de metrópoles dos Estados Unidos, e metrópoles do Canadá e do México, que se recuperaram do desemprego da década de 30 emitindo seu próprio dinheiro. Os primeiros exemplos baseavam-se nas teorias do economista Silvio Gesell e incluíam a cidade de Worgl, na Áustria, e as Ilhas do Canal de Jérsei e de Guernsey, ao largo do litoral sul da Inglaterra. Todos os três se tornaram enclaves de prosperidade e sobreviveram aos grosseiramente remendados planos de ação política nacionais do período. Hoje, Jérsei e Guernsey ainda sobrevivem como exemplos de como sistemas monetários independentes, de crédito local, podem manter o pleno emprego, serviços públicos e baixa inflação.

Nos Estados Unidos, na década de 1890, um sistema de comércio de troca local, denominado Time Store floresceu em Cincinnati, Ohio, sendo precursor de muitos dos sistemas de troca local da atualidade. Outras moedas locais, nos Estados Unidos, incluíam a "constante" emitida em Exeter, em New Hampshire, em 1972 e 1973, pelo economista Ralph Borsodi e seu colega Terrence Mollner, da World Business Academy, seguindo a linha das teorias monetárias de Irving Fisher. Um equivalente a 160.000 dólares estava em circulação. A constante iria ter o apoio de uma cesta de artigos de primeira necessidade, mas a morte de Borsodi pôs fim à experiência de Exeter.[23] Outra moeda norte-americana escorada numa cesta de artigos básicos foram os "dólares de energia" emitidos pelo movimento Technocracy, que floresceu na década de 50. Além disso, uma grande rede cresceu nos Estados Unidos na década passada, procurando reformar os dólares norte-americanos criados pelos bancos e escorados pelo crédito, e suavizar os ciclos de *boom* e falência que eles criam, reformando, para isso, a *Federal Reserve Act* (Lei da Reserva Federal), de 1913, a qual colocou nas mãos dos doze bancos-membros privados do Federal Reserve System o poder de emitir moeda e restituir ao Congresso o exercício desse poder.

Hoje, as pessoas comuns não estão ociosamente sentadas esperando que os administradores econômicos centralizados possam ajudá-las. As comunidades locais vêem a confusão no topo e não estão esperando sua ajuda. Na Rússia, à medida que o rublo caía, os mercados de troca e de antigüidades e de segunda mão tornaram-se substitutos pragmáticos. Fluxos de petróleo vindos de Kiev, na Ucrânia, e indo para a Hungria, eram trocados por caminhões, e engenheiros russos desenhavam usinas elétricas em troca de carvão chinês. A maior lição da Era da Informação está sendo aprendida: a informação pode substituir o dinheiro artificialmente escasso. Redes de informações que operam os sistemas de troca nos Estados Unidos movimentam 7,6 bilhões de dólares por ano. O número de empresas norte-americanas empenhadas em serviços de comércio de trocas aumentou de 100, em 1974, para 600, em 1993. Essas empresas de comércio de trocas, de acordo com o boletim de informações *AT WORK*, vão da Barter Corporation, rede de intercâmbio comercial na área de Chicago, até a Ron Charter de Costa Mesa, na Califórnia, que troca aparelhos elétricos e equipamentos de esportes reciclados por créditos via Green Card válidos para pagamentos de bens e de serviços em mais de duzentas empresas participantes, no Condado de Orange. Algumas dessas trocas destinam-se à educação e à assistência à saúde de funcionários. Os bens trocados incluem desde caminhões, móveis para escritórios e carpetes até roupas, viagens, quartos de hotel e serviços dentários e oftalmológicos.[24] No nível local, clubes de comércio de troca têm hoje conhecimento de transações de créditos, de investimentos e de intercâmbios. Essas redes de informações funcionam para o intercâmbio de bens, assim como as associações de pagamento e os acordos comerciais fazem com relação ao governo. Essas economias não-monetárias e baseadas em moedas são indicadores de importância fundamental que assinalam o declínio da administração macroeconômica.

Tal engenhosidade descentralizada e local ainda alarma os banqueiros e as autoridades monetárias centrais. No passado, moedas locais e destinadas a um objetivo específico e imediato, bem como as economias alternativas, eram erradicadas pelo governo como sendo ilegais ou sonegadoras de impostos. Não obstante, todas as vezes em que os produtores e os consumidores locais se defrontam com a hiperinflação de moedas nacionais ou com planos de ação política para o crescimento econômico sem empregos eles recorrem a maneiras pragmáticas de desobstruir os mercados locais, criando empregos e fomentando o bem-estar da comunidade. Essas novas sociedades de informações locais são não apenas tentativas para se criar redes de seguridade e economias nacionais mas também constituem um ressurgimento dos sistemas de parentesco. Dessa maneira, são mais adequadamente entendidas a partir de perspectivas antropológicas e culturais do que a partir de um ponto de vista econômico, como sistemas financeiros/monetários (uma visão excessivamente reducionista).

Sociedades de informações locais estão arraigadas na economia do amor; elas derivam de sistemas de reciprocidade, de ajuda mútua e de autoconfiança nas sociedades tradicionais e baseiam-se em tentativas para reatar os laços comunitários.[25] Agora que as informações tornaram-se a moeda básica do mundo, tanto nas telas de computador usadas no comércio internacional como em redes locais de microcomputadores e em clubes de troca, as pessoas estão, finalmente, começando a entender o dinheiro em si mesmo. Por exemplo, grupos populares, em muitos países, advogaram a adoção de um Global Resource Bank (GBR), cuja carta patente é baseada na do FMI, com exceção do fato de que o novo GRB tornará o crédito disponível aos indivíduos, às cidades e às empresas — e não apenas aos governos nacionais.[26]

Organizadores de economias locais e informais compreenderam que se os banqueiros centrais, os "crupiês" das economias nacionais, não podem fornecer os "*chips*" necessários (isto é, suprimentos de dinheiro, crédito e liquidez) para as pessoas locais concluírem os seus comércios e as suas transações, então *chips* e sistemas de informação alternativos locais podem preencher a lacuna. Quando o comércio de troca é lucrativo, grupos locais têm até boa vontade em pagar impostos para as municipalidades em moedas locais, e para as autoridades nacionais em dinheiro vivo, mesmo que o intercâmbio de serviços comunitários em ajuda mútua geralmente seja isento. Embora seja potencialmente útil ampliar esses intercâmbios populares e estender seus benefícios a mais comunidades, surgem problemas imediatos na interface com o mercado e com as instituições financeiras, mais poderosos e competitivos. Os governos irão querer taxar o intercâmbio local, ao passo que bancos e empresas podem ver essas novas redes populares apenas como novos mercados potencialmente lucrativos — perdendo, desse modo, suas tradições de economia do amor, tradições de confiança e de ajuda mútua.

Atualmente, economistas e banqueiros, depois de combater tais iniciativas locais, podem precisar contar com elas para estabilizar as incoerentes e precipitadas economias nacionais. Mas as tentativas para cooptar ou para explorar competitivamente esses sistemas de redes de seguridade de origem nacional rapidamente os reduzirão de tamanho ou os empurrarão para a clandestinidade. Como ocorre com todas as moedas em circulação, a confiança é o fator que proporciona valor. Devemos acreditar em nosso dinheiro ou ele se tornará sem valor. As interfaces com os setores de mercado podem se desenvolver somente até onde a confiança esteja estabelecida: os competidores do mercado devem respeitar os códigos de conduta cooperativos da comunidade e honrar os interesses e os valores da comunidade. Por exemplo, as tomadas de decisões e as regras devem ser democráticas e participatórias; a administração e as transações devem ser abertas e transparentes; os bônus usados como dinheiro em circulação devem ser livres de manipulação, de intermediários e de outras influências inflacionárias, e procedimentos de queixa, bem como todos os códigos de conduta e todas as regras relevantes devem ser claros e afixados à vista geral.

Seguem-se alguns exemplos dessa nova tendência global:

• Um dos mais antigos e sofisticados sistemas de intercâmbio cooperativo, de propriedade dos seus membros, é o WIR-Messen da Suíça, hoje com cinqüenta anos de idade. Seus milhares de membros recebem o lustroso e colorido periódico *WIR Magazin*, repleto de centenas de propagandas para uma vasta gama de bens e de serviços que vão de seguros, de negócios bancários, de crédito e de transportes até artigos fabricados: computadores, móveis e itens de luxo, de peles a antigüidades. Tudo isso é oferecido à venda nos bônus da cooperativa, que valem como papel-moeda: em 1993, as operações comerciais realizadas em WIRs foram equivalentes a 19,7 milhões de francos suíços. Artigos no *WIR Magazin* celebram tais estatísticas, bem como as realizações do grupo em criar milhares de empregos e muitos novos negócios, e em fomentar programas de auto-ajuda para a comunidade em Berna, em Zurique, em St. Gallen, em Lucerne, em Lenzburg e em outras cidades suíças. A WIR-Messen mantém um perfil muito baixo, embora sua rede inclua atualmente, como membros, um grande número de empresas suíças desejosas de aceitar os WIRs, que, pelo menos parcialmente, podem ser trocados por francos suíços.

Ocorreu um problema de inflação com a moeda do WIR quando algumas das empresas-membros acumularam os bônus e começaram a trocar WIRs por francos suíços com um desconto de 40%, de acordo com o economista Hank Monrobey.[27] A administração da WIR-Messen respondeu com uma ação agressiva contra o comércio não-autorizado por parte dos membros – causando dissensões na cooperativa. Não obstante, essa rede de classe média da WIR tem mantido contínua interface com a economia dominante de mercado enquanto a administração da rede procura manter seu sistema de valores cooperativo.

• O Clube Seikatsu de Yokohama, no Japão, é uma cooperativa do consumidor fundada por mulheres japonesas há mais de vinte anos, que firmaram contrato com agricultores locais para produzir frutas e hortaliças cultivadas por meios orgânicos. A Seikatsu atingiu hoje as proporções de uma rede multimilionária de agricultores, enlatadores, preparadores de alimentos e distribuidores diretamente ligados por remessas por caminhão a centenas de milhares de consumidores. Seus princípios incluem uma visão holística da vida e da harmonia do mundo baseada na cooperação e não na competição. O clube está comprometido com pequenos agricultores e produtores; um meio ambiente mais seguro e mais saudável (graças ao uso de seus produtos de sabão não-poluente); e aquisição de poder por trabalhadores e por mulheres. Os custos de alimentos organicamente cultivados e preparados são mantidos em um patamar mínimo, por meio de contratos de compra coletivos e pela oferta de uma única marca de cada um dos quatrocentos produtos alimentícios do clube.

A Seikatsu é uma das cerca de setecentas cooperativas semelhantes no Japão e um dos maiores investidores do Japão em empresas de produtos que não visam o lucro. A Seikatsu difundiu-se por muitos grupos autônomos locais, compostos de seis a treze famílias denominadas *han*. Por volta de 1987, trinta e um membros da Seikatsu tornaram-se representantes públicos eleitos em Yokohama, em Tóquio e em Chiba. A Seikatsu também foi capaz de se misturar com a economia dominante e competitiva do Japão sem perder sua preocupação social ou sua visão voltada para a construção de um mundo cooperativo e pacífico. De fato, os membros da Seikatsu viajam pelo mundo articulando sua visão em muitos encontros e fóruns.

• Na Inglaterra, mais de duzentos Local Exchange Trading Systems (LETS) estão operando ou em vias de iniciar suas operações em cidades regionais tais como Bristol, Cardiff, Manchester, Sheffield e Swindon, de acordo com o LETS LINK.[28] Os LETS de Totnes, no Devon, fornece hoje instruções sobre economia ecológica, ensinada por esta autora e por outros no Schumacher College. O LETS, fundado em Vancouver, no Canadá, pelo empreendedor social Michael Linton, liga comunidades por meio de centrais telefônicas e de quadros de avisos em microcomputadores, nos quais as pessoas afixam notícias sobre serviços e artigos de que precisam ou que têm a oferecer em troca. Os computadores registram as transações e cada sistema define sua própria unidade de cálculo, tal como "ligações" em vez de libras. Cerca de duzentos sistemas LETS estão operando na Austrália, onde a Primeira Conferência Nacional sobre LETS foi realizada em 1992. Na Nova Zelândia, o maior dos LETS funciona em Auckland e tem hoje mais de 2.000 membros e uma equipe de 45 pessoas, todas elas remuneradas em sua própria moeda, os Green Dollars.

• Nos Estados Unidos, onde pelo menos cinqüenta milhões de consumidores participam de empresas cooperativas,[29] um novo sistema que utiliza bônus em lugar de dinheiro — os Service Credits ou Time Dollars, inventados pelo professor de Direito Edgar Cahn, da Universidade de Miami — foi introduzido em comunidades de aposentados na Flórida e na cidade de Nova York.[30] Os Time Dollars permitem, às pessoas que querem ajudar seus vizinhos e atuar como voluntários na prestação de serviços comunitários, registrar suas horas trabalhadas num sistema de cálculo no computador central. Desse modo, elas podem recorrer ao sistema quando precisarem de ajuda e arranjar outro voluntário filiado ao sistema do Time Dollar para ajudá-las.

O potencial de tais sistemas de crédito de serviços é enorme para as cidades que querem colocar pessoas desempregadas para trabalhar em programas locais de serviços comunitários e de reabilitação. Por exemplo, os governos municipais poderiam emitir City Credit Cards para desempregados por eles contratados. À medida que ganhassem créditos de trabalho em projetos municipais, as pessoas poderiam usar seus City Credit Cards para uso no transporte coletivo local ou para ter acesso a estacionamentos, bibliotecas, instalações recreativas e quaisquer outros programas de treinamento e de educação realizados com apoio da municipalidade. Isso permitiria às cidades obter um valor mais perto do real a partir de seus serviços e de sua infra-estrutura locais sustentados pela emissão de impostos e de títulos — muitos dos quais têm períodos de subutilização assim como problemas de "carga de pico". Um assento de ônibus vazio é uma perda que pode ser parcialmente reparada — mesmo que seja ocupado por um passageiro que esteja usando Time Dollars ou um City Credit Card descontados. As Câmaras de Comércio locais, as associações de restaurantes e outros grupos poderiam cooperar em programas de City Credit Cards oferecendo bilhetes com desconto para cinemas e atrações locais, ou descontos em refeições nos restaurantes que participem desse sistema durante períodos de baixa demanda. A mesma coisa é válida para quartos de hotel do setor privado e, naturalmente, poltronas nas viagens aéreas — que agora estão sendo reservadas por meio de sistemas privados que usam bônus como dinheiro vivo, isto é, programas de vôos freqüentes. Todos esses bônus, sejam eles cupons de desconto ou outras recompensas, abatimentos, e assim por diante, estão sujeitos a abusos, tais como a revenda não-autorizada.

A cidade de Curitiba, no Brasil, e seu prefeito inovador, Jaime Lerner, tornaram-se mundialmente famosos por instituírem muitos desse tipo de programas locais que vinculam os desempregados e os pobres da metrópole à realização de trabalhos necessários à metrópole, tais como limpeza das ruas e reciclagem do lixo, permitindo em troca, ao mesmo tempo, um uso mais pleno dos ônibus e dos serviços urbanos pelos cidadãos. Em 1986, num simpósio público, "Money, Myth, and Manna" (Dinheiro, Mito e Maná), patrocinado pelo Dallas Institute of Culture and Humanities, solicitei com insistência para que a metrópole de Dallas, no Texas, criasse um programa "Dallas Money Card". Nessa época, a economia da metrópole estava debilitada por baixos preços do petróleo e por um alto índice de desemprego — mas o conceito ainda era demasiadamente não-familiar.

Figura 16. Dinheiro de Ithaca

Para informações a respeito de como iniciar uma versão local,
escreva para Ithaca Money, P.O. Box 6578, Ithaca, New York 14851

• O *Ithaca Money* é um jornal/diretório comunitário em Ithaca, Nova York, a cidade natal da Universidade Cornell. O diretório lista todas as atividades comerciais e os serviços que aceitam pagamento em Ithaca Hours, que incluem desde arquitetos, contadores, mecânicos de automóveis, serviços computadorizados, fornecedores de mantimentos e quiropráticos até armazéns de secos e molhados, serviços de aquecimento e de condicionamento de ar, trabalhos em folhas de metal, restaurantes e empresas de transporte de carga. A Alternatives Federal Credit Union, em operação desde 1980, tem mais de mil membros e faz empréstimos em Ithaca Hours (a 10 dólares cada). Esse sistema de intercâmbio cooperativo recebeu atenção nacional na televisão e nas notícias de rádio de organizações que defendem a liberdade dos seres humanos, "The Paul Harvey Show". O teórico-chave e organizador Paul Glover relata que trezentos *kits* planejados para ajudar outras comunidades foram expedidos. Cartas de agradecimento têm vindo de lugares os mais diversos, tais como Ulan Bator, na Mongólia; Ankara, na Turquia; Bujumbura, em Burundi; Ferguson, no Missouri; e o Kootenay Barter Bank, em Nelson, B.C., no Canadá.[31] Por volta de 1995, Ithaca inspirou as Lehigh Valley Barter Hours, em Bethlehem, na Pennsylvania, enquanto que as Boulder Hours, no Colorado, as Santa Fe Hours, no Novo México, e os Kansas City Barter Bucks ainda florescem, juntamente com outros grupos organizados em rede por Partidos Verdes locais e outros ativistas, inclusive Tom Greco, autor de *New Money for Healthy Communities* (1994).

• Em Ahmedabad, na Índia, Nandini Joshi, economista Ph.D. em Harvard, que escreveu *The Challenge of Poverty*, em 1978, ajuda hoje uma aldeia vizinha a realizar comércio de troca com seus artigos, serviços e empregos locais por intermédio do Hank Bank, que armazena novelos de algodão local cultivados e fiados na própria aldeia. A dra. Joshi projetou uma versão muito simplificada da famosa roca de Gandhi, que qualquer aldeão pobre ou desempregado pode construir com varas de madeira e simples prendedores. Dessa maneira, até mesmo crianças, inválidos, idosos ou enfermos podem ganhar a vida fiando — tarefa de que muitos desfrutam. Eles trocam seus novelos de fios por arroz, farinha e muitos outros alimentos e artigos locais. Tais soluções simples para a auto-suficiência local são invisíveis aos economistas do Banco Mundial.[32]

• A Commonweal, Inc., de Minneapolis, no Minnesota, é uma corporação lucrativa, privada, fundada em 1993, hoje em sua fase experimental. O fundador da Commonweal, Joel Hodroff, desenvolveu uma inovadora moeda dual, que combina créditos de serviços com um bônus, que vale como moeda, denominado CEDS (Community Economic Development Scrip [Bônus], sigla que é pronunciada como "seeds" [sementes]). O bônus será endossado na compra de artigos e de serviços com descontos a serem encomendados e fornecidos por vários negócios locais. Esse sistema combina as melhores características de várias moedas alternativas numa Currency Exchange Network (CEN). O projeto piloto da CEN ganhou importantes avalistas locais, incluindo banqueiros, associações comerciais e o influente Minnesota Center for Corporate Responsibility. Assim como outros sistemas de troca locais, a CEN liga consumidores, trabalhadores e voluntários da metrópole em igrejas e em clubes de serviços e na United Way com oportunidades de emprego e oportunidades para o consumidor por intermédio de um cartão de crédito e débito especial de plástico que proporciona acesso a todos os membros da rede.

A CEN pode organizar diversos setores da economia de Minneapolis numa economia de bens comuns do tipo "ganha-ganha", onde todas as partes se beneficiam. As atividades comerciais ganham novos clientes uma vez que utilizam mais plenamente os custos fixos e as despesas gerais para a obtenção de uma lucratividade maior. Os cidadãos encontram trabalho produtivo e aumentam seu poder de compra. Organizações patrocinadoras (escolas, igrejas e sinagogas, uniões trabalhistas, etc.) recebem comissões de credenciamento cada vez que um de seus membros faz uma compra com o cartão. A CEN modifica ferramentas comerciais padronizadas, tais como programas de milhagem de companhias aéreas e *marketing* relacionado com alguma causa (por exemplo, compra de biscoitos Girl Scout), e encoraja os consumidores, como num clube de compra, a efetuar as compras no âmbito da rede para beneficiar a comunidade. A CEN não exige taxa nem subsídios filantrópicos pois alavanca o excesso de capacidade produtiva, seja em atividades comerciais ou em hospitais, em colégios e em restaurantes, para produzir artigos e serviços necessários a preços acessíveis, ao mesmo tempo em que cria empregos adicionais. A Commonweal, Inc., está patenteando seu *software* de computador, que mantém os registros dos créditos de serviço que as pessoas ganham e manipula todas as transações feitas com cartão de plástico.

Como todos os outros sistemas de trocas locais, o sucesso da Commonweal, Inc., dependerá da preservação de sua economia baseada no amor e no parentesco, e da cooperação de todos os seus diversos membros, que exigirão códigos de conduta, regras e princípios claramente formulados, os quais têm-se mostrado essenciais sistemas em outros lugares.[33] As novas moedas de informação estão despedaçando todas as nossas suposições prévias a respeito de bancos centrais, dinheiro, crédito, liquidez e comércio, bem como os esforços, "feitos com o olho no passado", para reimpor a escassez e reinventar o dinheiro tradicional na Internet. A informação em rápido movimento empurrou para um beco sem saída as ferramentas fiscais e monetárias, e pôs em questão a maneira como os déficits deveriam ser calculados, bem como outros modelos de administração macroeconômica, instrumentos estatísticos e medidas convencionais de progresso. O debate a respeito de se democratizar o sistema financeiro global e a Era da Informação começou para valer — e a ele se juntaram todos os pragmatistas das organizações populares, que trazem a sua experiência em solucionar suas deficiências nas suas próprias comunidades.

CAPÍTULO 10

A REDEFINIÇÃO DE RIQUEZA E DE PROGRESSO: OS NOVOS INDICADORES

As empresas e o mercado estão assumindo novos papéis e novas responsabilidades em todos os países industrializados maduros. Na Europa, nos Estados Unidos e em alguns outros países, dá-se a isso o nome de "capitalismo de grupos de interesse" ou mercado social; no Japão é o "capitalismo japonês"; enquanto que os países escandinavos têm as suas próprias variedades características de economias de mercado misto. Os mercados estão desenvolvendo tanto consciência social como percepção ambiental. À medida que as privatizações continuam na União Européia, na Europa Oriental, na Rússia, na América Latina, na Ásia e, cada vez mais, na África, vemos muitas vias, meios e faces culturais de uma nova espécie de capitalismo híbrido. Como podem os balancetes lineares e as categorias dos economistas controlar comunidades formadas por grupos de interesse e de processos circulares inconsúteis? Por volta da década de 50, cientistas sociais e estatísticos, juntamente com cientistas naturais, começaram a documentar os custos sociais e a natureza sistêmica, circular, das economias complexas. Certamente, a dominação das notícias pelo indicador único do PNB/PIB baseado no dinheiro exacerba o problema.

Muitos empresários e donos de pequenos negócios indagam: "Existe alguma coisa para além da interminável competição na corrida de ratos econômica global da atualidade?", "Devem as pilhagens continuar a se dirigir para os jogadores mais rápidos com a força de trabalho mais barata, justamente aqueles que menos se importam com os direitos humanos, com a comunidade e com os valores ambientais?", "Como uma empresa socialmente responsável poderia operar, sem mencionar o fato de permanecer lucrativa em tal campo de jogo competitivo global?" A essas questões formuladas por jovens capitalistas preocupados e por muitos líderes dos setores público e privado e da sociedade civil acrescentam-se estas outras: "De quem é a responsabilidade de controlar e de definir as regras de trânsito nos novos mercados financeiros globais e no ciberespaço da Internet?", "Quem é responsável por mercados e por moedas voláteis?", "Internamente, deveriam os níveis de governo, nacional, estadual ou local, ser responsáveis pelo estabelecimento de padrões para a saúde, os direitos humanos, a pobreza, a imposição de leis, a imigração, as condições de trabalho e a proteção dos consumidores e do meio ambiente?" Os cidadãos indagam: "Sob que circunstâncias os investidores deveriam ser tirados de seus apuros financeiros pelos contribuintes? Temos suportado a confusão das sociedades de poupança e empréstimos imobiliários, o fracasso financeiro do Condado de Orange, na Califórnia, e a debacle do peso mexicano; temos visto a brusca e rápida desvalorização do dólar e o colapso do Barings Bank da Inglaterra."[1]

Funcionários do governo, executivos dos negócios, acadêmicos e centenas de milhares de organizações cívicas estão começando a concordar com o fato de que nós, seres humanos, temos confundido *meios* (isto é, o crescimento do PNB) com *fins* – o desenvolvimento humano e a sobrevivência e o progresso futuro de nossa espécie sob condições planetárias drasticamente alteradas. A atual receita para o crescimento econômico tem sido cada vez mais questionada, juntamente com os métodos de tabulação que fazem a comparação do Produto Nacional Bruto (ou a versão interna mais restrita, o PIB). As estatísticas, por mais objetivas e precisas que sejam, nunca estão livres de valor, mas chamam a atenção para aquilo que as várias sociedades consideram objetivos e valores importantes. Medimos aquilo que mais valorizamos, e vice-versa. As estatísticas mudam a nossa visão do mundo e aquilo em que prestamos atenção. Eventos globais estão produzindo mudanças nos indicadores, nas estatísticas e nos índices de qualidade de vida, que redefinirão a riqueza e o progresso, e mudarão o rumo futuro das sociedades humanas na Terra.

Por exemplo, em 1993, a aceleração da especulação monetária global forçou o FMI a mudar do PIB, que especifica a renda *per capita*, para as PPCs, Paridades de Poder de Compra, a fim de comparar os atuais padrões de vida (isto é, quanto custa um pão na Rússia comparativamente com o custo de um pão semelhante nos Estados Unidos). Essa mudança projetou a China para a terceira posição, depois dos Estados Unidos e do Japão, na economia mundial. Além disso, ondas de privatização em muitos países, na década passada, tornaram mais urgentes a inclusão de bens de capital no PIB, bem como a necessidade de justificar as despesas em infra-estrutura e em investimentos públicos — atualmente considerados como "gastos". Até agora, somente a Nova Zelândia e a Suíça efetuaram novos cômputos do PIB em valor líquido. Os orçamentos contábeis em bens de capital, tais como os dos governos estaduais nos Estados Unidos, permitem cálculos mais precisos do déficit e estão sendo hoje debatidos no Congresso norte-americano, mas ainda não são incluídos nas cifras nacionais do PNB.

Os custos do crescimento do PNB são atualmente óbvios — desde florestas derrubadas, poluição, solos esgotados, recursos naturais exauridos e buracos na camada de ozônio até culturas e comunidades dilaceradas. Na Cúpula da Terra das Nações Unidas, no Rio de Janeiro, em 1992, 178 países assinaram o acordo *Agenda 21* para interromper, e para começar a reverter, esse dilaceramento dos processos naturais e sociais por meio da correção de seus PIBs. Além disso, as cifras do PNB/PIB não permitem fáceis comparações entre países a respeito de importantes questões políticas, tais como a proporção entre gastos militares e gastos civis no âmbito de um orçamento ou de despesas com a educação, a saúde, e assim por diante, uma vez que as cifras constituem uma agregação. Essas preocupações políticas criaram um mercado para o bem-sucedido HDI (Índice de Desenvolvimento Humano), do UNDP (Programa das Nações Unidas para o Desenvolvimento), que será discutido na página 256 deste capítulo. O Levantamento Mundial Econômico e Social das Nações Unidas registra uma redução média de 7,2% nos gastos militares em todas as regiões entre 1988 e 1993. A maior queda ocorreu nos países do ex-Pacto de Varsóvia, com uma média de mais de 22% ao ano, enquanto que nos Estados Unidos a queda foi de 4,4%. Os países da América Latina são os que gastam menos em despesas militares, com uma taxa inferior a 2% do PIB.[2]

Na imprensa, as histórias sublinham a confusão política e cultural da atualidade à medida que replanejamos nossas estatísticas, reengenheiramos com nossas grandes empresas, reinventamos nosso governo, reciclamos nossas concepções e nossos recursos materiais, e remodelamos nosso debate público para que se ajuste a novas realidades. A rápida mudança global derrubou a nós e aos nossos paradigmas. As pesquisas de opiniões nacionais bipartidárias, feitas em 1993 e em 1994 pela Americans Talk Issues Foundation, uma instituição sem fins lucrativos, constatou que mais de 79% dos norte-americanos disseram "sim" à afirmação: "Da mesma maneira que desenvolvemos e utilizamos o Produto Nacional Bruto para medir o crescimento da economia, também deveríamos desenvolver e usar um conjunto de novos indicadores para responsabilizar os políticos pelo progresso em relação a *outros* objetivos nacionais, tais como melhorar a educação e a assistência à saúde, preservar o meio ambiente e fazer com que os militares satisfaçam as necessidades atuais."[3]

Seguem-se alguns dos novos cabeçalhos e histórias que ilustram a necessidade de um conjunto mais amplo de padrões de referência para esclarecer nosso discurso público.

Uma Pergunta de 150 Bilhões de Dólares: O IPC é uma Medida Precisa?
— John M. Berry, *Washington Post* (12 de fevereiro de 1995)

O IPC (Índice de Preços ao Consumidor) é freqüentemente usado pela Federal Reserve Board para sinalizar a vinda da inflação. Muitos economistas concordam com o fato de que o IPC exagera a inflação de 0,5% para 1,5%. No entanto, alguns argumentam que se o IPC fosse ajustado para baixo, o Federal Reserve Board também teria de recalibrar sua NAIRU (Taxa Inflacionária Não-Acelerada de Desemprego). Isto permitiria que a economia se aproximasse do pleno emprego antes que a Federal Reserve precisasse reduzir as coisas elevando abruptamente as taxas de juros.

Por outro lado, como assinala esta história do *Washington Post*, em vez de recalibrar a NAIRU, o presidente da Federal Reserve, Alan Greenspan, pediu para que se usasse a revisão para baixo do IPC como um meio de manter em nível baixo os benefícios da Seguridade Social e outros aumentos do custo de vida e, por meio disso, reduzir o déficit. "O porta-voz da Casa Branca, Gingrish, advertiu que se os burocratas do Departamento do Trabalho (que calculam o IPC) não conseguissem 'fazer as coisas direito', eles deveriam ser 'zerados' em trinta dias." Outro cabeçalho no *Business Week* contrapunha: "O IPC: Por Que os Políticos Deveriam Cair Fora", apontando com precisão que o IPC exagera alguma inflação, mas atenua outras fontes, como eu e outras pessoas assinalamos, uma vez que ele não responde por bens ambientais.[4] Esse debate sobre paradigmas tornou-se parte da batalha orçamentária de 1995.

Histórias de Duas Famílias: No Meio do Meio
— David Wessel e Bob Davis, *Wall Street Journal* (29 de março de 1995)

Nesta história, as vidas de Jim e de Ann-Marie Blentlinger e de Dennis e Martha Ann Kerley, todos eles vivendo em Chattanooga, no Tennessee, são comparadas. Quem está vivendo melhor — os Blentlinger, que ganharam cerca de 43 mil dólares no ano passado, ou os Kerley, que ganhavam cerca de 12.500 mil dólares por ano duas décadas atrás?

"Avaliada por meio da maioria das medidas mais materiais, a vida, em média, é hoje melhor do que em 1974. Contrariamente à crença popular, os rendimentos para famílias do tipo marido-e-mulher aumentaram. A renda ajustada pela inflação da típica família de dois pais aumentou 10% desde 1974. Além disso, há também esta realidade econômica: as coisas necessárias para produzir uma vida moderna de classe média — dois cônjuges que trabalham e mais dívidas — criam ansiedade. Norte-americanos que vivem com rendas medianas vêem — corretamente — uma lacuna cada vez mais aberta entre eles mesmos e os norte-americanos mais ricos." A história prossegue descrevendo essa lacuna, em grande parte em termos da qualidade de suas vidas.

Mito: Os Norte-americanos Estão Trabalhando Mais.
Fato: Mais Mulheres Estão Trabalhando
— Gene Epstein, *Barron's* (3 de abril de 1995)

"Estão os norte-americanos com excesso de trabalho e com menos tempo de lazer do que dispunham vinte anos atrás? Sim e não." Um estudo feito por economistas do Federal Reserve Bank de Cleveland cita a lacuna entre os sexos: "Quando uma mulher casada se dirige para o local de trabalho, seu número total de horas trabalhadas (inclusive no trabalho doméstico) aumenta substancialmente. No entanto, caso a esposa de um homem trabalhe ou não, a semana de trabalho dele permanece a mesma. ... Em 1988, quando uma mulher ingressava na força de trabalho, o total de suas horas trabalhadas saltava de 32,2 para 57,3 horas por semana. Mas as horas totais trabalhadas pelo seu marido aumentavam de apenas 50,2 para 52,2 por semana. Quem disse que a vida era mais justa?"

A Questão Não é o Déficit: É a Riqueza e a Prosperidade
— James K. Glassman, *Washington Post* (13 de fevereiro de 1994)

Esta história assinala que o PNB está focalizado nos fluxos monetários da economia e ainda não tem um cômputo separado de bens de capital para mostrar a riqueza nacional em nosso balancete: estradas, portos, edifícios públicos, parques e outras infra-estruturas de propriedade de todos os contribuintes.

"Congratulações. Você é rico! Sim, de acordo com o recém-lançado Orçamento do Governo dos Estados Unidos, vocês, Sr. e Sra. Norte-americanos Médios, têm uma riqueza líquida de 195.300 dólares. Essa estimativa, em 50 trilhões de dólares, de nosso patrimônio total (o bolo do qual nossas fatias individuais de 195.300 dólares são cortadas) põe em perspectiva a questão dos déficits.

"O déficit — a diferença anual entre o que o governo federal gasta e o que ele arrecada em impostos — representa menos da metade de 1 por cento dos ativos da nação. Até mesmo a dívida nacional, que é o total de todos os déficits de todos os anos da existência deste país, é de apenas 8% de nossa riqueza.

"Para avaliar esse nível da dívida, considere o fato de que para uma grande empresa, uma razão dívida/patrimônio líquido de 40% é considerada muito boa. O ponto-chave do exercício, que foi realizado pelo Departamento de Orçamento Administrativo, não consistiu em subestimar os perigos dos déficits, mas sim, em construir um arcabouço — um indicador — para se determinar se as operações governamentais têm contribuído para a prosperidade e o futuro da nação."

O Preço do Prazer: Novos Teóricos do Direito Atribuem um Valor em Dólares às Alegrias da Vida
— Paul M. Barrett, *Wall Street Journal* (12 de dezembro de 1988)

"As melhores coisas da vida podem ser gratuitas. Mas, da maneira como Stanley V. Smith as concebe, elas, não obstante, podem valer muito. As simples alegrias da vida — beisebol, cachorros-quentes, tortas de maçã, e assim por diante — têm valor monetário real e substancial, acredita o economista de Chicago e ex-consultor em investimentos de 42 anos de idade.

"E porque ele está querendo jurar num tribunal que isso é verdade, também está provocando mais que um pequeno conflito dentro do estabelecimento legal nestes dias. ... O Sr. Smith é o sumo sacerdote dos 'danos hedonistas' que solicita com insistência aos júris, em processos jurídicos relacionados com morte, que recompensem com enormes somas os patrimônios das vítimas privadas do prazer da vida.

"Usualmente, o pagamento em casos de morte baseia-se naquilo que a vítima poderia ter ganho no futuro. Mas a vida é mais que um talão de cheque, argumenta Mr. Smith: 'Valemos mais do que ganhamos.' "

O Banco Mundial Anuncia um Novo "Sistema das Contas Nacionais"
— *Press Release* do Banco Mundial (fevereiro de 1994)

Esse novo sistema das contas nacionais (como o PNB é oficialmente conhecido) foi desenvolvido pelo Banco Mundial em cooperação com as principais agências estatísticas internacionais. O Banco afirmou: "Um novo enfoque sobre o papel das pessoas na economia está incorporado na contabilidade social. ... As preocupações ambientais são reconhecidas, tais como o uso de recursos naturais que estão se esgotando e os custos da degradação do meio ambiente que afetam de maneira adversa a saúde humana."

A Riqueza das Nações:
Uma Abordagem "Mais Verde"
Vira a Lista de Cabeça Para Baixo
— Peter Passell, *New York Times* (19 de setembro de 1995)

A publicação, pelo Banco Mundial, em setembro de 1995, de seu Sistema de Contabilidade da Riqueza desferiu outro golpe mortal no hoje cada vez mais desacreditado PNB. O novo índice do Banco Mundial inclui quatro tipos de ativos, considerados como a verdadeira riqueza das nações: (1) Capital Natural: recursos ambientais naturais; (2) Ativos Produzidos: fábricas, infra-estrutura, ativos financeiros; (3) Recursos Humanos: pessoas instruídas, saudáveis, produtivas; (4) Capital Social: famílias, comunidades, instituições. Esses novos *rankings* identificam pelo menos 60% da riqueza das nações como sendo recursos humanos e sociais, com cerca de 20% atribuídos aos ativos de natureza, e o equilíbrio de 20% ou menos atribuído a "ativos produzidos", sobre os quais os economistas e as políticas nacionais têm até agora focalizado uma atenção quase exclusiva.

Os *rankings* de riqueza do Banco Mundial (que usam 50% dos preços de mercado para os recursos naturais) impulsionaram a Austrália e o Canadá para o topo do *ranking* da riqueza *per capita*. Esse tipo de avaliação de mercado é certamente mais realista que o zero do PNB. A utilização dos custos de reposição se confirmará ótima para a avaliação de longo prazo. O primeiro PIB "verde" dos Estados Unidos, lançado em 1994, respondia pela riqueza natural de maneiras perversas, que desencadearam o atual debate a respeito da questão: 'Se os valores de mercado fossem colocados sobre os ativos naturais, isso *aceleraria* ou reduziria seu esgotamento?' Este foi um ponto explosivo na conferência do Banco Mundial de outubro de 1995, dedicada à medição do desenvolvimento sustentado — definido como desenvolvimento que satisfaz as necessidades da geração atual enquanto mantém oportunidades semelhantes para as gerações futuras satisfazerem as suas próprias necessidades.

A notícia segundo a qual as principais agências estatísticas publicaram novas diretrizes para o cálculo do PNB é bem-vinda. O Departamento de Comércio dos Estados Unidos anunciou mais uma revisão do PIB em julho de 1995, a qual mostrou uma diminuição no crescimento e na produtividade, em meio a clamores do meio empresarial de que o departamento ainda estava contabilizando por baixo os novos setores da informação.[5] Claramente, seria necessário um trabalho árduo e muitos debates públicos em todos os países do mundo antes que os cálculos do PNB fossem recalculados de modo a refletir as grandes mudanças globais que precisam agora ser incorporadas aos indicadores do progresso nacional atualizados. Enquanto isso, o Comitê Internacional de Padrões Contábeis está trabalhando com afinco para harmonizar as regras de contabilidade nacional até o fim do século, de modo que os investidores possam comparar melhor o desempenho das empresas.[6]

NOVOS INDICADORES ENCORAJAM A SUSTENTABILIDADE

A emergência, em meados da década de 90, de novos indicadores que redefinem riqueza e progresso nos alertou para novos problemas e está lentamente mudando a direção das sociedades humanas rumo à sustentabilidade. Tem primazia o HDI (Índice de Desenvolvimento Humano) do UNDP (Programa das Nações Unidas para o Desenvolvimento), que estabelece um *ranking* de 173 países por meio de uma medida que combina expectativa de vida, realização educacional e poder de compra básico. A disseminação pública pelo UNDP de suas edições anuais do HDI desde 1990 criou níveis sem precedentes de atenção por parte da imprensa. O amplo interesse pelo HDI tem incluído muitas controvérsias: por exemplo, seu Índice de Liberdade Humana foi criticado por muitos países em desenvolvimento como estando inclinado para valores ocidentais. O *Human Development Report, 1992* trouxe indicadores da lacuna global entre ricos e pobres à vista do público; o *Human Development Report, 1993* identificou o crescimento econômico sem empregos; o *Human Development Report, 1994* destacou a segurança humana e critérios para o desenvolvimento sustentável; e o *Human Development Report, 1995* tratou das desigualdades globais entre os sexos. O reposicionamento dos países no *ranking*, de acordo com tais fatores não-econômicos de qualidade de vida, recebeu importante cobertura da mídia. Há hoje Relatórios sobre o Desenvolvimento Humano nacionais em trinta nações, o que foi anunciado por James Gustave Speth, administrador do UNDP, em agosto de 1995.

Para alguns países em desenvolvimento, os direitos humanos e outros indicadores sociais e ambientais estão levando a outro conjunto de condicionamentos que o Banco Mundial, o FMI e banqueiros do Norte poderiam incorporar nos seus empréstimos — aumentando a intensidade dos dolorosos ajustes estruturais de suas economias. Não obstante, em 87 países, como observamos no Capítulo 8, os direitos humanos, particularmente para as mulheres, estão hoje correlacionados com melhoramentos na qualidade de vida de cada pessoa. Tais indicadores podem também apontar com precisão problemas, tais como o aumento de 8,5% na população carcerária nos Estados Unidos em 1994 — até 1.053.738, o mais alto do mundo.[7] Os novos indicadores podem ajudar a expor a atual hipocrisia das instituições de Bretton Woods, apontada por K. Tomasevski, em *Rethinking Bretton Woods* (Griesgraber 1994); as instituições tornaram-se vulneráveis às demandas lógicas e morais por uma democracia, uma responsabilidade financeira e uma reestruturação maiores do que elas prescreveram para os outros. À medida que forem incorporando os novos indicadores sociais e ambientais, as próprias instituições de Bretton Woods poderão se tornar mais responsáveis.

Outra questão levantada pelos novos indicadores é a de como avaliar pessoas, finalmente reconhecidas como a verdadeira riqueza das nações, nas contas nacionais denominadas "capital humano". Claramente, a mudança de economias materiais para economias dos serviços e da atenção torna urgente essa mudança. Aqui, mais uma vez, a economia foi um obstáculo, avaliando as pessoas pelo dinheiro que elas possuem: aquelas que ganham mais dinheiro são pessoas mais valiosas do que aquelas que ganham menos. Muitos economistas têm ligado, atualmente, valor com educação — uma abordagem melhor.[8]

O *System of National Accounts, 1993*, um marco histórico, publicado em fevereiro de 1994, reflete a maneira como suas organizações patrocinadoras, o Banco Mundial, o FMI, o OECD, a Comissão Européia e o Departamento de Estatística das Nações Unidas repensam oficialmente a questão. O novo SNA (Sistema de Contas Nacionais) oferece muitos procedimentos úteis para integrar estatísticas sociais e ambientais em estruturas expandidas de contabilidade nacional. No entanto, ele ainda tem muitos defeitos, inclusive seu tratamento da participação na força de trabalho, os setores informais, os serviços domésticos, o trabalho das mulheres e o papel vital e igual que as mulheres têm desempenhado e continuarão a desempenhar no desenvolvimento humano, como foi assinalado por Lourdes Urdaneta-Ferran (Griesgraber 1994).

De fato, ocorreu uma mudança de paradigma no Banco Mundial (ainda não traduzida em ação): as mulheres são vistas agora como atrizes-chave no desenvolvimento, e se passou a admitir que o investimento na educação das mulheres traz muitas compensações. A North-South Round Table, em seu relatório *The United Nations and the Bretton Woods Institutions* (setembro de 1993), recomendou uma nova Agência das Nações Unidas para o Progresso das Mulheres. De maneira semelhante, os demógrafos da população e os elaboradores de planos de ação política reconhecem hoje que a obtenção de poder pelas mulheres é o melhor dos anticoncepcionais. Por exemplo, nos Estados Unidos, as mulheres possuem hoje um terço das 6,5 milhões de empresas com menos de 500 funcionários[9] e iniciam novos negócios numa rapidez duas vezes maior que a dos homens. Enquanto o emprego no setor dos grandes negócios, nos Estados Unidos, diminuiu em mais de 7% entre 1987 e 1992, o emprego em firmas pequenas, de base local, aumentou em 5%, e essas atividades comerciais das mulheres respondem hoje por 10% de todo os novos empregos nos Estados Unidos, de acordo com Dun and Bradstreet.[10]

O *System of National Accounts, 1993* ainda enfatiza dados derivados do mercado com determinações de preços altamente imperfeitas, traduzidas em coeficientes monetários que avaliam insatisfatoriamente os recursos ambientais e obscurecem as reais dimensões dos gastos "defensivos". Por exemplo, estima-se que a indústria do controle da poluição/meio ambiente, uma das principais novas empregadoras, esteja aumentando em todo o mundo, de 200 bilhões de dólares em 1990 para 300 bilhões de dólares por volta do ano 2000 apenas para aliviar os "males" que surgem junto com os bens. Alguns desses custos serão subtraídos do PNB/PIB de modo a se chegar a novos índices líquidos. A OECD relata que os Estados Unidos gastaram 2% do PIB em proteção do meio ambiente, sem evidências de que isso tenha afetado o crescimento econômico nacional e a competitividade.[11]

O novo *Handbook of National Accounting, 1993*, do Departamento de Estatística das Nações Unidas aborda algumas dessas questões com uma nova salada de letras estatísticas que oferece o EDP (Produto Interno Líquido Ambientalmente Ajustado); a ENI (Renda Nacional Ambientalmente Ajustada); a SNI (Renda Nacional Sustentável); e o FISD (Indicadores Básicos para o Desenvolvimento Sustentável). O Departamento de Estatística das Nações Unidas, o Banco Mundial e muitos departamentos nacionais de análise econômica concordam com o fato de que muitas estatísticas sociais e ambientais não podem, e não deveriam ser, agregadas aos índices isolados do tipo PNB expandido, tais como o EDP. Em vez disso, recomendam que novos dados sejam oferecidos como "contas satélites", o que infelizmente implica em menor importância. Peter Bartelmus aborda as novas questões para a Divisão de Estatística das Nações Unidas:

> O EDP poderia ser usado para definir o crescimento econômico sustentável em termos operacionais como: aumentos no EDP (que deduzam o consumo e o esgotamento e a degradação dos recursos naturais), supondo-se que as deduções feitas possam ser investidas em manutenção de capital e levando em consideração que as tendências passadas de esgotamento e de degradação possam ser compensadas ou mitigadas pelo progresso tecnológico, pela descoberta de recursos naturais e por mudanças nos padrões de consumo.[12]

Tais definições torturadas ainda requerem uma multidão de perguntas a respeito de tais índices isolados: Como o público deverá ser informado sobre tais suposições subjacentes ao EDP, ou como os economistas e os burocratas ponderaram todos esses fatores? Como devem ser traçados os limites do balancete entre a produção agregada e programas sociais assentados nos impostos, que lidam com a tensão familiar e com doenças que aumentam com o aumento do desemprego devido a demissões feitas por grandes empresas para aumentar a produtividade e os lucros? Todos os custos públicos e privados que os economistas denominam "gastos defensivos" ainda são promediados no PIB como mais crescimento econômico (porque eles criam empregos e lucros), mesmo que incluam taxas de degradação do meio-ambiente e da sociedade. Aqui, os problemas de paradigma referem-se aos modelos lineares, de entrada-saída, da economia e à sua compartimentalização de processos econômicos circulares altamente interativos em segmentos e fronteiras arbitrárias. De maneira semelhante, os conceitos de contabilidade por partidas dobradas do PNB/PIB e outras categorias macroeconômicas não podem mais esclarecer o que é um "custo" e o que é um "benefício". Somente modelos sistêmicos interativos, que possam refletir mudanças dinâmicas, são capazes de ajudar a gerir essas novas complexidades. (Veja a Figura 5. Economias de Círculo Vicioso, na página 53.)

Um exame mais completo dos bastidores envolvidos na revisão dos Sistemas de Contas Nacionais baseados no PNB/PIB e dos papéis que cientistas sociais e ambientalistas têm desempenhado está no Capítulo 6 de *Transcendendo a Economia* (1991, 1995). Por volta da década de 50, cientistas sociais e naturais emergiram num movimento para aplicar indicadores mais amplos nos Estados Unidos, no Canadá e na Europa quando eles documentaram os custos sociais. Durante a década de 60, os cientistas sociais estavam criticando os processos simplistas de se obter a média das rendas para o PNB, o que significava, com freqüência, algumas centenas de milionários a mais, enquanto a maioria das pessoas era deixada de fora ou em pior situação. Na década de 60, Emile van Lennep, ex-secretário-geral da Organization for Economic Cooperation and Development OECD, tentou introduzir indicadores sociais nas análises preeminentemente econômicas da organização. Van Lennep encontrou objeções segundo as quais esses indicadores sociais eram "normativos" — mesmo que, naturalmente, os indicadores econômicos também sejam normativos.[13]

Exemplos prévios de indicadores alternativos são o ISP (Índice de Progresso Social), concebido por Richard J. Estes, que foi iniciado em 1974 e resumido em seu *Trends in World Social Development: The Social Progress of Nations, 1970-1987* (1988), e o PQLI (Índice de Qualidade Física da Vida), desenvolvido por David Morris para o Conselho para o Desenvolvimento Ultramarino, de Washington, D.C. Nenhum deles recebeu muita atenção na época. Como membro da Força-Tarefa Econômica, para a campanha pela eleição do presidente norte-americano Jimmy Carter, em 1975, recomendei a ampliação do Conselho de Consultores Econômicos do presidente num Conselho interdisciplinar de Consultores de Ciência Social, e a ampliação do Conselho de Diretores da Reserva Federal de modo a incluir representantes de consumidores, de funcionários e de ambientalistas. Nessa época, o vice-presidente Walter Mondale era um defensor dos indicadores sociais e de um Conselho de Consultores de Ciência Social ampliado. Em 1973, minha pesquisa no Japão examinou esforços para se deduzir custos ambientalistas do PNB. Pelo menos um economista, Hirofumi Uzawa, escreveu um artigo sobre a necessidade de se acrescentar um cálculo de depreciação ao PNB para medir o esgotamento dos recursos nacionais.[14] Outros esforços prévios feitos por economistas, tais como a MEW (Medida de Prosperidade Econômica), de James Tobin e Richard Nordhaus, e vários artigos das Nações Unidas e outros estudos, são resumidos no Capítulo 6 de *Transcendendo a Economia* e no Capítulo 13 de *The Politics of the Solar Age* (1981, 1988).

Outros indicadores têm recebido menos atenção que o HDI de alto perfil. O Banco Mundial ainda tem de traduzir o *System of National Accounts, 1993*, seu Índice de Riqueza, de 1995, e outros indicadores sociais e ambientais em suas operações e projetos. A OECD, em parte devido à liderança inicial de van Lennep, ainda está produzindo um útil trabalho suplementar sobre indicadores ambientais. Um estudo feito por John C. O'Connor oferece uma recente visão geral do trabalho que está sendo atualmente realizado no Banco Mundial, na OECD e em outras agências.[15] O *World Economic Outlook, 1993*, do FMI, recebeu muita atenção quando se converteu aos PPPs a fim de corrigir as flutuações monetárias. A abordagem da "cesta" de artigos, comparável à dos PPPs, é também controversa. As "Big Mac Currencies" inclinadas para o Ocidente e promovidas pelo *The Economist*, medem o poder de compra em Pequim, em Zurique, em Londres ou em Tóquio pelo preço de um hambúrguer *Big Mac*. Em 1995, mostrou que o *yuan* chinês é a mais subvalorizada e o franco suíço a mais supervalorizada das moedas.[16] As desvalorizações monetárias continuaram a dificultar as verdadeiras comparações dos padrões de vida à medida que os países recorriam a esse tipo de competição perde-perde. O próprio dinheiro, bem como o seu uso como uma medida, foi politizado.[17] Muitos grupos privados produzem indicadores e dados globais, notavelmente a Reuters e outros serviços *on-line*, o *The Economist*, com sede em Londres, e outras publicações comerciais, bem como o *World Resources*, do World Resources Institute (cinco volumes publicados desde 1986) e *Vital Signs* e *State of the World Reports*, do Worldwatch Institute.

A implementação para se realizar a revisão das contas nacionais será coordenada por meio das Nações Unidas, do Banco Mundial, do FMI, da OECD e da União Européia — promulgadores conjuntos do *System of*

National Accounts, 1993. A manuntenção de um campo de jogos nivelado para estatísticas, indicadores e padrões de contabilidade é vital para as tomadas de decisão governamentais, comerciais e financeiras globais. Em abril de 1994, um ano depois que a administração Clinton pediu ao BEA (Divisão de Análises Econômicas) do Departamento de Comércio dos Estados Unidos que começasse o trabalho de revisão das contas nacionais dos EUA, o primeiro "PIB Verde" foi revelado, mas somente enquanto Integrated Economic and Environmental Satellite Accounts IEESA. Ela está repleta de muitos problemas: por exemplo, subestima as mudanças que ocorrerão com as gerações futuras usando as taxas de desconto tradicionais, que valorizam o consumo futuro como sendo sucessivamente menos importante. Além disso, ao tratar do petróleo e de minerais recém-descobertos como adições aos bens de capital, ele permite que os altos níveis de consumo atual pareçam *mais sustentáveis* do que se esses recursos tivessem permanecido fora dos livros.[18] Com imparcialidade, a diretora do BEA, dra. Carol S. Carson, advertiu antecipadamente contra a expectativa excessiva:

> O produto interno bruto (PIB) — amplamente usado em todo o mundo — é uma medida da produção econômica orientada pelo mercado. Por sua vez, o nível de produção determina, em grande medida, quanto uma comunidade pode consumir. Embora o nível de consumo de bens e de serviços, tanto individual como coletivamente, seja um dos fatores mais importantes que influenciam a prosperidade de uma comunidade, há muitos outros — a existência da paz e da guerra, a tecnologia, o meio ambiente e a distribuição da renda, para citar alguns. Devido ao fato de que esses outros fatores não entram na medição do PIB, também são necessárias medidas adicionais para se avaliar a prosperidade ou para se elaborar planos de ação política voltados para a prosperidade. Seria preciso um rei filósofo para "adicionar" todas as medidas relevantes à prosperidade num único indicador útil para todas as épocas e todas as comunidades; até lá, serão necessárias várias medidas, juntamente com o PIB.[19]

A POLÍTICA DOS INDICADORES

O desenvolvimento sustentável tornou-se um toque de reunir para cerca de 26.000 representantes e ativistas de organizações não-governamentais (ONGs) na Cúpula da Terra, no Rio, em 1992, e em seu Fórum Global. Isso popularizou a demanda por novos indicadores e forneceu as oportunidades para se construir uma coalizão entre quatro importantes eleitorados globais:

1. ambientalistas que promovem indicadores "verdes";

2. mulheres que fazem pressão, quase em todos os países, para que a administração doméstica, a criação dos filhos, os empreendimentos domésticos e a agricultura de subsistência sejam levados em consideração no PNB/PIB;[20]
3. cidadãos e ONGs que estão preocupados com a justiça social, com problemas urbanos, com direitos humanos e com responsabilidade corporativa e governamental; e
4. elaboradores de planos de ação política de países em desenvolvimento, que estão aprendendo como explorar o novo poder de barganha que têm sobre o Norte com relação a questões ambientais e sociais em todo o mundo. Esse poder está baseado na lógica e na ética. "Por que deveriam os países em desenvolvimento ter de interromper seu próprio desenvolvimento, quando são os países industrializados do Hemisfério Norte que têm causado a maior parte da poluição e do esgotamento dos recursos?" São abundantes as estatísticas a respeito da enorme assimetria entre o Norte e o Sul no que diz respeito à emissão relativa de poluentes, ao consumo de energia, e assim por diante, a qual indica que os países industrializados têm como dívida uma parcela equivalentemente grande em custos de limpeza e devem reduzir seu próprio consumo desperdiçador.

Em 1989, o então presidente Carlos Andrés Pérez da Venezuela desafiou o economismo das exigências de ajuste estrutural do FMI reunindo estatísticas sobre os efeitos adversos em crianças, programas sociais e meio ambiente.[21] Na Cúpula da Terra, muitas ONGs do Hemisfério Sul apresentaram estimativas da "dívida de poluição" do Hemisfério Norte para com o mundo, situando-a entre 15 e 30 trilhões de dólares. Isto foi colocado na mesa de negociações do Fórum Global, juntamente com a discussão sobre a dívida do Sul para com os bancos e governos do Norte, e as questões dos custos de limpeza e da transferência de tecnologias verdes.

A contínua ligação global de organizações de cidadãos acelerou a formação de novos eleitorados para a mudança global e o apoio às Nações Unidas como sendo o único ator global com algum mandato para abordar questões globais. Cidadãos e ONGs apreenderam os paradigmas e novos critérios destinados a operacionalizar caminhos alternativos para um desenvolvimento mais sustentável. Eles sabem que não é suficiente apenas assinalar os efeitos e os sintomas dos sistemas econômico e geopolítico global não-sustentável existente (por exemplo, a desertificação, a poluição, a pobreza, a injustiça). Eles agora também acentuam as causas e as barreiras estruturais à obtenção de um desenvolvimento ecologicamente sustentável e eqüitativamente humano; cada vez mais, eles oferecem soluções criativas e inovações sociais.

Grupos de cidadãos e coalizões tais como a campanha "Fifty Years Is Enough", apontam para uma ordem econômica global injusta, reforçada pelo funcionamento obsoleto do Banco Mundial, do FMI e da OMC — assim como os termos desiguais do comércio, o domínio sobre as Nações Unidas por grandes potências e a corrida armamentista global, que ainda responde por cerca de 750 bilhões de dólares anualmente. O *Human Development Report, 1994* documenta uma diminuição no comércio de armas numa média de 3% ao ano desde 1987. Como foi mencionado antes, o resultante "dividendo para a paz" perdeu-se nos déficits orçamentários de muitos países, em grande parte porque ele era estatisticamente invisível. Hoje, os Estados Unidos, a Rússia e os principais produtores de armas do G-7 — o Reino Unido, a França e a Alemanha — ainda estão vendendo armas para qualquer reles ditador e senhor da guerra ao redor do mundo. Isto sublinha a utilidade dos indicadores HDIs de razões orçamentárias militares/civis (veja a Figura 3: Gastos Militares e o Dividendo pela Paz, na página 42.) e do revolucionário trabalho de Ruth Leger Sivard e seus relatórios *World Military and Social Expenditures* (1991). O World Game Institute, em Filadélfia, na Pennsylvania, confronta e justapõe muitos indicadores que relacionam despesas globais em armas com necessidades globais.

Novos níveis de sutileza estão agora em foco. Questões tais como os *valores* que sustentam sistemas econômicos são inevitáveis. Indicadores de "progresso" e medidas de "riqueza" tais como o PNB/PIB naturalmente tornaram-se alvos do ataque popular por eleitorados que queriam mudança e por ativistas populares. Devido ao fato de que tais indicadores foram promulgados por trás de fachadas oficiais em agências do governo, suas fórmulas para pesar estatísticas freqüentemente incomensuráveis foram concebidas em modelos econômicos misteriosos e em modelos obtidos por computador e se tornaram enlouquecedoramente inacessíveis para os ativistas. Por exemplo, nos Estados Unidos, um conflito em formação refere-se à porcentagem de crianças *versus* a porcentagem de idosos que vivem na pobreza — com as crianças com menos de 6 anos de idade constituindo agora 25% dos pobres e com os adultos com mais de 65 anos reduzidos a cerca de 11%. Tais são os perigos de uma estatística altamente promediada.[22] Mesmo quando desafiados por defensores do interesse público na comunidade científica, os economistas contratados por essas burocracias do *status quo* usam de subterfúgios — alegando que a economia é uma ciência e que somente aqueles com Ph.D. em economia podem entender da construção de tais índices. A etiqueta acadêmica tradicional impede muitos especialistas em outras disciplinas de invadir o "território" dos economistas, e até mesmo cientistas sociais e ecológicos desmotivados freqüentemente não dispõem de tempo, coragem ou recursos para efetuar as análises críticas necessárias.

O programa HDI na UNDP topou com hostilidades consideráveis por parte dos economistas, alguns até mesmo dos departamentos de estatística das próprias Nações Unidas, arquitetos do United Nations System of National Accounts UNSNA, baseado no PNB/PIB. Uma reação do tipo "não foi inventado aqui", bem como defensividade, emergiram à medida que os indicadores HDI revelavam padrões de longo prazo sobre os quais versava o UNSNA promediado *per capita*, tais como o alargamento da lacuna entre ricos e pobres e o crescimento econômico sem empregos. O HDI foi posteriormente politizado em 1995, quando se tornou uma ferramenta cada vez mais afiada para responsabilizar os governos responsáveis pelos atuais resultados na obtenção de um desenvolvimento humano mais sustentável. Alguns governos-membros das Nações Unidas chegaram a debater a suspensão do relatório *Human Development Report* e o HDI — sinal seguro de sua utilidade. Por volta dessa época, tal censura estava muito atrasada, uma vez que o Relatório e o Índice encontraram uma audiência global e foram publicados pela Oxford University Press. Os Relatórios e o Índice são hoje valiosa propriedade intelectual — o que demonstra, mais uma vez, a utilidade social dos mercados.

Economistas profissionais que enfocam preocupações dos credores e dos mercados de capital ainda predominam junto ao Banco Mundial, a despeito do sólido trabalho feito por Herman Daly (hoje na Universidade de Maryland), Robert Goodland, Ernest Lutz, Mohammed El Ashry e outros no Departamento do Meio Ambiente do Banco. Em 1994, o Departamento de Desenvolvimento Sustentável do Banco convocou aquela que recebeu o nome, de maneira um tanto autista, de Primeira Conferência Internacional sobre Medição do Desenvolvimento Sustentável, que oferecia algumas novas abordagens. O chefe do Departamento, Ismail Serageldin, que entende bem do assunto, defende indicadores baseados igualmente em dados econômicos, sociais e ambientais. O *World Development Report* (1994) do Banco abriu novos terrenos ao enfocar as enormes recompensas em desenvolvimento sustentável provenientes de investimentos em saúde e em educação. Mas, em seu todo, por razões inerentes à estrutura do Banco (Griesgraber 1994), ele ainda está rigidamente orientado para concepções econômicas neoclássicas semelhantes àquelas do economista Lawrence Summers, que recebeu treinamento em Harvard, e que foi seu ex-economista chefe. O memorando interno, hoje abjeto, de Summers a respeito de se *encorajar* as indústrias poluentes (*dirty*) a realojar-se em países pobres[23] ilustra os problemas conceituais da economia neoclássica em lidar com concepções mais amplas, tais como a de desenvolvimento sustentável. As vontades injustificáveis dos economistas do PNB/PIB tradicional de se apegar a velhos dados e a velhas fórmulas "para a comparabilidade histórica" estão sendo hoje superadas. Outros, inclusive eu mesma, apontam para o fato de que isto pode ser superado colocando-se as novas contas nacionais e várias contas satélites *em paralelo* com o PNB/PIB por tanto tempo quanto necessário.

A inércia e a feroz resistência, em quadrantes poderosos, à reformulação do PNB/PIB continuarão a retardar a mudança para a sustentabilidade. Os índices do PNB/PIB tornaram-se o principal baluarte que sustenta os centros de poder existentes tanto nos negócios como no governo, bem como entre apologistas acadêmicos. As medições do PNB/PIB estão subentendidas em todo o modo de vida ocidental/industrial. Os Sistemas de Contas Nacionais existentes têm poderosos defensores de interesses adquiridos na açademia, uma vez que as mudanças para novos indicadores exigiria que os manuais de economia fossem totalmente reescritos e que os cursos nas universidades fossem remendados por toda a parte, assim como nos prestigiados programas de comércio e de administração. Há, literalmente, dezenas de milhares de economistas Ph.D. catedráticos em poderosos comitês de faculdades e em equipes editoriais de jornais que ainda atacarão alegando "falta de rigor" ou "não-profissionalismo" qualquer um que se desvie muito dos padrões. Tais espinafrações e brigas acadêmicas foram testemunhadas publicamente durante a confirmação de Laura D'Andrea Tyson, presidente do Conselho de Assessores Econômicos do presidente Clinton, que é uma economista estruturalista bastante convencional e dificilmente uma inovadora do desenvolvimento sustentável.

O progresso em desenvolver e em utilizar indicadores de desenvolvimento sustentável exige que os novos indicadores sejam gerados por intermédio de um processo interdisciplinar. Os economistas, que, em geral, resistem à interferência em sua atividade dominadora sobre a macropolítica, têm concedido e emprestado alguns cientistas sociais e ambientalistas. No entanto, eles ainda insistem em reter o controle dos modelos e das estruturas políticos — e têm um acesso imensamente superior a financiamentos — o que os ajuda a manter esse controle. A calibração do processo das sociedades complexas e das muitas dimensões da qualidade de vida utilizando uma única abordagem disciplinar é, em face disso, absurda. Os indicadores de desenvolvimento sustentável não exigem apenas economistas mas também estatísticos provenientes de muitas disciplinas: por exemplo, vindos da Organização Mundial da Saúde (OMS) para a assistência à saúde; da UNESCO para a educação e a alfabetização; do Programa de Planejamento Populacional e Familiar das Nações Unidas para questões específicas à discriminação entre os sexos; da União Internacional dos Consumidores para estatísticas sobre o impacto consumidor/meio ambiente; da Organização Internacional do Trabalho (OIT) para questões de locais de trabalho; e do UNEP (Programa das Nações Unidas para o Meio Ambiente) para estatísticas sobre o meio ambiente. Nancy Rodriguez, M.D., presidente do Instituto de Estudos Avançados da Venezuela, em Caracas, favorece tais indicadores amplos, inclusive medidas adicionais do desenvolvimento infantil, em *Redefining Wealth and Progress*.[24] Outras abordagens multidisciplinares incluem indicadores bem-sucedidos, tais como os Indicadores de Qualidade de Progresso de Jacksonville, na Flórida, em operação desde 1983.

A MULTIPLICIDADE DE ÍNDICES AGREGADOS

A multiplicidade de índices que avaliam todos os principais aspectos da qualidade de vida (inclusive dados econômicos) proporcionam uma visão geral holística — que permite aos eleitores fazer à ponderação enfocando quaisquer indicadores que sejam do seu interesse. Jacksonville utiliza essa abordagem, muitas vezes com até oitenta a cem indicadores, que são anualmente recalibrados com *input* vindo de cidadãos. Os Indicadores Sustentáveis de Seattle, o Cartão de Registro para Vermont e outros constroem seus dados a partir de *inputs* vindos de eleitores que também estejam envolvidos em revisões regulares do progresso cívico rumo aos objetivos visados. A New Economics Foundation, com sede em Londres, lançou um projeto semelhante em cidades inglesas com Associações das Nações Unidas locais.

Em todos os níveis das sociedades humanas há um novo impulso para o replanejamento de cidades mais saudáveis. Liderados pela dra. Ilona Kickbusch, a Organização Mundial da Saúde encorajou e documentou indicadores "Healthy Cities" em âmbito mundial, aos quais pode-se agora ter acesso na Internet.[25] A Associação Internacional dos Arquitetos realizou em 1993 um concurso em escala mundial para o desenvolvimento de critérios e de modelos voltados para o planejamento de comunidades sustentáveis, e um novo movimento com objetivos semelhantes está crescendo rapidamente na América do Norte. Até mesmo o *The Economist* de Londres publica uma multidão de indicadores sociais e ambientais — embora os trivialize como um guia para turistas e para executivos que querem se transferir para outros locais de trabalhos, em "Where to Live".[26] Novos indicadores de qualidade de vida estão se tornando progressivamente mais importantes para a comunidade dos negócios e dos investimentos como instrumentos de previsão para a avaliação de patrimônios a longo prazo.

O National Center for Economic Alternatives, em Washington, D.C., adota uma visão interdisciplinar. Seu "Índice de Qualidade Ambiental" abrangia os efeitos físicos da poluição e do esgotamento dos recursos sobre o meio ambiente em sete países industrializados: os Estados Unidos, a Grã-Bretanha, a França, o Japão, a Itália, o Canadá e a Alemanha. A proliferação de novos indicadores, tanto econômicos como agregados do tipo do PNB, além daqueles que são multidisciplinares, deveria ser bem-vinda pelo fato de ampliar o debate emergente.

A maior parte dos periódicos comerciais e econômicos cobre regularmente as novas questões a respeito de contabilidade "verde", taxação e análises do ciclo de vida dos produtos – todos os quais são placas rodoviárias na estrada que leva à internalização de custos antes externalizados. O objetivo é corrigir os preços, e a nova contabilidade verde em milhares de balancetes de grandes empresas, bem como relatórios e livros sobre auditoria ambiental e social, refletem novas restrições, realidades ambientais e de recursos, legislação e obrigações de seguros. As firmas de avaliação de títulos municipais, a Moody e a Standard and Poor, utilizam hoje tais indicadores de qualidade de vida na avaliação de títulos municipais, e o Calvert Group, Inc., administradores de mais de um bilhão de dólares em fundos mútuos socialmente responsáveis, uniram-se a mim numa *joint-venture* sobre uma versão dos meus CFI (Indicadores de Futuros do País): os Indicadores de Qualidade de Vida Calvert-Henderson para os EUA. (Veja a Figura 17. Indicadores de Futuros do País.) Na União Européia, a auditoria ambiental é uma ferramenta administrativa amplamente utilizada e as empresas buscam "aprovação" sob os regulamentos de eco-administração e de auditoria da União Européia.[27] A revista *Fortune* publicou recentemente um indicador ecológico, citando as dez melhores e piores empresas, com dados compilados pelo respeitado grupo filantrópico de pesquisas sobre o interesse público, The Council on Economic Priorities of New York.[28] Uma enxurrada de novos livros sobre contabilidade verde tem ocorrido: por exemplo, *Green Reporting*, editado por Dave Owen (1992); *Coming Clean: Corporate Environmental Reporting*; e "Green Accounting", um volume especial do *Accounting, Auditing and Accountability Journal*, editado por Rob Gray e Richard Laughlin.[29]

Os novos indicadores medem resultados do mundo real: por exemplo, partes por milhão de substâncias particuladas no ar urbano, taxas de alfabetização, taxas de mortalidade infantil, proporções de soldados para professores, dados sobre a lacuna entre ricos e pobres, e eficiência energética. Uma empresa global com sede na Holanda, a BSO Origin, edita, desde 1990, um relatório anual com contabilidade de pleno "estado-de-arte" de seu desempenho ambiental. Seu diretor-executivo, Eckart Wintzen, empenhou-se numa campanha na Europa para mudar o incômodo *value added tax* (VAT) (imposto de valor agregado) para uma arrecadação verde mais

COUNTRY FUTURES INDICATORS – CFI™

Além do crescimento do PIB medido em moeda e promediado *per capita*.

PNB Reformulado para Corrigir Erros e Fornecer mais Informações:

- POLARIDADE DE PODER DE COMPRA (PPP): corrige as flutuações monetárias
- DISTRIBUIÇÃO DE RENDA: A lacuna entre ricos e pobres está se alargando ou se fechando?
- CONTABILIDADE BASEADA NA COMUNIDADE: para complementar a atual contabilidade baseada nas empresas
- PRODUÇÃO DO SETOR INFORMAL E DOMÉSTICO: mede todas as horas trabalhadas (sejam remuneradas ou não)
- DEDUÇÃO DOS CUSTOS SOCIAIS E AMBIENTAIS: uma contabilidade "líquida" evita a dupla contagem
- AVALIAÇÃO DO ESGOTAMENTO DOS RECURSOS NÃO RENOVÁVEIS: análoga a um deflator do consumo de capital
- RAZÃO ENTRE INSUMO DE ENERGIA E PIB: mede a eficiência energética e a reciclagem
- RAZÃO ENTRE OS ORÇAMENTOS MILITAR E CIVIL: mede a eficácia dos governos
- CONTA DE BENS DE CAPITAL PARA INFRA-ESTRUTURA CONSTRUÍDA COM RECURSOS PÚBLICOS (Muitos economistas concordam que este item é necessário. Alguns incluem o meio ambiente como um recurso.)

Indicadores Complementares do Progresso Rumo às Metas da Sociedade:

- POPULAÇÃO: taxas de natalidade, superpopulação, distribuição etária
- EDUCAÇÃO: níveis de alfabetização, evasão escolar e índices de repetência
- SAÚDE: mortalidade infantil, nascimento abaixo do peso médio, razão peso/altura/idade
- NUTRIÇÃO: por exemplo, consumo de calorias por dia, razão entre proteínas e carboidratos
- SERVIÇOS BÁSICOS: por exemplo, acesso a água pura
- ABRIGO: por exemplo, disponibilidade e qualidade de moradia, desabrigados
- SEGURANÇA PÚBLICA: criminalidade
- DESENVOLVIMENTO INFANTIL: por exemplo, Organização Mundial da Saúde, UNESCO
- PARTICIPAÇÃO POLÍTICA E PROCESSO DEMOCRÁTICO: por exemplo, dados da Anistia Internacional, influência do poder econômico nas eleições, índice de comparecimento às urnas
- SITUAÇÃO DAS MINORIAS, DAS POPULAÇÕES ÉTNICAS E DAS MULHERES: por exemplo, dados sobre os direitos humanos
- QUALIDADE DO AR E DA ÁGUA E NÍVEIS DE POLUIÇÃO AMBIENTAL: poluição do ar em áreas urbanas
- ESGOTAMENTO DE RECURSOS AMBIENTAIS: hectares de terras e de florestas perdidos a cada ano
- BIODIVERSIDADE E EXTINÇÃO DE ESPÉCIES: por exemplo, os indicadores ambientais do Canadá
- CULTURA E RECURSOS RECREATIVOS: por exemplo, Jacksonville, na Flórida

Figura 17. *Country Futures Indicators* ™

© 1989 Hazel Henderson   Fonte: *Transcendendo a Economia*

ecológica e de cálculo atuarial correto, que ele denomina *value extracted tax* (VET) (imposto de valor extraído), mencionado no Capítulo 4.

A principal fraqueza do HDI é o seu uso de métodos econômicos e principalmente de ponderação tradicional para agregar elementos diversificados a fim de se introduzir um indicador análogo ao PNB/PIB já pronto e capaz de atrair a atenção e a mídia. Herman Daly e John Cobb (1989) reconhecem esse problema com o seu ISEW (Índice de Prosperidade Econômica Sustentável), a base para o GPI (Indicador de Progresso Geral), liberado para os Estados Unidos em 1995 pelo grupo "verde" Redefining Progress de San Francisco, a cujo conselho consultivo prestei serviços. Uma versão britânica do ISEW foi publicada pela The New Economic Foundation of London. O ISEW está sendo promovido na Europa em *Taking Nature into Account* (1995), obra editada pelo ambientalista holândes Wouter van Dieren e para o qual eu também contribuí. A compensação é difícil. Um índice de um único número ganhará mais cobertura da mídia — mas às custas de obscuridade, uma vez que ninguém é capaz de explicar todas as premissas misteriosas por trás de um índice de um só número. Em princípio, Ismail Serageldin, do Banco Mundial, Ignacy Sachs, eu e muitos economistas preocupados com o desenvolvimento sustentável, incluindo até mesmo Herman Daly, concordamos com o fato de que as sociedades não deveriam utilizar tais índices globais. Pior que isso, elas tendem a reinstaurar o economismo.O aumento de investimentos globais trouxe novas demandas por melhores estatísticas do governo. *The Economist* assinalou que "enormes fluxos de investimentos estavam baseados na mais frágil das estatísticas econômicas". Os governos com freqüência divulgam cifras para exibir melhor o seu desempenho ou para cronometrá-lo em benefício próprio.[30]

A DEMOCRATIZAÇÃO DOS INDICADORES E A POLÍTICA DO SIGNIFICADO

A democratização dos indicadores de progresso humano e de desenvolvimento sustentável alimenta uma nova política do significado, baseada numa linha de fundo mais larga e de prazo mais longo, que pode medir melhor os resultados e, portanto, manter responsáveis os políticos. Nos Estados Unidos, Michael Lerner, editor da revista *TIKKUN*, também defende uma política do significado, mas parece ter menos interesse por todas as maneiras pelas quais novos indicadores poderiam *operacionalizar* tal política. Os meios de comunicação de massa devem ajudar, superando seu medo dos publicitários e seu vício por índices simples responsáveis por suculentas fatias. Para abordar o problema do excesso de agregação e de mistificação, meus Country Futures Indicators incluem uma gama tão ampla de significados, que se tornam transparentes, multidisciplinares e acessíveis ao público. Editores e repórteres precisam se tornar cientes do atual debate a respeito dos caminhos de desenvolvimento sustentável. Em meu *press briefing* "Redefining Wealth and Progress" para meus colegas jornalistas do National Press Club em Washington, D.C., em maio de 1993, fui encorajada pela dimensão do grupo de pessoas da mídia presentes e por suas arrazoadas perguntas e comentários.[31]

Produtores criativos são necessários para o planejamento de notícias em série e formatos de documentário para o rádio e a televisão. Por exemplo, um programa com "Boletins Nacionais" poderia cobrir, numa base regular, comparações tanto nacionais como internacionais de todo o espectro de indicadores de qualidade de vida. O tempo está maduro, uma vez que os indicadores estão agora se tornando uma moda, muitas vezes acompanhados por atraentes gráficos, tais como aqueles do jornal diário *USA Today*, a engenhosa justaposição de diversos indicadores no *Harpers* (um periódico mensal com sede em Nova York), e um enfoque cada vez maior de tais dados em outras revistas populares, tais como a *Atlantic Monthly*.

Os Country Future Indicators (CFI) incluem todas as principais categorias e subcategorias que julguei necessárias para formar um modelo genérico, comparativo para os países. Qualquer metrópole, província ou país pode pesquisar os CFIs e desenvolver seus próprios indicadores de acordo com suas necessidades, valores e metas. O desenvolvimento verdadeiramente sustentável requer pelo menos (1) inclusão de *todas* as categorias de CFI; (2) um grupo interdisciplinar de estatísticos; e (3) a desvinculação dos indicadores de modo que todos os dados separados sejam liberados para a mídia pública – em vez de agregações mistificadas tais como o GPI. A abordagem da primeira versão dos CFIs – os Calvert-Henderson Quality-of-Life Indicators para os EUA –, lançados em 1996, é a de um serviço de educação pública do Calvert Group, Inc. Imaginar indicadores de desenvolvimento sustentável não envolve nenhuma sofisticação. Requer pesquisas excelentes para levantar e confrontar a riqueza de indicadores diversos e de dados já disponíveis, muitas vezes definhando-se no domínio público, junto às Nações Unidas e a outras agências públicas.

As necessidades estatísticas nacionais dos países em desenvolvimento também são multidisciplinares; todos os países têm os seus próprios códigos de ADN cultural em torno dos quais os indicadores específicos podem ser planejados. A South Commission adotou essa abordagem em seu relatório, *Challenge to the South* (1990), assim como o fez Nandini Joshi, em *Development without Destruction* (1992), que descreve um modelo de desenvolvimento setorial informal e rural na Índia. A variabilidade regional pode ser instrutivamente acentuada, tal como o desempenho superior sobre o desenvolvimento social feito pelo estado de Kerala, na Índia, desmentido por seu PIB na faixa de 300 dólares.[32]

Dessa maneira, os indicadores de desenvolvimento sustentável divergirão metodologicamente de muitas maneiras a partir da contabilidade nacional baseada na economia tradicional que utiliza coeficientes monetários e fórmulas ponderadas. Os temores de muitos elaboradores de planos de ação política do Sul mencionados antes são compreensíveis: o HDI e os indicadores verdes são normativos, como todas essas medições, no sentido de que focalizam aquilo que as sociedades julgam importante. O PNB é revelado por todos os novos debates e indicadores como sendo normativo, não-transparente e inexplicável para os eleitorados, antecipando dessa maneira os próprios processos da democracia.

Os economistas não estão ociosamente sentados enquanto seus mercados são invadidos por outros estatísticos e reformadores corporativos, tais como o World Business Council for Sustainable Development, que publicou *Changing Course* em 1992. O relatório de 1996 do Conselho, *Financing Change*, a respeito de tornar os mercados de capital realmente eficientes por meio de uma revisão dos CAPMs (modelos de avaliação de ativos), acelerará a mudança dos mercados financeiros para a avaliação de preços de custo global desses ativos. No sentido profissional, os economistas estão sendo empresariais. Alguns estão colocando rótulos novos sobre velhas garrafas de vinhos. Outros estão reformulando seus currículos e seus cartões comerciais para lançar mão dos novos e lucrativos mercados verdes e sociais — tais como economistas ecológicos, economistas de recursos naturais, economistas sociais, ou o que você queira. Estas são, com freqüência, abordagens ilusoriamente quantitativas e pseudo-rigorosas para indicadores ambientais específicos.

Alguns macroeconomistas ainda estão tentando expandir o PIB em índices de prosperidade *determinando* os preços das comodidades e os custos ambientais, incluindo David Pearce e Partha Dasgupta, na Inglaterra, e Robert Solow, nos Estados Unidos. O International Institute for Ecological Economics e seu periódico *Ecological Economics* utilizam abordagens interdisciplinares semelhantes e também mais amplas.[33] Frances Cairncross também utiliza essa abordagem em *Costing the Earth* e *Green, Inc.: A Guide to Business and the Environment 1995*.[34] No entanto, Cairncross cai nas armadilhas do economismo: por exemplo, ela concorda com a valorização tradicional das vidas humanas pelos economistas, promove mercados que produzem abusivamente poluição e concorda que é melhor "adaptar-se" ao aquecimento global do que impedi-lo — quaisquer que sejam os custos reais nos países pobres. Herman Daly e John e Clifford Cobb, planejadores do ISCW, estão pelo menos ajudando a ilustrar suas divergências com relação ao PIB em sua abordagem favorável à mídia.

O principal problema intelectual com a abordagem da "economia ecológica" é a suposição geral de que se um recurso natural — uma floresta tropical ou o que quer que seja — tem um valor entre zero e infinito, então um economista ecológico pode ser recompensado com um contrato para calcular qual seria o preço usando fórmulas de "disposição para pagar" ou "disposição para ser compensado" para calcular "preços contingentes". Dessa maneira, para se chegar a um tal preço "sombra" para fixar o valor de um terreno pantanoso (um dos ecossistemas mais produtivos do planeta), os economistas fazem uma sondagem de opinião entre eleitores e residentes. Com freqüência, os cidadãos não têm outro motivo a não ser o gosto por pântanos e seus valores não-monetários ou estéticos ou uma vontade de preservá-los, e também às raras espécies que eles possam conter. Tais preços contingentes, *naturalmente*, seriam inferiores àqueles oferecidos por um construtor de hotéis com objetivos de lucro ou por uma firma de biotecnologia que identificou espécies na área que poderiam ser utilizadas para produtos farmacêuticos. (Veja o Capítulo 2, página 87.)

O problema é que toda matemática fantasiosa esconde as suposições neoclássicas do economista ecológico, por exemplo, o "princípio" da Otimização de Pareto (que ignora disparidades na riqueza, na renda, no poder e na informação entre pessoas e entre países, bem como questões a respeito de quem ganha e de quem perde, perda de empregos, economia informal não-remunerada, e assim por diante). Isto não quer dizer que os recursos ambientais devam continuar a ser tratados como "bens gratuitos" ou que devam ter o seu preço fixado em zero como ainda o são no PNB/PIB, mas significa apenas ter cautela contra esse método estreito de avaliação, uma vez que os economistas acreditam profundamente em coeficientes e preços monetários, por mais que sejam imperfeitamente derivados de mercados imperfeitos, ou até mesmo fictícios. Essa determinação de preços, especialmente para bens essenciais, como, por exemplo, a água, é descontada das necessidades e das preocupações das pessoas pobres, uma vez que elas não têm condições de pagar nem de participar. Aqui, o sistema de preços deveria ser subordinado a tomadas de decisão mais democráticas, isto é, o *voto*.

Preocupações semelhantes desafiam os economistas que defendem a fixação de preços e a comercialização de licenças para poluir, instigados em 1991, nos Estados Unidos, pelo CBOT (Conselho de Comércio de Chicago). As empresas podem negociar tais licenças de poluição sem consultar os cidadãos que vivem nas áreas circunvizinhas de suas instalações e que precisam respirar. Eleitores indignados citam a Constituição dos EUA, que garante o direito humano de respirar, isto é, o direito à *sobrevivência*, bem como a procura da felicidade. Tragicamente, até mesmo grupos que em geral são inteligentes e preocupados com o meio ambiente, incluindo o

Natural Resources Defense Council e os Working Assets of San Francisco, usaram efetivamente fundos assistenciais para "comprar" algumas dessas licenças para poluir o ar público – a fim de "aposentá-las". Tais benfeitorias ingênuas e aberrantes somente reforçaram a concepção ilegítima segundo a qual o público deveria pagar para respirar e subornar as grandes empresas para que não poluam.

O caso mais triste foi o dos sextanistas enganados numa escola pública em Glens Falls, em Nova York. Seu equivocado professor, Rod Johnson, os persuadiu a levantar 3.171 dólares para comprar 21 créditos de poluição no CBOT e retirá-los. Esses créditos de poluição são oferecidos pelo EPA a empresas privadas de utilidade pública para lhes dar mais tempo para reduzir suas emissões de dióxido de enxofre. O dinheiro das crianças, 151 dólares para cada crédito, comprou o equivalente a 151 toneladas de dióxido de enxofre dessas empresas, que elas, caso contrário, poderiam ter vendido para outras empresas. Os corretores e as corporações do CBOT, em sua maioria, não se importam com esse tipo equivocado de filantropia. Ela simplesmente eleva os preços dos créditos restantes. Os estudantes de Glens Falls planejam comprar mais créditos em 1996.[35]

Adverti, em *Transcendendo a Economia*, como tais aberrações, como o comércio de licenças (ou "créditos", como os poluidores preferem chamá-los) de poluição crescem como ervas daninhas dos manuais de economia. Essas teorias esotéricas têm atordoado uma nova geração que não consegue mais ver que as empresas não são donas do ar que respiramos – assim como as empresas da mídia não são donas da radiodifusão pública. Uma ironia final é a de que esses esquemas de licença de poluição não estão funcionando como prevenções – o comércio tornou os problemas da chuva ácida piores do que se uma simples lei tivesse sido aprovada.[36] Além disso, as empresas de utilidade pública desconfiam desses esquemas por razões financeiras e de relações públicas. O único papel útil para esse tipo de comércio talvez seja o de compensar os países em desenvolvimento permitindo a eles "vender" seus "direitos de poluição global" não usados, até atingir os níveis do Hemisfério Norte, para os países ricos. Para organizar uma tal compensação, a economista chilena Graciela Chichilnisky, da Universidade de Columbia, em Nova York, propôs um Banco para Acordos Ambientais, que, no entanto, talvez funcionasse melhor como um Tratado de Trocas Diretas.[37]

Os economistas têm pouco treinamento para compreender realmente os sistemas sociais ou as funções produtivas dos ecossistemas. As abordagens econômicas deveriam, pelo menos, alijar a prosperidade neoclássica e as fórmulas de mercado, e tentar fixar um preço para recursos realmente incalculáveis, como a biodiversidade ou as florestas tropicais, ao custo de reposição. Isto, naturalmente, é um dilema insolúvel e antagoniza os economistas contra os ambientalistas e aqueles preocupados com os valores humanos e estéticos. A maioria dos cientistas sociais e naturais, bem como dos eleitores, acredita que a economia deve agora tomar o seu lugar dentro de equipes interdisciplinares de estatísticos vindos dos campos da saúde, da educação, da energia, do meio ambiente e de outros campos da política social.

Os novos métodos de contabilidade nacional que estão sendo reformulados para corrigir o PNB/PIB funcionarão como saudáveis linhagens de ADN cultural recém-ligadas para governar, de maneira mais saudável e mais normal, padrões de desenvolvimento para as sociedades humanas. Assim como o crescimento quantitativo é dominante à medida que as crianças vão crescendo e se tornando adultos, uma vez atingida a maturidade física, prevalece o crescimento *qualitativo*: educação, habilidades sociais, percepção ampla, e até mesmo maior compreensão ética e sabedoria. A mudança estatística do PNB/PIB para indicadores sustentáveis espelha esse crescimento e esse processo de maturação nas sociedades. Os seres humanos devem agora desenvolver novas metas e novas características num ritmo acelerado a fim de reestruturar nossas sociedades para a sustentabilidade.

Visões estreitas do valor dos recursos ambientais e naturais podem também subestimar outras correções necessárias do PNB/PIB na linha de frente social (por exemplo, trabalho não-remunerado, lacunas entre ricos e pobres, etc.). Isso alienará ainda mais o Hemisfério Sul, onde as pessoas ainda não pensam muito a longo prazo sobre a preservação do meio ambiente porque, na sua forma de ver, a pobreza é o maior problema de poluição. Tais reações e tal possível oposição vinda do Sul seriam justificadas e poderiam pôr em perigo todo o movimento pela adoção de novos indicadores. Dessa maneira, o útil trabalho de Robert Repetto, do World Resources Institute, em valorizar os recursos florestais na Indonésia e na Costa Rica; de Robert Costanza em valorizar terras úmidas (com base nas análises de energia líquida de Howard T. Odum, da Universidade da Flórida); e de Ernst Lutz, Salah El Serafy, John Pezzey, Joachim von Amsberg e outros do Banco Mundial devem ser vistos como um aspecto parcial dos indicadores de desenvolvimento sustentável.

Um exemplo do problema do enfoque excessivo nos indicadores ambientais é o caso da Costa Rica, onde a avaliação e a subtração de recursos extraídos da floresta tropical não foram feitas dentro do contexto do cálculo de ativos do PIB, ainda não disponível. Dessa maneira, embora a exploração comercial das florestas fosse corretamente valorizada como uma dedução do PIB, o enorme valor das florestas *também deveria ter sido estimado nos custos de reposição e acrescentados do lado dos ativos*. Mais atenção deveria ter sido dedicada ao cômputo de ativos que faltavam. Economistas ambientalistas de boas intenções (mas que malogram na prática) ajudaram a retratar negativamente a economia da Costa Rica. As inovações sociais parciais nas suas contas nacionais foi menos do que recompensadora — dando a falsa impressão, nos *rankings* do PNB, que a economia da Costa Rica não estava mais "progredindo". Estudos semelhantes sobre a extração de recursos florestais poderiam com igual facilidade ter mostrado o mesmo tipo de redução do PIB nos Estados Unidos.[38] Em 1995, o GPI mostrou uma redução um tanto arbitrária nos Estados Unidos, para revisões mistas.

Os economistas ecológicos precisam forjar vínculos metodológicos com abordagens mais sociais e mais holísticas, como aquelas da equipe HDI, a Society for the Advancement of Social Economics, o departamento de pesquisa dos Calvert Social Investment Funds, do Calvert Group, e o Green Indicators do Canadá. Enquanto isso, a comunidade econômica ecológica defende a adoção de impostos verdes — certamente preferíveis aos direitos de emissão comercializáveis que eles também promovem. As taxas verdes têm a vantagem de corrigir os preços de modo a que reflitam mais plenamente os custos de produção, antes externalizados a partir dos balancetes das empresas, e desse modo redirecionando as empresas corporativas. Como foi mencionado antes, a *Ecological Tax Reform* (1992), de Ernst Ulrich von Weizsäcker, é uma fonte de referência sobre taxas verdes e seu Instituto Wuppertal está realizando um trabalho desbravador sobre indicadores e taxação ecológica. Taxas verdes globais (sobre o dióxido de carbono e outros poluentes do ar, da água e do solo) também poderiam ser arrecadadas pelas Nações Unidas para financiar o desenvolvimento sustentável popular. Parece claro que o Banco Mundial deveria desistir da administração da Global Enviromental Facility — mesmo que as duras críticas às Nações Unidas em 1995 tivessem o efeito de fortalecer o aperto exercido pelo Banco Mundial sobre os empréstimos ambientais. Mesmo sendo co-administrados com a UNEP e a UNDP, os empréstimos do Banco Mundial ainda são calcados nos velhos paradigmas econômicos e podem continuar a destruir comunidades locais e forçar a transferência de milhões de pessoas para longe de áreas que serão submersas pelos seus projetos de construção de represas — produzindo desastres ambientais ainda maiores. Tais projetos, inclusive o cancelamento de uma grande represa na Índia em 1995, devido a esforços populares, são monitorados na Ásia por *Development Alternatives*, publicado pelo instituto sem fins lucrativos Development Alternatives, em Nova Delhi, na Índia.[39]

Os indicadores de sustentabilidade não serão estabelecidos concretamente, mas evoluirão e continuarão a ter dimensões específicas de cada país. As fórmulas dos manuais para o crescimento econômico malogram precisamente porque não há taxas de poupança, de investimentos ou de exportações "corretas". Como foi mencionado, alguns economistas estão expandindo as suas análises a partir de modelos macroeconômicos, baseados no equilíbrio, para a teoria sistêmica e a teoria do caos, a fim de captar melhor a aceleração das taxas de mudança e de reestruturação. Cursos sobre indicadores de desenvolvimento sustentável deveriam incluir revisões de todos os principais esforços feitos nesse campo em rápido movimento, material de fonte estatística, avaliação da confiabilidade dos dados, críticas das diferentes abordagens e paradigmas de desenvolvimento globais. Cabe aos economistas desistir de sua colonização da política nacional por meio das estatísticas macroeconômicas. Economistas com enfoque mais amplo podem continuar a colaborar com o esforço interdisciplinar de âmbito mundial para promover indicadores que possam ajudar a colocar todos os países em caminhos que levem ao desenvolvimento sustentável.

Durante os cinqüenta anos da Guerra Fria, as superpotências e seus blocos de estados competiram militarmente. Na difícil década de 90, grupos religiosos, culturais e étnicos conflituam, juntamente com os blocos comerciais competidores, dentro dos mesmos velhos jogos da competição e da guerra econômica globais. Outro dilema que os seres humanos não enfrentaram em toda a sua história neste planeta: como administrar a nós mesmos em sociedades e em metrópoles de dimensões sem precedentes num planeta pequeno e poluído. A Organização Mundial do Comércio poderia, adotando os critérios e indicadores mais amplos revistos aqui, ajudar a nivelar *para cima* o campo de jogos global com acordos multilaterais, de modo que os países e as empresas mais bem-administrados e mais responsáveis possam prosperar.

À medida que nós, seres humanos nos preparamos para o século XXI, podemos cultivar mercados que sirvam às nossas mais elevadas aspirações e às nossas crenças mais profundas. Um capitalismo do século XXI digno dos mais nobres ideais de toda a família humana pode evoluir em nosso bem-amado e pequeno planeta azul — a Terra. Indicadores mais amplos da qualidade de vida podem estender análises e tendências holísticas e profundas, e servir como conjuntos de indicadores mais amplos, de muitas dimensões. O Calvert Group, Inc., de Washington, D.C., de cujo conselho consultivo participo desde 1992, administra fundos mútuos que oferecem a investidores socialmente preocupados retornos financeiros sólidos e a chance de expressar seus valores sociais: uma "linha de fundo dupla". Os Calvert-Henderson Quality-of-Life Indicators servem aos seus investidores e a todos os norte-americanos em seus papéis na vida: como cidadãos, funcionários, investidores, consumidores e membros de família. Esses novos indicadores suplementam indicadores mais familiares, inclusive o Dow Jones, o Standard and Poor's e o Domini Clean Yield Index.[40] Muitos outros fundos mútuos nos Estados Unidos, no Canadá e na Europa também oferecem portfólios limpos, verdes e éticos para conscientizar investidores e cidadãos planetários conscientes.[41]

Os novos indicadores nos permitem ir além das velhas ideologias — para medir os resultados direta e cientificamente. Esses indicadores podem ajudar a fazer com que os nossos líderes dos négocios e do governo sejam responsáveis pela implementação do progresso em todos os principais objetivos dos acionistas, dos eleitores, dos consumidores e dos investidores individuais. Os novos indicadores podem ajudar a ampliar os debates nacionais e as negociações comerciais de modo a incluir critérios de desenvolvimento sustentável; eles podem ajudar a definir um capitalismo do século XXI digno de nossos mais altos objetivos e de nossos valores mais duradouros; eles podem ajudar a nivelar para cima o campo de jogos global de modo a tornar os mercados mais organizados para os investidores ao incluir custos sociais e ambientais. A função preventiva, de advertência prévia e realimentadora dos indicadores de qualidade de vida torna o estádio global mais seguro para todos — hoje e para as gerações futuras. As pessoas em todos os lugares podem se juntar para levantar o "piso ético" da economia global, encorajar os códigos de conduta corporativa e expandir o debate democrático numa política mais profunda do significado.

CAPÍTULO 11

O APERFEIÇOAMENTO DAS FERRAMENTAS DEMOCRÁTICAS

Neste século, os seres humanos devem dar um salto quântico que nos permita gerir nossos assuntos globais que agora estão se acelerando. A família humana logo abrangerá seis bilhões de membros — uma condição além da experiência de líderes, de academias, e, na verdade, de qualquer pessoa atualmente viva. Os seres humanos devoram hoje uma proporção sem precedentes de 40% da produção primária de todas as outras espécies. 98% de todas as outras espécies do planeta são plantas verdes que os seres humanos e todos os outros mamíferos e insetos usam para a sua alimentação e delas dependem para a sobrevivência. Milhões de refugiados fogem hoje de sociedades em colapso e de ecossistemas destruídos.

Em *Transcendendo a Economia* (1991, 1995), vi a história do século XX como uma série de experiências fantasmagóricas em administrar números cada vez maiores de pessoas em metrópoles, estados e megaestados, enquanto lidam com o cruel legado das organizações coloniais do século XIX. A maior parte desses trágicos experimentos custou milhões de vidas — do Terceiro Reich de Hitler, ao fascismo de Mussolini na Itália e de Franco na Espanha, à URSS de Lenin e de Stalin, e à China de Mao Tsé Tung. A Guerra Fria resultante da Segunda Guerra Mundial mudou sutilmente a natureza desses experimentos de organização dos assuntos humanos, com uma mudança rumo à idéia de "progresso" industrial que incluía visões tecnocráticas de abundância material adotadas por teorias econômicas de esquerda e de direita. Karl Marx e Adam Smith estavam, fundamentalmente, de acordo a respeito de tais metas; diferiam somente quanto aos meios de obtê-las.

As transições e reestruturações nos sete níveis discutidos no Capítulo 1 têm envolvido a mudança de padrões de governo, de poder e de tomada de decisões. Os vetores foram as seis grandes globalizações, e a correia de transmissão dessas mudanças tem sido freqüentemente os fluxos monetários. Na década de 80, as nações começaram a se fragmentar em estados menores, com seu poder anterior migrando *para cima* nos tratados e nas grandes empresas globais, bem como nas alianças regionais e nos blocos comerciais, e *para baixo* nas províncias rebeldes, nas comunidades populares e nas cidades em crescimento. Nos Estados Unidos, no Canadá e na Inglaterra, a transferência de poder foi a moda — sendo que o objetivo era, com freqüência, o remanejamento dos financiamentos das responsabilidades sociais e orçamentárias, ou o replanejamento, a mudança ou a repulsa de regulações ou da imposição de leis. Na Inglaterra, por volta de 1995, metade da população vivia em lares que recebiam um salário de assistência, obtido depois de se comprovar que a situação financeira é insuficiente — duas vezes mais do que em 1979.[1] O alento final da administração macroeconômica nacional transformou-se em batalhas orçamentárias e contábeis e em debates vazios a respeito de se os governos deveriam adotar a inflação, a reinflação, a deflação, a desregulamentação, a re-regulamentação, a privatização ou a nacionalização de suas economias superagregadas, estatisticamente fictícias. Nenhum dos experimentos de transição foi estável ou funcionou muito bem. Ninguém sabia qual deveria ser um tamanho ótimo para uma nação, no qual uma compensação entre economias de escala para oferecer serviços públicos e segurança aos cidadãos poderia ser balanceada com a diversidade da população — embora dois ambiciosos economistas o tentassem em "The Number and Size of Nations".[2]

A China, a superpotência emergente, foi um caso interessante. Durante a década de 80, Deng Xiao Ping desencadeou um novo dinamismo e novos mercados, permitindo que a Província de Guangdong e o poderio comercial de Xangai desafiassem o poder político do "mandato celestial" de Pequim. Jiang Zemin e Zhu Rongji, de Xangai, tornaram-se presidente e vice-primeiro-ministro, respectivamente. O *slogan* dos burocratas de Pequim, muitas vezes treinados em Moscou, era: "O socialismo salvará a China." A piada em Xangai, que respondia por 25% do PIB da China, era: "A China salvará o socialismo." Por volta da década de 90, à medida que a China emergia com o terceiro maior PIB/PPP (paridade de poder de compra) do *ranking* mundial, seus líderes, gracejando a respeito da sucessão de Deng Xiao Ping, foram novamente desafiados pelo ditado de Confúcio:

"Se podes governar todo o teu país, quem ousa te insultar?" As exigências de Pequim para que fosse respeitado no mundo estavam bem fundamentadas, não apenas em sua economia em rápida expansão, mas também em sua crescente influência na Ásia.

Enquanto isso, o milagre do Japão foi eclipsado, não obstante seu segundo lugar no *ranking* do PNB. Sua economia borbulhante na década de 80 precipitou crises bancárias, recessão e o fim do entorpecido controle político do Partido Democrata Liberal governante, com seus muitos financiamentos de campanha e outros escândalos. Os Estados Unidos na primeira posição do *ranking*, com uma profusão de problemas internos próprios, envolveram tanto o Japão como a China em manobras políticas ineptas baseadas em velhos paradigmas e em estatísticas bilaterais.

O DINHEIRO E A POLÍTICA NA COMPETIÇÃO GLOBAL

Por toda a parte, o dinheiro e a política estiveram estreitamente entrelaçados enquanto a reestruturação econômica quebrava velhos partidos e coalizões governamentais. Nações pequenas que emergiram do rompimento de nações maiores, incluindo a Eslovênia, os estados bálticos, a Moldávia, a República Checa, a Eslováquia, a Armênia e o trágico estado da Bósnia. Outro "estado malogrado", o Sudão, juntou-se ao destino da Somália, de Ruanda e da Iugoslávia, mergulhando na selvageria.[3] Movimentos separatistas também se multiplicaram desde o Parti Québecois, do Canadá, aos enclaves nas fronteiras do Cáucaso e da Rússia, e até a recusa da Noruega de participar como membro da União Européia. A "mistura" de mercado estatal da França malogrou entre seus jovens, 25% dos quais estavam desempregados.[4] O ex-presidente francês François Mitterand, quando indagado a respeito de qual era a qualidade mais importante para um político, respondeu: "Eu gostaria de dizer que é a sinceridade. Mas, de fato, é a indiferença."[5] Os governos transitórios da Itália levaram, em 1993, a uma midiacracia plenamente desenvolvida, com a eleição do magnata da mídia Silvio Berlusconi, cujo governo estava *baseado* na posse de TV e na manipulação pela mídia. O México forneceu ao mundo um breve curso sobre todas as emaranhadas questões do dinheiro e do poder na competição global. Metrópoles que prosperavam desafiavam os governos nacionais, ao passo que aquelas em declínio exigiam ajuda financeira. Províncias e comunidades rurais, sindicatos trabalhistas e os pobres freqüentemente rebelavam-se em comunidades atrasadas, arrasadas pelas políticas nacionais que favoreciam as elites urbanas e as grandes empresas. Desde Chiapas, no México, até a América Central, o Peru, as Filipinas e as milícias antifederais nos Estados Unidos, as pessoas estavam se revoltando e exigindo participação em novas formas de governo.

Apesar de todas essas dificuldades, há também sementes de esperança em nossas tecnologias — *hardware*, isto é, comunicações eletrônicas, aviação e viagens espaciais, reduziram o nosso mundo às proporções de uma aldeia global. Devemos agora desenvolver *software*, isto é, regras de interação, conhecimentos, valores, ética e moral que podem nos permitir organizarmo-nos para a sobrevivência e o desenvolvimento ulterior. A democracia emergiu como um processo necessário para se administrar as complexidades da reorganização das sociedades humanas, preparando-as para esse próximo salto quântico. Warren Bennis e Philip Slater assinalaram, na década de 60, que as organizações humanas complexas, sejam elas grandes empresas ou países, *exigem* a democratização de suas tomadas de decisão, isto é, a democracia é inevitável.[6]

Para dirigir as sociedades complexas da atualidade, a democracia requer hoje modelos sistêmicos e cibernéticos, auto-regulados por milhares de laços de *feedback* em todos os níveis. Como sabem os teóricos sistêmicos, quanto mais complexo for um sistema, mais laços de *feedback* são necessários. Os sistemas vivos, tais como metrópoles, grandes empresas, nações e as Nações Unidas, são os mais complexos de todos. Portanto, tem sido um triunfo do senso comum o fato de tantos políticos, independentemente da ideologia e da tradição, terem começado a se mover para a democratização e os mercados, amplificados pela emancipação dos meios de comunicação de massa para ajudar a direcionar reestruturações inevitáveis. Um novo perigo consiste em, simplesmente, *igualar* democracia com outras formas de descentralização, privatização e mercados. Há também uma confusão cada vez maior entre os dois sinais-chave específicos vindos das pessoas para aqueles que tomam decisões no governo e nos negócios — *votos* e *preços* — como realimentações para guiar e corrigir as decisões. Essas duas formas vitais de *feedback* estão malogrando em proporcionar suficientes informações oportunas sobre os efeitos dos planos de ação política e das múltiplas reestruturações para guiar e corrigir adequadamente as decisões. Eleições a cada dois ou quatro anos são demasiado lentas e não podem refinar o *feedback* dos eleitores sobre muitas questões, ao passo que os preços não podem guiar os mercados sem incorporar os custos sociais e ambientais mais plenos dos produtos e dos serviços.

Nos Estados Unidos, a democracia atrofiou. Mais de duzentos anos de experiência tanto com votos como com preços não fizeram evoluir o modelo dos processos democráticos, acionados de maneira privada e auto-organizadores. Em *Creating Alternative Futures* (1978, 1996), observei que o aniversário de 200 anos dos Estados Unidos, em 1976, foi uma boa época para examinarmos o estado de nossas vidas, de nossas crenças e de nossos valores, de modo a iluminar aquilo que era profundo — e até mesmo eterno — e aquilo que era transitório ou uma simples moda. O que poderia ser "excesso de bagagem" e o que continuaríamos a estimar e a carregar conosco em direção ao nosso terceiro século? Poderíamos esclarecer a confusão cultural a respeito de direitos e responsabilidades, preservando a liberdade individual na relação com valores da família, com o nosso desejo de comunidade e com uma identidade nacional mais ampla?

Na época do bicentenário dos EUA, eram altas as expectativas de que todos esses problemas poderiam ser abordados por meio das instituições herdadas desde a fundação do país. Em 1976, a maior parte dos cidadãos norte-americanos viram que o seu país continuava a crescer, cada vez mais rico — com cada geração aspirando, e obtendo, padrões de vida melhores do que aqueles de seus ancestrais. No entanto, o Sonho Americano instigou sonhos semelhantes por meio de filmes, televisão e rádio em todo o mundo. Em meados da década de 90, os Estados Unidos também encontraram o furacão de mudanças desencadeadas pelas grandes forças de globalização. Houve crescentes desacordos a respeito das prioridades orçamentárias e até mesmo sobre os direitos constitucionais de "vida, liberdade e procura de felicidade" sob as condições em rápida mudança. Não obstante, como descrevi em 1970, em "Computers: Hardware of Democracy", as tecnologias para ajudar a aperfeiçoar a democracia norte-americana — processamento de dados em alta velocidade, comunicações eletrônicas, rádio, TV, assembléias populares eletrônicas, votação — têm estado disponíveis, mesmo então, por mais de duas décadas.[7] Temores bem-arraigados de uso indevido de tais formas instantâneas de democracia têm abafado o debate a respeito de como replanejar essas ferramentas potenciais de participação democrática de modo a evitar abusos e novas formas de totalitarismo.

Como podemos nós, seres humanos, modelar tecnologias *hardware* que reduziram as dimensões do nosso mundo planejando conscientemente o *software* necessário e as inovações sociais atualmente vitais para nossa sobrevivência e a nossa evolução cultural? Esse atraso de desenvolvimento no *software* e na arquitetura social podem ser vistos num modelo político triunfante do século XX, a democracia. Uma após outra, as nações passaram a reconhecer a democracia como um componente necessário para se administrar estruturas sociais e políticas complexas e modernas. A África do Sul, hoje uma emergente usina de força de liderança nesse continente, fez uma transição histórica para a democracia. No entanto, os modelos mecanicistas da democracia representativa do século XVIII não podem mais resolver nossa teia de problemas sociais, culturais, políticos e econômicos cada vez mais complexa.

Em primeiro lugar, devemos aceitar o fato de que o *hardware* eletrônico (em grande medida desenvolvido para mercados comerciais e pesquisas *a respeito* de pessoas e de seus hábitos) continuará a ser usado e abusado. Não podemos repelir essas tecnologias. Podemos replanejá-las e adaptá-las a partir de propósitos elitistas até populistas (1) para ajudar as pessoas a entender mais a respeito das suas sociedades e das novas ameaças e oportunidades na Aldeia Global da atualidade; e (2) para coletar e direcionar o *feedback* e o consentimento ou a oposição informados de volta a todos os níveis de tomada de decisão: grupos comunitários; conselhos escolares; governos municipais, estaduais e nacionais; e corporações internacionais.

O desafio, como é usual, consiste em replanejar os *software* para administrar essas tecnologias de *feedback* potenciais. Devemos reestruturar os seus aspectos manipulativos, de cima-para-baixo, tipo *"big brother"*, que reforçam atualmente as instituições hierárquicas tanto no setor público como no setor privado, assim como a política da midiacracia ignorante da atualidade. Os princípios de planejamento que precisamos seguir para engrenar as tecnologias de modo a encorajar a evolução da democracia incluem *prevenção* (previsão); *cooperação* (encontrando um consenso e balanceando as ênfases dos mercados na competição); *aceitação da diversidade* (um princípio básico dos sistemas vivos); e o *esclarecimento das premissas subjacentes* (crenças, metas, valores) como o primeiro passo na busca da unificação de preocupações globais e da ética. A ética global emergente inclui respeito pela vida, justiça e eqüidade, aspirações para futuras gerações, abertura e liberdade de informação, e um amor pela nossa terra natal como parte da Terra (em vez de uma mera submissão a nações, líderes ou bandeiras).

A democracia genuína deve fechar a lacuna entre elitismo e populismo e adotar um compromisso com a proposição segundo a qual as pessoas *podem* governar a si mesmas. Visões profundamente sustentadas a respeito da natureza humana colorem a política: os seres humanos são vistos como sendo basicamente não-confiáveis e moralmente imperfeitos, ou então são considerados intrinsecamente bons. Esse tipo de polarização ou isto/ou aquilo, profundamente arraigada, acaba *ou* em elitismo conservador, autoritário, benevolente ou ditatorial, *ou* em idealismo visionário, populismo, democracia ou anarquia. O triste "Princípio de Exclusão do Meio-Termo" (isto é, A não pode ser igual a Não-A), que as sociedades ocidentais herdaram dos gregos, ainda está pressuposta em nossa linguagem e em nossa política polarizada e inerte.

Minha visão é a de que a natureza humana tem aspectos igualmente positivos e negativos. Dessa maneira, as tendências naturalmente boas e afirmadoras da vida *e* aquelas de má índole, egoístas e ambiciosas são reforçadas (para melhor ou para pior) por realimentações vindas de relações familiares e comunitárias, de regras econômicas e da vida social e cultural, bem como da política das nações. À medida que as sociedades ocidentais têm se tornado mais tecnologicamente complexas e interdependentes, a simples polaridade ou isto/ou aquilo, conservador/liberal, e sua familiar política bipartidária, tal como acontece nos Estados Unidos, é incapaz de canalizar a multiplicidade de questões e os debates multidimensionais que são necessários. Teorizei, em *Creating Alternative Futures* e em *The Politics of the Solar Age* (1981, 1988), a respeito do motivo pelo qual os movimentos de protesto da década de 60 não conseguiram encontrar expressão na política norte-americana, por meio das tradicionais correias de transmissão dos dois partidos. Diagramei os movimentos políticos dos EUA dessa época não sobre um único eixo polarizado "da esquerda para direita", mas sim, como um espectro. Os movimentos das décadas de 60 e de 70 abrangeram questões multidimensionais, permeadas por preocupações relativas a centralização e a descentralização, a globalismo e a regionalismo. Nesse espectro político, os anarquistas populares eram confortavelmente parecidos com os libertários conservadores. Esse espectro, que na realidade é um holograma, persiste atualmente. (Veja a Figura 18. Configurações Políticas em Mudança.)

Políticas bipartidárias, do tipo ou isto/ou aquilo, são queridas dos teóricos políticos da era industrial. Seus modelos mecânicos simples são reminiscentes do universo bem-organizado de Isaac Newton. Mas, à medida que as complexidades e as interdependências das sociedades pós-industriais no século XX têm aumentado, inevitavelmente, a política de dois partidos não tem sido capaz de refletir o alcance das novas questões. Quando as midiacracias se desenvolveram nas décadas de 80 e de 90, os partidos políticos foram simplesmente superados pelos meios de comunicação de massa e reduzidos em número e em importância. Ambos os partidos giram em torno do dinheiro. Por exemplo, nos Estados Unidos, os políticos republicanos e os democratas nesses partidos tipo "porco e *bacon*" tornaram-se os "empresários políticos" com os quais estamos familiarizados atualmente: revezando-se no poder, conchavando, levantando fundos com grupos de interesse e fazendo *lobby* para engrossar suas contas bancárias e para avançar em suas carreiras individuais.

Essa visão dos políticos reflete o ponto de vista conservador ensinado nos departamentos de Direito e de Economia da Universidade de Chicago e em outros lugares, mas também capta e reforça o cinismo da atualidade. Um dos resultados desse tipo de pensamento tem sido a polarização da política e das questões de maneira cada vez mais simplista, que os políticos vêem como seu único recurso, e eles têm recorrido a *slogans*, *bytes* sonoros e retórica floreada — derrubando questões complexas com base em princípios e em valores fundamentais. Isso tem servido somente para polarizar os

CONSTRUINDO UM MUNDO ONDE TODOS GANHEM / 277

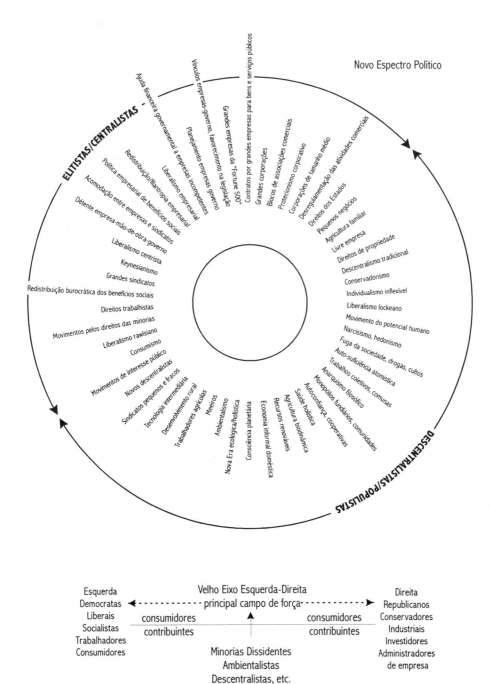

Figura 18. Configurações Políticas em Mudança
© 1978 Hazel Henderson   Fonte: *The Politics of the Solar Age*

editores da mídia e as multidões de *talk-shows* nos formatos do tipo "fogo cruzado" que arremedam o popular programa de "esquerda/direita" na CNN. A mídia tradicional ficou chocada com a ira do novo populismo e com suas cerca de seiscentas emissoras de rádio em 1995.[8]

Tudo isso polariza ainda mais os eleitores, que se tornam ainda mais irados e cínicos – o que leva à difundida alienação discutida no Capítulo 5. Esta, por sua vez, abre possibilidades para que um terceiro partido organize os 35% restantes de eleitores norte-americanos desgostosos que chamam a si mesmos de independentes. São esses os eleitores que depuseram George Bush em 1992, dando quase 20% dos votos indecisos para Ross Perot, e em 1994 voltaram a sua ira contra Bill Clinton. Contrastando com isso, em governos de coalizão com sistemas pluripartidários, tais como os que são comuns na Europa (em particular nos países nórdicos e na Holanda), as questões estão sempre num jogo dinâmico e podem ser trianguladas, modeladas e remodeladas para se obter governos de coalizão pluripartidária e consensos muito mais amplos. Os movimentos de cidadãos e os grupos de pressão têm muito menos dificuldade para obter representação parlamentar para as suas visões, como ocorreu com a ascensão dos Verdes na Alemanha, o que levou aos agora florescentes partidos verdes europeus.[9] A falta de representação proporcional na Inglaterra e o obsoleto colégio eleitoral nos Estados Unidos mutilaram os incipientes partidos verdes, que são ainda condenados pela estrutura política dos EUA e por sua política dominada pelo dinheiro a permanecer sendo apenas um movimento.

À medida que todos os países forem se reestruturando sob pressões da globalização, a política bipartidarista dará lugar, cada vez mais, a coalizões e a novos partidos, quando os velhos centros não conseguirem se sustentar. Todos os três partidos políticos da Inglaterra, somados, têm menos membros que a Royal Society for the Protection of Birds. A Citizen's Charter, da Inglaterra, criada para conquistar o apoio dos eleitores e ouvir queixas, foi julgada numa pesquisa de opinião MORI realizada em 1995, a qual constatou que menos de 25% de requerentes chegaram a receber desculpas por serviços públicos deficientes.[10] Os governos começaram a recorrer a gurus da administração à medida que faziam experiências com a reorganização – mas logo aprenderam que política e governo são muito diferentes, em natureza e em objetivos, dos negócios.

O FUTURO DA DEMOCRACIA: OS CIDADÃOS QUEREM ESTABELECER PRIORIDADES

A abortada candidatura de Ross Perot à presidência dos EUA, em 1992, foi um ensaio geral para levantar todas as questões corretas a respeito do futuro da democracia. No entanto, nos milhões de palavras escritas a respeito do fenômeno Perot, poucas examinaram a experiência histórica feita com as ETMs (assembléias populares eletrônicas) e pesquisas de opinião pública, ou esforços já em andamento para impedir abusos e aperfeiçoar esses novos canais de *feedback* proporcionados pela tecnologia. Muita coisa já foi aprendida a partir dos experimentos ETM na Nova Zelândia em 1980 para esclarecer as metas e os valores desse país, bem como a partir de plebiscitos eletrônicos semelhantes realizados no Havaí pelo cientista político Theodore Becker. Muitos desses experimentos de democracia antecipatória foram documentados por Alvin Toffler em *The Third Wave* (1980), por David Loye em *The Healing of a Nation* (1971), por Thomas E. Cronin em *Direct Democracy* (1989), por Clement Bezold em *Anticipatory Democracy* (1978), por Christa Daryl Slayton em *Televote* (1992) e por meu próprio livro, *Creating Alternative Futures* (1978).

Os professores Becker e Slayton, da Universidade Auburn, do Alabama, relataram em 1995, em "Teledemocracy Action News Network", que poucos progressos foram feitos em 1995 nessa área nos Estados Unidos. Nada fez com que houvesse avanços na aquisição de poder pelos cidadãos, mesmo que alguma atenção tenha sido dedicada à criação de "válvulas de escape" para aliviar a frustração dos cidadãos. Exemplo disso foi a versão norte-americana, feita por James Fishkin, professor da Universidade do Texas, em 1994 e 1995, de uma série de programas de TV no canal inglês Channel 4, processo por ele denominado "Deliberative Polling". Fishkin, em equipe com o U.S. Public Broadcasting System, reuniu uma amostra representativa semelhante de 600 cidadãos norte-americanos que foram submetidos a apresentações de duas ou três perguntas por especialistas — com apurações feitas antes e depois. Esses formatos constituem uma pálida imitação daquilo que é tecnologicamente possível, e os resultados são altamente sensíveis à maneira como as questões são enquadradas. As Kettering and Public Agenda Foundations padecem de problemas semelhantes advindos do rígido "cerceamento" das questões. De fato, eles trivializaram o processo fragmentando o debate em compartimentos cartesianos tão rígidos quanto assistência à saúde, meio ambiente, e assim por diante, em vez de escolher um corte transversal holístico, tal como o orçamento federal, que permitiria aos participantes estabelecer prioridades ao longo de todo o espectro de perguntas.

A oportunidade de estabelecer prioridades é o que quer uma maioria de cidadãos norte-americanos, como determinou o método de pesquisa de estabelecimento de consenso, da Americans Talk Issues Foundation (ATIF). Quando a ATIF indagou se os cidadãos gostariam que lhes fosse enviado, juntamente com seus formulários de imposto de renda, um questionário a respeito da maneira como eles gostariam que o governo gastasse seus dólares arrecadados com impostos (isto é, um plebiscito efetivamente não-restrito sobre prioridades globais), 79% aprovaram.[11] A administração Clinton pensou em fazer uma experiência com uma pequena amostra de declarações do imposto de renda — mas desistiu logo em seguida porque "a administração poderia perder o controle do processo orçamentário".[12] Essa, naturalmente, era a idéia.

O professor Becker relatou um avanço no Canadá, onde o Partido Reformista conquistou 16% das 295 cadeiras no Parlamento depois da esmagadora derrota dos conservadores de Mulroney em 1993. O Partido Reformista, em 1994, por meio de uma ETM, fez uma amostragem por distritos em Calgary sobre a questão do suicídio com ajuda médica, ao qual o partido se opunha. Eles prometeram acatar o resultado de um plebiscito eletrônico onde os votantes com números de PIN (Número Único de Identificação Pessoal) se manifestaram esmagadoramente a favor. O partido mudou de opinião e apoiou o suicídio com ajuda médica. Em Nova Scotia e na Colúmbia Britânica, alguns partidos elegem seus líderes por telefone. Projetos semelhantes têm sido realizados na Finlândia, ao passo que os habitantes do Oregon votam pelo correio.

Outra forma útil de democracia antecipatória é a conferência sobre a "busca de futuros", pioneiramente lançada por Eric Trist e por Fred Emery, e descrita pelos profissionais liberais Marvin R. Weisbord e Sandra Janoff em *Future Search* (1995). Esse método foi originalmente utilizado por organizações, mas sua aplicação a metrópoles, condados e estados foi fomentada pelo Institute for Alternative Futures, com sede em Washington, e muitos esforços locais foram documentados pelo seu fundador Clement Bezold. A Idaho Centennial Conference and Survey fez uma outra abordagem em *Visualizing the Future: Idaho's Second Century*, que pesquisou as preferências de qualidade de vida dos eleitores num ampla faixa de questões em 1990.[13]

Elaborando suas pesquisas em planejamento de sistemas de comunicações, o matemático/empreendedor Alan F. Kay também desbravou novos terrenos ao fazer um levantamento da opinião pública sobre questões políticas. A Americans Talk Issues Foundation de Kay, fundada em 1987, descobriu que pesquisas de opinião por telefone cientificamente aleatórias que fazem uma amostragem estatística nacional de uma faixa representativa de mil norte-americanos podem, muitas vezes, identificar uma genuína "sabedoria do povo" a respeito de muitas questões complexas. Com freqüência, o público escolhe alternativas políticas de longa visão, globalmente conscientes, não oferecidas por partido político nem por quaisquer figuras políticas, especialistas ou intelectuais tradicionais. O método da ATIF é, de fato, uma inovação social, muito menos dispendiosa do que as ETMs, e pode ser utilizada para impedir abusos em programas de assembléias populares e de discagem direta. Os levantamentos de opinião são não-partidaristas, planejados para alargar o espectro de alternativas políticas oferecidas, e para fornecer informações essenciais e não-tendenciosas a respeito de cada questão política, preparada por muitos especialistas de todos os lados. As questões, com freqüência, vão muito além do debate atual.

Um levantamento feito em 1991 desbravou terrenos em questões de globalização. Uma de suas cinqüenta questões era esta: "Você daria apoio a uma proposta para que as Nações Unidas monitorassem e taxassem as vendas internacionais de armamentos, com o dinheiro sendo destinado à mitigação da fome e para ajuda humanitária?" Mesmo depois de ouvir os argumentos contra e a favor da proposta (outro método da ATIF), uma média de quase 70% permaneceu inabalavelmente a favor dessa proposta numa série de sete pesquisas de opinião realizadas de 1991 até 1995, e nas quais essa questão fora incluída. Citei resultados provenientes de levantamentos da ATIF numa larga faixa de questões nacionais e internas ao longo de todo este livro, uma vez que fiz parte de sua diretoria e considero a ATIF a melhor fonte disponível de dados provenientes da opinião pública nos Estados Unidos.

Muitas regras emergem de experimentos de reunião de tais dados, inclusive a necessidade vital de randomizar todo o *feedback*, seja em pesquisas de opinião, por meio de platéias de auditório, seja em programas do tipo assembléias eletrônicas. De maneira semelhante, essa regra de randomizar o *feedback* pode tornar representativos os telefonemas recebidos do público de programas de rádio e televisão (que são sempre tendenciosos), comparando-se as chamadas que registram um seco "sim" ou voto em branco com uma amostragem científica e aleatória de todos os norte-americanos. Na verdade, essa regra de *feedback* randomizante é uma das razões pelas quais deveríamos confiar no público em geral *mais* do que nos líderes, nos políticos e nas elites. O Congresso norte-americano está amarrado por interesses especiais, por comitês de ação política (CAPs) e por outros doadores para as campanhas, e por um número limitado de informações vindas de *lobbistas* tendenciosos. O *feedback* da amostragem aleatória da ATIF por parte de todos os norte-americanos pode "reduzir" essas distorções e, com freqüência, identificar soluções consensuais.

Também precisamos de acesso mais democrático à TV, ao rádio e à mídia impressa, hoje perigosamente concentrados nas mãos de grandes empresas comerciais e cada vez mais globais. A esperança de que a transmissão a cabo abrisse os canais de TV morreu numa superabundância de filmes antigos e de reprises de programas humorísticos. A TV de Acesso Público, duramente conquistada por ativistas na década de 60, foi estilhaçada por metrópoles e por comunidades não conscientes de seu potencial político. O movimento Perot, United We Stand America (UWSA), refere-se à subjugação da arrogância de Washington; "restituir os Estados Unidos aos seus proprietários legais: o povo"; ter acesso à mídia; e participar mais plenamente da política.[14] Perot demonstrou as possibilidades, nas novas tecnologias das comunicações, de acabar com os partidos políticos e de pôr em curto-circuito os velhos processos eleitorais. Não obstante, Perot também tornou-se manipulativo. Sua "assembléia popular eletrônica" de março de 1993 comprovou ser um "infomercial" (isto é, um programa político ou comercial pago) de meia hora. Estrelava Perot fazendo dezessete perguntas simples do tipo sim/não e instando as pessoas a fazer-lhe uma visita ou escrever para ele no UWSA. Como foi mencionado no Capítulo 5, rebeldes em muitos países aprenderam que os golpes de estado eram mais eficientemente realizados capturando-se estações de rádio e de televisão em vez de edifícios legislativos ou governamentais. Em outro exemplo, eleitores frustrados nos Estados Unidos compraram ações e acorreram em multidão a assembléias anuais onde se empenharam em disputas de acionistas a respeito de empresas que faziam negócios com o regime de *apartheid* da África do Sul e de Myanmar, poluição, direitos dos animais e práticas de trabalho injustas. Quando as democracias malogram em canalizar o *feedback* dos eleitores, novos canais e fóruns são politizados, como assinalei em 1971, em "Toward Managing Social Conflict".[15]

Os movimentos de cidadãos têm crescido ao aprender a alimentar novos meios de comunicação e a capturar tempo na TV, mesmo que tenham descoberto quão indiferente a política tradicional ficou diante de suas novas questões. A "política-por-outros-meios" foi-se tornando o *slogan* da geração da década de 60, à medida que cidadãos norte-americanos politizaram as compras, os investimentos, os bancos, as corporações, a educação, os *talk shows*, a música, os filmes, os esportes e os estilos de vida com campanhas ou boicotes politicamente corretos. Por volta da década de 70, as pessoas tinham aprendido a recrutar astros do *rock* para levantar fundos e criar seus próprios eventos cobertos pela mídia, tais como os concertos Earth Day, Live Aid, Food Aid e Farm Aid. Um dos mais imaginativos foi o Bicentenário do Povo, em 1976, que produziu livros e locais de serviço público na história dos EUA que envergonhariam o crasso comercialismo do Comitê do Bicentenário Norte-Americano oficial. (Veja a Figura 19. 200º Aniversário da América?)

Os frustrados esforços atuais para replanejar e expandir a democracia devem ser hoje canalizados por todos os meios possíveis em todos os níveis, de modo que terceiros partidos viáveis e coalizões mais amplas possam emergir para quebrar o garrote de interesses especiais dos partidos majoritários. Em 1995, a Universidade da Califórnia, em seu Centro de Pesquisas Econômicas Comunitárias, em Berkeley, introduziu um novo jogo de simulação por computador em sua página na Internet: *Balance the Federal Budget*. O jogo permite aos usuários desempenhar o papel de um membro do Congresso e priorizar, cortar, acrescentar ou equilibrar o orçamento norte-americano; 1.200 usuários se registraram, inclusive um da Casa Branca.[16] Uma reforma radical proposta por Ernest Callenbach e Michael Phillips em *A Citizen Legislature* (1985) iria superar os interesses especiais selecionando aleatoriamente os membros do Congresso da mesma maneira que os júris são selecionados. Em toda a reestruturação entre níveis de governo, o princípio dominante para as novas democracias é aquele articulado na União Européia: a *subsidiariedade*, isto é, a elaboração de planos de ação política tão próximos do povo quanto isso seja praticável. O *feedback* vindo do nível popular está, finalmente, reivindicando questões e soluções de problemas vindos de elites distantes, indiferentes e desinformadas, assim como os inquietos e inteligentes dinamarqueses demonstraram recusando-se a ratificar o Tratado de Maastricht da União Européia.

Outro princípio democrático: a transparência está subentendida nos esforços para se replanejar as estatísticas da macroeconomia, demasiadamente promediadas, que têm permitido que a enunciação de questões políticas e o esclarecimento vital de valores sejam obscurecidos por análises de custo-benefício e de risco-benefício, isto é, retratados como questões técnicas e econômicas sobre as quais o público foi considerado "não-qualificado" para comentar. Indicadores mais amplos de qualidade de vida para a assistência à saúde, a alfabetização, a qualidade do ar e da água, os bens culturais, a participação democrática e os direitos humanos estão se tornando ferramentas essenciais da democracia, bem como melhores prognosticadores do desenvolvimento verdadeiramente humano.

A natureza dos sistemas de computação e de comunicações os torna idealmente convenientes para coletar, analisar e apresentar o *feedback* dos pontos de vista dos eleitores para o sistema político. À medida que o eleitor fica mais insatisfeito com ferramentas manuais obsoletas para a expressão política — a cédula, a caneta e a eleição periódica de deputados — estamos constatando evidências do curto-circuito desses métodos tradicionais graças ao uso de pesquisas de opinião partidárias, altamente simplistas, para tomar o pulso dos eleitores sobre questões atuais. Não obstante, como afirmou o *The Economist* em um editorial: "A pesquisa de opinião é, num certo sentido, um protótipo para a política interativa."[17] Uma pesquisa de opinião da ATIF sobre O Aperfeiçoamento da Democracia na América, de 3 de abril de 1993, constatou que 70% dos cidadãos norte-americanos eram a favor da seguinte afirmação: "Pedir para que o Congresso financie

Figura 19. O 200º Aniversário da América?

Fonte: The People's Bicentennial Commission, reimpresso de *The Politics of the Solar Age* um departamento independente, montado para realizar levantamentos da opinião pública científicos, não-partidaristas e de ampla amostragem em todas as questões nacionais importantes e liberar prontamente os resultados para a mídia, de modo que o Congresso e o público saibam o que a maioria do povo norte-americano quer em termos de legislação." Esse levantamento foi, em parte, a razão pela qual o congressista Ron Klink introduziu um projeto de lei que implantaria um Departamento do Congresso para Pesquisa e Avaliação da Opinião Pública (COPORA).

O plebiscito eletrônico instantâneo já é tecnicamente possível e o *hardware*, o aparelho de televisão, como dispositivo de recepção de informações pelo cidadão, e o telefone, como unidade de *input* político, já está presente em quase todos os lares. O Levantamento nº 24 da ATIF, Passos para a Democracia: A Maioria *Versus* a Minoria", de 25 de março de 1994, constatou que 70% de cidadãos norte-americanos eram a favor de plebiscitos nacionais *obrigatórios* para o Congresso — enquanto apenas 59% eram favoráveis a plebiscitos facultativos. Como *The Economist* corretamente observa, os plebiscitos podem ser uma maneira melhor de se lidar com *lobbies* e com interesses especiais — uma vez que são as pessoas e não os políticos que devem ser objeto de *lobbies*.[18] Não obstante, o processo do plebiscito é, com freqüência, corrompido pelo dinheiro, por interesses especiais e por campanhas na mídia, tais como as do *lobby* do tabaco e os interesses que derrotaram o plebiscito ambientalista realizado na Califórnia em 1990, o Big Green.[19]

Antes que sejamos esmagados por temores da tirania da maioria, vamos esclarecer duas crenças norte-americanas: (1) os cidadãos devem participar da tomada de decisões sociais numa sociedade democrática; e (2) os eleitores devem comunicar suas visões uns aos outros, às organizações com as quais estão envolvidos e às autoridades governamentais eleitas. A base racional jaz profundamente enterrada na história dos Estados Unidos numa premissa de seu grande experimento social interpretada cada vez mais liberalmente: sabedoria, criatividade e senso comum são qualidades distribuídas de maneira bastante aleatória por toda a nossa população. A biologia não nos reconhece equivocados nessa crença. Essa premissa central, a de que uma cidadania informada é capaz de se autogovernar, não quer dizer que os cidadãos terão todas, ou pelo menos algumas, das respostas a questões com freqüência complexas e técnicas. Porém, pontos de vista não-especializados podem disciplinar os tecnocratas ao levantar questões amplas e humanistas, ajudando os especialistas, por meio disso, a estruturar problemas, justificar seus projetos e pensar mais cuidadosamente a respeito das conseqüências de longo alcance.

Abrir os canais de comunicação existentes, bem como novos canais, nos meios de comunicação de massa comerciais e não-comerciais, é a chave para se assegurar que os cidadãos são suficientemente esclarecidos para votar de maneira sábia. Os cidadãos norte-americanos e os dos outros países da OECD constituem as populações mais amplamente instruídas da história do mundo — e a comunicação de massas pode elevar ainda mais esse nível. Programações mais contínuas sobre assuntos públicos, tais como as da BBC na Inglaterra e as da C-Span nos Estados Unidos, são essenciais. Tempo gratuito, eqüitativamente repartido, para candidatos políticos e autoridades públicas e privadas é também de importância vital e está disponível em muitos países da OECD. Nos Estados Unidos, ao contrário, essa provisão de tempo livre e igual, bem como a Doutrina da Imparcialidade, foram repelidas, como foi mencionado, por pressões vindas de *lobbies* de radio e teledifusão comerciais. Enquanto falava com ele numa plataforma, indaguei ao senador de Nova Jérsei, Bill Bradley, a respeito de restabelecer essas antigas provisões da Comissão Federal das Comunicações. Bradley esquivou-se dessa questão e disse que era a favor de uma emenda constitucional para limitar as doações da campanha.

A educação superior poderia estar ao alcance de todos por meio das telecomunicações, como na Open University da Inglaterra. A educação não precisa mais de edifícios, mas apenas da comunhão voluntária das mentes de nossos maiores professores e de todos os que têm sede de conhecimento e de entendimento.[20] De fato, nas duas décadas passadas, grupos de cidadãos altamente instruídos, com seus instrutores acadêmicos a reboque, forçaram a introdução nas agendas nacionais: (1) de padrões de eficiência energética, conservação e fontes de energia renovável (energia solar, eólica, etc.); (2) do reconhecimento da biodiversidade como um recurso natural fundamental; (3) da autodeterminação para os povós indígenas do mundo; (4) dos direitos humanos; (5) de formas de desenvolvimento sustentáveis, justas e eficientes no uso dos recursos, e atentas com relação às gerações futuras; (6) da reestruturação do Banco Mundial e do FMI; e (7) da revisão do produto nacional bruto (PNB), de modo a incluir a dedução de custos sociais e ambientais.

A coleta e a análise de pontos de vista individuais já é uma prática comum no mundo comercial; é feita por meio de amostragem de mercado de preferências do consumidor e pelo uso de bancos de dados contendo informações sobre créditos ou histórias médicas. Também vemos isto nos estudos estatísticos tão predominantes nas ciências do comportamento, e, naturalmente, no uso crescente que os políticos fazem das pesquisas de opinião. Não obstante, o uso privado da coleta de informações sobre créditos ou registros médicos tornou-se uma ameaça — com os direitos dos indivíduos de contestar ou corrigir dados errôneos sendo agora protegidos por lei. Nos Estados Unidos, os índices comerciais de audiência têm sido desastrosos para a televisão de qualidade. Tais métodos tendem a peneirar, colocando-as fora de consideração, idéias novas ou aleatórias, que são um componente vital de uma sociedade inovadora — assim como o dinheiro corrompe a política.

DEMOCRACIA E TECNOLOGIA: UTOPIA OU DISTOPIA?

Para ilustrar todas essas questões, encerrei meu artigo de 1970, "Computers: Hardware of Democracy" com este cenário:

> É uma tarde do início de fevereiro do ano 2030, e John e Jane Doe estão relaxando diante da parede TV de seu centro de comunicações doméstico. A recém-eleita presidente dos Estados Unidos está tendo o seu primeiro "bate-papo informal" com seus companheiros cidadãos. Delineia as principais questões que os eleitores apresentaram à sua administração, junto com a mais ampla gama de opções sugeridas por cidadãos provenientes de todas as classes sociais. Essas opções foram peneiradas e tabuladas por computadores como prioridades. A prioridade número seis foi eleita para resolução imediata para satisfazer as metas de planejamento de longo alcance. As prioridades de um a cinco, embora de importância global, precisam de mais entrada e de mais análise das informações. "A prioridade número seis", continua a presidente, "refere-se a planos de desenvolvimento futuro para a Região Três dos Estados Unidos, que era outrora conhecida como os Apalaches; e cinco principais opções foram desenvolvidas, provenientes tanto do *feedback* por eleitores escolhidos aleatoriamente como do *feedback* científico e especializado, com os votos vindos da região afetada tendo peso adicional sobre o restante. As opções serão agora resumidas e simuladas em sua tela doméstica."
> A primeira opção é exibida numa série de mapas e diagramas simulados e coloridos. Ela designaria toda a região como um parque nacional, e o principal *playground* recreativo para as duas grandes regiões megalopolitanas adjacentes: para o leste, BOSWASH (antes conhecida como a região litorânea nordeste que vai de Boston a Washington), e para o oeste CHIPITS (antigamente, a grande região industrial do Rio Ohio entre Chicago e Pittsburgh). O plano implica seis novas cidades de 250.000 pessoas cada, para servir como *spas* e mecas culturais. Suas principais indústrias seriam as do lazer e do turismo, da manutenção da saúde e da beleza, e das artes de *performance* pública. Agora, aparecem gráficos mostrando que a economia da região cresce-

ria a uma taxa de 10% ao ano durante os cinco primeiros anos, e exigiria gastos de capital de metade de um por cento do produto nacional bruto atual. Então, os influxos previstos de engenharia de construção e de pessoal de planejamento são mostrados para os cinco primeiros anos de construção; e, depois disso, as necessidades de números crescentes de administradores e de trabalhadores, de médicos, de terapeutas, de cabeleireiros, de pessoal de educação física e, naturalmente, de artistas performáticos de todos os tipos.

"E agora, a Opção Dois", diz a presidente. A segunda opção designaria a área, basicamente, como um banco de recursos natural, com um uso secundário como recreação em ambiente silvestre. O plano requer que as velhas minas sejam atulhadas com plástico, ferro, cobre, borracha e outros materiais recuperados das instalações para a remoção de lixo da nação; esses itens ficariam armazenados até que houvesse necessidade de reciclagem na produção. Seria necessária uma rede de pequenas cidades; suas economias seriam baseadas, em grande medida, em funções de manutenção e de controle de estoques, embora também proporcionassem infra-estrutura para *camping* e passeios a pé nas áreas silvestres. Conforme cada uma das combinações adicionais de alternativas era apresentada, uma nova simulação por computador apareceria na tela dos Does. A presidente reaparece e faz sua declaração formal de que o plebiscito sobre esses planos de desenvolvimento para a região Três dos Estados Unidos seria realizado às 19 horas, daqui a uma semana. Acrescenta: "Cada eleitor pode, naturalmente, receber sua própria listagem dos planos, emitida pelo Departamento de Listagem do Governo dos EUA, discando 555-4707 no seu terminal telefônico do computador."

Às 19 horas, uma semana mais tarde, John e Jane Doe — tendo discutido os planos com vizinhos, e na assembléia comunitária municipal — tomaram uma decisão. A transmissão por TV começa e a presidente diz: "Boa noite, companheiros cidadãos. Espero que todos tenham feito seus trabalhos domésticos, e que aqueles de vocês que são eleitores registrados ofereçam agora à América o benefício de sua sabedoria coletiva instruída no importantíssimo plebiscito nacional de hoje à noite a respeito do desenvolvimento futuro da Região Três dos EUA. Para refrescar suas memórias, simularemos novamente, em nossas telas domésticas, os cinco planos alternativos preparados com diretrizes vindas do seu *feedback* prévio. Por favor, estejam com seus cartões de votação prontos para que o *scanner* óptico os verifique. No final da revisão dos cinco planos, por favor coloquem seus cartões de votação no *scanner* e, em seguida, digitem sua escolha das opções, de um a cinco, no teclado do terminal telefônico do computador."

Depois de votar, John e Jane Doe relaxam enquanto os votos estão sendo tabulados. Foi uma cansativa semana de estudos para os dois, mesmo que a semana padrão de trabalho tenha sido reduzida para dois dias — um resultado das máquinas e de outros instrumentos essenciais que, em grande medida, se encarregaram da produção da riqueza. Além do plano para a Região Três dos EUA, eles tiveram de estudar uma importante proposição para a educação local que envolvia três opções no "mix" de serviços educacionais de que sua cidade em crescimento precisaria na década seguinte; também tiveram de cumprir seus compromissos voluntários com a comunidade. A luz vermelha no indicador apareceu, e os Does retornaram ao centro de comunicações de sua casa. Constataram que a Opção Um para a Região Três dos EUA fora aprovada.

No mês seguinte, suas tarefas incluiriam a tomada de decisão a respeito de um planejamento integrado de transporte de dez anos para a sua própria Região Um dos EUA, a monitoração de um novo curso de estudos ministrado na Universidade do Ar, e o início dos trabalhos para estabelecer prioridades a respeito da distribuição dos recursos nacionais para a segunda fase do plano de 25 anos, do ano 2025 ao ano 2050.[21]

"Utopia ou o pesadelo de uma Distopia?" indaguei em meu artigo. Era essa a maneira pela qual a democracia e a tecnologia poderiam ser encaminhadas? À medida que a automação produzia mais desemprego e semanas de trabalho mais curtas, a própria cidadania não se tornaria mais exigente, de modo que, para muitos, ela se tornaria um emprego em tempo integral e para outros um fardo esmagador? Ou as sociedades complexas simplesmente estenderiam aquilo que de Tocqueville, em 1835, chamava de suas "aristocracias industriais" a todo o mundo? Estariam as pessoas que tomam decisões atualmente temendo o fato de que se os cidadãos dispõem de muitas informações não-distorcidas, e dos meios de canalizar um número muito grande de decisões esclarecidas em todos os níveis do processo político, isso mudaria o próprio sistema? O temor mais legítimo, partilhado pelos fundadores dos Estados Unidos, é bastante real: o de que uma democracia verdadeiramente direta poderia não filtrar suficientemente as emoções dos eleitores e poderia levar a uma tirania da maioria. Em termos de computadores, uma participação excessiva não tornaria o sistema social demasiado sensível para realimentar e produzir rapidamente correções excessivas, que poderiam levar a oscilações destrutivas, perda de equilíbrio e caos? Em resumo, seriam os seres humanos demasiado irracionais para conseguir construir uma sociedade racional?

No Capítulo 8, olhamos para as sociedades humanas e para seus códigos de ADN cultural e vimos que a *replicação* (isto é, a tradição) é básica (como o é na codificação de todos os ADNs), enquanto que a *inovação* (isto é, a mutação) é um fenômeno muito mais raro. O excesso de inovação pode desestabilizar uma sociedade e sua insuficiência pode levá-la à decadência. Modelos de desenvolvimento malogrados comprovaram ser demasiado centralizantes, desperdiçadores de recursos, freqüentemente exacerbadores da pobreza, ecologicamente não-sustentáveis e, finalmente, têm levado ao presente debate global a respeito do que entendemos por "desenvolvimento". O arqueólogo Joseph Tainter (1988) identificou precursores para o princípio do colapso das primeiras civilizações humanas. Ele observou um surto de atividade coletiva, com freqüência envolvendo construções, imediatamente antes do colapso do Império Romano e da civilização maia, como se as sociedades estivessem tentando se opor à tensão crescente. Hoje, vemos países usando maciços projetos de obras públicas para alardear crescimento e vemos megacidades crescendo em explosões de construção que o *The Economist* notou, com aprovação, estarem atestando vitalidade.[22] Essas tendências, sejam elas debatidas como positivas ou como negativas, constituíram o enfoque da Segunda Conferência das Nações Unidas sobre Habitação, em Istambul, em 1996. Comparo essa desestruturação das sociedades que se aproximam de "becos sem saída" evolutivos ao fenômeno da "pedomorfose" nas espécies. (Veja o Capítulo 8, páginas 210 e 211.)

A história mostra como as primeiras tentativas humanas para organizar populações crescentes foram repetidamente sustadas. Hierarquias ruíram e líderes tombaram devido à falta de *feedback* vindo dos governados, isto é, o *feedback* carecia da complexidade necessária e os líderes recebiam informações muito pouco válidas, testadas pela realidade. Isto corresponde ao meu Estado de Entropia: a organização crescente atinge um estágio onde mais esforços são despendidos em coordenação do que em produção útil e fecunda, e a sociedade se atola nos custos das transações. As metáforas operacionais são: "somente o *sistema* pode controlar o sistema" e seu corolário: "somente o sistema pode modelar o. sistema". O *The Economist* descreveu esse fenômeno no crescimento da burocracia governamental e no crescimento, na mesma proporção, do números de advogados.[23]

A desestruturação e a des-evolução referem-se a uma questão-chave: Como achatar ou repor as velhas estruturas hierárquicas substituindo-se os fluxos de informações laterais, que se distribuem em rede e em tempo real, de modo a permitir a todas as partes de um sistema complexo coordenar e alinhar seu conhecimento de meios ambientes em mudança e deslocar suas atividades para respostas flexíveis e adaptativas? O cientista político Benjamin R. Barber aponta o caminho em *An Aristocracy of Everyone* (1992).

Joseph Tainter acrescenta: "Sociedades industrializadas complexas e diferenciadas constituem uma anomalia. Durante mais de 99% de nossa história como espécie, vivemos como saqueadores ou como agricultores em grupos ou aldeias de baixa densidade populacional, de não mais que algumas dúzias de pessoas. ... Sociedades mais complexas são mais dispendiosas para se manter do que sociedades simples, e exigem maiores níveis de apoio *per capita*. ... Além disso, a manutenção da complexidade depende da avaliação contínua da energia e de outros recursos. É preciso energia para algo se tornar complexo e manter-se assim."[24]

Cheguei a uma conclusão semelhante: a de que a era industrial, de trezentos anos, tem sido um período único — baseado no consumo de uma grande porcentagem dos combustíveis fósseis que foram deixados na crosta da Terra há mais de 60 milhões de anos. Dessa maneira, vi a marcha em direção a uma complexidade social crescente como um sinal de que o industrialismo tinha atingido o beco sem saída evolutivo que chamei de Estado de Entropia. Isso exigiria uma reaprendizagem das artes e das ciências da sustentabilidade e de formas *não*-materiais de desenvolvimento.

Enquanto isso, até mesmo a União Européia, com sua bem-sucedida cooperação e unificação passadas de doze países ocidentais, e com a inclusão, em 1994, da Áustria, da Suécia e da Finlândia, está tumultuada. O Tratado Maastricht de 1992 e o movimento em direção a uma moeda européia única foram pouco mais que uma tentativa para tornar a Europa segura para bancos e para corporações globais. Assim como os noruegueses, que optaram por não se juntar, em absoluto, à União Européia, os dinamarqueses vêem poucas salvaguardas dentro da União Européia para a cultura específica, os programas sociais e o meio ambiente da Dinamarca. As elites, que continuam a ver seus setores independentes como agitadores, ignorantes, ou marginais, deixarão de entender o que se passa. Se o *feedback* dos cidadãos não for levado a sério por políticos e pela mídia, e canalizado positivamente, seu único recurso será simplesmente continuar a resistir para chamar a atenção. Hoje, há muitos novos exames de consciência feitos pelos "eurocratas" em Bruxelas a respeito de como democratizar: como implementar o princípio da subsidiariedade e partilhar poder com o Parlamento Europeu eleito. O diplomata dinamarquês J. Ørstrøm Møller, em *The Future European Model* (1995) reconhece processos simultâneos de internacionalização econômica e descentralização cultural.

Os políticos nacionais e os negociadores comerciais ainda acreditam que a economia global, o comércio mundial e a anarquia financeira podem ser domesticados pela desregulamentação e pela nivelação do campo de jogos global por intermédio dos poderosos mas estreitos pactos comerciais da Organização Mundial do Comércio (OMC), embora apostem na formação de novos blocos de comércio regionais. Não obstante, esses experimentos em subotimização simplesmente *ampliam* os custos sociais e ambientais e *fortalecem* os movimentos de protesto e os políticos isolacionistas. O NAFTA (Acordo de Livre Comércio Norte-Americano) encontrou resistência por parte da força de trabalho, de ambientalistas e de movimentos sociais, tais como a sublevação em Chiapas, no México, e, até agora, custou a perda de quase um milhão de empregos nos EUA, de acordo com o *New York Times*.[25] Enquanto isso, cinco corporações gigantes dominam a atenção dos cidadãos na midiacracia global. Uma manchete relativa ao império de Rupert Murdoch diz simplesmente: "Homem Compra o Mundo."[26] Somente quando as Nações Unidas forem remodeladas, juntamente com outras instituições globais necessárias, uma forma de soberania mais limitada porém eficiente poderá ser exercida pela nações — em novas parcerias com os setores privado e civil.

CAPÍTULO 12

NOVOS MERCADOS
E NOVOS BENS COMUNS:
A VANTAGEM COOPERATIVA

As redes da atual Era da Informação funcionam melhor com base em princípios em que todos ganham (*win-win*), mas ainda são dominadas pelo paradigma da guerra econômica global. O suborno e a competição encarniçada tornaram-se parte considerável "de uma guerra sórdida, de muitos bilhões de dólares, que está sendo travada nos mercados globais".[1] Os especuladores têm tomado de assalto, quase à vontade, as moedas fracas: sejam elas o peso mexicano, em 1994, ou a libra inglesa, desvalorizada em 1992, e a União Monetária Européia. Nervosos investidores, seguindo uns aos outros em hordas e tentando evitar riscos monetários, agitam as bolsas de valores do mundo. No passado, para lidarem com os crápulas e com as ameaças militares, os países formavam alianças, tais como as Nações Unidas, e faziam aliados, como na Guerra do Golfo. As nações, defrontadas com assaltos às suas moedas e aos mercados de títulos por "crápulas econômicos" que põem em pânico os investidores, precisam formar novas alianças contra a "agressão econômica". Nos Estados Unidos, os republicanos e os democratas no Congresso juntaram-se a populistas e se revoltaram contra a ajuda financeira de 50 bilhões de dólares ao peso mexicano, reunidos às pressas pela "velha turma" nos departamentos do tesouro, nos bancos centrais e no FMI. Os populistas citaram o mercado livre. Por que deveriam os contribuintes receber a pancada e não os bancos privados, os negociadores e os corretores de títulos, os intermediários, os especuladores e outros credores da dívida mexicana, simplesmente assumindo suas perdas assim como o fizeram com seus lucros prévios? Os governos devem partilhar a culpa pelos infortúnios do México.

O DESAFIO DE COOPERAR

O dinheiro que cruza livremente as fronteiras nacionais todos os dias é um dos ramos mais desestabilizantes do novo sistema mundial de rodovias eletrônicas da informação. Nenhum governo sozinho pode opor resistência às hordas dos corretores de título e de câmbio nas tela dos seus computadores, executando as ordens de especuladores que operam em grande escala. Até agora, não há "regras de trânsito" globais — sem falar nos impostos sobre essas transações especulativas. À medida que os modelos proporcionados pela teoria dos jogos e pela dinâmica do caos vão tomando o lugar da economia, as pessoas podem começar a perceber que as regras de interação são tão fundamentais quanto os mercados para as sociedades humanas. As redes da Era da Informação têm funcionamento ótimo com a padronização de tecnologias e de regras, ao mesmo tempo em que permitem acesso democrático e eqüitativo a esses novos tipos de "portadores de bens comuns".

Rodovias precisam de guardas e de semáforos. Os cassinos de jogos devem ficar com uma pequena porcentagem para operar a casa. O cassino financeiro global da atualidade precisa de regras e de taxas sobre as transações para pagar por essas regulamentações necessárias. Precisamos não repetir, no nível global, a época ruim de Wall Street em 1929, quando a ausência de regras, juntamente com especuladores em debandada e investidores em pânico, provocaram o colapso do mercado e a Grande Depressão. Na década de 30, os especuladores de Wall Street foram subjugados e os abusos foram criminalizados. Um sistema de regulamentações foi finalmente codificado em 1933 e a Comissão de Títulos e Valores Mobiliários (SEC) foi incumbida de inspecionar o jogo. Pouco a pouco, a confiança voltou — mas não antes que a crise trouxesse miséria e desemprego a milhões de pessoas comuns do lado produtivo da economia, que se tornaram dependentes de Wall Street e de bancos em remotas metrópoles importantes.

Depois da Guerra Fria, mais competição, e não cooperação, foi saudada, juntamente com o individualismo e a difusão dos mercados, como o caminho preferível e inevitável para um futuro melhor. O pensamento ou isto/ ou aquilo impediu que as antigas concepções orientais de equilíbrio e de complementaridade *yin-yang* reenquadrassem a situação global — necessitando igualmente de cooperação, tanto quanto de competição, à semelhança de tudo o mais na natureza. Como foi observado no Capítulo 8, os seres humanos são igualmente capazes de ambos os comportamentos, assim como de criatividade em novas situações. No Capítulo 9, começamos a explorar

Economistas — Futuristas/Sistêmicos

Mercados

Setor Privado ...
- Decisões individuais
- Competição
- Mão invisível
- Antitruste

Sistemas Abertos

- Recursos divisíveis
- Regras de ganho-perda
- (Regras de Adam Smith)

Bens Comuns

Setor Público ...
- Propriedade de todos
- Monopólio sob regulamentação
- Consórcios
- Redes
- Padrões

Sistemas Fechados

- Recursos indivisíveis
- Regras em que todos ganham
- Cooperação
- Acordos

Nota: Deve-se lembrar de que todas essas esquematizações são, na melhor das hipóteses, aproximações, e são, com freqüência, culturalmente arbitrárias.

Figura 20. Diferentes Modelos de Mercados e de Bens Comuns
© 1988 Hazel Henderson   Fonte: *Transcendendo a Economia*

aspectos sociais dos mercados competitivos e dos bens comuns cooperativos, e a examinar como, na verdade, todos os mercados *requerem* regras cooperativas para funcionar. (Veja a Figura 20. Diferentes Modelos de Mercados e de Bens Comuns.) Sem regras cooperativas, os mercados competitivos acabarão se autodestruindo em competições sangüinárias, oligopólios ou monopólios, ou simplesmente preenchendo todos os nichos disponíveis, transformando-se em bens comuns. Por exemplo, quando empresários e investidores se estabelecem em território virgem (uma região agreste inexplorada ou uma cultura tradicional, que não faz uso do dinheiro), eles podem competir por tanto tempo quanto o "espaço do mercado" o permita. Então, à semelhança dos ecossistemas, conforme vão aparecendo mais empresas (ou espécies) competindo, todos os nichos disponíveis no mercado (ou no ecossistema) ficam cheios. A essa altura, espécies e empresas devem mudar para estratégias simbióticas, cooperativas, e aprender a co-evoluir, como na biologia evolutiva.

Como sabem os teóricos sistêmicos, se um problema parece insolúvel a partir do *interior* do sistema — por mais profundamente diagnosticado que seja — devemos voltar os olhos para um sistema envolvente maior à procura das causas que podem estar motivando o problema. As nações não aprenderam inteiramente essa lição — nem mesmo depois de duas devastadoras Guerras Mundiais — elas ainda estão tentando, sem sucesso, abordar a competição global entre si. Em 1945, uma inovação social, as Nações Unidas, foi fundada, e bélicas nações-estados mais uma vez se voltaram para seus problemas comuns de expansionismo, de mercantilismo, de políticas de comércio exterior predatórias, e de guerras "quentes". No entanto, as nações nem diagnosticaram a si mesmas nem questionaram seus valores e sua institucionalização de "sistemas de cobrança para proteção" competitivos em todos os níveis. Os líderes nacionais, à semelhança de muitos dirigentes de grandes empresas, não reconhecem suas estruturas competitivas hierárquicas e seus jogos de domínio/submissão como sendo parte do problema. O paradigma da competição não foi questionado. Muitos apontaram nessa direção, desde os gurus da administração Warren Bennis, Charles Handy e o falecido Eric Trist até James Robertson em *Power, Money and Sex* (1976), William Irwin Thompson em *The Time Falling Bodies Take to Light* (1981) e Fritjof Capra em *Ponto de Mutação* (1981), bem como eu mesma em *The Politics of the Solar Age* (1981, 1988) e Riane Eisler em *The Chalice and the Blade* (1988).

Imediatamente depois da Segunda Guerra Mundial, grupos da sociedade civil mantiveram vivas as esperanças pela paz mundial baseada na cooperação internacional, mas foram oficialmente postos de lado como idealistas ingênuos e, durante a Guerra Fria, como riscos à segurança. A maioria dos diplomatas e dos especialistas internacionais aceitou o modelo da nação-estado bélica para as sociedades humanas como um dado. Eles raramente levaram a sério as análises alternativas, tais como as do especialista em teoria dos jogos Robert Axelrod em *The Evolution of Cooperation* (1984), de Fred Thayer em *An End to Hierarchy: An End to Competition* (1973, 1981), de Alfie Kohn em seu imaginativo *No Contest* (1986), ou de Roger Fisher e William Ury em *Getting to Yes* (1991). Uma notável exceção foi Mikhail Gorbachev, que utilizou modelos de olho-por-olho-dente-por-dente da teoria dos jogos como uma ferramenta de negociação para fazer cessar a Guerra Fria. No final da década de 80, numa série de lances que desconcertaram os estrategistas militares e políticos da administração Reagan, o último presidente da URSS desafiou repetidamente os Estados Unidos a cooperar.

A especulação monetária e a incapacidade do setor financeiro global para abordar os riscos crescentes para todos os jogadores tem sido outra lição sobre os limites da competição e do vital papel complementar da cooperação. A economia está a tal ponto imersa no paradigma da competição que ela, sistematicamente, negligencia a cooperação, os bens comuns e as teorias da partilha — exceto quando os bens comuns podem ser possuídos como propriedade. A maior parte das questões de governo e de partilha que desconcerta as sociedades humanas envolve a competição inadequadamente estendida para os bens comuns globais. E agora, outro mercado competitivo integrou-se: o cassino global de 24 horas transformou-se de um mercado de competição ganha-perde numa nova forma de bens comuns eletrônicos, onde o comportamento egoísta de cada "ator racional" pode pôr em perigo todo o sistema — a não ser que se realize uma ação coletiva rápida, cooperativa, em que todos ganhem.

A vulnerabilidade dos sistemas de mercados financeiros globais estreitamente interligados e operando sem regras abrangentes foi ilustrada repetidas vezes por exemplos tais como a falência do Banco Herstatt da Alemanha e, posteriormente, pela crise norte-americana da poupança e dos empréstimos imobiliários. Esses dois episódios foram tratados por meio de acordos cooperativos e pela intervenção do governo. Steven Salomon descreve essa cooperação financeira global nos bastidores em *The Confidence Game: How Unelected Central Bankers Are Governing the Changed World Economy* (1995). Na década de 90, as perdas sofridas por bancos e por grandes empresas com derivativos e estratégias de cobertura geram preocupações de que a redução dos riscos para os jogadores individuais aumenta os riscos em todo o mercado financeiro; 1995 foi um ano divisor de águas, que forçou governos a considerar novas regras globais. Até mesmo economistas que, em outras situações, seriam favoráveis ao livre mercado, incluindo Fred Bergsten, Jeffrey Sachs e Lawrence Summers, recomendaram com insistência a formação de um "GATT para investimentos e finanças".[2] É claro que as Nações Unidas podem e devem desempenhar um papel-chave em fomentar tais inovações, juntamente com a Organização Mundial do Comércio.

Grandes banqueiros preocupados, tentando adiar crises ulteriores, são inibidos, pelo paradigma competitivo, de pensar em soluções que estejam fora do âmbito dos remédios econômicos prescritos pelos manuais — tais como a elevação das taxas de juros ou os leilões de compra de moeda, ambos jogos de soma zero — a fim de obter apoio para suas economias e suas moedas nacionais. O Japão, ao se defrontar com a inflação, tentou outra política, em agosto de 1995, quando ajudou a baixar o *yen* supervalorizado, afrouxando seus regulamentos sobre o investimento japonês em outros países. No nível dos bens comuns globais, jogos competitivos de soma zero reverberam em círculos viciosos onde todos perdem. Nem todos os países podem administrar uma balança comercial positiva ou crescer por meio de estratégias de exportação sem adotar novas regras em que todos ganhem, para acabar com a pobreza: isto é, criar novos clientes e gerenciar cooperativamente os bens comuns. Os atores nacionais, dificultados pela soberania em erosão, manobram penosamente rumo à *inovação social* necessária para se pôr à altura do avanço da *inovação tecnológica* do cassino global, baseada em satélites e computadores. As Nações Unidas, em seu papel proeminente de estabelecer regras globais, de intermediar, de trabalhar em rede e de convocar são bastante convenientes para fomentar essas inovações sociais nos novos bens comuns eletrônicos.

Os próprios banqueiros, corretores e negociadores de câmbio e de títulos — juntamente com números cada vez maiores de ministros das finanças, de parlamentaristas e de regulamentadores — reconhecem a necessidade de novas regras para criar mercados de capital e de moeda mais ordenados. As regras e os padrões estendem, em vez de limitar, os regimes de mercado, e inspiram fé e confiança — a base sobre a qual se assentam as próprias atividades bancárias e monetárias. Os "disjuntores de segurança" introduzidos em Wall Street depois do colapso de 1987 amorteceram os efeitos desestabilizadores do programa de comércio computadorizado. Os ministros das finanças reconhecem a perda de controles internos para a competição global bem como a redução da receita fiscal, a qual veio com a desregulamentação financeira da década de 80. Mas o seu paradigma de mercado obstrui a cooperação vital para abordar seu dilema coletivo. Os mercados de títulos, mais preocupados com a inflação do que com o desemprego, limitam quaisquer projetos e a criação de empregos do tipo "reativação da economia nacional por injeção monetária" enquanto reduzem a zero as opções por redes ae seguridade social. Alguns bancos centrais tentaram até mesmo incluir o jogo comercial de derivativos de soma zero — na ocasião com pesadas perdas. Uma agência empresarial do governo norte-americano, a "Fannie Mae" ou Federal National Mortgage Association, capitalizou em cima da situação precária do dólar em 1995 ao lançar com sucesso uma oferta de títulos globais no valor de 720 milhões de dólares — em marcos alemães. Bill Javetski, do *Business Week*, opinou sobre um novo "casamento" monetário entre o marco alemão e o dólar norte-americano, que não é mais visto como uma moeda de reserva global confiável. Uma vez que os republicanos dos EUA estavam pensando em "terceirizar" funções governamentais, ele acrescentou: "Por que não deixar as operações da Reserva Federal a cargo do Bundesbank?"[3]

Somente acordos e padrões globais para a contabilidade, o investimento de capital, a estabilização do câmbio e a reestruturação do FMI, do Banco Mundial e da Organização Mundial do Comércio (OMC) podem resolver os paradoxos da atualidade tão bem descritos por Jeffrey Sachs em *The Economist*. No entanto, suas prescrições para tapar os "grandes buracos [que] permanecem no tecido legal [que] podem também ameaçar os sistemas econômicos globais" não conseguem, nem de longe, resolver o dilema dos governos nacionais comprimidos entre especuladores monetários e comerciantes de títulos, de um lado, e os perigos representados por eleitores nacionais irados e por protestos contra ajustes estruturais do FMI, do outro. Sachs supõe que "em 1994, o mundo está mais perto do que jamais esteve antes de acordos de livre mercado *cooperativo* [a ênfase foi acrescentada] global defendidos, cinqüenta anos atrás, pelos visionários que se reuniram em Bretton Woods".[4] No entanto, acordos cooperativos não emergem automaticamente dos mercados livres e devem ser designados por seres humanos, e não por mãos invisíveis.

A constante defasagem entre inovações tecnológicas e inovações sociais, hoje evidente na indústria de computadores, que está automatizando os setores de serviços em todo o mundo, sustenta o ciberespaço financeiro global e a Internet da atualidade. Tais ciberespaços ainda são vistos como mercados por todos os jogadores, e sua atual competição ganha-perde, não controlada por regras ou por acordos cooperativos, começou a desorganizar as estruturas sociais. Inovações sociais e novos acordos, que em geral provêm de uma abordagem sistêmica, são vistos como "interferência nos mercados livres". Não obstante, na França, sob um governo socialista, terminais da MINITEL foram distribuídos gratuitamente, obtendo muito mais rápida aceitação pelo mercado do que nos Estados Unidos. Na França, depois das greves de 1995, também se debate cada vez mais amplamente sobre a redução da jornada de trabalho para se reduzir a crescente taxa de desemprego.[5] A abordagem sistêmica sugere novas estratégias à medida que os mercados ganha-perde entram em fases de transição onde a cooperação (isto é, as estratégias ganha-ganha) pode melhorar o jogo para todos ao estabelecer padrões e regras no nível global. As grandes empresas tradicionais abraçaram a tarefa de estabelecer padrões globais numa inserção publicitária publicada em *Business Week*, em 16 de outubro de 1995, "American Competitiveness: Gaining an Edge through Strategic Standardization". A competição pela cooperação e pelo estabelecimento de padrões será o selo de qualidade das economias do século XXI.

A defasagem entre a explosão do comércio financeiro global computadorizado e os esforços regulamentadores de ministros das finanças, de banqueiros e de organismos internacionais está aumentando. Os regulamentos dos mercados de capital em países individuais devem ser harmonizados numa única "SEC (Comissão de Títulos e Valores Mobiliários) global", semelhante ao funcionamento da SEC que regulamenta Wall Street nos Estados Unidos. Muitos esforços voltados para propósitos particulares têm sido feitos por trás de portas fechadas em estudos em andamento no FMI, no BIS (Banco para Acordos Internacionais), em encontros dos G-7 e em academias. Os legisladores nacionais só podem responder à especulação global, à cobertura para perdas e aos derivativos por meio de legislação interna ineficiente. Enquanto isso, os europeus ainda estavam redesenhando "critérios de convergência" para a sua União Monetária Européia (UME), que foram descarrilhados por especuladores, por greves e pelo ceticismo público. Por exemplo, o conselho de diretores do banco central da UME poderia ser demitido se não conseguisse controlar a inflação.[6] As respostas do mercado são igualmente subótimas, tais como a intensificação das atividades de administração de risco e de previsão para perdas por parte dos bancos (inclusive o Bankers Trust e o Tokai Bank Europe) ou de empresas de consultoria particulares, tais como a Emcor Risk Management Consulting, U.S., o maior dos atores.[7]

Essa terceirização é motivada pela complexidade e pelos custos dos programas de computadores e de especialistas de alto gabarito em tais estratégias de cobertura — agora além das capacidades da maioria dos tesoureiros das empresas. Esse tipo de terceirização cria riscos ainda maiores para o sistema como um todo, uma vez que os poucos fornecedores de tais serviços podem levar a uma efetiva "cartelização" destes últimos. George Soros, um dos mais importantes investidores em derivativos, afirma, em *Soros on Soros* (1995), que "todos os derivativos comercializados por bancos deveriam ser registrados no BIS por meio de vários agências regulamentadoras nacionais", e que "as opções de alto risco deveriam ser banidas". Soros mudou sua crença em que os mercados estão sempre certos, passando a crer que eles estão sempre errados; ele também afirma que a teoria econômica que supõe que os mercados atuam com base em "informações perfeitas" é falso. Presumo que Soros mudou para a teoria sistêmica e para a teoria do caos, particularmente agora que ele se transformou mais em uma espécie de filantropo global. Enquanto isso, o economista Prêmio Nobel Gary S. Becker pediu com insistência uma dose maior da velha religião: "competição entre moedas [para] ajudar a disciplinar governos irresponsáveis".[8]

Muitos líderes tradicionais dos bancos e das finanças ainda são incapazes de transcender seus modelos competitivos de modo a visualizar as inovações sociais necessárias, para além da maximização do egoísmo considerado como comportamento "racional". A regulamentação sofreu feroz oposição nos Estados Unidos por ocasião do "Contrato com a América" republicano, em 1995, o qual afirmava que a evolução tecnológica da livre empresa era fundamental para os valores norte-americanos e que a intervenção regulamentadora era demasiadamente onerosa para os negócios. O *Business Week* constatou que o oposto disso era verdadeiro — em geral, os regulamentos forçam as empresas a descobrir processos de fabricação mais baratos e melhores.[9] Os regulamentos podem também levar as empresas a descobrir novos usos para os escoamentos efluentes, para o lixo reciclado e, ocasionalmente, poupar dinheiro, como o programa *Pollution Prevention Pays* (Vale a Pena Prevenir a Poluição), da 3M, e outros programas, confirmados pelo guru da administração, Michael Porter.[10] A demanda que as análises de custo-benefício e de risco-benefício deveriam arbitrar sobre as regulamentações a um custo adicional, para os contribuintes, de 25 milhões de dólares, foi também desmascarada em *Business Week*, que assinalou falhas bem-conhecidas nesses métodos.[11]

Os republicanos tinham aprendido pouco com a operação de socorro financeiro do governo às sociedades de crédito imobiliário (P&E) na década de 80, quando os limites da competição tinham levado àquilo que os banqueiros chamam de "perigo moral", isto é, regulamentos atuando para servir e para proteger as buscas arriscadas dos competidores por taxas de retorno mais altas. No caso das P&Es, a rejeição do "Regulamento Q", que limitara os juros que eles podiam pagar por depósitos, instaurou uma feroz competição por novos depositantes a taxas de juros cada vez mais altas. Embora ainda mantenham velhas hipotecas a juros baixos vindas do passado, as P&Es tornam os investimentos em imóveis ainda mais arriscados ao tentarem tornar lucrativos seus "dispendiosos" novos depósitos. No entanto, toda essa aceitação do risco na especulação imobiliária foi ainda sustentada por depósitos garantidos pelo governo e segurada pela Corporação Federal de Seguros, Poupança e Empréstimo Mobiliário (FSLIC). Várias

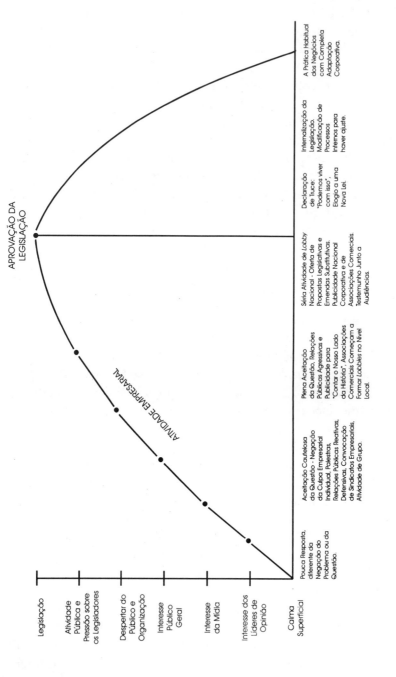

Figura 21. Curva Típica de Resposta Corporativa a uma Questão Social

© 1978 Hazel Henderson Fonte: *Creating Alternative Futures* centenas de bilhões de dólares dos contribuintes foram atiradas nessa operação de socorro financeiro feita pelo governo aumentando o déficit orçamentário.

Em 1995, justamente quando a necessidade de uma SEC global estava sendo seriamente debatida, os republicanos se voltaram para a Comissão de Títulos e Valores Mobiliários dos EUA — como parte de seu corte orçamentário e do enxugamento da burocracia federal. Até mesmo o *Business Week* depreciou tal desregulamentação negligente da agência que subjugara Wall Street e tornara os mercados financeiros seguros para investidores norte-americanos — sugerindo motivações de "vingança" desde que o presidente da SEC, Arthur Levitt, levantou mais de 3 milhões de dólares para a campanha presidencial de Bill Clinton.[12]

Quando os debates a respeito da necessidade de regulamentar os mercados globais de capital não puderam mais ser contidos, os banqueiros centrais e outros porteiros da velha ordem recorreram a "especialistas confiáveis" e pressionaram a imprensa financeira para que apoiasse suas visões de soma zero. O *The Economist* publicou artigos defendendo os especuladores e o livre comércio. Nenhum esforço foi mais transparente que um artigo encomendado a Martin Feldstein, saudado como um "proeminente economista de Harvard" e presidente do America's National Bureau of Economic Research (Bureau Nacional de Pesquisas Econômicas da América), numa seção do *The Economist* sobre Fluxos Globais de Capital.[13] Como assinalei numa carta ao editor:

> Os argumentos e as evidências apresentados por Martin Feldstein não sustentam sua tese de que "Muito Pouco, e Não Muito" capital cruzou as fronteiras nacionais (24 de junho, p. 72). A semântica de Feldstein obscurece o fato de que ele está fazendo, praticamente, as mesmas críticas feitas por muitos outros, que apontam para os mesmos efeitos dos atuais fluxos diários de capital de um trilhão de dólares: a maior parte deles não se constitui em "capital paciente" (isto é, são de curto prazo e especulativos).
>
> Inconcebivelmente, Feldstein deixa escapar as razões subjacentes para essa carência de "capital paciente" — a carência, no nível global dos relatórios, das revelações, das regras, da informação, e do tipo de policiamento por cujo intermédio a SEC regulamenta os mercados norte-americanos — o que reduziria os riscos de investimentos estrangeiros. São tais regulamentos nacionais que fomentam os fluxos de capitais domésticos dentro dos países, como Feldstein deve saber.
>
> A maioria das razões específicas que Feldstein cita para o caso do México, inclusive o papel do Conselho de Reserva Federal dos EUA, está correta. Elas também são citadas por outros, inclusive por mim

mesma, que argumentam a favor de uma "SEC global" (isto é, uma harmonização internacional de regulamentos de valores mobiliários nacionais, tarefa que a International Organization of Securities Commissions [IOSCO] está liderando), bem como outras medidas, inclusive a revisão do FMI e a pequena taxação (0,003%) sobre a transação de moedas. Somente com tais acordos internacionais podemos esperar que os administradores de portfólio, outros fiduciários e "investidores pacientes" aventurem-se na competição global.

Feldstein simplesmente evita todas essas questões, hoje amplamente discutidas, inclusive pelos G-7 em suas cúpulas de 1994 e 1995. Também não se pode ordenar aos funcionários que façam poupanças obrigatórias em fundos de pensão do governo, a menos que seus administradores de portfólio possam proteger esses investimentos de riscos financeiros globais indevidos.

Claramente, a mudança de paradigma rumo à cooperação não estava vindo dos velhos centros monetários. No entanto, a discussão tácita tanto sobre a cooperação como sobre o fato de que o alicerce de que todos os mercados financeiros e do próprio dinheiro nada mais é do que a *confiança* estava vindo à tona. Até mesmo a OMC foi insistentemente solicitada pelo *The Economist* para que se envolvesse ajudando a conceber "princípios de investimento" em vez de valorizar apenas mercados abertos. Alguns blocos comerciais regionais contêm tais códigos e princípios, inclusive o fórum da Cooperação Econômica do Pacífico Asiático. O *The Economist* assinalou que "acordos regionais não bastam. Um acordo global será eventualmente necessário", e os países ricos terão de refrear seu uso de incentivos de investimentos (tais como impostos de férias, etc.).[14] Em dezembro de 1995, participei de um encontro em Genebra, onde Mikhail Gorbachev era o anfitrião, para discutir com líderes dos negócios e do governo e com altos funcionários da OMC sobre como levar em consideração tais códigos, princípios e padrões globais de modo a focalizar o desenvolvimento sustentável.

Depois que o Condado de Orange, na Califórnia, foi forçado a decretar falência em 1995, esse choque sísmico reverberou nos mercados de títulos municipais. Advogados do Condado de Orange refugiaram-se no Capítulo 9 do Código Municipal da Lei de Falências, que permite a uma municipalidade declarar falência e manter intactos todos os seus serviços essenciais, diferentemente do Capítulo 11 da Lei de Falências, para empresas privadas. Investidores em títulos municipais isentos de impostos federais sempre os consideraram o investimento mais seguro, uma vez que cidades e condados não entram em liquidação. Mas o advogado do Condado de Orange, Bruce Bennett, declarou que as cláusulas impressas em "letrinhas miúdas" em alguns dos títulos os torna Certificados de Participação, isto é, não são títulos, em absoluto, mas uma forma de arrendamento. Isso torna mais fácil, para qualquer cidade ou condado da Califórnia, livrar-se desses títulos, incluindo o Condado de Orange e sua dívida de 1,9 milhão de dólares.[15]

Antes da crise da dívida da década de 80, os bancos também tinham acreditado que as dívidas das nações eram tão boas quanto ouro. Na década de 90, as nações tentaram proteger suas redes de segurança nacionais em mercados financeiros globais, assim como os condados tentaram proteger seus cidadãos dos mercados de títulos *nacionais*. Não obstante, se a confiança em qualquer um desses mercados fosse solapada, os investidores dos quais dependiam essas metrópoles e nações fugiriam — causando um colapso financeiro. Por exemplo, na batalha orçamentária norte-americana de 1995, o *Business Week* advertiu em "What If Uncle Sam Defaults" que "as conseqüências fariam a gangue de Gingrich parar para pensar. Uma inadimplência significaria uma corrida dos investidores para se livrar dos títulos, um dólar mais fraco e juros mais altos — isso só para começar".[16]

Tudo isso mostra que a confiança e a cooperação já constituem os alicerces fundamentais, embora não reconhecidos, de todos esses mercados nacionais e internacionais. A confusão no Condado de Orange levou a revista *Fortune* a investigar o mercado de 1,2 trilhão de dólares em títulos municipais isentos de impostos, subsidiados por 20 bilhões de dólares por ano da receita fiscal da União. Foram descobertos uma corrupção difundida, acordos suspeitos com políticos locais para financiar seus queridos projetos de construção urbana, superfaturamentos e outras irregularidades.[17] Que prova adicional é necessária para mostrar que os mercados devem ser regulamentados para proteger a confiança e a cooperação intrínsecas ao seu funcionamento? Mais uma vez, nunca é uma questão de *ou* regras e regulamentos *ou* liberdade e mercados. Nas sociedades humanas, elaborar regras de interação é tão natural e fundamental quanto a inclinação para o mercado de troca assinalada por Adam Smith.

A RECONCEITUALIZAÇÃO DO CASSINO GLOBAL

O paradigma da guerra econômica global/comércio mundial e os mercados financeiros se divorciaram da economia produtiva real. O cassino global começou a escapar do controle. Um cenário que está assomando é o da recessão global, que ocorre à medida que os banqueiros centrais tentam forçar os países a efetuar cortes em suas verdadeiras economias produtivas todas as vezes em que movimentos especulativos externos feitos por corretores de câmbio provocavam desvalorizações em suas moedas. Novos espetáculos têm permitido algumas mudanças de paradigma. A mobilidade para baixo nos Estados Unidos, na Europa e no Japão tem forçado muitos a repensarem a respeito da escassez, da abundância, das necessidades, da satisfação e do valor do seu tempo. Muitos começaram a prestar atenção aos seus próprios valores interiores e a redefinir dinheiro, riqueza, trabalho, produtividade, eficiência e progresso. A chave para o quebra-cabeça global é a compreensão de que o dinheiro diz respeito à confiança; ele não está escasso e não pode mais servir, em sua forma atual, como um mecanismo regulador social importante, embora dissimulado.

O dinheiro, quando funciona bem, fornece sistemas circulatórios nacionais para um intercâmbio humano mais amplo, e um poder de compra além do comércio de troca face a face. Porém, nos mercados financeiros competitivos globalizados, as economias nacionais internas experimentarão turbulência, recessão, reestruturação posterior e até mesmo colapso. Se os banqueiros continuarem a ler em voz alta seus hinários sobre a "inflação zero", isso poderá desencadear um colapso global. Levar países à recessão ministrando velhos remédios, tais como a elevação das taxas de juros, poderia arremessar as taxas para o alto competitivamente. Ou então, tal "mercantilismo monetário" poderia causar recessões simultâneas conforme cada país tentasse reagir e "pôr a casa em ordem" fazendo profundos cortes nos orçamentos e reduções nos déficits.

The Economist notou esse possível cenário de colapso num editorial de junho de 1995, "Where a Slump Might Start". Se o crescimento que a economia norte-americana experimentou em 1995 continuasse reduzindo sua marcha, ao mesmo tempo que o Japão fosse experimentando crescimento negativo e uma penosa crise das poupanças e dos empréstimos imobiliários em seu próprio sistema bancário, essas duas maiores economias, por si sós, poderiam desencadear uma contração global. A correia de transmissão institucional dos fluxos monetários globais torna possível um tal cenário. Um grande banco de Tóquio, o Cosmo Credit Corporation, experimentou uma evasão em agosto de 1995, quando os depositantes sacaram 900 milhões de dólares, forçando o governo japonês a fazer uma operação-resgate enquanto voltava os olhos para os 2,36 trilhões de dólares de poupanças de seus cidadãos no Postal Savings Bank do Japão. Eleitores furiosos exigiram a renúncia do primeiro-ministro Tomiichi Murayama. Seu Partido Democrático Social tentou persuadi-lo a esperar um pouco,[18] mas ele renunciou.

As nações não têm reconhecido o papel fundamental da cooperação internacional ou nacional, e ainda estão divididas em setores privados (competição de mercado) e setores públicos (governo e atividades não-lucrativas) — mesmo quando estes estão obviamente emaranhados, como mostraram as operações de socorro financeiro ao Condado de Orange, ao México e aos bancos japoneses. A conclusão lógica da competição — a guerra econômica global — estava comprovando sua não-sustentabilidade. No Capítulo 9, vimos como a maioria das sociedades pré-industriais e tradicionais conservava comunalmente a terra e os recursos naturais — o prado da aldeia (como era conhecida a terra de pastagem comunitária da Inglaterra feudal). Em "The Tragedy of Commons", Garrett Hardin assinalou o problema que ocorria quando os indivíduos podiam maximizar seu interesse próprio (ganha-perde) pondo um maior número das suas ovelhas para se alimentar da pastagem comum — o que levava ao pastoreamento excessivo e à destruição da pastagem comum a todos (isto é, perde-perde).[19]

No entanto, Hardin falhou em dissipar a confusão, presente em meio aos economistas, entre os bens comuns como "propriedade" e os bens comuns como "sistemas fechados" aos quais se tem acesso coletivamente.[20] (Veja a Figura 20. Diferentes Modelos de Mercados e de Bens Comuns.) As comunidades podem concordar com regras para se ter um eqüitativo acesso aos bens comuns (condição em que todos ganham) ou os bens comuns podem ser cercados como propriedade privada ou grupal e loteados para comercialização num mercado. Em qualquer dos casos, questões de eqüidade e de liberdade sempre têm de ser decididas judicialmente, enquanto que aos pobres e aos destituídos de poder tende-se a negar acesso justo. Os oceanos do mundo, o ar que respiramos e a biodiversidade do planeta também são bens comuns — e não propriedades. Só podem ser administrados com acordos, sob regras, para impedir sua exploração comercial. Isso também é verdadeiro para os bens comuns eletrônicos emergentes. A concepção de propriedade privada (do latim *privare*) significava inicialmente todos esses bens, terras e recursos que os indivíduos queriam *retirar* da comunidade e *privar* do uso comum.

Atualmente, os bens comuns ainda são, em grande medida, evidentes nas sociedades agrícolas tradicionais e em muitos países em desenvolvimento. Na verdade, a marcha do industrialismo envolveu o cercamento de áreas comuns, iniciado à força na Inglaterra do século XVII, quando camponeses foram expulsos de terras de propriedade comum pelas *Enclosure Acts* (Leis dos Cercados), como é descrito por Karl Polanyi em *The Great Transformation* (1944). Hoje, as forças de mercado procuram cercar bens comuns em declínio, tais como os suprimentos de peixes oceânicos (distribuindo arbitrariamente direitos de propriedade às indústrias de pesca) e a biodiversidade (invadindo continuamente hábitats naturais e patenteando formas de vida e espécies) — fraudando as gerações futuras por meio das atuais taxas de desconto do mercado.

Essa apropriação antecipada dos bens comuns e o simples ato de declará-los propriedade comum ou mercados comuns por decreto nega o processo de dívida para com os povos indígenas, que, durante gerações, fomentaram os recursos naturais e a biodiversidade. Os mercados constituem o ponto focal dos manuais econômicos, uma vez que a economia surgiu como uma justificação epistemológica para o capitalismo e a industrialização nos seus primórdios. Os bens comuns ainda são deficientemente examinados, até mesmo em textos econômicos "verdes" muito mais recentes, exceto como *propriedade* comum.[21] Os bens comuns eletrônicos globais das finanças, dos computadores e de outras redes de comunicação baseiam-se na confiança, em padrões e na cooperação informal, tanto quanto na competição.

No Capítulo 9, vimos que, de um ponto de vista sistêmico, os mercados são meros sistemas abertos com recursos abundantes que podem ser usados individual e competitivamente, enquanto que os bens comuns são sistemas fechados onde os recursos, tais como os parques nacionais, o ar, os oceanos, as órbitas dos satélites e o espectro eletromagnético da Terra, são usados indivisivelmente. (Veja a Figura 20. Diferentes Modelos de Mercados e de Bens Comuns.) Não obstante, os manuais econômicos só reconhecem esses bens comuns como administrados racionalmente se forem *possuídos* por alguém como "propriedade comum". Desse modo, os economistas contam com a posse privada e com esquemas de direitos de propriedade, e fazem *lobbies* por regulamentos, por impostos e por subsídios baseados no mercado, ou "licenças para poluir" comercializáveis. Mas as questões de mercados *versus* bens comuns e seus regulamentos autorizadores ainda dizem respeito à justiça, à responsabilidade e ao acesso democrático a ativos públicos e a serviços essenciais.

Esse estado de coisas tipifica a miríade de jogadores no cassino global: os serviços bancários, de corretagem e de seguros, que hoje estão se fundindo; grupos com propósitos particulares, tais como o Clube de Paris; assim como a Organização Internacional das Comissões de Valores Mobiliários (IOSCO), o BIS e seus Acordos de Basle de 1988, o Comitê de Estudos sobre Compensação Interbancária e outros.[22] Esses atores dos setores público e privado no cassino global podem ser reunidos. Por exemplo, em 1995, Mary L. Schapiro, presidente da Comissão de Comércio de Mercados Futuros dos EUA, CFTC, ajudou a reunir autoridades das comissões regulamentadoras de valores mobiliários de dezesseis nações na Inglaterra, sob os auspícios da IOSCO. A Declaração de Windsor que daí resultou comprometeu-se a fazer o seguinte:

1. Aumentar a vigilância sobre os grandes riscos assumidos por atores dos mercados.
2. Divulgar melhor a eficiência das regras e regulamentos estrangeiros na proteção ao dinheiro do cliente quando se aventura para fora das fronteiras de seu país.

3. Estabelecer uma contabilidade estrita por corretagem e intercâmbios para que se distinga entre dinheiro do cliente e fundos de corretagem.
4. Melhorar as informações disponíveis sobre leis da falência em cada mercado, de modo que os investidores saibam quão difícil pode ser para eles conseguir o seu dinheiro se os corretores falharem.
5. Estabelecer uma equipe de crise para fornecer outros reguladores com informação rápida a qualquer momento do dia ou da noite.[23]

De maneira semelhante, o arcabouço teórico sistêmico, como é discutido nos Capítulos 9 e 10, pode ajudar a reconceitualizar o cassino global, bem como os processos reestruturadores que ele engendrou:

1. A mudança da medição do progresso humano como crescimento quantitativo do PNB para qualidade de vida e desenvolvimento sustentável usando os novos indicadores discutidos no Capítulo 10.
2. A mudança para a reclassificação da economia além da divisão binária em setores público e privado, de modo a incluir serviços; setores da atenção; a economia informal não-remunerada; e a produtividade da natureza.
3. Uma visão sistêmica de mercados como sistemas abertos e de bens comuns como sistemas fechados, para esclarecer opções políticas e novas estratégias. A teoria sistêmica mostra como os mercados se saturam (isto é, como todos os nichos são preenchidos) e se convertem em bens comuns. Um sinal da necessidade de reorganizar um mercado a partir da competição ganha-perde para regras mais amplas, em que todos os jogadores ganham, é o aparecimento difundido da competitividade sanguinária, isto é, perde-perde, tal como a guerra econômica global competitiva da atualidade, conflitos a respeito do atravancado espectro eletromagnético da Terra, ou a difusão das vendas globais de armas, o que não aumenta a segurança de ninguém.[24]

Em sua maioria, as instituições articuladas para satisfazer as necessidades atuais e futuras de desenvolvimento sustentável, exigirão reestruturação e ligações cooperativas em redes e em consórcios de atores e de organizações civis tanto públicos como privados. As categorias ideológicas da Guerra Fria ainda dividem as sociedades industriais ocidentais em setores públicos e privados. Espera-se que as organizações do setor público sejam socialmente preocupadas, cooperativas e menos que eficientes, enquanto que as organizações do setor privado são encorajadas a ser gananciosas, competitivas, egoístas e até mesmo vorazes. Felizmente, esse muro também está desmoronando, à medida que a sociedade civil voluntária está sendo amplamente reconhecida como um terceiro setor. Muitas organizações híbridas, público-privadas abordam hoje necessidades grandes demais para qualquer empresa: por exemplo, a COMSAT e a INTELSAT em telecomunicações, e a SEMATECH, um consórcio de fabricantes de *chips* para computadores, partilham os custos de pesquisa e desenvolvimento, permitindo-lhes, desse modo, competir globalmente. Até mesmo as leis antitruste dos EUA, que impuseram a ideologia da competição, estão hoje reconhecendo que a competição e a cooperação são estratégias igualmente valiosas — exatamente como o povo da ex-URSS tem reconhecido os limites da cooperação imposta e o estado de guerra burocrático.

Haverá tantos novos tipos de escrituras de empresas quanto a imaginação humana possa conceber: empresas de capital social, consórcios, planos de participação acionária dos funcionários, empresas de propriedade dos funcionários (tais como a Trans World e a United Airlines), sociedades-tetos, instituições lucrativas/não-lucrativas e redes de franquia, empresas privadas/governamentais (tais como o Banco Mundial), bancos para o desenvolvimento da comunidade, cooperativas (tais como a Ace Hardware), empresas descentralizadas baseadas em equipes (tais como a Swedish-Swiss Asea), redes de pequenos negócios cooperativos (tais como os da Itália e da Dinamarca), forças-tarefa de todos os tipos, e corporações virtuais, isto é, redes de empresários e de grupos de consultoria autônomos. Como é apropriado para a Era da Informação, as novas instituições produtivas farão uso intensivo de conhecimento e de comunicações, e serão cada vez mais amplamente distribuídas, tanto no nível local como no global. As chaves para todas essas novas instituições produtivas serão seus códigos de ADN cultural internos; suas regras, valores e metas, bem como seus códigos de conduta, que poderão ser inicialmente voluntários e autoproclamados, mas que serão precursores de uma responsabilidade mais ampla.

Essas novas empresas e redes, e suas regras, podem ajudar a organizar muitos dos atuais mercados do tipo "ganha-perde" saturados ou em vias de falência, convertendo-os em bens comuns, onde todos ganham, tais como aquele criado em Kalundborg, na Dinamarca. Essas novas empresas estarão "pensando mais alto" quando reconceitualizarem as necessidades humanas sistêmicas de grande escala da atualidade e resolverem como essas necessidades podem ser satisfeitas por meio de mercados ou da reorganização de bens comuns: manutenção da paz, reflorestamento, recuperação do verde de desertos, saúde e serviços comunitários, suprimentos públicos de água, ar limpo, etc. (Veja a Figura 22, O "Campo Global para Jogos" em Desenvolvimento, na página 320.) Os manuais de economia precisam refletir a teoria sistêmica e ensinar como reconhecer quando os mercados saturam (isto é, quando todos os nichos são ocupados) e se transformam em bens comuns.

No Capítulo 9, discutimos a ascensão de economias não-monetárias, de informação (redes locais, regionais e globais para comércio de troca, contracomércio, reciprocidade e ajuda mútua) onde quer que a administração macroeconômica esteja falhando nas sociedades.[25] A Era da Informação global das economias da atenção e das midiacracias implica o fato de que o dinheiro e a informação são hoje equivalentes. A informação é, com freqüência, *mais* valiosa, ao passo que os mercados monetários não são mais tão "eficientes". De fato, hoje a psicologia e a teoria dos jogos, muitas vezes, explicam melhor os mercados do que o fazem as economias, como atestam os prêmios Nobel de Economia de 1994. Os monopólios do dinheiro global continuarão a se romper na turbulência que criam e à medida que as comunidades populares e os pequenos negócios forem se retirando para suas próprias moedas e sociedades de informação locais. Empresas, governos e cidadãos socialmente inovadores contornam os monopólios do dinheiro ainda mais facilmente usando sistemas de comércio baseados no computador e a Internet.

Demandas para se democratizar e se reestruturar o Banco Mundial, o FMI e a OMC, bem como para se abrir o ainda privado BIS, culminaram nos conflitos ocorridos em Madri, em 1994, entre países em desenvolvimento e industrializados a respeito de imparcialidade e de *special drawing rights* (SDRs) (direitos de saque especiais), o papel-ouro que o FMI pode emitir. Os protestos se tornarão mais estridentes à medida que mais pessoas perceberem que o dinheiro, sua emissão e a regulamentação de seu suprimento, bem como a disponibilidade de créditos e de liquidez, não se devem a uma mão invisível ou a forças de mercado. O dinheiro é criado e regulamentado por governos nacionais e pelos seus bancos centrais – o que, com freqüência, acautela outros banqueiros, obrigacionistas e jogadores nos mercados de capital mais estreitamente do que o faz com funcionários, aldeias ou mulheres nas economias informais do mundo. Nas midiacracias, as pessoas vêem hoje, nos *shows* de TV financeira, como os jogadores do mercado esperam com respiração contida ouvir a respeito das decisões do Federal Reserve Board dos EUA ou do Bundesbank da Alemanha a respeito de taxas de juros. Os reformadores democráticos procuram transparência e acesso a essas decisões "técnicas" de modo que as empresas locais, as aldeias, as ONGs e as comunidades possam operar sobre a mesma base de tempo real que as pessoas que fazem os mercados.

À medida que as crises que afundam a administração macroeconômica tornam-se mais evidentes, é claro que os sistemas monetários precisam ser repensados e reformulados. Ondas de maré de dinheiro global agregado rolam diariamente pelo mundo com diques, represas e açudes inadequados e também são imensas, voláteis e líquidas. Elas arrastam consigo depósitos de água vitais, contracorrentes familiares, leitos de rios e, eventualmente, as delicadas membranas que circundam cada "célula" da comunidade humana. Os praticantes do livre comércio não entendem tais concepções vindas da biologia celular: que todas as células devem ter membranas. Isso não é a mesma coisa que advogar o protecionismo. Todas as células têm membranas *permeáveis*, mas se essas são varridas, os processos internos das células são incapazes de funcionar. As comunidades humanas vivas são semelhantes a células que requerem essas membranas permeáveis — baseadas em códigos de ADN cultural e em ecossistemas locais.

Vimos no Capítulo 9 como sistemas monetários urbanos, independentes, sempre floresceram todas as vezes em que os governos centrais administravam mal os assuntos nacionais. O dinheiro local também é necessário até que as mangueiras de incêndio do dinheiro do cassino global sejam fechadas. Tais moedas alternativas favoreceram o emprego local na década de 30, como foi mencionado em *Depression Scrip of the United States* (Mitchell e Shafer 1984). Como vimos, muitas dessas novas formas de "dinheiro" são, simplesmente, redes de informação e funcionam como intercâmbios de artigos, assim como as associações de pagamento e os acordos comerciais fazem para os governos. Essas economias não-monetárias e baseadas em moedas escriturais estão levando os indicadores de transição a um futuro muito mais socialmente diversificado e ecologicamente compatível.

Diferentes tipos de dinheiro em diferentes níveis são necessários para se preservar uma medida de autonomia e de diversidade em comunidades, cidades e nações. Quando visitei a China pela primeira vez, em 1986, lembro-me de ter congratulado autoridades pelo seu uso de "dinheiro de aldeia", a saber, a moeda *renminbi*, que não era facilmente convertível em *yuan* ou nos Certificados de Câmbio emitidos para os visitantes. A não-convertibilidade do *yuan* nos mercados internacionais por muitos anos depois disso permitiu que a China crescesse internamente sem as desestabilizações diárias que constituem a maldição das moedas convertíveis fracas.

Agora que o dólar é suspeito, uma moeda realmente global se faz necessária, como Keynes advogou em 1945, em Bretton Woods. Uma moeda que não dependa de uma ou de duas moedas nacionais. Essa moeda global vital — provavelmente apoiada por uma cesta de mercadorias — foi debatida por muitas décadas e também proposta por Ralph Borsodi juntamente com sua moeda local, a constante, como foi descrito no Capítulo 9. A idéia de uma moeda global apoiada por uma cesta de mercadorias veio novamente à tona na década de 80 como uma proposta do então secretário do Tesouro dos EUA, James Baker. Outros refinamentos em propostas de moeda global, discutidas em *Rethinking Bretton Woods* (Griesgraber 1994), incluem o uso de SDRs e de outras variantes no suporte de uma moeda global apoiada por uma cesta de mercadorias administrando-se estoques de regularização das mercadorias básicas do mundo e do ouro. Em 1990, colaborei numa proposta desse tipo, que distribuí em Moscou de mão em mão, para uma moeda nacional de mercadorias básicas paralela ao rublo. Num seminário a respeito de Economia Mundial no Departamento de Ciências da Academia ex-Soviética, ela foi estudada pelo grupo e enviada aos assessores do presidente Mikhail Gorbachev — mas rejeitada na corrida para tornar o rublo conversível. Nessa época, a taxa de câmbio era de seis rublos para um dólar. Em 1995, a taxa flutuava em torno de 4.500 rublos para um dólar.

As economias de transição da Europa Oriental fizeram muitas inovações sociais ao imaginar formas especializadas de dinheiro para uso do governo. Essas formas incluem os comprovantes emitidos na República Checa, na Polônia, na Hungria e, mais tarde, na Rússia, para todos os adultos, por somas nominais, para a "compra" de ativos de privatização de empresas estatais. Essas privatizações, quando realizadas de maneira imparcial e aberta, eram muito mais justas do que muitas das privatizações da Europa ou do que as do México e da América Latina. Por exemplo, na Inglaterra, empresas de água e de telefone, ferrovias e de outros patrimônios construídos, e de propriedade de todos os contribuintes, foram vendidos no mercado de ações para aqueles que tinham condições de comprá-los. Isso permitiu que jogadores abastados os adquirissem — enquanto que o lucro era submerso em orçamentos anuais ou se destinava a reduzir déficits e a liquidar dívidas relativas a juros e a velhos obrigacionistas.

Outros comprovantes, para empréstimos a estudantes, pagamento de aluguéis, creches e asilos, e assim por diante, juntamente com vales-refeições e créditos de baixo custo para microempresas, são uma forma de dinheiro do governo. Cheques de seguridade social, deduções do imposto de renda, subsídios fiscais para as empresas e adiantamentos de receita fiscal também são tipos especiais de dinheiro com usos e convertibilidade limitados. Os outros principais tipos de dinheiro necessários são locais, como foi descrito no Capítulo 9. Todos esses diferentes tipos de dinheiro são essenciais para se otimizar o funcionamento das comunidades humanas, seu comércio e suas empresas produtivas em todos os setores e em todos os níveis, do global ao local. Esses novos tipos de moedas, sendo alguns deles intercâmbios de pura informação, estão emergindo nas midiacracias e nas economias da atenção. Eles podem criar redes de segurança e economias locais, e permitir um ressurgimento de sistemas de parentesco e de perspectivas culturais além das economias e dos sistemas financeiro/monetário da atualidade.

NOVOS MERCADOS PARA SERVIR AOS BENS COMUNS GLOBAIS E LOCAIS

As próprias Nações Unidas estão mais bem posicionadas para servir a esta nova Era da Informação global. Tecnologias de informação, empresas de comunicações e inovadores bem motivados do setor privado estão esperando para entrar em campo. Administradores de fundos mútuos e de fundos de pensão defrontam-se com enormes fluxos vindos de pequenos investidores e de funcionários. Esses fundos se projetam sobre os mercados de ações nacionais — empurrando os preços para o alto — enquanto boas oportunidades para se investir em empresários na África do Sul, na Ásia, na Europa Oriental e na América Latina são muito arriscadas. Por exemplo, Marshall Carter, um ex-voluntário do Peace Corps e diretor-executivo do State Street Bank, com sede em Boston, que serve como administrador fiduciário de cerca de 3 trilhões de dólares em pensões de funcionários de 70 países, ponderou a respeito do papel de mais de 6 trilhões de dólares em tais planos de pensão, e de como administrá-los responsavelmente para o benefício global de seus beneficiários — os trabalhadores do mundo. Desse modo, Carter e o diretor-executivo Ed Johnson, do Fidelity Investments, sediado em Boston, com cerca de 200 bilhões de dólares em ativos, juntaram-se ao *WorldPaper*, também de Boston, e se ofereceram como anfitriões para um encontro com o UNDP relacionado com a Conferência de Cúpula das Nações Unidas sobre Desenvolvimento Social, em Copenhague, em 1995. Eles queriam explorar o que jogadores financeiros privados poderiam fazer para ajudar a financiar o desenvolvimento social sustentável. As repercussões desse encontro são discutidas no Capítulo 13.

As Nações Unidas, vendo a si mesmas como um "clube" de nações-estados, têm, com freqüência, ignorado ou olhado com desconfiança as empresas do setor privado. Somente depois que os lucros de grandes empresas foram saneados como puros fluxos financeiros por intermédio do Banco Mundial e do FMI, é que as agências das Nações Unidas passaram a lidar com bancos privados e com mercados de dívidas — com freqüência pechinchando a respeito da reestruturação da opressiva dívida não-arrecadável desde a década de 80. A Guerra Fria congelou tais atitudes: o capitalismo privado foi violentamente denunciado em muitos países com governos de inclinação socialista, embora os governos — por mais venais e incompetentes que fossem — sempre fizessem parte do clube das Nações Unidas.

Se as Nações Unidas pudessem romper esse cubículo ideológico, poderiam reenquadrar suas atividades como parceiras de jogadores do setor privado preocupados com a situação global, com inovadores tecnológicos e sociais, e com as forças criativas dentro da sociedade civil. Sugeri, a grosso modo, que os administradores das Nações Unidas poderiam imaginar toda a organização em termos corporativos globais: isto é, as Nações Unidas como o "nome de marca registrada" global mais famoso e respeitado do mundo. Tal concepção era, naturalmente, escandalosa, e eu não a expressei por escrito até 1995. As Nações Unidas tinham já se aproximado, incontáveis vezes, de grandes empresas imbuídas do propósito de maximizar os lucros, e que queriam "cavalgar" em seu *logos* e no esmerado trabalho de suas agências em desenvolvimento infantil, saúde, direitos humanos e manutenção da paz — apenas para realçar suas próprias imagens corporativas e seu *marketing*.

Não obstante, os eventos divisores de águas ocorridos em 1995 também impeliram líderes das Nações Unidas a repensar as velhas dicotomias setor público/setor privado. Na Cúpula de Copenhague, os papéis do setor privado e da sociedade civil foram reconhecidos. A idéia de uma multiplicidade de parcerias pragmáticas entre todos os três setores criou raízes. Isso ajudou a romper um impasse de 50 anos. Milhares de propostas inovadoras poderiam, por fim, ser estruturadas em verdadeiros planos de negócios e em novas organizações de parcerias. Esses problemas aparentemente insolúveis dos bens comuns poderiam ser reorganizados e alguns deles poderiam ser abordados por novos estatutos com o aval das Nações Unidas. As Nações Unidas poderiam, com muito cuidado, "licenciar" seu precioso "nome de marca registrada global" sob escrutínio e supervisão públicos.

Isto é semelhante às primeiras cartas patentes corporativas que os reis e as nações "subempreitavam" para inovadores do setor privado para comercializar, produzir e servir às necessidades, como por exemplo em muitas corporações da Coroa no Canadá. Sim, é arriscado e serão necessários vários anos para se planejar tais atividades semiprivatizadas com todas as regras, regulamentos e supervisões requeridos. Mas, em contraste com isso, o que já existe é pior — um mundo de cassinos financeiros não-regulamentados e de corporações globais autorizadas a explorar comercialmente os bens comuns globais e até mesmo conquistar o poder de estabelecer padrões e regulamentos de responsabilidade dos governos, sem outra preocupação a não ser dar lucro para os seus acionistas. O "caminho rápido para o sucesso" de grupos de interesse privado cooperando em pactos comerciais é descrita por Raymond Vernon e por Debora Spar em *Beyond Globalism* (1989) — sem uma única referência às Nações Unidas.

Pior que isso, as Nações Unidas têm sido diariamente solicitadas pelos seus países-membros para suportar fardos cada vez maiores, do Camboja a Chipre e a El Salvador. O secretário-geral das Nações Unidas, Boutros Boutros-Ghali, observou, em *Agenda for Peace* (1992) e em *An Agenda for*

Development (1995), que o fortalecimento das Nações Unidas, capaz de torná-las aptas a satisfazer os novos encargos, requer financiamentos mais seguros e mais previsíveis. Mas os países que fazem o maior número de demandas (notavelmente os Estados Unidos, que devem às Nações Unidas cerca de 1,3 bilhão de dólares) estão coletivamente com pagamentos atrasados de mais de 3 bilhões de dólares. A Carta Patente das Nações Unidas impõe essas dívidas e penalidades para os que não cumprem suas obrigações. Logicamente, as Nações Unidas devem impor penalidades sobre os atrasos de pagamento e ser capazes de coletar impostos pelos seus serviços: por exemplo, sobre os usos comerciais dos bens comuns globais — os oceanos, a atmosfera e o espectro eletromagnético, cujas rotas de navegação, de tráfego aéreo e freqüências de rádio as Nações Unidas supervisionam. As Nações Unidas também deveriam ser capazes de arrecadar multas por abusos desses bens comuns, tais como tráfico de armas, poluição e especulação monetária, ou mesmo criar parcerias para privatizar alguns de seus serviços e partilhar os rendimentos produzidos. As Nações Unidas têm fornecido centenas de serviços valiosos e únicos para os países-membros e para os setores privados. Esses serviços poderiam produzir novas fontes de renda suficientes para financiar todos os programas das Nações Unidas, da manutenção da paz à saúde, à educação e à ajuda humanitária.[26] Não obstante, se os Estados Unidos saldassem sua dívida, a "crise de financiamento" das Nações Unidas desapareceria.

As questões sobre a reestruturação das Nações Unidas em vista de uma maior responsabilidade são de importância crucial para o seu novo papel. As Nações Unidas poderiam então restringir seu tamanho e se concentrar em seus papéis de execução de um trabalho de rede global, de estabelecimento de normas e de padrões, de convocação e de intermediação; elas poderiam continuar seus serviços vitais para a comunidade internacional e receber compensação adequada. Ou então, poderiam oferecer assistência na organização de acordos e de parcerias e, onde isso fosse possível, terceirizar alguns de seus serviços em nome dos bens comuns globais. Somente tais acordos, meticulosamente forjados e ratificados por governos e por parlamentos, podem estimular a organização de novos mercados dedicados a *servir e não a controlar* esses bens comuns — a herança biosférica de todos os povos e de todas as espécies. Diplomatas tradicionais e especialistas internacionais, de início, descartaram tais idéias como impossíveis. No entanto, também testemunhamos, em 1995, a formação da OMC — um maçico acordo multinacional ratificado por não menos que 120 países, que depositaram uma parte de sua antiga soberania em procedimentos muito menos responsáveis.

Os mercados de capital globais podem ser domados *e* tornados mais eficientes fazendo-se com que os impostos se voltem para o esgotamento de recursos, a ineficiência, o lixo e a poluição, enquanto são reduzidos os impostos de renda e aqueles que incidem sobre a folha de pagamento (calibrados de modo a satisfazer as diferenciais entre mão-de-obra e capital na legislação tributária de cada país). Tal fórmula para impostos poderia corrigir os preços (internalizando os custos sociais e ambientais) e acionar economias com uma combinação mais frugal de recursos, energia e capital, e uma combinação mais rica de empregos. Globalmente, a tributação da especulação monetária, arrecadada automaticamente por todos os governos, como foi proposta em 1978 por James Tobin, está ganhando novo apoio.[27] Esse tributo deveria ser menor que o originalmente proposto, de 0,5%, pois o volume de especulações é hoje imenso. Alguns corretores de câmbio estão confortáveis com uma taxa de 0,003% ou menos — mesmo que seu comércio, com freqüência, envolva margens de lucro mínimas. Até mesmo o sub-secretário do Tesouro dos EUA, Lawrence Summers, apoiava o tributo em 1989, quando ainda um acadêmico.[28] O economista Rudi Dornbusch apóia um tributo internacional sobre todas as transações financeiras em vez de uma taxa apenas sobre as atividades comerciais correntes, o qual também poderia ser arrecadado pelos governos nacionais.[29]

Há poucos bons argumentos contra a capacidade das Nações Unidas para emitir seus próprios títulos. O mercado norte-americano de investimentos socialmente responsáveis, de 700 bilhões de dólares, demonstra que muitos investidores e comerciantes de títulos globalmente preocupados fariam um mercado viável para esses títulos das Nações Unidas — apoiados em contribuições obrigatórias. As Nações Unidas tornaram-se uma instituição global madura que fornece aos seus 187 países-membros serviços indispensáveis. Não há razão pela qual as empresas e os indivíduos que se beneficiam desses serviços não devam partilhar os custos: desde as companhias aéreas e seus passageiros até investidores, empresas, bancos, firmas de contabilidade, negociantes de títulos, cadeias de hotéis e indústrias turísticas e setores de entretenimento. Não deveriam todos eles pagar pequenos *royalties* pelos privilégios de usar os bens comuns globais e fazer negócios num mundo pacífico e ordenado, garantido por Nações Unidas adequadamente financiadas?

Infelizmente, um grupo de consultoria de alto nível sobre financiamento das Nações Unidas convocado pela Fundação Ford em 1993, representando muitos atores da ordem financeira global hoje moribunda (inclusive os ex-banqueiros centrais Paul Volcker, dos Estados Unidos, e Karl Otto Pohl, do Bundesbank, da Alemanha), rejeitaram novos mecanismos de financiamento das Nações Unidas. Não obstante, o debate a respeito de se democratizar o sistema financeiro global na Era da Informação foi engrenado. Inovações sociais para aperfeiçoar as funções das Nações Unidas e fornecer financiamentos seguros constituem o assunto do Capítulo 13. Muitos novos mercados e novos bens comuns fornecerão oportunidades no emergente campo de jogos global. As Nações Unidas já modificaram suas concepções de soberania de modo a abranger mudanças globais e a abordar as novas preocupações humanitárias na opinião pública mundial, que não mais sanciona ditadores nacionais que oprimem seu próprio povo.[30]

Todas essas concepções foram pesquisadas por membros e por consultores especializados da Comissão Global para o Financiamento das Nações Unidas. A comissão divulgou seu primeiro relatório numa *press briefing* na Cúpula das Nações Unidas sobre Desenvolvimento Social, em Copenhague, em março de 1995, intitulada *The UN at Fifty: Policy and Financing Alternatives*, co-editada por Harlan Cleveland, eu mesma e Inge Kaul, todos os quais servem na Comissão Global. Além disso, novos acordos podem elevar o piso do campo de jogos global da atualidade, edificando sobre os alicerces já existentes, tais como a *Agenda 21* e outros tratados e acordos das Nações Unidas. Nós, seres humanos, *podemos* construir um mundo em que todos ganhem; na verdade, *precisamos* fazê-lo se quisermos sobreviver.

CAPÍTULO 13

O ACORDO QUANTO ÀS REGRAS E INOVAÇÕES SOCIAIS PARA O NOSSO FUTURO COMUM

xaminemos mais de perto 1995, ano que foi um divisor de águas no âmbito dos assuntos globais. Ansiedades e esperanças milenaristas foram enfocadas no qüinquagésimo aniversário das Nações Unidas. Claramente, as Nações Unidas precisavam de revigoração, de reestruturação e de reformas. Quase desde a sua fundação, em 1945, a Guerra Fria lentamente urdiu sua política e suas estruturas no fogo cruzado ideológico das superpotências, e, com freqüência, o veto enfraqueceu as decisões de seu Conselho de Segurança. A Assembléia Geral tornou-se um fórum para o resto do mundo — uma importante função e uma válvula de segurança para os problemas não-resolvidos do mundo e para as agendas humanas. Muitas vezes, isso levou as nações mais poderosas a passar por cima da Assembléia Geral e do ECOSOC (Conselho Econômico e Social), que foi planejado para ser uma contrapartida equivalente ao Conselho de Segurança. O ECOSOC e outras agências das Nações Unidas, à semelhança da Comissão sobre Comércio e Desenvolvimento (UNCTAD), tornaram-se fóruns para o que foi então chamado de questões do "Terceiro Mundo", nome que não medrou; algumas agências — a Organização Internacional do Trabalho (OIT) e a Organização Econômica, Científica e Cultural (UNESCO) — se politizaram.

Enquanto isso, os poderosos estados-membros das Nações Unidas recrutaram o Banco Mundial e o Fundo Monetário Internacional (FMI) e, juntamente com interesses financeiros e corporativos, dominaram as inter-

Novos mercados

- Setores da atenção, da informação, da mídia
- Serviços de telecomunicações
- Recuperação do verde dos desertos
- Controle da poluição
- Energia renovável
- Reciclagem, administração dos recursos ecológicos
- Setor "amoroso" (creches, asilos, aconselhamento, reabilitação social, enfermagem)
- Infra-estrutura (ampliação dos transportes, telecomunicações, etc.)
- Restauração de ecossistemas, cura biológica
- Resolução de conflitos
- Crescimento pessoal, educação
- Desenvolvimento social humano

Novos bens comuns

- Biodiversidade
- Ciência sistêmica do espaço e da Terra
- Espectro eletromagnético
- Oceanos, recursos hídricos
- Atmosfera, camada de ozônio
- Segurança, manutenção da paz
- Florestas, ecossistemas
- Saúde
- Economia global, cassino financeiro
- Ciberespaço, redes
- Antártida

Figura 22. O "Campo Global para Jogos" em Desenvolvimento

© 1981 Hazel Henderson   Fonte: *Transcendendo a Economia*

mináveis rodadas do GATT (Acordo Geral sobre Tarifas e Comércio) a respeito da liberalização do comércio, o que levou à criação da Organização Mundial do Comércio (OMC). Esses estados industrializados também formaram seus próprios "clubes" fora das Nações Unidas — a Organização para a Cooperação Econômica e o Desenvolvimento (OECD), o G-7, o G-10, e outros — enquanto seus bancos centrais eram coordenados por meio do Banco de Acordos Internacionais (BIS). O diálogo Norte-Sul fracassou. Lançado no final da década de 70 pelo Grupo de 77 países em desenvolvimento, ele gradualmente se rompeu depois que o Grupo propôs uma Nova Ordem Econômica Internacional (NOEI) mais justa.

A luta da Guerra Fria politizou o mundo todo — cada vez mais aterrorizado com os arsenais nucleares e de armas convencionais das superpotências. Em 1995, Alice Slater, diretora da União dos Economistas Aliados para a Redução dos Armamentos (ECAAR), estimou que o custo da era nuclear para os contribuintes dos EUA era de 4 trilhões de dólares desde 1945. Desde 1984, os Estados Unidos gastaram 36 bilhões de dólares no projeto Guerra nas Estrelas, e se estimou que o orçamento de 1995 incluiria entre 25 e 40 bilhões de dólares mais.[1] O plano da NASA, de 3,4 bilhões de dólares, para o lançamento, em 1997, da sonda espacial Cassini, cuja energia provinha de 72,3 libras de plutônio (enquanto que os lançamentos europeus já usavam células solares não-nocivas), ampliou a loucura nuclear. De 1947 a 1990, os Estados Unidos gastaram mais de 11 trilhões de dólares em fins militares.

Não obstante, as agências especiais das Nações Unidas têm pressionado silenciosamente — promovendo grande número de acordos e de tratados: desde a não-proliferação nuclear, por meio da Agência Internacional de Energia Atômica (IAEA), até as rotas das linhas aéreas, por meio da Associação Internacional de Tráfego Aéreo Internacional (IATA), e as taxas postais, por meio da União Postal Global. Como descreveu Harlan Cleveland (1993), os membros das Nações Unidas — trabalhando em torno de confrontos da Guerra Fria — têm, gradualmente, "centralizado sua soberania" em acordos cooperativos para o seu benefício mútuo coletivo. É sobre esses e outros fundamentos que "Nós, os Povos" — e não apenas as *nações* que procuram se libertar do "flagelo da guerra", como é enunciado na Carta Patente das Nações Unidas — devemos continuar essa tarefa de construir um mundo em que todos ganhem.

Muitas nações ainda manipulam competitivamente as Nações Unidas para os seus próprios propósitos nacionais: sonegando suas dívidas anuais (em 1995, o total das dívidas era de 3,4 bilhões de dólares), dispensando os serviços das agências das Nações Unidas das quais eles discordavam, ou usando as Nações Unidas como uma "folha de figueira" ou como um "bode expiatório". Não obstante, as Nações Unidas continuaram a realizar grande parte do trabalho que o mundo queria fazer por meio de suas agências humanitárias e de desenvolvimento e de várias missões mantenedoras da paz. O papel do governo dos EUA – para melhor ou para pior – sempre tem sido fundamental: seja no tratamento intencionalmente frio para com as Nações Unidas durante os anos Reagan, com suas dívidas acumuladas ainda girando em torno de 1,2 bilhão de dólares por volta de 1995, ou no quase recrutamento súbito das Nações Unidas em 1991 para que elas dessem apoio ao presidente Bush na Guerra do Golfo. O ponto alto da "aprovação" das Nações Unidas pelos EUA foi marcado por seu papel controvertido na Guerra do Golfo, embora muitas outras nações se opusessem vigorosamente à guerra.

No período aberto a intervenções, que precedeu as comemorações do qüinquagésimo aniversário das Nações Unidas, em 1995, milhares de organizações da sociedade civil (OSCs), grupos de estudo acadêmicos e comissões variadas prepararam relatórios e recomendações para se remodelar as Nações Unidas para os seus cinqüenta anos seguintes. Alguns revisaram a carta patente das Nações Unidas e assinalaram que ela não continha nenhuma referência, no seu texto, às principais preocupações contemporâneas, tais como o meio ambiente, as grandes empresas globais, refugiados, terrorismo, lavagem de dinheiro e fluxos monetários globais. A suposição amplamente difundida por trás dessas recomendações, em sua maior parte úteis e construtivas, foi a de que as Nações Unidas estavam aqui para ficar – que elas eram, de fato, indispensáveis. Era impensável que seus cinqüenta anos de trabalhos com freqüência não-apreciados sobre os assuntos importantes da agenda "Nós, os Povos" – direitos humanos, educação, saúde, crianças, redução da pobreza, padrões de segurança para funcionários e consumidores, pacificação e proteção do meio ambiente – não continuariam a se expandir. Embora sempre tenha havido detratores das Nações Unidas em muitos países, eles eram considerados elementos retrógrados e isolacionistas. Não obstante, nos Estados Unidos, tais elementos com freqüência viraram o Congresso de cabeça para baixo no que se refere ao internacionalismo e desencadearam a retirada dos EUA da condenada Liga das Nações depois da Primeira Guerra Mundial.

Tragicamente, na celebração geral em todo o mundo do qüinquagésimo aniversário das Nações Unidas, os Estados Unidos, mais uma vez, tornaram-se o estraga-prazeres. A administração Clinton, enfraquecida pela tomada pelos republicanos, em 1994, do Congresso norte-americano, tornou-se ambivalente em seu compromisso com as Nações Unidas. Enquanto isso, o reacionário senador Jesse Helms assumiu a superintendência parlamentar das Nações Unidas e dos interesses globais como presidente do

Comitê do Senado sobre Relações Externas, que se juntou com a Câmara dos Deputados propondo cortes profundos nas contribuições para as atividades de manutenção da paz pelas Nações Unidas e na ajuda "externa". O velho consenso bipartidarista se estilhaçou, e a oposição, com freqüência desorganizada, do "terceiro partido" ao NAFTA e ao GATT permeou tanto o pensamento republicano (por via de Pat Buchanan) como o dos democratas (por via dos consumidores liderados por Ralph Nader, dos líderes operários e dos ambientalistas) como foi discutido nos Capítulos 4 e 11.

A alienação e a insegurança nos empregos descritas no Capítulo 4, bem como a confusão a respeito de terrorismo e de violência nacionais, levaram a extremos elementos marginais anti-Nações Unidas, tais como a rede de ódio-de-Washington, "milícias" armadas captando a atenção e o apoio de cerca de cinco milhões de norte-americanos. Amplificados pela midiacracia, esses grupos — muitos deles parecendo paranóicos — exigiram cortes no financiamento das Nações Unidas pelos EUA. Alguns até mesmo exigiram que os Estados Unidos caíssem fora das Nações Unidas por fantasiarem que os capacetes azuis destas estavam espreitando nas matas dos EUA, "manobrando" suas "tropas estrangeiras" para "tomar de assalto a América". Apesar desses desvarios sem fundamento e de outras inverdades, políticos de Washington com freqüência alcovitavam irresponsavelmente opiniões facciosas. Um projeto de lei pedindo para que os EUA saíssem das Nações Unidas, proposto no final de 1995 por um calouro republicano da Flórida, ganhou mais de uma dúzia de adesões. Até mesmo candidatos presidenciais, de Robert Dole, que deveria ser mais sensato, até o isolacionista Pat Buchanan, adotaram tal retórica. Dole provocou uma ansiedade sem fundamento a respeito das Nações Unidas e, em 1996, introduziu seu próprio projeto de lei para a retirada dos Estados Unidos.

O desastre da Bósnia comprovou ser um ponto de ignição para muitas argumentações e reavaliações. O secretário-geral das Nações Unidas, Boutros-Ghali, numa entrevista publicada no *San Francisco Examiner* de 30 de junho de 1995, explicou toda a verdade. Respondendo a perguntas sobre os horrores em Ruanda e na Bósnia, pelos quais se culpou as Nações Unidas, Boutros-Ghali respondeu: "O Conselho de Segurança e as Nações Unidas são os estados-membros. ... As Nações Unidas não têm exército, nem dinheiro, nem infra-estrutura. As Nações Unidas constituem uma espécie de símbolo, um fórum. Se eles [os estados-membros] não são capazes de trabalhar juntos, as Nações Unidas nada podem fazer ... e no caso da Bósnia, eles não são capazes de trabalhar juntos." A pergunta seguinte: "O Artigo 42 da Carta Patente das Nações Unidas não permite a você recrutar um exército junto aos estados-membros?" Boutros-Ghali respondeu: "Sim, mas os estados-membros nunca aceitaram dar um exército às Nações Unidas. ... Os estados-membros ainda não sabem o que querem fazer com as Nações Unidas. ... Se os estados-membros não decidirem, elas se tornarão simplesmente uma sociedade para debates."

Esse cenário inacreditável estava avultando: políticos norte-americanos falavam negligentemente a respeito da irrelevância das Nações Unidas enquanto seus bravos capacetes azuis morriam no fogo cruzado da Bósnia. Os Acordos de Dayton, de 1995, passaram por cima das Nações Unidas numa operação da OTAN, conduzida pelos EUA — mesmo que a opinião pública dos EUA rejeitasse o papel de "polícia mundial". A Bósnia tornou-se o melhor argumento para as "forças de reação rápida" das Nações Unidas. Os estados-membros, e não as Nações Unidas, revelaram ser impotentes.[2]

Quando um levantamento feito pela Americans Talk Issues Foundation indagou ao público dos Estados Unidos a respeito do papel dos EUA nas Nações Unidas, e sobre o que poderia acontecer com a liderança dos EUA no mundo se os Estados Unidos deixassem efetivamente as Nações Unidas, 58% disseram que os Estados Unidos perderiam sua liderança mundial — ou porque não haveria liderança mundial (38%), ou porque a liderança norte-americana seria assumida por outros países (20%). Uma assustadora porcentagem de 39% afirmou que isso não faria diferença, mas essa resposta deve ser examinada no contexto do levantamento, o qual mostrou que cerca de 71% de norte-americanos suspeitavam que seu próprio governo não seria capaz de fazer a coisa certa. Ao contrário, os norte-americanos têm mais fé em que as Nações Unidas estejam fazendo a coisa certa (pelo menos 52%). Numa proporção de dois para um, os norte-americanos também pensam que "as tropas dos EUA deveriam apenas tomar parte em operações militares sob o comando dos EUA, um ponto da plataforma política do Contract With America (Contrato com a América) dos republicanos.[3] Uma vez que os Estados Unidos estavam enviando suas próprias tropas para a Bósnia sob o comando da OTAN, muitos se perguntaram quantos sacos de cadáveres que retornavam, vistos nas telas de TV dos EUA, seriam necessários para levar os líderes dos Estados Unidos a reafirmar o papel das Nações Unidas na manutenção da paz global. Em muitos casos, soldados das Nações Unidas que já se encontravam na Bósnia simplesmente trocaram seus capacetes azuis por capacetes da OTAN.

Talvez nós, seres humanos, precisemos ir direto até a beira do precipício e olhar para o abismo antes de retroceder e imaginar estratégias mais apropriadas. A tragédia na Bósnia acelerou as tentativas dos EUA e dos administradores da OTAN para encontrar parcerias e causas em comum com organizações não-governamentais (ONGs), que eles tinham previamente patrocinado. A 48ª Conferência Anual das ONGs, de setembro de 1995, abordou o tema "Questões Globais, Atores Globais, Responsabilidades Globais". O secretário-geral das Nações Unidas, Boutros-Ghali, afirmou: "As ONGs são um elemento básico na representação do mundo moderno." A conferência convidou não apenas ONGs/OSCs e a mídia mas também as comunidades financeiras e dos negócios, associações comerciais e autoridades locais. Enquanto isso, operações dos EUA e da OTAN na Bósnia eram orçadas em 6 bilhões de dólares, e foi reconhecido com atraso que outros 6 bilhões de dólares seriam necessários para cobrir os custos da solução dos conflitos na sociedade civil, da organização de eleições, de assistências aos refugiados e das operações de repovoamento, para as quais as Nações Unidas seriam indispensáveis.

NOVAS ABORDAGENS PARA FINANCIAR AS NAÇÕES UNIDAS: COMO TORNAR SEGURO O MUNDO PARA A INOVAÇÃO SOCIAL

Claramente, o sistema de contribuições financeiras das Nações Unidas deve ser aumentado por estes métodos:

1. Avaliação do pagamento dos juros sobre os atrasos e suspensão dos direitos de voto para os estados-membros que não estejam com os pagamentos em dia.

2. Exploração, junto aos setores privados, da emissão e do *marketing* de obrigações das Nações Unidas.

3. Arrecadação de uma taxa de 0,003% sobre todas as transações monetárias internacionais a fim de se mudar os mercados para investimentos de longo prazo; para reduzir a especulação; para distribuir a receita, de uma maneira transparente e responsável, a programas das Nações Unidas destinados ao desenvolvimento humano; e para pagar programas de computador para arrecadar as taxas.

4. Escalonamento de pesquisas sobre impostos para uso dos bens comuns globais, bem como impostos globais sobre a poluição, a descarga de lixo tóxico nos oceanos, a diminuição excessiva dos recursos naturais e o desperdício de energia, a fim de se corrigir os preços com custos sociais e ambientais plenamente internalizados e de reduzir o custo relativo da mão-de-obra e dos impostos sobre as folhas de pagamento.

5. Enxugamento e reestruturação do Banco Mundial e do FMI, ao mesmo tempo em que se deve trazê-los de volta para o seio das Nações Unidas, de modo a tornar justo e transparente o seu domínio e a restabelecer o objetivo de suas missões para o desenvolvimento social e a sustentabilidade ambiental, a começar pelo cancelamento de dívidas dos países mais endividados.

6. Redução, por multas ou outros meios, dos tráficos internacionais de armas e de drogas, e autorização da nova Agência de Seguros para a Segurança das Nações Unidas (UNSIA) proposta, público-privada, a qual ofereceria aos países que quisessem permanecer seguros, ao mesmo tempo em que seriam reduzidos seus orçamentos de defesa, políticas de seguros contratuais para forças de manutenção da paz — os prêmios para as quais seriam usados para se financiar permanentemente um sistema das Nações Unidas de resolução de conflitos e de manutenção da paz.[4]

Enquanto isso, tornei-me membro da comissão de financiamento da Comissão Global para o Financiamento das Nações Unidas (GCFUN) em agosto de 1994, juntamente com especialistas interessados, autoridades e líderes de ONGs de mais de trinta países. A GCFUN foi uma expressão única da crescente sociedade civil global, uma vez que nenhum chefe de estado ou organismo das Nações Unidas a comissionou ou a financiou, e a operou como uma "organização virtual". A secretaria da GCFUN, de duas pessoas, simplesmente articula a rede de seus comissários já ativos, poderosos e comprometidos em torno de conferências globais estratégicas, encontros dos G-7 e outros eventos relatáveis pela mídia para chamar a atenção para a sua agenda.

Essa agenda foi evolutiva e se assentava numa abordagem de três pontos para financiar as Nações Unidas e construir um mundo em que todos ganhem. Em primeiro lugar, o nome da comissão assinalava que financiar as Nações Unidas não era mais apenas um interesse de suas nações-membros mas de toda a sociedade civil, isto é, de "Nós, os Povos". Se os estados-membros não assumissem suas responsabilidades, discriminadas na Carta Patente das Nações Unidas, de pagar a estas suas dívidas, então outros, nos setores privados progressistas e na sociedade civil, imaginariam maneiras adicionais de financiar as Nações Unidas. Em segundo lugar, as próprias Nações Unidas precisariam ser reestruturadas a fim de ser revigoradas e plenamente financiadas para abordar todas as tarefas que o mundo requeria, e os múltiplos novos problemas dos bens comuns globais, que nenhuma nação sozinha poderia abordar. Em terceiro lugar, a comissão pretendeu mostrar, por intermédio da mídia global, que não havia carência de dinheiro no mundo para satisfazer as verdadeiras necessidades de "Nós, os Povos". A comissão demonstraria que se tratava de uma questão de velhos paradigmas, de prioridades equivocadas, de governos e de burocracias que funcionavam mal, e da falta de acordos internacionais cooperativos. A maioria dos comissários defendeu propostas segundo as quais pequenas taxas e *royalties* deveriam ser arrecadados sobre os até agora indomados mecanismos dos mercados financeiros globais e a desmedida exploração privada e corporativa da herança biosférica comum do mundo, resultante de milhões de anos de evolução.

A carta patente da comissão — esboçada e ratificada pelos seus próprios membros — foi planejada com vistas a tornar o mundo mais seguro para a inovação social. A comissão procuraria ou geraria propostas inovadoras e no paradigma emergente da vantagem cooperativa global: acordos para interromper o movimento em direção à guerra econômica global. A carta patente incluía, por exemplo, o encorajamento e a pesquisa de todas as maneiras possíveis de financiar as Nações Unidas e de promover o desenvolvimento humano sustentável por meio da arrecadação internacional de impostos e de licenças para todos os usos privados e comerciais dos bens comuns globais. A carta definia esses bens comuns como os oceanos, a atmosfera, as órbitas de satélites no espaço, o espectro eletromagnético das comunicações, a Antártida e os mais recentes bens comuns globais — as rodovias mundiais da informação, o ciberespaço financeiro e a economia mundial hoje interdependente de uma maneira inconsútil. Arrecadando-se impostos comerciais justos pelo uso lucrativo desses recursos e taxações justas sobre o seu abuso — tais como a poluição, as vendas de armas e a especulação monetária — os rendimentos legítimos assim obtidos poderiam financiar em muitas vezes as Nações Unidas e abordar todas as necessidades da família humana, como foi realçado, por exemplo, em "What the World Wants and How to Pay for It".[5]

Como foi mencionado no Capítulo 12, o primeiro relatório da comissão, *The United Nations at Fifty: Policy and Financing Alternatives* (Cleveland et al. 1995), foi divulgado para os dois mil jornalistas que cobriram a Cúpula Mundial das Nações Unidas sobre Desenvolvimento Social, em Copenhague, em 1995. O relatório, agora em sua segunda edição norte-americana, ajudou a forçar todas essas propostas, e outras, na agenda mundial — por intermédio da mídia mundial e também porque foram distribuídas à mão por líderes de ONGs aos seus políticos e autoridades nacionais. Chefes de estado na Cúpula de Copenhague acrescentaram alguns dos novos itens da agenda aos seus discursos, inclusive pedidos onipresentes para se redirecionar o crescimento do PNB para um "novo paradigma do desenvolvimento". Muitos dos líderes e dos delegados pediram a taxação internacional, em particular sobre a especulação monetária, o que preenchia os cabeçalhos durante a conferência.

O secretário-geral das Nações Unidas, Boutros-Ghali, publicou sua *Agenda for Peace* (1992) e *An Agenda for Development* (1995), privilegiando um novo curso para as Nações Unidas enfatizarem seu desenvolvimento e seu papel humanitário na *prevenção* de conflitos — acima do seu papel mais limitado de mantenedora da paz depois que ela foi rompida. O desenvolvimento, redefinido como centralizado nas pessoas e ecologicamente sustentável, seria a estratégia para se impedir os conflitos. As próprias Nações Unidas, não obstante os seus problemas atuais, ainda constituem o principal articulador, intermediador e aglutinador mundial das novas negociações globais. O G-7 é demasiadamente elitista e representa apenas 12% da população mundial. As instituições de Bretton Woods estão passando por sua própria reestruturação — respondendo a críticas e tentando restabelecer a confiança em suas estratégias de desenvolvimento. A OECD também não é adequada como aglutinadora, uma vez que representa apenas os países industrializados do mundo. O Grupo Não-alinhado dos 77 e o Grupo dos Quinze representam os países em desenvolvimento. Todas essas organizações ilustram as falhas do declinante mundo pós-Guerra Fria, juntamente com grupos *ad hoc*, tais como o Clube de Paris e outros grupos renegociadores da dívida.

Líderes nas Nações Unidas estavam reanimados. Um exemplo é o embaixador Juan Somavia, do Chile, que dirigiu a Cúpula de Copenhague para a abordagem das questões sobre bens comuns globais e a necessidade de um novo paradigma do desenvolvimento. O administrador das Nações Unidas, James Gustave Speth, reestruturou o Programa das Nações Unidas para o Desenvolvimento (UNDP) ao longo das linhas de parcerias em seus programas, com muitos atores e ONGs populares. O *Human Development Report* da UNDP manteve a agenda do "Nós, os Povos" perante a opinião pública mundial. Em 1994, a UNDP publicou várias propostas inovadoras, inclusive a de um Fundo para a Desmilitarização Global, do dr. Oscar Arias Sánchez; o Imposto sobre Operações de Câmbio, de James Tobin; a idéia de um novo Conselho de Segurança para o Desenvolvimento; e o 20/20 *Compact* (entre países doadores e receptores), que propunha que 20% de todos os fundos de ajuda fossem direcionados para a redução da pobreza e para as necessidades sociais.

Essas visões do possível, juntamente com outras, tais como a de uma Corte Criminal Mundial, para levar a julgamento público ditadores que oprimem seu próprio povo, bem como outros perpetradores de crimes contra a humanidade, prenderam a atenção do mundo. No final de 1995, essa nova corte tinha feito acusações formais contra criminosos de guerra na Bósnia, e uma Corte Ambiental Mundial foi proposta por muitas ONGs. Os bancos de imagens do mundo — até mesmo aqueles ainda controlados por corporações gigantes e pelas midiacracias — começaram a ser recarregados com novos paradigmas, possibilidades e caminhos viáveis para o século XXI. Por exemplo, o mundo aprendeu que em 1991 os governos gastaram 1.877 dólares em fins militares para cada dólar gasto em manutenção da paz; em 1993, os governos tinham reduzido essa soma para 250 dólares gastos em fins militares para cada dólar gasto em manutenção da paz.[6]

Simultaneamente, no ano do qüinquagésimo aniversário das Nações Unidas, todos os relatórios de corporações semi-oficiais e ONGs tradicionais foram publicados ou receberam atenção renovada, incluindo os relatórios *Our Global Neighborhood* (1995), da Comissão sobre Governo Global; *Toward a New Multilateralism: Funding Global Priorities*, da Comissão Independente sobre População e Qualidade de Vida, e relatórios acadêmicos vindos do Worldwatch Institute; a North-South Roundtable; o relatório da Universidade de Yale, *The United Nations in Its Second Half-Century*; e aqueles de muitas ONGs, inclusive os Federalistas Mundiais, as Associações das Nações Unidas, e outras. Publicações menos recentes sobre a reforma das Nações Unidas, por Erskine Childers e Brian Urquhart (1990, 1991), ambos comissários do GCFUN, somaram-se à mescla de propostas socialmente inovadoras. Alguns relatórios foram burocráticos,[7] destinados a não ofender ninguém e a manter o recebimento de mais subvenções — ao passo que outros, tais como o relatório do GCFUN, continham artigos assinados que estavam claramente fora dos limites da proposta. Outros desbravadores de caminhos foram os relatórios do Wordwatch Institute, *Budgeting for Disarmament: The Costs of War and Peace* (Renner 1994), e *Partnership for the Planet: An Environmental Agenda for the UN* (French 1995).

A Comissão sobre Governo Global pediu uma Conferência de Cúpula Mundial sobre Governo Global para complementar a proposta dos Federalistas Mundiais por uma Cúpula de Cidadãos. Em 1993, 1994 e 1995, a World Convocations on Global Governance, administrada por sociedade civil, tinha preparado o palco e ajudado a uma rede de muitas organizações. Propostas para a eleição de uma "Câmara dos Povos" das Nações Unidas (semelhante ao Parlamento Europeu), foram amplamente discutidas em muitos países e aprovadas por 44% dos cidadãos norte-americanos, num levantamento da ATIF.[8] Enquanto isso, legisladores preocupados reuniram-se com membros de 80 parlamentos em todo o mundo, por intermédio de seus próprios Parlamentaristas para uma Ação Global.[9]

Não é de causar surpresa o fato de que foram os globalistas populares que empurraram as velhas estruturas com os mais inovadores relatórios e ações. Cerca de 50 ONGs apresentaram na Cúpula dos G-7 em 1995, em Halifax, na Nova Scotia, suas propostas de reformas, *Making the International Institutions Work for People and the Planet*. Sete ONGs globais prepararam uma audiência pública em 27 de junho de 1994, no Parlamento Europeu, em Bruxelas, sobre "As Responsabilidades Políticas da União Européia para com a Ordem Financeira Internacional com Vistas ao Desenvolvimento Sustentável e à Coesão Social".[10] A Coalizão Internacional para uma Ação de Desenvolvimento (ICDA) publicou seu *Update on Trade-Related*

Issues, Focusing Grassroots Globalists on the Need to Lobby Reforms at the New WTO.[11] Globalistas populares fizeram, com sucesso, um *lobby* junto ao Parlamento Europeu, rejeitando uma lei que teria permitido a empresas patentearem formas de vida. O assessor das Nações Unidas Mahbub ul Haq, inovador pioneiro do *Human Development Report*, publicou suas próprias *Reflections on Human Development* (1995) sem restrições. Dois inovadores economistas ecológicos calcularam a Dívida Ambiental Geracional (GED) que a geração atual da Suécia devia aos seus descendentes como sendo de 32 bilhões de dólares em 1990.[12] Outros relatórios inovadores incluíam *Sustainable Netherlands* pelos Amigos da Terra holandeses, em Amsterdã, e uma multidão de novos *Green Plans* (Johnson 1995).

A COMUNIDADE DOS NEGÓCIOS COMEÇA A CONSTRUIR PONTES

Uma das mais interessantes inovações apresentadas na Cúpula Mundial sobre Desenvolvimento Social em 1995, em Copenhague, foi o envolvimento deliberado da comunidade financeira e comercial. Maurice Strong foi o pioneiro nesse tipo de envolvimento na Cúpula da Terra, no Rio, em 1992, ao convidar seu amigo Stephan Schmidheiny e o Conselho Mundial dos Negócios para o Desenvolvimento Sustentável para produzir o seu próprio relatório, *Changing Course* (1992). Na Cúpula de Copenhague, um Conselho dos Negócios para a Cúpula Social (BUSCO) foi organizado, por Oliver Giscard d'Estaing, co-fundador da INSEAD, a "Harvard Business School" da Europa, com sede na França. O BUSCO levou muitos líderes empresariais de alto nível a Copenhague, e eles publicaram seu próprio relatório, *The Evolution of the Market Economy*. A Fundação Alemã para o Fórum Internacional sobre Política do Desenvolvimento também produziu um relatório, *Innovative Resource Management for Social Development*. Muitos desses relatórios foram incluídos em *The United Nations at Fifty* (Cleveland et al. 1995) do GCFUN.

O Relatório do GCFUN também fez a revisão de muitos dos novos "códigos de conduta" promulgados por grupos empresariais, tais como a Mesa-Redonda de Caux, os Princípios da CERES, os Princípios dos Fundos de Investimento Social Calvert e os Princípios de Minnesota de Responsabilidade Corporativa. Esses códigos de conduta e padrões podem ser repudiados pelos cínicos, mas tendem a se solidificar gradualmente por via de precedentes legais e a formar a base para protocolos internacionais. Brian Bacon, da World Business Academy, ajudou a forjar uma cooperação histórica entre negócios e o ILO, lançando parcerias capital-trabalho para o desenvolvimento social em Bombaim, Tóquio, Nairóbi, Bangkok, Dubai, Vietnã e ilhas Maurício.[13] De fato, Robert L. Howie, Jr., vice-presidente da International Systems Services Corporation, afirmou na *Business Week* de 6 de outubro de 1995: "Há somente dois tipos de organização: aquelas que já adotaram o processo de padrões globais e aquelas que o farão."

O grupo dos atores financeiros reunidos no histórico Stor Kro Hotel de Fredensborg, perto de Copenhague, pela World Paper, pelo State Street Bank, pela Fidelity Investments e pela UNDP, examinou como direcionar melhor os fundos de pensão e outros ativos administrados, em particular aqueles em fundos socialmente responsáveis, limpos, verdes e éticos, para o verdadeiro desenvolvimento de populações locais. Seu inquérito internacional de dois dias, "Questões Monetárias", enfatizou em seu convite que "as pressões sociais com que as sociedades humanas se defrontam às vésperas do século XXI são abundantes. Na era da tecnologia da informação, com mais riqueza visível – e transferível – do que nunca, questões de desemprego, de pobreza e de segurança humana ainda ameaçam o tecido da sociedade".[14] Os governos, por si sós, não podem resolver essas questões, uma vez que sua autonomia cede ainda mais ao ciberespaço financeiro dos mercados de capital globais. As atividades comerciais, principalmente o setor financeiro, são vistas por muitos não apenas como uma fonte capital e de empregos mas também como uma fonte de inovações tecnológicas e sociais, que podem criar oportunidades para o desenvolvimento humano e social sustentável.

A Conferência de Cúpula de Copenhague forneceu uma oportunidade ideal para um franco intercâmbio de pontos de vista entre os setores e para dar início ao processo de se achar meios de assegurar mercados internacionais mais ordenados e maior confiança do investidor. Um clima internacional mais previsível nos mercados de capital globais é hoje um pré-requisito para o financiamento de novas empresas, de tecnologias mais verdes, da infra-estrutura necessária e de uma nova era de desenvolvimento humano sustentável. Investidores e administradores de portfólio na América do Norte, na Europa e em outros países da OECD têm investido amplamente nos mercados globais emergentes da atualidade. Eles têm descoberto muitas novas oportunidades para satisfazer as necessidades humanas e o desenvolvimento social enquanto obtêm bons retornos dos seus investimentos – não obstante os crescentes riscos monetários.

Todos os investidores, grandes e pequenos, em fundos mútuos, bem como aqueles que investem em planos de pensão, estão antecipando educações universitárias para os seus filhos e aposentadorias seguras para si mesmos a partir desses investimentos – ao despejarem seus fundos em tais portfólios administrados. Esses fundos estão agora se destacando nos mercados de ações internos na maioria dos países da OECD. Depois da crise do peso mexicano, esse papel destacado se acentuou desde que muitos investidores "escaldados" se retiraram dos mercados globais. No entanto, administradores de portfólio, tentando aumentar suas rendas competitivas por meio da diversificação, voltam-se cada vez mais para os investimentos globais — contando com pacotes de resgate *ad hoc*, tais como aqueles que se fez para o México. Até que planos mais firmes emerjam para uma SEC global, tais administradores de portfólio podem somente *intensificar* o seu uso de instrumentos de proteção — mais um círculo vicioso.

Hoje, todos os jogadores procuram um terreno comum e soluções ganha-ganha para esse avultante "dilema de prisioneiro": um círculo virtuoso, onde acordos entre todas as principais instituições públicas e privadas possam ser harmonizados e onde os riscos monetários e de mercado globais possam ser reduzidos para todos os jogadores. Isso, por sua vez, poderia ajudar a reduzir a dependência de instrumentos de proteção, derivativos e em comércio de moeda corrente — reduzindo ainda mais os riscos.

Tais estratégias ganha-ganha poderiam tornar os mercados globais mais seguros para todos os investidores. Por exemplo, a administração Clinton nos Estados Unidos revelou um código voluntário de ética comercial e dos direitos do trabalhador para empresas norte-americanas, que o secretário de estado Warren Christopher prometeu que "traria consigo um padrão de âmbito mundial para a conduta dos negócios norte-americanos".[15] Quando publiquei "Should Business Solve Society's Problems?" na *Harvard Business Review*, em 1968, havia poucos cursos de MBA sobre ética comercial. Por volta de 1995, esses cursos eram padrões e, com freqüência, obrigatórios.[16] Igualmente importante é o fato de que esses mesmos tipos de estratégias ganha-ganha poderiam reduzir os fluxos diários de capital especulativo. Muitas autoridades públicas e líderes financeiros e comerciais estão advogando abordagens cooperativas, que também ajudarão a restabelecer uma medida de autonomia interna para administradores macroeconômicos, líderes do governo e bancos centrais nacionais.

A perda de controle tornou mais difícil para os líderes governar, satisfazer as expectativas dos eleitores e fazer investimentos de longo prazo na infra-estrutura interna, na saúde e na educação das suas populações, e no retreinamento dos trabalhadores, bem como em redes de segurança social razoáveis e numa sadia administração dos recursos ambientais. Se uma medida de controle fosse restabelecida, líderes dos setores público e privado poderiam capitalizar tendências potencialmente positivas (enquanto minimizariam as tendências negativas) nos mercados de capital globais e nas economias nacionais. No encontro Sobre Questões Monetárias em Copenhague, muitos investidores concordaram com o fato de que não há escassez de fundos em busca de sólidas oportunidades de investimento, em particular se os governos deixam de financiar práticas e atividades comerciais não-sustentáveis. Então, ambos os setores, público e privado, poderiam construir pontes mais resistentes e novas parcerias para investimentos seguros e de longo prazo no desenvolvimento socialmente responsável.

Eis algumas das questões discutidas no encontro sobre Questões Monetárias em Copenhague·[17]

1. Medidas políticas que poderiam atrair investimentos de longo prazo, de capital privado para um número cada vez maior de países em desenvolvimento, ao mesmo tempo em que assegurem que os investimentos criem "raiz" e promovam um desenvolvimento participatório de base ampla.

2. O papel dos fundos de pensão na mobilização da poupança interna, e a maneira como esses fundos poderiam ser usados para o desenvolvimento social, incluindo créditos para os empresários de pequena escala.

3. Como as empresas e os governos, bem como a sociedade civil, podem desempenhar os seus papéis de maneira mais efetiva. O desenvolvimento social é uma responsabilidade conjunta sem a qual não haverá estabilidade, paz e crescimento e, conseqüentemente, "bom clima para investimento".

4. Como ir além das abordagens políticas esclarecidas e egoístas dos serviços financeiros e discutir políticas adicionais, inclusive taxas de câmbio, que poderiam ajudar a melhorar a regularidade dos mercados de capital globais e a reduzir a volatilidade.

5. Maneiras e meios de se encorajar empresas privadas a ser ambientalmente sadias e socialmente responsáveis, como, por exemplo, promulgando princípios éticos e códigos de conduta. Uma revisão das "melhores práticas" no setor dos negócios mostra como fundos mútuos e parcerias limitadas socialmente responsáveis e éticas podem ser financeiramente bem-sucedidas. Muitas grandes empresas têm ido além do mero cumprimento da lei e deixaram de ser motivadas apenas pelos crescentes custos de seguros e de indenizações, vendo a sua rentabilidade futura em cálculos econômicos de longo prazo.

6. A mudança dos valores para os investidores e o *marketing* para o segmento em rápido crescimento de investidores ética, social, ambiental e globalmente preocupados. Esse segmento do mercado de títulos representa mais de 650 bilhões de dólares só nos Estados Unidos. A demografia desses investidores norte-americanos (preocupados com a "qualidade de vida", com a instrução universitária, abastados, internacionalistas e incluindo 60% ou mais de mulheres) tem permitido a administradores de portfólio criar os muitos portfólios

"seletivos" e bem-sucedidos da atualidade, bem como inovadores fundos de "alto impacto social" que investem em programas de empréstimos para o desenvolvimento da comunidade (combinando seu risco inferior à média com um retorno ligeiramente abaixo do de mercado).

7. Respostas legislativas criativas ajustadas para encorajar o investimento social e a responsabilidade corporativa. Por exemplo, o congressista Richard Gephardt, líder minoritário dos EUA, introduziu uma legislação para reconhecer empresas socialmente responsáveis que, voluntariamente, usam "melhores práticas" e publicamente divulgam códigos de conduta sociais e éticos. Tais empresas se defrontariam com um número menos freqüente de relatórios financeiros: de uma base trimestral para uma base anual, a fim de encorajar suas visões de lucratividade a longo prazo. A Segunda Cúpula das Nações Unidas sobre Habitação, realizada em 1996, em Istambul, na Turquia, hospedou um Fórum Mundial dos Negócios que reuniu um grande número de empresas, grupos comerciais socialmente responsáveis e associações comerciais preocupadas com padrões globais, melhores práticas, códigos de conduta, auditoria verde e eco-rotulagem de produtos. O fórum lançou um Comitê Diretor de Padrões Globais.

Esse primeiro inquérito sobre Questões Monetárias gerou outros: em Boston, em Kuala Lumpur e no Cairo. Em junho de 1995, um grupo de líderes do setor privado reuniu-se com o ECOSOC em Genebra para um histórico intercâmbio de pontos de vista — o que levou a uma revigoração desse importante conselho. Em janeiro de 1996, líderes da Academia Mundial do Comércio e da Organização Internacional do Trabalho, num encontro sobre Parceria para o Desenvolvimento Social, reuniram-se em Hyderabad, na Índia, hospedados pelo Grupo Nagarjuna de empresas. Outros esforços incluem a Fundação Progressio, uma parceria tríplice, pública-privada-civil, para levar capital de risco e fundos da fundação até as novas empresas híbridas da sociedade civil. Seus fundadores, P. H. L. Kloppenborg e M. A. G. Palazzi, estiveram envolvidos no estabelecimento da Social Venture Network Europe, em Amsterdã, e da New Academy of Business, recentemente fundadas em cooperação com o Schumacher College, em Devon, no Reino Unido, que oferecerá aos executivos, de acordo com o seu prospecto, "um novo tipo de educação comercial exigida para o papel maior que os negócios desempenham na sociedade". A Social Venture Network, de 500 membros, estabelecida em 1987 nos Estados Unidos por empresários e empresas, publicou *Seventy-Five Best Practices for Socially Responsible Companies* (Reder 1995) e divulga a auditoria dos seus padrões.

Naturalmente, a nova preocupação social que se manifesta em empresas pequenas, progressistas e jovens não causa uma revolução. A maior parte do mundo dos negócios ainda está no paradigma da competição sanguinária. E a imprensa dos negócios tradicional está sempre esperando para pôr as garras em qualquer história que mostre que as empresas progressistas podem não estar "praticando aquilo que pregam" — *como deveriam*. Além disso, mais relatos pormenorizados e mais investigações de empresas da mídia, e de sua ética, são necessários, bem como códigos de responsabilidade para proprietários, editores, editoras e jornalistas. A questão-chave da responsabilidade corporativa continua sendo a irresponsabilidade dos gigantes da mídia na midiacracia global e nas economias da atenção.

Quanto mais essas questões estiverem expostas ao arejamento público, melhor para todos. Relatos detalhados em *Business Ethics*, um periódico que cobre a cena dos negócios socialmente responsáveis, o dispararam para o alto da fama, aumentaram sua circulação e lhe renderam um prêmio de jornalismo. Por exemplo, ele publicou uma história onde investigava a Body Shop da Inglaterra, que foi rejeitada por outra publicação, enquanto, em conseqüência disso, informava os seus próprios investidores sobre o aumento esperado em sua própria posição de mercado. Algumas empresas, tais como a AES, que constrói instalações de co-geração elétrica mais limpas e mais eficientes no uso da energia, viram manchete pelo fato de plantar árvores para compensar as emissões de dióxido de carbono que causam. A AES plantou um milhão de árvores na Guatemala em tal iniciativa de compensação — enquanto, por outro lado, se envolve num comércio eticamente dúbio de licenças de poluição com outras empresas de utilidade pública.[18] Empresas oferecem hoje, na melhor das hipóteses, estratégias de transição — todas elas arraigadas em setores industriais não-sustentáveis, tendo em vista maximizar os lucros de investidores financeiros e acionistas (*stockholders*), e não de todos os grupos de interesse (*stakeholders*).

Os empreendimentos de risco científicos também se tornaram mais cooperativos, como é documentado pelo Departamento dos EUA de Avaliação de Tecnologia (OTA) em *International Partnerships in Large Science Projects*, publicado em julho de 1995. O relatório assinala que o uso de tratados para formalizar tais parcerias é um veículo demasiadamente incômodo para estruturar projetos científicos e não garante necessariamente a estabilidade do financiamento. Uma importante descoberta nas novas estruturas de parceria está no fato de que os governos raramente podem iniciar tais acordos — uma vez que seus processos intergovernamentais para estabelecer acordos são demasiadamente lentos para tais inovações. Os setores privado e civil podem se mover mais depressa e inovar livremente — e é isso, precisamente, o que seus estatutos de responsabilidade limitada encorajam.

Assim como os governos nacionais sempre regulamentaram essas atividades por meio de contratos sociais e autorizações legais, onde isso for praticável, também os organismos internacionais, das Nações Unidas à Unidade Européia, ao OECD e a outras, podem regulamentar novas atividades de propósito limitado, bem como franquear seus famosos "nomes de marcas registradas globais". Órgãos governamentais e nações podem então continuar seus papéis selecionando e autorizando o melhor dos modelos. Elas podem avaliar resultados, elaborar protocolos e acordos para institucionalizar padrões, supervisionar o cumprimento da lei e ratificar os tratados resultantes. Nós, às vezes, esquecemo-nos de que essa é a maneira pela qual a COMSAT, a INTELSAT, a SEMATECH, o Banco Mundial e outras corporações híbridas, públicas-privadas, começaram.

OS PRIMEIROS INOVADORES CONTINUAM A DESAFIAR VELHOS PARADIGMAS

Uma vez que um paradigma comece a mudar, o que, com freqüência, é desencadeado pelo reconhecimento de uma crise que avulta, o processo se assemelha ao fenômeno da massa crítica em física ou ao modelo do monte de areia na teoria do caos. Há um súbito deslizamento, com freqüência caótico. (Veja a Figura 21. Curva Típica de Resposta Corporativa a uma Questão Social, na página 302.) Nas organizações humanas, esse processo é marcado por um fluxo de atividades, conforme um número crescente de pessoas segue o caminho dos primeiros inovadores e desafia o velho paradigma (tanto por dentro como por fora). Então, os "primeiros seguidores" conscientes reposicionam-se rapidamente para o novo jogo — retrabalhando as pesquisas e as propostas de subvenções, reformulando os seus currículos de maneira a acentuar quaisquer experiências relevantes, por mais ínfimas que sejam, refocalizando seus planos de negócios, reescrevendo seus cursos e reinterpretando seus artigos de jornal. Finalmente, a represa se rompe, e os outros, em sua maioria, se tornam imitadores, adotantes e adaptadores. Com freqüência, nas empresas e nas grandes burocracias, gurus da administração e consultores dão à luz esses processos de mudança. Eles são contratados para treinar e para familiarizar as pessoas com as mudanças ou para recolocar os funcionários marcados como parte do "enxugamento" (*downsizing*) da empresa, ou então, como as firmas de recolocação preferem dizer: o dimensionamento correto (*right-sizing*) da organização.

Um sinal recente de deslizamento de paradigma foi a Terceira Conferência Anual do Banco Mundial, realizada em outubro de 1995 e organizada em torno do desenvolvimento ambientalmente sustentável. O nono presidente do Banco Mundial, James D. Wolfensohn, ex-banqueiro de investimentos norte-americano e patrono das artes, assumiu, em junho de 1995, uma agenda radicalmente nova. Wolfensohn pretendeu mudar o enfoque do Banco de represas gigantes e outros grandes projetos, odiados pelas grandes populações por eles deslocadas, e para os quais o Banco esteve emprestando dinheiro aos governos por cinqüenta anos. O novo enfoque seria a autorização de investimentos privados, com o Banco atuando como consultor e conselheiro.

A Terceira Conferência Anual refletia essa mudança – ilustrando a velocidade com a qual as mudanças de paradigma podem ocorrer em organizações hierárquicas se elas começam no topo. Os oradores convidados incluíam alguns velhos críticos e até mesmo alguns ativistas apaixonados que tinham organizado oposições a projetos do Banco no passado. Quatro volumes de estudos ambientalistas, com a co-autoria de Mohan Munasinge, chefe da Divisão de Economia Ambientalista do Banco, circularam amplamente, inclusive um sobre "Políticas Econômicas e o Meio Ambiente", assunto antes considerado tabu,[19] bem como o novo Índice de Riqueza mencionado no Capítulo 10. Uma conferência adjunta foi conjuntamente patrocinada pelo Banco e pelo Centro de Respeito pela Vida e pelo Meio Ambiente, uma organização com sede em Washington, D.C., a respeito de "Valores Éticos e Espirituais e a Promoção do Desenvolvimento Ambientalmente Sustentável".

Durante as décadas de 70 e de 80, houve uma pequena conspiração de inovadores dentro do Banco, que me convidaram em várias ocasiões para abordar, em suas informais "preces do café da manhã", o tópico quase tabu: "Valores em Desenvolvimento". A conspiração incluía Morris Miller, um diretor-executivo do Banco, Ismail Serageldin, Mario e Sophia Kamanetsky, Pushpa Schwartz e outros. Em 1993, Ismail Serageldin emergiu como o novo vice-presidente do Desenvolvimento Sustentável do Banco, enquanto Morris Miller e Mario e Sophia Kamanetsky deixaram o Banco para escrever livros sobre novos modelos de desenvolvimento.[20]

O Banco tornou-se esquizofrênico sob os ferozes ataques de 1993 e 1994. Por um lado, ele contratou Herb Schmertz, um homem de relações públicas que antes trabalhava para a Mobil Oil, para neutralizar a campanha Cinqüenta Anos É o Bastante, que fora instituída por grupos ativistas ambientalistas, voltados para o desenvolvimento sustentável, o que foi imitado por conservadores norte-americanos e defensores do livre mercado no Instituto Cato, os quais, simplesmente, queriam fechar o Banco. Por outro lado, o Banco começou a contratar alguns de seus críticos, inclusive Joan Martin Brown, que antes participara do Programa das Nações Unidas para o Meio Ambiente (UNEP) e John Clark, do OXFAM (uma agência ONG assistencial privada) no Reino Unido e autor de *Democratizing*

Development (1990). Evelyn Herfkens, a corajosa e sincera parlamentarista holandesa, fora designada, com o apoio de seu governo, como um dos diretores-executivos do Banco — e comprovou ser um dos atores internos de importância-chave para a reforma.

Desse modo, os primeiros inovadores ou deixaram o Banco ou eram agora capazes de seguir em frente sob a nova presidência de Wolfensohn, enquanto os acadêmicos e contratantes externos reposicionavam-se às pressas. Os imitadores da equipe mudaram os pronunciamentos oficiais e as representações públicas das políticas do Banco com desconcertante rapidez — com freqüência até mesmo negando o fato de que essas políticas eram novas. O sinal de adaptação organizacional surgiu quando os funcionários foram instruídos a anunciar que o Banco sempre esteve certo e entendera o novo paradigma desde o começo. Um estágio posterior e final ocorre quando a história organizacional é reescrita para mostrar que os primeiros críticos externos e os defensores do novo paradigma tinham sido "demasiadamente extremistas" ou deficientes em algum sentido. No Banco Mundial, pelo menos no Departamento de Desenvolvimento Sustentável, a adaptação estava em andamento, mesmo que muitas pessoas do lado de dentro falassem de uma guerra civil de paradigmas entre economistas ortodoxos e aqueles que defendiam o desenvolvimento sustentável.

Nas sociedades, o processo é mais confuso e envolve a todos, isto é, torna-se político, bem como econômico e cultural. Por exemplo, nas democracias e nas midiacracias, uma enxurrada de novos livros antes rejeitados são publicados e encontram audiência. Os primeiros inovadores dentro de partidos políticos, associações comerciais, agências do governo, academias, grandes empresas e sociedade civil levam as novas mensagens. Eles organizam seminários e conferências e propõem novos cursos, treinamentos e reestruturações. Novos empresários proliferam e suas novas empresas são capitalizadas. Velhas grandes empresas esclerosadas passam por um enxugamento, reestruturam-se, fundem-se ou são liquidadas. Finalmente, o fermento se reflete na política tradicional: primeiro nos níveis mais permeáveis, local, municipal e estadual, e em seguida nos parlamentos e nos governos nacionais, que são colocados em curto circuito no nível internacional por meio de ONGs populares e globalistas e pelos meios de comunicação de massa. A confusão dos realinhamentos de partidos políticos, pesquisas de opinião pública conflitantes e interpretações diversificadas dos resultados das eleições são vistas, apenas retrospectivamente, como um divisor de águas político — deixado para os historiadores registrarem e debaterem.

É dessa maneira que têm evoluído os seres humanos e as suas sociedades. O que nos faz pensar que esse processo irá parar agora? É fácil rir ou ser cínico com relação a todas essas fraquezas humanas bem reconhecidas. Porém, somos uma espécie imatura que se defronta com processos de mudança organizacional numa escala sem precedentes. Estamos todos envolvidos nesses processos e lidamos com as dificuldades da melhor forma possível — justificando nossas ações com defesas e racionalizações que retratam melhor nossas próprias mudanças de vida. Temos de nos lembrar do princípio da diversidade — há suficientes papéis diferentes para todas as almas — de modo que cada um possa encontrar seu nicho na ecologia da mudança.

Enquanto isso, os primeiros inovadores sociais aram o solo sob alto risco — juntamente com seus inovadores técnicos do setor privado, igualmente sob alto risco, porém muito mais altamente recompensados. O contraste é, com freqüência, surpreendente. Inovadores sociais de alto risco, tais como a ex-deputada de Nova York Bella Abzug, fundadora da Organização para o Desenvolvimento e o Meio Ambiente das Mulheres (WEDO); a ex-parlamentarista da Nova Zelândia Marilyn Waring; e a física indiana Vandana Shiva, todos eles lutando por novos financiamentos em suas corajosas organizações sem fins lucrativos. Enquanto isso, em 9 de agosto de 1995, dois inovadores tecnológicos que inventaram um *software* para uma navegação mais eficiente na Internet lançaram a Netscape Communications e abriram seu capital em Wall Street. As ações da empresa, de 16 meses de idade, que ainda não tinha ganho um dólar sequer, flutuavam em torno de 28 dólares a unidade, saltando para 74 ¾ dólares no fim do dia.

A Netscape Communications é um exemplo perfeito de uma nova empresa de um setor da economia da atenção numa midiacracia madura. Seu preço de fechamento deu à Netscape um valor de mercado de 2,3 bilhões de dólares — mais do que a Bethlehem Steel, a Wendy's e a Maytag. De acordo com Roger McNamee, da Integral Capital Partners, a Netscape Communications foi considerada, por comerciantes ávidos, "a Microsoft da Internet. ... E todos querem ser donos da próxima Microsoft", acrescentou entusiasticamente.[21] Os dois inovadores receberam instantaneamente altas recompensas: as 9,7 milhões de ações de James Clark foram avaliadas em 566 milhões de dólares, e o milhão de ações e opções de seu parceiro Marc Andreesen valiam 58 milhões de dólares.

Na verdade, longe desse tipo de recompensas instantâneas, os inovadores sociais são, com freqüência, punidos — até mesmo com a morte, em incontáveis casos: de Mahatma Gandhi e Martin Luther King a Chico Mendes. Às vezes, são forçados a abjurar seu trabalho desbravador, como no caso de Galileu, que só foi reconhecido muito depois de sua morte. Outros inovadores sociais são detidos, encarcerados e ameaçados, tal como o líder democrata de Myanmar, Aung San Suu Kyi, e Rigoberto Menchu, da Guatemala. Eles, a exemplo de outros inovadores sociais, têm a proteção conferida pelo Prêmio Nobel da Paz. Outros são reconhecidos apenas postumamente, depois de ser muito ridicularizados e denunciados pelos seus colegas, como no caso de Buckminster Fuller.

Esses fenômenos estão relacionados com as forças intensas que impelem as organizações humanas para a homeostase, o maravilhoso processo vital que impede o nosso corpo de perder sua integridade estrutural e suas funções vitais. Em nosso corpo, a "inovação" pode aparecer como um invasor do sistema imunológico ou como uma mutação (possivelmente retrogressiva) numa espécie. Em sociedades, a mutação também é altamente combustível e a replicação é o estabilizador nos códigos de ADN cultural — assim como no ADN de nosso corpo. Elise Boulding observou que, às vezes, menos de 5%, ou até mesmo 3%, de uma população podem desviar toda uma sociedade para uma nova direção — se essas pessoas são organizacionalmente ativas e se tornam catalisadores e enzimas da mudança social.

Esse fenômeno se espelha em muitos sistemas dinâmicos estudados por psicólogos e teóricos do caos, desde o comportamento de multidões visto nos mercados de ações até o papel de inventores solitários que criam novos setores industriais e mudam sociedades inteiras. No Capítulo 11 de *The Politics of the Solar Age* (1981, 1988), descrevo como os sistemas dinâmicos são altamente sensíveis às condições iniciais, bem como às realimentações positiva e negativa e aos seus respectivos efeitos de desvio-amortecimento e desvio-amplificação. Cito o exemplo da crescente vulnerabilidade da indústria de seguros a determinados riscos não-seguráveis: em meados da década de 80, a indústria de seguros sofreu muitas derrotas por causa de riscos não-seguráveis, chegando algumas empresas à beira da falência por terem emitido apólices do tipo "bomba relógio" em classes de risco sujeitas a processos de mudança dinâmica.

À medida que a mudança global se acelera, os inovadores sociais que têm, pacientemente, "arado os campos" no ativismo popular estão ficando mais visíveis. Há muitos exemplos. O falecido Jerry Mische e a co-autora Patricia Mische, trabalhando com a Global Education Associates, fizeram durante décadas um trabalho de divulgação de imagens positivas e soluções locais exemplares. O "Trickle Up Program", "efeito-cascata invertido" de Mildred Robbins Leet e Glenn Leet, tem gerado milhares de pequenos negócios na África, na Ásia e na América Latina. O Grameen Bank, de Mohammed Yunus, em Bangladesh; o Women's World Banking, fundado por Michaela Walsh, Esther Ocloo, Ela Bhatt e outras mulheres pioneiras hoje representadas por sua presidente Nancy Barry; o Southshore Bank, com suas desbravadoras iniciativas de empréstimo nas vizinhanças pobres

— todas elas são, a rigor, organizações à altura das reuniões do Banco Mundial sobre o "novo paradigma do desenvolvimento". Quando o consenso político do Japão se estilhaçou, o longo trabalho do líder budista Daisaku Ikeda pela paz e pela segurança humana tornou-se mais visível graças à sua posição como presidente internacional da Soka Gakkai.[22] A inspiração de E. F. Schumacher continuou viva depois de sua morte, em 1978: a Appropriate Technology International, de Washington, D.C., clone sediada nos EUA do Intermediate Technology Development Group de Schumacher, na Inglaterra, foi punida na administração Reagan, para depois ser saudada como um modelo de tecnologia e pequena empresa do novo paradigma do desenvolvimento.

Mikhail Gorbachev, que fez tanto para o mundo ao trazer a perestróika e a glasnost aos russos e liberdade à Europa Oriental, tornou-se um estadista global. Gorbachev, por meio de sua Fundação Gorbachev, organizou dezenas de líderes mundiais, levando-os a examinar novas maneiras de pensar e a promover inovações sociais para a humanidade do século XXI. Em setembro de 1995, Gorbachev lançou o primeiro Fórum Anual sobre o Estado do Mundo em San Francisco, na Califórnia, reunindo chefes de estado, líderes dos negócios, autores e artistas para que abordassem a grande transição rumo ao novo século. Fui privilegiada com um convite para coordenar as mesas redondas sobre "Economias do século XXI". O ex-presidente dos EUA Jimmy Carter fundou o Carter Center em Atlanta, que se tornou uma meca para a inovação social. Ashok Khosla, que desistiu de uma carreira de Ph.D. em física, com treinamento em Princeton, para formar o instituto sem fins lucrativos Development Alternatives em sua terra natal, a Índia, e convocar o fórum das ONGs na Cúpula da Terra, tornou-se hoje um especialista convidado nas reuniões do Banco Mundial. O incansável trabalho de Sixto Roxas e de Maximo Juni Kalaw, nas Filipinas, bem como o de Kumar Rupesinge, do International Alert, em Londres, e muitos outros desses "servidores" têm sido reconhecidos, juntamente com outros, que o CIVICUS documentou.

Depois do reconhecimento do falecido presidente Leopold Sengor, do Senegal, e do presidente checo Vaclav Havel, chefes de estado têm se sentido mais à vontade para citar poetas e visionários. Em abril de 1996, o presidente Havel foi anfitrião numa Conferência sobre Atividades Econômicas Socialmente Responsáveis, em Praga. O ex-primeiro-ministro do Japão, Murayama, no aniversário do término da Segunda Guerra Mundial, em agosto de 1995, desculpou-se perante a mídia mundial, o Imperador e a Imperatriz, e todo um estádio de futebol de dignatários em Tóquio, pela agressão do Japão. Depois que o presidente da Costa Rica, Oscar Arias Sánchez, foi reconhecido com um Prêmio Nobel em 1987, ele tem, incansavelmente, procurado meios preventivos de manutenção da paz. Maria de Lourdes Pintasilgo, ex-primeira-ministra de Portugal, e Pierre Elliott Trudeau, do Canadá, forjaram caminhos exemplares semelhantes como cidadãos globais trabalhando pela paz, pela justiça e pelo desenvolvimento sustentável. Outros chefes de estado começaram a compreender que dando exemplos, na manutenção da paz e em suas próprias vidas, poderiam conquistar ampla admiração pública. Até mesmo a oposição automática dos senadores Jesse Helms e Robert Dole às Nações Unidas foi denunciada e modificada em termos mais construtivos — no sentido de capacitar a organização pelo seu futuro papel no mundo.

Depois de sua atuação morosa na Cúpula sobre Desenvolvimento Social, em Copenhague, o Departamento de Estado da administração Clinton dos EUA divulgou um relatório: "Realizações da Cúpula Mundial sobre Desenvolvimento Social", enfatizando a participação da primeira-dama Hillary Clinton e do vice-presidente Al Gore. O Departamento de Estado reiterou seu apoio, previamente indiferente, citando cinco dos itens de ação:

1. O compromisso de reduzir a pobreza global no tempo mais curto possível e de erradicar a pobreza absoluta em uma data limite a ser especificada em cada país.
2. O compromisso de se obter a igualdade e a eqüidade entre homens e mulheres.
3. A necessidade de se estabelecer um arcabouço que poderia melhorar a qualidade da vida para os trabalhadores ... de salvaguardar os direitos básicos e a segurança dos trabalhadores ... de fortalecer a proibição sobre o trabalho forçado e infantil ... de apoiar a liberdade de associação, o direito de organização e de negociação coletiva e o princípio da não-discriminação.
4. A necessidade de equalizar as oportunidades de modo que as pessoas com deficiências possam contribuir para a plena participação na sociedade e se beneficiar dessa participação.
5. A importância de compromissos fundamentais feitos em conferências recentes das Nações Unidas sobre o meio ambiente (Rio de Janeiro, 1992), sobre direitos humanos (Viena, 1993), e sobre população (Cairo, 1994), endossando fortemente o papel central do desenvolvimento sustentável.[23]

A última conferência das Nações Unidas do século, sobre a cooperação Sul-Sul, foi marcada para 1997 e proporcionará um bem-vindo enriquecimento de paradigmas do desenvolvimento para além da competição global.[24]

Naturalmente, todos esses sinais de mudança de posições podem ser descartados como desvarios de uma otimista ingênua ou de uma idealista romântica. Hoje eu respondo dizendo que estudei a patologia humana durante um quarto de século — e ainda o faço. Mais tarde, decidi mapear as sociedades humanas pelo seu potencial, por sinais de bem-estar, por ações exemplares, por soluções locais, e onde e como as pessoas estavam vivendo credos pomposos e praticando o que pregavam. Nas midiacracias e nas economias da atenção, onde a violência e a degradação ainda são vendidas como "entretenimento", alguns de nós devem procurar as boas notícias.

A EXPLORAÇÃO DE OPÇÕES PARA SE DOMESTICAR O CASSINO GLOBAL

Uma plena exploração de todas as diferentes maneiras de domesticar o cassino global foi empreendida pelos membros do Comitê sobre Mercados Financeiros Globais do GCFUN, o pelo programa de pesquisas da Universidade de Yale, a cargo do professor Bruce Russett, pelo Lauter Institute da Universidade da Pennsylvania, a cargo do professor John Eikenberry, e pelo Centro para o Estudo do Governo Global, na London School of Economics, a cargo do professor Megned Desai. Ao mesmo tempo, o trabalho desbravador na Organização Internacional de Comissões de Seguros (IOSCO) e na Comissão de Comércio de Mercados Futuros (CFTC) prosseguiu. Um dos pesquisadores mais criativos no assunto da regulamentação financeira internacional é o professor Ruben Mendez (1992), historiador oficial da UNDP e professor da Universidade de Yale.

O professor Mendez propôs uma inovação social que pode funcionar em conjunção com um imposto sobre operações de câmbio ou como uma alternativa a ela, e está sendo hoje ativamente revisada.[25] Mendez propõe um centro de troca de moeda estrangeira (*foreign exchange facility* (ou FXE) que não vise lucros destinado à realização de transações de troca de moeda estrangeira.[26] A FXE seria implantada como uma empresa de utilidade pública, possivelmente franqueada por um grupo de governos e pelas Nações Unidas para oferecer uma pequena competição saudável a um pequeno grupo de bancos privados que atuam como centros monetários e que exercem atualmente um monopólio virtual das transações com moeda estrangeira (conhecido como "forex"). Especialistas em mercados baseados no computador e em sistemas de comércio acreditam que essa proposta é tecnologicamente viável e até mesmo politicamente viável — se os mercados privados continuarem sem regulamentação e sem taxação. A empresa de utilidade pública FXE poderia simplesmente oferecer preços mais baixos por transação e, uma vez que os bancos centrais e os estados soberanos ainda detêm uma medida de controle sobre as moedas que emitem, eles poderiam, se cooperassem, cortar uma boa fatia desse câmbio global. Embora sua implantação fosse dispendiosa, a FXE reembolsaria rapidamente esse dispêndio e poderia ser administrada como uma parceria com participação das Nações Unidas, do FMI e do BIS, e poderia mesmo gerar rendimentos para programas das Nações Unidas.

Imagine que você está caminhando por um aeroporto à procura de uma cabine para trocar o seu dinheiro, e encontra uma nova cabine onde uma porcentagem das comissões de câmbio não seria destinada a um banco privado, mas sim ao Fundo das Nações Unidas para as Crianças (UNICEF). Muitos viajantes poderiam apreciar a escolha. Ou então, que tal comprar títulos das Nações Unidas em vez de dispendiosos brinquedos para o seu neto? Muitos avós desfrutariam dessa opção. Um grupo de trabalho de corretores de títulos poderia dar pulos de contentamento diante da oportunidade se fossem informalmente autorizados por um grupo de alto nível de autoridades do tesouro em importantes estados-membros. Eles poderiam, em consulta privada com altos funcionários das Nações Unidas, aprovar um estudo desse novo mercado de títulos. No final das contas, se os estados-membros não gostam de pagar suas contribuições ou não querem cobrar impostos de seus eleitores, mas ainda valorizam o papel das Nações Unidas no mundo, deveriam dar boas-vindas a tais alternativas de financiamento.

O comércio mundial, como é descrito em *Transcendendo a Economia* (1991, 1995), ainda está se movendo do *hardware* para o *software*: exportações culturais, música, arte, *design*, perícia, e inovações sociais tais como a democracia. Em alguns casos, tal comércio autenticamente complementar num nível de campo de jogos global de mercados regulamentados pelos mais elevados padrões éticos e utilizando preços de custo integral, a competição poderá funcionar bem. Em outros casos, a cooperação é uma estratégia vantajosa — por exemplo, sempre que se deva utilizar indivisivelmente recursos tais como o ar, os oceanos, a Internet e os sistemas de comércio financeiro globais. Outro passo na direção certa foi o acordo, feito em 1994, entre países industrializados e em desenvolvimento para reestruturar e para partilhar do controle da Instalação para o Meio Ambiente Global, do Banco Mundial, por intermédio do seu conselho de 32 nações. No nível dos bens comuns globais, os inovadores sociais que querem levar as sociedades para além dos "sistemas de cobrança para proteção" nacionais e da guerra econômica global têm de ser mais audaciosos e ter um pensamento mais elevado e mais inteligente. As ONGs já estão fazendo campanhas para trazer a OMC, com seus regulamentos comerciais do século XIX, para as realidades dos mercados financeiros globais do século XX, onde os fluxos especulativos arrasam o comércio de mercadorias.

O imposto sobre operações de câmbio proposto por James Tobin em 1978 foi derivado dos escritos de John Maynard Keynes.[27] Com um valor originalmente sugerido de 0,5% ou 1% sobre o comércio monetário internacional (que é hoje o maior mercado do mundo, com mais de um trilhão de dólares por dia), esse imposto produziria, teoricamente, cerca de 2 trilhões de dólares anuais de renda tributária. Essa quantia é provavelmente muito maior que o rendimento real que seria produzido, uma vez que o imposto reduziria profundamente o comércio declarado, e excederia em muitas vezes os lucros daquele grupo de corretores de moeda que derivam a renda de sua ação de facilitar (e de arbitrar) as transações internacionais legítimas, principalmente o centro monetário e os grandes bancos regionais. Todo o restante do comércio de moeda (estimado em 93% do total) é um jogo de soma zero para os especuladores. Examinado de um outro ponto de vista, o imposto de 0,5% a 1% também parece irrealisticamente alto, uma vez que é muito maior do que as margens de lucro típicas entre lances de compra e venda. Para um comércio padrão (um comércio típico para bancos que atuam como centros monetários é de 5 milhões de dólares norte-americanos), um imposto de 1% produziria um montante considerável de 50.000 dólares, que reduziria drasticamente o comércio de moeda e secaria a liquidez. Os argumentos tradicionais contra esse tipo de imposto citam o problema da evasão, isto é, de operações realizadas em paraísos fiscais ou através de brechas na legislação.

Esse imposto certamente fará o que Tobin disse que faria, a saber, "atiraria areia nas engrenagens" dos mercados especulativos, desacelerando-os. A meta de Tobin era evidente: tornar os mercados de capital ordenados e previsíveis o bastante para promover o comércio internacional e os investimentos a longo prazo, que a especulação desenfreada poderia tornar caóticos a ponto de reduzir drasticamente a liquidez monetária e, por fim, atirar no caos as economias nacionais. As nações-estados, não obstante os seus temores de levar os mercados de forex para paraísos fiscais, ainda padecem de problemas criados pelos mercados internacionais de capital desde a descontinuidade generalizada das taxas de câmbio fixas e outros meios de estabilização monetária que foram tentados e que malograram ao longo dos anos.

O tempo está maduro para um imposto muito menor que o proposto por Tobin (na faixa de 0,001% a 0,003%). Este não prejudicaria o comércio de bens e de serviços reais, ou os investimentos a longo prazo — mas aumentaria rapidamente nas transações diárias a curto prazo dos especuladores. O imposto seria facilmente arrecadado, de acordo com especialistas em computação, e algumas empresas estão interessadas na tarefa de acrescentar um *chip* às telas dos computadores dos corretores internacionais. O imposto menor ainda assim renderia mais de 50 milhões de dólares por dia. Este valor pagaria sua administração, enquanto uma porcentagem seria retida pelos governos arrecadadores, com o saldo complementando os fundos de desenvolvimento e de estabilização monetária. A Comissão sobre Governo Global, muitos comissários da GCFUN e outros apoiariam esse imposto muito pequeno. Um relatório de outubro de 1995, elaborado por um grupo de economistas influentes convocados pelo UNDP, apoiou um imposto de Tobin situado entre 0,05% e 0,25%, arrecadado por governos nacionais.[28]

Um avassalador incêndio de protesto contra um imposto sobre operações de câmbio se levantou vindo de corretores, bancos centrais e ministros das finanças depois da Cúpula sobre o Desenvolvimento Social, realizada em março de 1995, em Copenhague. Mesmo que o assunto das instabilidades globais nos mercados de capital estivesse na pauta da Cúpula dos G-7 de junho de 1995, em Halifax, na Nova Scotia, o ministro das Finanças Paul Martin, o ministro do Comércio Roy McLaren e o presidente do Banco do Canadá Gordon Thiessen rejeitaram o imposto proposto pelo ministro canadense dos Recursos Humanos Lloyd Axworthy, que levantara a questão com muitos outros na Cúpula de Copenhague. Uma enxurrada de editoriais na imprensa financeira pedia a rejeição desse imposto — usando todos os argumentos convencionais: secaria a liquidez, seria impossível de ser arrecadada, seria um convite para transferir operações de forex para paraísos fiscais. O *Toronto Globe and Mail* reuniu muitos desses que votaram contra, inclusive Peter Sutherland, ex-diretor-geral da OMC, Ralph Bryant, da Brookings Institution, com sede nos EUA, e David Longworth, do Banco do Canadá. No entanto, Jose Ayala Lasso, alto comissário das Nações Unidas para os Direitos Humanos, juntou-se a Lloyd Axworthy, endossando o imposto, e certos acontecimentos, bem como protestos populares, mantiveram viva a proposta desse imposto.[29] Em abril de 1995, com o dólar ainda despencando, ministros das finanças do G-7 reuniram-se em Washington durante cinco horas — mas não conseguiram chegar a um acordo a respeito de uma ação comum para estabilizar os mercados monetários. Desse modo, a questão toda aterrissou na Cúpula do Canadá em junho.

Enquanto organizações civis reuniam-se em Halifax para dar as boas-vindas aos líderes dos G-7, com suas exigências de ação para se estabilizar e se subjugar o cassino global — inclusive impondo a taxa monetária — os países do G-7 emitiram um comunicado inusitadamente franco e um Documento de Análise: *Review of International Institutions*. Ele examinava "a necessidade de mudanças na arquitetura das instituições financeiras internacionais" — isto é, no FMI, no Grupo do Banco Mundial e nos bancos de desenvolvimento regionais. O Documento notou todas as novas condições nos mercados de capital globais integrados e os novos riscos e desafios, entre outros, para "se corrigir desequilíbrios que produzem instabilidade nos mercados financeiro e de câmbio; para se adaptar mecanismos institucionais a um mundo de capital privado grande e altamente móvel; e para se promover um desenvolvimento sustentável mais eficiente e a redução da pobreza". Ele rejeitava os impostos sobre operações de câmbio e os controles de capital, mas aceitava que "pode também haver uma necessidade de se buscar outros mecanismos que poderiam, utilmente, ser levados em consideração em situações de crise financeira", pedindo "um sistema de alerta aperfeiçoado ... para se evitar choques financeiros ... um sistema em andamento de vigilância das políticas econômicas nacionais e do desenvolvimento" pelo FMI, o qual "deveria ser mais aberto e transparente". Foi proposto um Sistema de Financiamento de Emergência" dentro do FMI com uma duplicação das somas de reserva para a estabilização da moeda (zeradas devido ao resgate da dívida mexicana). O Documento pedia o "fortalecimento da supervisão e da regulamentação do mercado financeiro" e uma nova "distribuição prévia especial de SDRs ... para se reduzir injustiças no sistema"; pedia também bancos de desenvolvimento multilateral para "um enfoque mais vigoroso na educação básica e na assistência à saúde ou no meio ambiente ... tais investimentos são não apenas economicamente sadios mas também demonstram, tipicamente, altas taxas de retorno social".[30]

Esse Documento de Análise é uma leitura indispensável para os ativistas populares globais, pois adota muitas de suas exigências. É divertido o fato de que, nos bastidores do FMI, o departamento de pesquisas tenha sido incumbido de investir com armas pesadas contra o imposto de Tobin. Um memorando confidencial sobre "Mercados de Capital Internacionais: Imposto sobre Operações para Reduzir a Velocidade dos Mercados de Câmbio", aprovado por Morris Goldstein em 13 de julho de 1995, foi enviado a mim por fax por um grupo ativista popular. No memorando, todas as objeções usuais foram expostas novamente — com base no imposto original de 0,5%, que Tobin revisara, no sentido descendente até abaixo de 0,1%, de modo a responder pelo volume atual, muito maior. O argumento segundo o qual os corretores "fugiriam da jaula" transferindo suas operações para paraísos fiscais é facilmente rebatido: se mais de 120 países podem concordar com a OMC, certamente eles podem acrescentar uma outra cláusula relativa a impostos sobre operações de câmbio. Estes seriam universais e tornariam improváveis quaisquer esforços residuais de transferência de operações para paraísos fiscais; se aparecessem alguns pequenos esforços, eles poderiam ser proscritos, como o é a lavagem de dinheiro. O memorando afirma que pouca relação tem sido mostrada entre o nível de impostos de transação (muito comuns no mercado financeiro e em outros mercados) e a volatilidade de preços de ativos (não é o ponto principal — que era o *volume* pleno das transações — e que *cairia*, como foi admitido). Em seguida, o memorando discute o oposto: isto é, o imposto menor agora proposto teria pouco efeito sobre o volume ou intimidaria um movimento especulativo sobre a moeda de um país, e, de qualquer maneira, um imposto violaria os Artigos do Acordo do FMI (um óbvio subterfúgio, pois estes podem ser alterados).

Desse modo, o FMI ainda não ouviu falar da "taxa interruptora de circuito" sugerida pelo comissário da GCFUN, T. Ross Jackson, matemático e diretor-executivo dos Fundos Monetários do GAIA, que administra fundos de cobertura e portfólios de moedas. A taxa interruptora de circuito seria análoga a uma taxa similar em Wall Street e poderia ser usada em conjunção com suspensões no comércio (comuns em todas as bolsas de valores), se uma moeda corrente sofre ataque especulativo. A proposta de Jackson é uma genuína inovação social porque oferece aos governos nacionais e aos bancos centrais uma nova ferramenta de macroadministração interna para isolar suas moedas e suas economias do ataque — sem ter de aumentar as taxas de juros e sujeitar os seus cidadãos e as suas atividades comerciais a uma recessão. O ensaio de Jackson e muitos outros citados aqui estão disponíveis junto ao Comitê sobre Mercados de Capital Globais da GCFUN.[31] Eles complementam o grupo de propostas publicadas em *Rethinking Bretton Woods*, organizado por Jo Marie Griesgraber (1994), todas elas inovadoras, imparciais e factíveis — leitura recomendada.[32] No final de 1995, o Grupo dos Vinte e Quatro (ministros das finanças de importantes países em desenvolvimento) encarregou a UNCTAD de estudar a taxação dos fluxos financeiros globais, e o veredito do influente economista Rudi Dornbusch foi um endossamento cauteloso.[33]

Outra inovação social foi proposta por Kimbert Raffer, do Fórum Kreisky, de Viena, em 1994: "O Que É Bom para os Estados Unidos Tem de Ser Bom para o Mundo: Defendendo uma Insolvência do Capítulo 9 Internacional". Raffer citou nada menos que o *The Financial Times* de Londres no contexto: "É hoje bem sabido que os países politicamente incapazes de saldar seus débitos precisam de algum tipo de procedimento de falência que garanta a todos os credores participação nas perdas."[34] Lembrando-nos da falência do Condado de Orange, discutida no Capítulo 12, podemos ver que muitas nações se defrontam com situações análogas.

De fato, as reuniões do G-7 desde a Cúpula de 1988 em Toronto tinham pedido mais cancelamentos de dívidas dos países mais pobres da região da África abaixo do Saara. A maioria dos bancos comerciais tinha cancelado esses tipos de empréstimos anos atrás — com seus acionistas recebendo a pancada. A exceção foi o Banco Mundial, que obstinadamente se recusou — citando sua carta patente — como se tais coisas não pudessem ser mudadas. Desse modo, o Banco Mundial ingressou numa rodada de punições de empréstimos mal-concebidos a tais países endividados — apenas para pagar os juros sobre esses empréstimos não-arrecadáveis. Nenhum banqueiro privado poderia agir com uma tal demência sem sofrer punição. A aplicação do Capítulo 9 da Lei de Falências norte-americana seria lógica e praticável, e forçaria o Banco Mundial a aderir às mesmas práticas de bons negócios de que ele tanto gosta de impor a todos. Espero ver tais procedimentos do Capítulo 9 iniciados como casos de teste — uma vez que eles podem proteger todos os serviços vitais para a população de um país — assim como protegeram as pessoas do Condado de Orange.

Uma nova proposta feita por Howard M. Wachtel, autor de *The Money Mandarins* (1990), pede a coordenação de políticas de taxas de juros entre os países do G-3: os Estados Unidos, a União Européia e o Japão. Essa cooperação permitiria aos países perseguir seus próprios objetivos de taxas de juros, não porém às expensas da desestabilização potencial das políticas de taxas de juros competitivas de outros países, induzidas pela correia de transmissão da taxa de câmbio.

Outra inovação bastante prática é a Blue Planet Lottery. Algumas linhas aéreas, inclusive a Swiss Air e a British Airways, estão considerando a proposta de oferecer aos passageiros bilhetes de loteria para beneficiar o meio ambiente global. Os promotores, o Blue Planet Group do Canadá, tirou essa idéia do produtor de TV Robert Duffield da BBC. O inovador Centro de Pesquisas para o Desenvolvimento Internacional do Canadá está financiando a avaliação dessa proposta por uma equipe de especialistas da Universidade McGill, em Toronto.[35]

INOVAÇÕES SOCIAIS PARA ENCORAJAR A DESMILITARIZAÇÃO, A PAZ E O DESENVOLVIMENTO SUSTENTÁVEL

As Nações Unidas poderiam ainda autorizar outra inovação social: estabelecer a nova agência pública-privada proposta nos moldes da INTELSAT. A Agência de Seguros para Segurança das Nações Unidas (UNSIA) proposta poderia fornecer uma fonte de rendimentos substanciais para a manutenção da paz e a pacificação, enquanto proporcionaria aos estados-membros mais segurança por menos dinheiro, e seria apoiada por 62% do público norte-americano.[36] Os cálculos iniciais sugerem que a UNSIA poderia eventualmente cortar em até 50% os orçamentos de defesa nacionais; fornecer novos e enormes mercados para as companhias de seguros; e permitir que os anteriores orçamentos de defesa sejam redirecionados para investimentos em saúde e em educação — hoje finalmente reconhecidos por economistas como fundamentais para o desenvolvimento. A desordem das iniciativas das Nações Unidas na Bósnia e em outros lugares é um argumento a favor, e não contra a UNSIA.

A UNSIA negociaria acordos garantindo o apoio da manutenção da paz pelas Nações Unidas a países que pagassem um prêmio anual por essa proteção. A UNSIA trabalharia estreitamente com o país que procurasse proteção, com as Nações Unidas e com o Conselho de Segurança, todos os quais deveriam aprovar um acordo para torná-lo obrigatório. Haveria acordos separados entre a UNSIA, as Nações Unidas, o Conselho de Segurança e os países que fornecem as forças para a manutenção da paz, cujos custos seriam atuarialmente cobertos pelo *pool* dos prêmios. O país que estivesse procurando proteção deveria primeiro pagar à UNSIA para investigar sua segurabilidade, avaliar seus riscos militares, determinar os prêmios requeridos e definir ameaças seguráveis à sua segurança, tais como invasões por vizinhos, o que dispararia níveis específicos de manutenção da paz ou outras intervenções pelas Nações Unidas. A UNSIA poderia exigir que o país reduzisse sua agressividade ou que fizesse cortes nos seus gastos militares antes de torná-lo segurável, ou poderia sugerir que se um adversário vizinho também obtivesse proteção das Nações Unidas, os prêmios para ambos os países seriam muito reduzidos. A UNSIA monitoraria continuamente o cumprimento da lei, contratando grupos da sociedade civil para os seus serviços profissionais de resolução de conflitos, e fazendo recomendações sobre a renovação dos contratos.

A cobertura da UNSIA seria particularmente adequada para as cerca de 40 pequenas nações que estariam evidentemente mais seguras se tivessem proteção garantida pelas Nações Unidas, e que também poderiam, desse modo, eliminar com segurança suas forças militares. Ela também poderia ser atraente para os países situados em regiões "problemáticas", e que, depois de passarem anos gastando muito mais do que podiam dispor a fim de obter, na melhor das hipóteses, uma paz apreensiva, estão quase desesperados para achar algum meio de romper o beco sem saída. A proposta da UNSIA foi bem-recebida pelo dr. Oscar Arias Sánchez como outra abordagem útil da desmilitarização e da manutenção da paz. Outros que a endossaram incluem o químico Prêmio Nobel John Polanyi, do Canadá, e a Prêmio Nobel da Paz Betty Williams, da Irlanda; bem como Kumar Rupesinge, secretário-geral do International Alert; Harlan Cleveland, autor de *Birth of a New World Order* (1993); Jonathan Dean, autor de *Ending Europe's Wars* (1994); o consultor das Nações Unidas Mahbub ul Haq; e outros. A UNSIA foi avaliada como "exeqüível" pelo Centro de Informações de Defesa com sede nos EUA, que cita sua aplicabilidade à OTAN como uma alternativa às perspectivas requeridas pelos novos membros da Europa Oriental de gastar milhões no seu aperfeiçoamento militar de modo a satisfazer os padrões da OTAN.

Outra inovação social em direção à justiça global, que propus em *Transcendendo a Economia*, é o Banco Norte-Sul de Crédito à População, que recompensaria políticas populacionais e de desenvolvimento bem-sucedidas. Utilizando o IPAT (veja a página 27) ou medidas semelhantes ao Equivalente Indiano, "créditos de desenvolvimento sustentável" seriam oportunos e poderiam ser mais tarde estendidos a países por seu menor impacto sobre os recursos globais. Propus também um Banco de Energia Global para subscrever a mudança para a energia solar, sustentável e renovável, e para a conservação — uma vez que, nessa época, o Banco Mundial estava financiando, cada vez mais, projetos não-sustentáveis de produção de energia. A construção da maciça usina ENRON a combustível fóssil, perto de Bombaim, na Índia, foi interrompida apenas em 1995, embora a ação popular local e global protestasse contra o superfaturamento e a concorrência pública sem licitação. A embaixatriz das Nações Unidas Madeleine Albright fez circular uma proposta inovadora de sua autoria: para complementar os grupos de nações existentes — o G-7, o G-10, o G-77 e outros — deveria haver um Grupo de Democracias com os melhores *rankings* de HDI. Felizmente, muitos, tanto no Norte como no Sul, podem encontrar tais novas políticas de terreno comum na década de 90 à medida que nós, seres humanos, aprendermos que a administração de nossos bens comuns globais exigirá muitas dessas negociações "ganha-ganha".

Em 1995, a Comissão das Nações Unidas sobre Desenvolvimento Sustentável acelerou os prazos para a implementação da *Agenda 21* com acordos para o Combate à Desertificação, para fortalecer o Tratado sobre o Clima, para adotar uma Convenção para a Indústria de Pesca e estabelecer um Grupo Intergovernamental de Debate sobre Florestas; a comissão também se envolveu no financiamento do desenvolvimento sustentável.[37] A *Agenda 21* é um documento global de importância única assinado na Cúpula da Terra de 1992 e no qual 172 governos se comprometeram com a implementação de um programa cooperativo e multifacetado para deslocar as sociedades humanas em direção à parceria em vista de formas de desenvolvimento mais saudáveis e sustentáveis. A fim de operacionalizar tal mudança de engrenagens, a *Agenda 21*, de maneira realista, invoca níveis sem precedentes de cooperação entre países, instituições, grupos e indivíduos.

A *Agenda 21* se ocupa com a agenda cooperativa para o desenvolvimento sustentável. Aos países em desenvolvimento, onde grande número de pessoas ainda vive na pobreza, se concede a prioridade necessária. São feitos compromissos específicos para:

- reduzir e cancelar a dívida impossível de ser paga;
- implementar a meta oficial das Nações Unidas para que os países tornem 0,7% de seu PIB disponível para a Assistência Oficial ao Desenvolvimento (ODA);
- atacar as injustiças na estrutura da economia global;
- aumentar a cooperação na implementação de tecnologias sadias para o meio ambiente, e torná-las disponíveis, em particular para os países em desenvolvimento;
- aperfeiçoar os planos de ação política nacionais; e
- assegurar que os programas de ajuste estrutural impostos pelo Banco Mundial e pelo FMI não provoquem custos sociais e ambientais adicionais e sejam aplicados imparcialmente em todos os países, desenvolvidos e em desenvolvimento.

Todos esses compromissos são, no mínimo, justos e realistas para a mudança global em direção ao desenvolvimento sustentável. Os acordos mais detalhados da *Agenda 21* são igualmente vitais:

- para a revisão dos indicadores econômicos e os sistemas de contas nacionais, de modo a se avaliar com maior precisão os danos e os custos ambientais, bem como os recursos;
- para a instituição de taxas para o usuário e outras formas de impostos verdes sobre a poluição, o esgotamento dos recursos e o lixo.

A *Agenda 21* enfoca os padrões de consumo e esboça a conclusão inevitável de que os países industrializados têm padrões de consumo subjacentes ao crescimento do seu PIB que são não-sustentáveis e injustos. Uma pesquisa de opinião entre norte-americanos, feita em 1995, constatou que 82% concordavam com o fato de que "a maioria de nós compra e consome muito mais do que precisa; é um desperdício".[38] Uma superintendência das Nações Unidas incumbida de arrecadar impostos poderia ser implantada para a manutenção da paz e o desenvolvimento sustentável, e para implementar a *Agenda 21*. Essa agência para a arrecadação de impostos foi pedida na proposta de 1980 da Comissão Brandt para se impor um imposto de 1% sobre todo o comércio de armas (representando, em 1995, cerca de 800 milhões de dólares). Como foi mencionado, 70% dos cidadãos norte-americanos já apóiam tal imposto.

Adicionalmente, a Era da Informação abriu multidões de novas oportunidades. O serviço de TV global das Nações Unidas poderia televisionar processos da Corte Mundial e tribunais sobre genocídios e conduta criminosa. A nova arma da Corte Mundial, que investiga atos criminosos cometidos por líderes, poderia ser a televisão global — assim como o desbravador programa *Human Rights and Wrongs* irradia hoje casos de repressão política, encarceramento injusto e tortura de indivíduos – com freqüência revelados pelo incansável trabalho da Anistia Internacional. Outra inovação social proposta, o Departamento de Pesquisa e Avaliação da Opinião Pública (COPORA), do Congresso dos EUA, poderia ajudar a aperfeiçoar a maquinaria de todas as democracias realizando pesquisas de opinião consistentes entre os eleitores a respeito das principais questões políticas e divulgando imediatamente os resultados para a mídia, como foi delineado no Capítulo 11.

Uma inovação social proposta cerca de 25 anos atrás por K. Helveg Peterson, o visionário ex-ministro da educação da Dinamarca, é hoje ainda mais importante. Ele propôs o estabelecimento de uma força de informação de "rápido desdobramento" autorizada pelas Nações Unidas. Um renomado grupo de editores da mídia altamente reconhecidos e de comentadores especializados vasculharia os locais de perturbações políticas existentes e potenciais do planeta. Eles relatariam para as agências relevantes das Nações Unidas e do governo a respeito de crises potenciais emergentes ou a respeito da ascensão de "líderes dementes", como ocorreu tão tragicamente na Iugoslávia. O grupo também divulgaria as informações sob a forma de colunas em jornais e relatos na TV e no rádio para a crescente "corte mundial" da opinião pública. Por exemplo, no caso da Iugoslávia, o mundo teria sabido, logo após a queda da URSS, que as velhas rivalidades poderiam ter sido exploradas por políticos inescrupulosos, a exemplo de Slobodan Milosovic, que pregava sua hedionda "limpeza étnica" em centenas de estações de rádio. De maneira semelhante, rumores difundidos por rádio incitaram algumas das atrocidades em Ruanda. O uso irresponsável da mídia pode ser contrabalançado por difusões rápidas, por rádio ou TV, e para o mundo todo, de uma averiguação e investigação dos fatos sob condições de alta qualidade.

O relatório divulgado pela Comissão Independente sobre População e Qualidade de Vida, "Rumo a um Novo Multilateralismo: O Financiamento de Prioridades Globais", contém 44 recomendações importantes e avalia as chances atuais da maioria das inovações sociais revisadas aqui e muitas mais. Cada uma delas é cuidadosamente examinada e seus méritos consideráveis são realçados. Enquanto que a presidente da comissão, Maria de Lourdes Pintasilgo, ex-primeira-ministra de Portugal, é uma cientista e uma inovadora, os autores, Dragoljub Najman e Hans d'Orville, são especialistas e diplomatas internacionais, e julgam a probabilidade de aceitação a partir de uma perspectiva de "espelho retrovisor".[39] Dessa maneira, as inovações sociais podem ser desaceleradas por idéias historicamente limitadas sobre o que é possível ou não. Com a melhor boa vontade do mundo, o fatalismo pode também levar à auto-realização. Nós, seres humanos, temos mentes muito poderosas. Os sonhos e as visões de ontem se concretizaram — para melhor ou para pior — nas estruturas em cujo âmbito existimos atualmente. Modelamos nossos edifícios e nossas instituições, e então eles nos modelam. É por isso que a visão do futuro e as inovações sociais são tão vitais. Elas devem ser estimuladas de modo a poder competir com crenças e com imagens disfuncionais e com as estruturas mal-formadas que criam.

A maior mudança revolucionária de paradigma para líderes nacionais, e para diplomatas e especialistas internacionais, seria o reenquadramento do problema da taxação internacional. Atacados por eleitores irados, a maioria dos políticos e dos administradores tem evitado obstinadamente a questão dos impostos nacionais e tem pressionado ainda mais para o corte dos impostos e do orçamento. Desse modo, eles têm sido condicionados à oposição, permanecendo surdos a quaisquer discussões sobre taxação internacional. Até mesmo a arrecadação de *taxas* pequenas e justificáveis, relativas ao uso comercial de recursos provenientes dos bens comuns, e a taxação aplicada ao abuso, ao desperdício ou à poluição desses bens comuns têm encontrado obstinada resistência. Líderes constataram o quão difícil é ver as boas notícias: por exemplo, a de que se a OMC e outros acordos internacionais fossem ampliados de modo a incluir tais impostos e multas, e se se arrecadasse esses impostos sobre as transações feitas através das fronteiras, ou se se designasse o FMI, uma agência das Nações Unidas ou outra autoridade arrecadadora, eles teriam acesso a um novo fluxo de rendimentos. Assim como as nações-estados têm transferido atividades e "*block grants*" às suas próprias províncias, metrópoles e estados, a agência internacional arrecadadora das novas taxas e multas comerciais as desembolsariam, por meio de fórmulas consensuais, como *block grants* destinados às nações-estados, ao desenvolvimento internacional, à manutenção da paz e a outros propósitos de comum acordo. Governos nacionais desembolsariam então esses *block grants* às localidades. Com a carga fiscal de gastos em defesa reduzida pela UNSIA, e com outras arrecadações, e outras atividades externas financiadas dessa maneira, os impostos internos das nações poderiam ser reduzidos, e ainda assim cobrir investimentos internos em seus próprios cidadãos e em sua infra-estrutura civil.

Reconhecerão as nações-estados a loucura do seu "dilema do prisioneiro", que impuseram a si mesmas? Farão elas a revisão dos casos em que a cooperação confere maiores vantagens que a competição? Seus conselheiros mostrarão a elas a diferença? Possivelmente, podemos estar nos afastando do mundo unipolar de hoje para um novo mundo bipolar, com os Estados Unidos fora das Nações Unidas. O espalhafato provocado em

Washington, D.C., pelos senadores Bob Dole e Jesse Helms com relação às Nações Unidas e ao seu financiamento alternativo não constitui apenas uma nova política do absurdo; a possibilidade de os Estados Unidos deixarem as Nações Unidas foi levada a sério ao redor do mundo.

Em janeiro de 1996, a União Européia, composta de quinze nações, tinha já proposto um novo sistema de contribuições às Nações Unidas, por meio do qual a parcela dos EUA diminuiria de 31% para 28,75% — uma redução de cerca de 56 milhões de dólares anuais.[40] Uma tal fórmula aumentaria as contribuições de outros países prósperos, de modo a cobrir a lacuna, inclusive o Japão, a Alemanha e alguns dos países asiáticos em rápido crescimento. A proposta da Unidade Européia incluía um qüiprocó: os membros inadimplentes (inclusive os Estados Unidos) seriam instados a pagar suas dívidas em prazo estipulado. Se não o fizessem, seriam cobradas despesas por pagamento atrasado e ficariam sujeitos a uma proibição sobre todas compras feitas pelas Nações Unidas junto às suas corporações e sobre seus cidadãos contratados pelas Nações Unidas. Em 1994, as Nações Unidas gastaram 19,5% do seu orçamento com empresas sediadas nos EUA, para um total de 737 milhões de dólares. Os países inadimplentes também ficarão sujeitos à suspensão do seu direito de voto.

Novos cenários começaram a proliferar. Em discussões recentes no Reino Unido, na Suíça, na Índia e com muitos competentes elaboradores de planos de ação política, do Norte e do Sul, está emergindo uma nova visão, a de que poderia ser uma bênção se os Estados Unidos se retirassem das Nações Unidas. Por exemplo:

- Se os Estados Unidos não estivessem presentes para vetá-lo, o Conselho de Segurança das Nações Unidas poderia ser ampliado de modo a incluir países como a Índia, o Brasil, a Alemanha, o Japão, a África do Sul e outros como membros permanentes. As contribuições das Nações Unidas poderiam ser redistribuídas de modo a cobrir os atrasos de pagamento dos EUA, o que refletiria as contribuições mais amplas e a influência dos novos membros do Conselho de Segurança. O próprio veto poderia, por fim, ser paulatinamente cancelado.
- O quartel-general das Nações Unidas poderia ser transferido para Genebra ou para uma cidade asiática amistosa, refletindo o novo e poderoso papel da Ásia na economia mundial. As instalações das Nações Unidas na Cidade de Nova York poderiam ser vendidas ou alugadas.
- Com suas finanças melhoradas, as Nações Unidas talvez não precisassem mais de novas fontes de financiamento. Ao mesmo tempo, elas seriam livres para ingressar no longo debate sobre as muitas propostas meticulosamente pesquisadas para o financiamento futuro

do desenvolvimento e de outras operações preventivas de manutenção da paz sem interferência ulterior dos Estados Unidos.

• O debate sobre a administração dos recursos que constituem a herança comum do planeta — os oceanos, a atmosfera, a Antártida, o espectro eletromagnético, as rodovias da informação e o ciberespaço financeiro — poderia continuar num clima acadêmico aberto de liberdade de expressão.

Seria isso o que os senadores Dole e Helms tinham em mente com seu projeto de lei apresentado ao Congresso dos EUA para retirar os Estados Unidos das Nações Unidas? Como diz o velho provérbio: "Tenha cuidado com o que você pedir — você poderá recebê-lo." Enquanto o pensamento dos líderes permanecer encarcerado em seu "dilema do prisioneiro" da desconfiança, eles evitarão a necessária edificação da confiança e da cooperação. À medida que eles se moverem lentamente rumo a novos paradigmas "em que todos ganhem", uma visão de todas as possibilidades da vantagem cooperativa irá ficando mais clara. Um mundo "ganha-ganha" não é fácil nem incontestável — mas é possível.

NOTAS

CAPÍTULO 1: GUERRA ECONÔMICA GLOBAL VERSUS DESENVOLVIMENTO HUMANO SUSTENTÁVEL

1. World Commission on Environment and Development, *Our Common Future* (Nova York e Londres: Oxford University Press, 1987).

2. Veja, por exemplo, Robert Kaplan, "Coming Anarchy", *Atlantic Monthly*, fevereiro de 1994.

3. Veja, por exemplo, Bart van Steenbergen, "Global Modeling in the 1990s", *Futures* 26, nº 1 (jan./fev. 1994): 44-56.

4. Gerald O. Barney com Jane Blewett e Kristen R. Barney, *Global 2000 Revisited: What Shall We Do?* (Arlington, Va.: Millennium Institute, 1993). Escreva para: Millennium Institute, 1117 North 19th Street, Suite 900, Arlington, VA 22209.

5. Para informações adicionais, contatar a United Nations University, Tokio 150, Japan; Fax: 89-03-3499-2828, ou Washington, D.C., 202-686-5179.

Nível 1

6. United Nation Population Division, *World Population Prospects: The 1992 Revision* (Nova York: United Nations, 1993), 153.

7. Veja, por exemplo, Jon Erickson, *The Human Volcano: Population Growth as Geologic Force* (Nova York: Fax on File, 1995).

8. United Nations Population Division, *Long-Range World Population Projections: Two Centuries of Population Growth, 1950-2150* (Nova York: United Nations, 1992), 14.

9. *Business Week*, 12 de junho de 1995, 28.

10. International Conference on Population and Development 94, "Investing Directly in People", *Newsletter of the International Conference on Population and Development*, nº 7 (Nova York: United Nations Population Fund, junho de 1993), 6.

11. A EarthAction é uma rede de mil grupos de cidadãos em 126 países. Endereço: Antonia Lopez de Bello, 024, Providentia, Santiago, Chile: Fax: 56-2-737-2897.

12. Sharon S. Russell e Michael S. Teitelbaum, *International Migration and International Trade* (Washington, D.C.: The World Bank, 1992), 15-17, 26-27.

13. *Business Week*, 3 de julho de 1995, 30.

14. *The Economist*, 15 de julho de 1995, 30, 18.

15. United Nations Population Division, *Urban and Rural Areas, 1950-2025* (Nova York: United Nations, 1993).

16. Carl Haub, demógrafo do Population Reference Bureau, Washington, D.C., 1993. Conforme citação em World Resources Institute, "Population and the Environment", *World Resources, 1994-95: A Guide to the Global Environment* (Nova York e Oxford: Oxford University Press, 1994).

17. United Nations Population Division, *World Urbanization Prospects, 1950-2010* (Nova York: United Nations, 1993).

18. *Human Development Report, 1995* (Nova York: United Nations Development Programme, 1995).

19. Boris G. Rozanov, Viktor Targulian e D. S. Orlov, "Soils", in *The Earth as Transformed by Human Action*, orgs., B. L. Turner, William C. Clark, Robert W. Kates, et al. (Cambridge: Cambridge University Press, 1990), 213.

20. World Resources Institute, *World Resources 1992-93* (Nova York e Oxford: Oxford University Press, 1993), 111-118.

21. *The Economist*, 25 de novembro de 1995, 41.

22. *The Green Scissors Report*, Friends of the Earth and the National Taxpayers Union, Washington, D.C., 1995.

23. Harry E. Schwarz, Jacque Emel, William J. Dickens, et al., "Water Quality and Flows", in *The Earth as Transformed by Human Action*, orgs., B. L. Turner, William C. Clark, Robert W. Kates, et al. (Cambridge: Cambridge University Press, 1990), 254.

24. *The Economist*, 10 de junho de 1995.

25. World Resources Institute, "Population and the Environment", *World Resources, 1994-95: A Guide to the Global Environment* (Nova York e Oxford: Oxford University Press, 1994).

26. Stephen S. Morse, org., *Emerging Viruses* (Nova York: New York University Press, 1993).

Nível 2

27. Andrew Vayda, "Maori Conquest in Relation to New Zealand Environment", *Journal of the Polynesian Society* 65, nº 3 (1956), 20411; e Colin Turnbull, "Plight of the Ik and Kaiadilt Is Seen as Chilling Possible End for Man", *Smithsonian Magazine*, novembro de 1972.

28. Veja, por exemplo, David Loye, *The Healing of Our World: A Science of Moral Transformation* (Carmel, Calif.: Center for Partnership Studies, no prelo); Wendell Bell, "Using Religion to Judge Preferable Futures: An Assessment", *Futures Research Quarterly* (outono de 1994); Anna Lemkow, *The Wholeness Principle*; e Riane Eisler, *Sacred Pleasure*.

29. Americans Talk Issues Foundation, Survey # 23: "Structures for Global Governance" (10 de maio de 1993); e Survey # 25 (julho de 1994). Para obter cópias de todos os levantamentos escrever para: Americans Talk Issues Foundation, 10 Carrera St., St. Augustine, Florida 32084.

30. *Directory of National Commissions on Sustainable Development*, compilado pelo Earth Council, pelo Natural Resources Defense Council e pelo World Resources Institute: Washington, D.C. (1ª edição, maio de 1994); Fax: 202-638-0036.

31. Veja, por exemplo, *Newsweek*, 10 de abril de 1995, 46; e Gregg Easterbrook, *A Moment on the Earth*.

32. Fundacion de la Paz, San Jose, Costa Rica.

33. *The Economist*, 22 de julho de 1995, 44.

34. Veja o *Human Development Index* (Nova York: United Nations Development Programme, 1990-1995).

35. *Human Development Report, 1994* (Nova York: United Nations Development Programme, 1994), 59.

36. Veja, por exemplo, Boutros Boutros-Ghali, Secretário-Geral das Nações Unidas, "Agenda for Development" (discurso às Nações Unidas, Nova York, março de 1994; disponível sob a forma de brochura editada por United Nations, New York, N.Y. 10017).

37. Veja, por exemplo, Harlan Cleveland et al., *The United Nations at Fifty*; e Commission on Global Governance, *Our Global Neighborhood*.

Nível 3

38. Thomas F. Malone, *International Networks for Addressing Issues of Global Change* (Research Triangle Park, Carolina do Norte: Sigma Xi, The Scientific Research Society, 1994).

39. Hazel Henderson, "Citizen Movements for Greater Global Equity", *International Social Science Journal* 28, nº 4 (1976), 713-788, Paris.

40. Veja, por exemplo, Ronald Inglehart, *The Silent Revolution*.

41. James Gustave Speth, "From Rio to Istanbul: UNDP and Opportunities for Partnership with Civil Society" (discurso no United Nations Development Programme, Nova York, 23 de junho de 1995).

42. *The Economist*, 22 de julho de 1995, 42.

43. Escreva para: Appropriate Technology International, 1828 L Street, N.W., Washington, D.C. 20036.

44. *The Economist*, 22 de julho de 1995, 42.

45. Veja, por exemplo, Paul Craig Roberts, Cato Institute, "Development Banks: An Idea Whose Time Has Gone", *Business Week*, 11 de julho de 1994.

46. Veja, por exemplo, *Business Week*, 29 de agosto de 1994.

Nível 4

47. *Business Week*, 7 de agosto de 1995, 84, 46-56.

48. Mikhail Sergeyevich Gorbachev, secretário-geral do Partido Comunista da União Soviética (discurso à sessão plenária da 43ª Assembléia Geral das Nações Unidas, Nova York, 8 de dezembro de 1988).

49. Americans Talk Issues Foundation, Lançamento nº 28, agosto de 1995.

Nível 5

50. Frances Cairncross, *Costing the Earth* (Boston: Harvard Business School Press, 1992). *Coming Clean* (Londres: Deloitte, Touche, Tomatsu International, 1993).

51. Essas novas enunciações de princípios são resumidas em Harlan Cleveland et al., *The United Nations at Fifty*.

52. *The Economist*, 20 de agosto de 1994, 53.

53. Emanuel Epstein, "Roots", *Scientific American* 228, nº 5 (maio de 1973): 48-56, citado in Hazel Henderson, *Creating Alternative Futures*.

54. Hazel Henderson, "The Entropy State", *Planning Review* (maio de 1974).

55. "Sun Up at Last for Solar", *Business Week*, 24 de julho de 1995, 84-85.

56. Ibid.

57. Veja Hazel Henderson, Capítulo 7 de *Transcendendo a Economia*.

Nível 6

58. Veja Hazel Henderson, "Eco-Tourism", *Futures Research Quarterly* (outono de 1994): 19-33.

59. Entre em contato com o Sustainability Resource Institute, Takoma Park, Maryland 20913; telefone: 301-588-7227.

60. Quality Indicators for Progress, preparado para a Jacksonville Chamber of Commerce pelo Jacksonville Community Council, Inc., JEA Tower, 11th Floor, 21 West Church Street, Jacksonville, Florida 32202.

Nível 7

61. Veja, por exemplo, Abraham H. Maslow, *Toward a Psychology of Being*.

62. Briefing perante o National Press Club, 12 de maio de 1993; transmitido em 13 de maio de 1993. A fita nº 35326 pode ser encomendada junto a C-Span, Viewer Services, 400 N. Capitol Street, N.W., Washington, D.C. 20001; telefone: 202-626-7963.

CAPÍTULO 2: GLOBALISMO FANÁTICO E A FALÊNCIA DA ECONOMIA

1. "Twenty-first Century Capitalism", Special Report in *Business Week*, dezembro de 1994.

2. *Human Development Report, 1994* (Nova York: United Nations Development Programme, 1994), 47.

3. "Total Debt of Heavily Indebted Poor Countries", memorando interno do FMI-Banco Mundial de 6 de fevereiro de 1995.

4. *The Economist*, 1º de abril de 1995, 59-60.

5. "Twenty-first Century Capitalism", Special Report in *Business Week*.

6. *Business Week*, 1º de maio de 1995, 57-58.

7. McKinsey Global Institute, "The Global Capital Market: Supply, Demand, Pricing and Allocation", novembro de 1994. Veja também "The World Economy" (levantamento), *The Economist*, 7 de outubro de 1995.

8. *The Economist*, 13 de maio de 1995, 71.

9. Veja, por exemplo, Harlan Cleveland et al., *The United Nations at Fifty*, segunda edição disponível junto à Global Commission to Fund the United Nations, 1511 K Street, N.W., Washington, D.C. 20005, por $ 12,95.

10. Americans Talk Issues Foundation, Lançamento nº 28 (agosto de 1995). Para obter cópias de todos os levantamentos, escreva para: Americans Talk Issues Foundation, 10 Carrera St., St. Augustine, Florida 32084.

11. Veja, por exemplo, "Electronic Money", *The Economist*, 26 de novembro de 1994, 21.

12. *Third World Resurgence*, nº 49 (setembro de 1994), 2.

13. *Human Development Report, 1995* (Nova York: United Nations Development Programme, 1995), 23.

14. *Washington Post*, 21 de julho de 1995.

15. *The Economist*, 21 de janeiro de 1995, 68.

16. *Business Week*, 10 de julho de 1995, 35.

17. "Deflating the CPI", *Business Week*, 30 de outubro de 1995, 53.

18. *The Economist*, 24 de junho de 1995.

19. Veja Hazel Henderson, "Workers and Environmentalists: The Common Cause", Capítulo 9 de *The Politics of the Solar Age*.

20. "Why This Upturn Still Has This Empty Feeling", *Business Week*, 25 de janeiro de 1993, 25.

21. Hazel Henderson, "The Entropy State", *Planning Review* (maio de 1974).

22. "Hark the OECD Angels Sing", *The Economist*, dezembro de 1992.

23. *Business Week*, 13 de maio de 1995, 26.

24. "In a Fix at the FED", *Business Week*, 26 de junho de 1995.

25. Hazel Henderson, "Dissecting the 'Declining Productivity' Flap", Capítulo 10 de *The Politics of the Solar Age*.

CONSTRUINDO UM MUNDO ONDE TODOS GANHEM / 361

26. Veja John Maynard Keynes, *The General Theory of Employment, Interest and Money*; e Robert Skidelsky, *John Maynard Keynes*.

27. Veja, por exemplo, o economista Harvey D. Wilmeth, *Milwaukee Journal*, 19 de fevereiro de 1995.

28. "Biting the Hand That Squeezed Them", *The Economist*, 21 de outubro de 1995, 48.

29. Americans Talk Issues Foundation, Survey # 21: "Global Uncertainties" (18 de maio de 1993).

30. Nandini Joshi, conversa e correspondência pessoais com a autora, setembro de 1995.

31. *Business Week*, 17 de julho de 1995, 80.

32. Veja, por exemplo, Hazel Henderson, "Economists versus Ecologists", *Harvard Business Review* (julho-agosto de 1973); *Creating Alternative Futures*; e "A Look Back: Economics As Politics in Disguise", parte 2 de *The Politics of the Solar Age*.

33. Robert Frank, Thomas Gilovich e Dennis Regan, "Does Studying Economics Inhibit Cooperation?", *Journal of Economic Perspectives* (primavera de 1993).

34. Veja "Report of the Commission on Graduate Education in Economics" e W. Lee Hansen, "The Education and Training of Economics Doctorates" (anexo estatístico), ambos in *Journal of Economic Literature* (outono de 1991).

35. *Business Week*, 14 de janeiro de 1991, 36.

36. *Newsweek*, 10 de abril de 1995, 41.

37. Richard Parker, "Can Economists Save Economics?" *The American Prospect* (primavera de 1993), 148.

CAPÍTULO 3: O ALÇAPÃO DA TECNOLOGIA

1. O material deste capítulo, com uma introdução atualizada, é a Damon Lecture, proferida por Hazel Henderson na convenção anual da American Association for Industrial Arts, Des Moines, Iowa, abril de 1976, com notas de rodapé originais.

2. *Business Week*, 8 de maio de 1995, 72; 17 de julho de 1995, 68.

3. *The Economist*, 15 de julho de 1995.

4. Thomas A. Bass, "DNA Computer: Gene Genie", *Wired*, agosto de 1995, 114.

5. *Business Week*, 14 de agosto de 1995, 80.

6. "Glitch of the Millenium", *Business Week*, 13 de novembro de 1995, 54.

7. Instituto Development Alternatives, B-32, Tara Crescent, Qutub Institutional Area, New Delhi, India 110016.

8. O Princípio da Incerteza de Heisenberg afirma que a precisão de medição é limitada em princípio, isto é, quando alguém tenta medir partículas ou fenômenos cada vez menores, o próprio ato de observação afeta o objeto ou o processo que está sendo observado. Heisenberg (1901-1976) criou a mecânica quântica, pela qual recebeu um Prêmio Nobel em 1932, e foi diretor do famoso Instituto Max Planck de Física de 1946 a 1970.

9. "Two Zoologists Find Ants Using Tools", *New York Times*, 4 de abril de 1976.

10. Eugene Odum, "The Strategy of Ecosystem Development", *Science*, 18 de abril de 1969.

11. Rev. Thomas Berry, "Future Forms of Religious Experience", Information Paper # 50, Futures Planning Council, Episcopal Diocese of California, 1976.

12. "Postal Officials Say They Miscalculated on Postal Damage", *New York Times*, 26 de março de 1976.

13. "Three Engineers Quit G. E. Reactor Division and Volunteer in Anti-Nuclear Movement", *New York Times*, 3 de fevereiro de 1976.

14. Stafford Beer (aclamado discurso proferido na Canadian Operations Research Society, Ottawa, Canadá, 1974).

15. Agora superior a 150 bilhões de dólares por ano.

16. Para um abrangente resumo, veja Peter Weber, "Net Loss: Fish, Jobs and the Marine Environment", Worldwatch Paper # 120, Washington, D.C., julho de 1994. Para dados mais atuais, Lester R. Brown, Nicholas Lenssen e Hal Kane, *Vital Signs 1995*, 32-33.

17. Edward Goldsmith, "The Family Basis of Social Structure", *The Ecologist*, janeiro de 1976.

18. James C. Fletcher, administrador da National Aeronautics and Space Administration (discurso proferido na National Academy of Engineering, Washington, D.C., 10 de novembro de 1975).

19. Hoje denominado *scanner* CAT.

20. Para comparações adicionais, veja Hazel Henderson, "Characteristics of 'Hard' v. 'Soft' Technologies", Figura 12 de *Creating Alternative Futures*, 366.

21. Gerald Holton, "Scientific Optimism and Societal Concern: Notes on the Psychology of Scientists", *Hastings Report*, Nova York, dezembro de 1975.

CAPÍTULO 4: O ALÇAPÃO DA PRODUTIVIDADE SEM EMPREGOS

1. *The Economist*, 8 de julho de 1995, 23.

2. *Business Week*, 7 de agosto de 1995, 34.

3. *The Economist*, 2 de abril de 1994, 69.

4. Paul Wallich, *Scientific American* (janeiro de 1994).

5. Comunicado do G-7, Tóquio, Japão, 1993.

6. "Fat Cats and Their Cream", *The Economist*, 22 de julho de 1995, 19.

7. "Career Opportunities", *The Economist*, 8 de julho de 1995, 59.

8. *The Economist*, 22 de julho de 1995, 74.

9. "Workers of the World Compete", *The Economist*, 2 de abril de 1994.

10. Kelso Institute for the Study of Economic Systems, San Francisco, Califórnia. O livro de Louis O. Kelso e Patricia Hetter, *Two-Factor Theory*, lançou planos denominados ESOPs (*employee stock ownership plans*) (planos de participação acionária dos empregados). Patricia Hetter Kelso, co-autora com Louis Kelso e sua companheira, continua hoje o trabalho, difundindo ESOPs na Rússia, na Europa Oriental e na China. Seu último livro juntos foi *Democracy and Economic Power*.

11. Robert Theobald, *Committed Spending*.

12. W. H. Ferry, "Caught on the Horn of Plenty", *The Bulletin* do Center for the Study of Democratic Institutions, 1962.

13. Mark Goldes, entrevista pessoal com a autora, março de 1994.

14. *The Economist*, 20 de agosto de 1994, 55.

15. Veja Hazel Henderson, "Greening the Economy", Capítulo 7 de *Transcendendo a Economia*.

16. James Robertson, "Benefits and Taxes", março de 1994, The New Economics Foundation, Londres.

17. Veja, por exemplo, Ernst U. von Weizsäcker (presidente do Wuppertal Institute) e Jochen Jesinghaus, *Ecological Tax Reform*.

18. *Business Week*, 4 de dezembro de 1995, 51.

19. Hazel Henderson, "The Entropy State", *Planning Review* (maio de 1974).

CONSTRUINDO UM MUNDO ONDE TODOS GANHEM / 363

20. "A Tilt toward the Rich", *Time*, 30 de outubro de 1995, 62.

21. Comunicado do Jobs Summit, Detroit, 1994.

22. Copenhagen Alternative Declaration, 8 de março de 1995. Disponível junto a NGO Forum '95, Njalsgade #13C, DK-2300 Copenhagen, S, Denmark; Fax: 45-32-96-8919.

23. *Business Week*, 12 de julho de 1993.

24. *Business Week*, 12 de junho de 1995.

25. *The Economist*, 15 de julho de 1995, 55.

26. Daniel C. Esty, *Greening the GATT* (Washington, D.C.: Institute for International Economics, 1994).

27. "The Feds Unfunded Mandate", *Economic Reform*, Toronto, agosto de 1995, 70.

28. *Business Week*, 17 de julho de 1995, Editorial, 104; Matéria de Capa: "The Wage Squeeze", 54-62.

29. "Suddenly the Economy Doesn't Measure Up", *Business Week*, 31 de julho de 1995, 74-75.

30. *The Economist*, 24 de junho de 1995, 68.

31. John Williamson, org., *The Political Economy of Policy Reforms* (Washington, D.C.: Institute for International Economics, 1994).

32. Veja, por exemplo, Americans Talk Issues Foundation, Survey # 17: "Perceptions of Globalization" (1991).

33. Americans Talk Issues Foundation, Survey # 28 (agosto de 1995).

34. *The Economist*, 15 de julho de 1995, 58.

CAPÍTULO 5: O GOVERNO POR MEIO DA MIDIACRACIA E A ECONOMIA DA ATENÇÃO

1. As páginas 134 a 140 deste capítulo foram extraídas de Hazel Henderson, "Access to Media: A Problem in Democracy", *Columbia Journalism Review* 8, nº 1 (primavera de 1969).

2. Jacques Cousteau, "Information Highway: Mental Pollution", *Calypso Log* (agosto de 1995): 3; The Cousteau Society, New York, N.Y. 10017.

3. *The Proceedings of the Conference on Computers in Education* está disponível no Center for Ecoliteracy, Berkeley, Califórnia, 1995.

4. "Beyond Blame: Challenging Violence in the Media" está disponível no Center for Media Literacy, 1962 South Shenandoah Street, Los Angeles, CA 90034; telefone: 1-800-226-9494.

5. Veja, por exemplo, Neil Postman, *Amusing Ourselves to Death*; Jerry Mander, *Four Arguments for the Elimination of Television*; e Nicholas Johnson, *How to Talk Back Your TV Set*.

6. Depois de ser intensamente proposta em *lobbies* pela National Association of Broadcasters e outros setores da mídia com interesses especiais, a Doutrina da Imparcialidade foi repelida durante a administração Reagan. A provisão do "tempo igual", que oferecia acesso gratuito, aos eleitores, no horário de propaganda política, passou a ser atacada pelos mesmos interesses especiais e foi repelida em 1979. Hoje, nos Estados Unidos, esquecemo-nos de que o público é o dono das telecomunicações.

7. Sou uma pequena investidora na HDN porque gosto de colocar meu dinheiro onde estão minha boca e o meu coração.

8. Veja, por exemplo, Miracles, P.O. Box 418, Santa Fe, New Mexico 87540; e, novamente, "Miracles", uma série de TV norte-americana no canal a cabo Arts and Entertainment.

364 / HAZEL HENDERSON

9. Margaret Mead, "Our Open-Ended Future", *The Next Billion Years*, Série de Conferências na Universidade da Califórnia, Los Angeles, 1973.

10. Vicki Robins, co-autora de *Your Money or Your Life*, também publicou um guia de recursos, *All-Consuming Passion: Waking Up from the American Dream*, disponível junto à New Road Map Foundation, P.O. Box 15981, Seattle, Washington 98115. Um Lifestyle Simplification Lab foi desenvolvido pelo The Institute of Cultural Affairs em Greensboro, 5911 Western Trail, Greensboro, N.C. 27410; Fax: 910-605-9640.

11. "Yearning for Balance", The Harwood Group for the Merck Family Fund, 6930 Carroll Ave., Suite 500, Takoma Park, MD 20912; julho de 1995.

12. "The World Travel and Tourism Council, Brussels", *The Economist*, 12 de agosto de 1995.

13. "The Expanding Entertainment Universe", *Business Week*, 14 de agosto de 1995, 114.

14. "One More Place You Can't Escape Ads", *Business Week*, 19 de junho de 1995, 6.

15. *Business Week*, 14 de agosto de 1995, 30-37.

16. *New York Times*, 21 de agosto de 1995.

17. "West's Wasteful Pursuit of Luxury Cited by Tiger Nations in Debate over Global Warming", *Worldpaper* (janeiro de 1996): 1; Boston, Mass.

18. "Dematerialization Now!", *Development Alternatives* 5, n⁰ 2 (dezembro de 1995): 1.

CAPÍTULO 6: GLOBALISMO POPULAR

1. Margaret Helen, Institute of Cultural Affairs, em Chicago, Illinois, me ofereceu o "efeito-bolha" como uma maneira de distinguir entre o "impraticável efeito-cascata invertido/efeito-cascata" discutido em teoria econômica e a excitação daquilo que está se levantando de maneira autêntica (como águas de nascente frescas), vindo das organizações populares.

2. A Union of International Organizations e o seu secretário-geral assistente, Anthony J. N. Judge, também editam a *Encyclopedia of World Problems and Human Potential*. A 4ª edição, publicada em 1994, está disponível junto à UIO, Rue Washington, 40, 1050 Brussels, Belgium; Fax: 32-2-649-3269. Outras fontes de informações sobre ONGs e OINGs incluem: o *World Directory of Environmental Organizations*, compilado por Thaddeus Tryzna e Roberta Childers, 4ª edição, 1992, California Institute of Public Affairs, P.O. Box 189040, Sacramento, California 95818; The International Council of Voluntary Organizations, C.P. 216, 1211 Geneva 21, Switzerland; Fax: 41-22-738-9904; e The Independent Sector, 1828 L Street, N.W., Suite 1200, Washington, D.C. 20036; Fax: 202-416-0580.

3. CIVICUS, World Alliance for Citizen Participation, *Citizens: Strengthening Global Civil Society*, 1994, sob coordenação de Miguel Darcy de Oliveira, Instituto de Ação Cultural, no Brasil; e Rajesh Tandon, Society for Participatory Research, na Índia; nos Estados Unidos: CIVICUS, 919 18th Street, N.W., 3rd Floor, Washington, D.C. 20006.

4. Samuel Huntington, "The Clash of Civilizations", *Foreign Affairs* 72, n⁰ 3 (verão de 1993).

5. Relatórios sobre desempenho corporativo estão disponíveis junto ao Council on Economic Priorities, 30 Irving Place, New York, N. Y. 10003.

6. Veja, por exemplo, Michael S. Greve e Fred L. Smith, Jr., orgs., *Environmental Politics*.

7. Veja, por exemplo, World Commission on Environment and Development, *Our Common Future*.

8. *Timeline*, julho-agosto de 1995, 2-5; contatar a Foundation for Global Community, 222 High Street, Palo Alto, California 94301.

9. *The Economist*, 22 de julho de 1994, 35.

10. *Peace Newsletter*, editado por Elise Boulding, está disponível junto a International Non-Violent Peace Teams, 624 Pearl Street, # 206, Boulder, Colorado 80302.

11. "Copenhagen Alternative Declaration", 8 de março de 1995. Disponível junto a NGO Forum '95, Njalsgade #13C, DK-2300 Copenhagen, S, Denmark; Fax: 45-32-96-8919.

12. Relatórios do U.S. Office of Technology Assessment estão disponíveis junto ao U.S. Government Printing Office, Washington, D.C. 20515.

13. Os Rocky Mountain Institute Reports estão disponíveis junto a Rocky Mountain Institute, 1739 Snowmass Creek Road, Snowmass, Colorado 81654.

14. Veja, por exemplo, Jessica Lipnack e Jeffrey Stamps, *Networking*. Atualizações estão disponíveis junto ao Networking Institute, 505 Waltham Street, West Newton, Massachusetts 02166; Fax: 617-965-2341.

15. Veja, por exemplo, *The Elmwood Quarterly* 8, nº 3, disponível junto ao Center for Eco-Literacy, 2522 San Pablo Avenue, Berkeley, California 94702.

16. Mark Dowie, "American Environmentalism", *World Policy Journal* (inverno de 1991-92): 67-92.

17. J. Perera, C. Marasinghe e L. Jayasekera, *A People's Movement Under Siege*, 1992, disponível junto a Sarvodya, 41 Lumbini Mawatha, Ratmalana, Sri Lanka ($ 10).

18. O relatório do governo sobre a economia filipina, White Paper on the Philippine Economy, 1992, está disponível junto ao Green Forum, Liberty Building, Pasay Rd., Makati, Metro, Manila, Philippines.

19. As atas dessa conferência, *Agenda 21: The Rio Declaration*, podem ser obtidas junto a United Nations, Room S-845, New York, N.Y. 10017; Fax: 212-963-4556.

20. United Nations Department of Public Information. S.G./S.M. 5416, 19 de setembro de 1994.

21. *Edges* 5, nº 1; disponível junto ao Institute of Cultural Affairs, 577 Kingston Road, Toronto, M4E 1R3 Canada; Fax: 416-691-2491 ($ 25 por ano).

CAPÍTULO 7: REPENSANDO O DESENVOLVIMENTO HUMANO E O TEMPO DE NOSSA VIDA

1. Veja Hazel Henderson, Capítulos 7 e 8 de *Transcendendo a Economia*, que contém 14 conjuntos de tais princípios. A CERES pode ser contatada junto a 711 Atlantic Ave., Boston, MA 02111.

2. Veja, por exemplo, *Earth Systems Science: A Program for Global Change* (Washington, D.C.: NASA, 1988).

3. Robert Muller, ex-secretário-geral assistente das Nações Unidas, hoje reitor da University for Peace, Escazu, Costa Rica, em conversa pessoal com a autora, em Santa Barbara, Califórnia, 4 de maio de 1994.

4. Veja, por exemplo, Americans Talk Issues Survey #17, "Perceptions of Globalization" (nov./dez. 1991). Para informações, escreva para: Americans Talk Issues Foundation, 10 Carrera St. Augustine, Florida 32084.

5. Americans Talk Issues Foundation, Survey # 25: "The United Nations at Fifty: Mandate from the American People" (verão de 1994).

6. *System of National Accounts, 1993*, publicado pelas Nações Unidas e divulgado pelo Banco Mundial em fevereiro de 1994 reflete o repensamento oficial de suas organiza-

ções patrocinadoras: o Banco Mundial, o FMI, a OECD, a Comissão Européia e a United Nations Statistical Division (Divisão de Estatística das Nações Unidas).

7. *The Economist*, 22 de julho de 1995, 17.

8. Boletim informativo do National Center for Children in Poverty 5, n° 2 (verão de 1995); disponível junto à Columbia University, 154 Haven Avenue, New York, NY 10032.

9. Worldwatch Institute, "What About Male Responsibilities?" *Worldwatch* (março/abril de 1994).

10. Riane Eisler, David Loye e Kari Norgaard, "Women, Men, and the Global Quality of Life", Center for Partnership Studies, Pacific Grove, Califórnia, 1995.

11. Transcrições dessas conversas estão sob a forma de um manuscrito ainda não-publicado, *The Power of Yin*, disponível junto aos autores.

12. Jean Houston, The Foundation for Mind Research, P.O. Box 3300, Pomona, NY 10970.

13. Veja, por exemplo, o seminário de Barbara Marx Hubbard, "New Memes for the New Millennium", proferida no Encontro Anual de 1995 da World Future Society, em Atlanta, Georgia. Fitas de áudio estão disponíveis junto à World Future Society, 7910 Woodmont Ave., Suite 450, Bethesda, MD 20814.

14. Hazel Henderson, "The Decline of Jonesism", reimpresso de *The Futurist* 8, n° 5 (outubro de 1974); disponível junto à World Future Society, Bethesda, MD 20814. Novas notas (do número 15 ao 24, abaixo) foram acrescentadas ao original.

15. Você pode escrever para Appropriate Technology International, 1828 L Street, N.W., Washington, D.C. 20036.

16. O Shanghai Branch do International Economy and Technology Institute concentra-se na revigoração das tecnologias tradicional e local. Sou professora de pesquisa sênior nesse instituto desde 1986.

17. Em 1995, foram gastos 150 bilhões de dólares.

18. Na década de 80, a administração pelo lado da demanda DSM (*demand-side management*) tornou-se uma grande indústria de consultoria em si mesma, ajudando empresas a poupar energia e dinheiro, como Amory Lovins, do Rocky Mountain Institute, e eu previmos. Amory Lovins falava de empresas de utilidade pública vendendo "negawatts" em vez de megawatts.

19. Na década de 90, revistas tais como *Ad-Busters*, no Canadá, e *Media and Values*, em Los Angeles, cresceram, juntamente com o Center for the Study of Commercialism, em Washington, D.C., e sua publicação, *Ad-Vice*.

20. Esse mesmo Jerry Mander viria a fundar o Public Media Center de San Francisco e a escrever vários livros. Veja a bibliografia.

21. "Economia de estado estacionário" foi o termo utilizado na década de 70 para o que chamei de "economia de rendimento sustentado" em *The Politics of the Solar Age*. O desenvolvimento sustentável foi o termo amplamente adotado depois que meu colega Lester Brown, do Worldwatch Institute, o promoveu, como o fez o Brundtland Report de 1987, "Our Common Future".

22. Esse processo de descentralização está em andamento desde o final da década de 70 e culminou em muitas das atuais devoluções e atividades financeiras em rede.

23. Uma enxurrada de livros sobre esse assunto apareceu na década de 80, por exemplo: Ken Wilber, *Up from Eden*; William Irwin Thompson, *The Time Falling Bodies Take to Light*; Linda E. Olds, *Fully Human*; Eva Keuls, *Reign of the Phallus*; Mary Daly, *Pure Lust*.

24. Veja, por exemplo, Juliet B. Schor, *The Overworked American*; e Mario Cogoy, "Market and Non-Market Determinants of Private Consumption and Their Impacts on the Environment", *Ecological Economics* 13, n° 3 (junho de 1995).

CONSTRUINDO UM MUNDO ONDE TODOS GANHEM / 367

CAPÍTULO 8: CÓDIGOS DE ADN CULTURAL E BIODIVERSIDADE: A VERDADEIRA RIQUEZA DAS NAÇÕES

1. Dirk J. Struik, "Everybody Counts", *Technology Review* (agosto-setembro de 1995): 36-44.

2. *Human Development Report, 1994* (Nova York: United Nations Development Programme, 1994), 47.

3. W. Wayt Gibbs, "Lost Science of the Third World", *Scientific American* (agosto de 1995): 92-99.

4. UNESCO, *Mexico City Declaration on Cultural Policies* (Paris: UNESCO, 1982).

5. D. Paul Shafer, "Cultures and Economies", *Futures* 26, nº 8 (outubro de 1994).

6. *Akwesasne Notes*, Mohawk Nation Territory, P.O. Box 196, Rooseveltown, NY 13683-0196; telefone: 518-358-9531. *Daybreak*, Chief Oren Lyons, editor, P.O. Box 315, Williamsville, NY 14231-0315; telefone: 716-829-2249.

7. Henry S. Kariel, "Letters to the Editor: Comment on Ziauddin Sardar", *Futures* 25, nº 8 (outubro de 1993).

8. *Futures* 27, nº 4 (maio de 1995).

9. *World Futures Studies Federation Newsletter* (verão de 1995), Melbourne, Austrália.

10. Center for Public Integrity, 1910 K Street, N.W., #802, Washington, D.C. 20006; telefone: 202-223-0299. Common Cause, 2030 M Street, N.W., Washington, D.C. 20036; telefone: 202-736-5741. Public Citizen, 2000 P Street, Suite 200, Washington, D.C. 20036; telefone: 202-833-3000.

11. Wouter van Dieren, em conversa com a autora, em 31 de maio de 1995, a caminho do Parliament of Europe Conference e a respeito do lançamento de *Taking Nature into Account*, org. Wouter van Dieren. (Nota: Como um dos autores, fui identificada erroneamente. Isto será corrigido em edições futuras.)

12. Americans Talk Issues Foundation, Survey # 21 (18 de maio de 1993).

13. Thierry Verhelst, org. *Cultures and Development* (junho de 1995): 11; Bruxelas, Bélgica.

14. *The Economist*, 8 de julho de 1995, 100.

15. Rebecca Adamson, "Indigenous Economics and First Nations", artigo para o First Nations Development Institute, Fredericksburg, Virginia (s.d.).

16. Instituto Development Alternatives, B-32, Tara Crescent, Qutub Institutional Area, New Delhi, India 110016.

17. Extraído do relatório sobre o diálogo de três dias a respeito de cultura e desenvolvimento patrocinado pela Kapur Surya Foundation, Bijwasan Najafgarh Road, P.O. Kapas Hera, New Delhi, India 110037; Fax: 91-11-3316331.

18. Veja Hazel Henderson, Capítulos 10, 11 e 12, in *The Politics of the Solar Age*.

19. As atas do Simpósio das Nações Unidas sobre "The Science and Practice of Complexity" (1985) estão disponíveis junto à United Nations University, Tóquio, Japão.

20. "From Complexity to Perplexity", *Scientific American* (junho de 1993): 104.

21. Hazel Henderson, "The Three Zones of Transition: A Guide to Riding the Tiger of Change", *Futures Research Quarterly* 2, nº 1 (primavera de 1986).

22. Jean Houston, *The Possible Human* e *Life Force*. Pelo menos uma dúzia de títulos impressos proporciona às pessoas múltiplas possibilidades para abordarem a busca do futuro a partir da perspectiva do entendimento atual que elas têm de sua própria codificação.

23. João Caraça e Manuel Maria Carrilho, "A New Paradigm in the Organization of Knowledge", *Futures* 26, nº 7.

CAPÍTULO 9: A INFORMAÇÃO: A VERDADEIRA MOEDA CORRENTE DO MUNDO NÃO ESTÁ ESCASSA

Uma versão do Capítulo 9 apareceu em *World Business Academy Perspectives*, em setembro de 1994, e está disponível junto a Berrett-Koehler Publishers, San Francisco, Califórnia.

1. *The Economist*, 9 de setembro de 1995, 107.

2. Hazel Henderson, "Social Innovation and Citizen Movements", *Futures* 25, nº 3 (abril de 1993): 322.

3. "The Software Revolution", *Business Week*, 4 de dezembro de 1995, 78.

4. John Heielmann, "President 2000", *Wired*, dezembro de 1995, 153.

5. "A New Stock Market Arises on the Internet", *Scientific American* (julho de 1995): 31.

6. "Patrolling the Black Holes of Cyberspace", *Business Week*, 12 de junho de 1995, 78.

7. U.S. Office of Technology Assessment, "Updates on Information, Security and Privacy in Network Environments" (junho de 1995).

8. *The Economist*, 26 de março de 1994.

9. "On-Line Investing", *Business Week*, 5 de junho de 1995, 64; e "The Future of Money", 12 de junho de 1995, 66.

10. "Call the Supernet", *Business Week*, 8 de maio de 1995, 93.

11. Hazel Henderson, "Emerging Change Models", Capítulo 3 de *Transcendendo a Economia*.

12. Hazel Henderson, *The Politics of the Solar Age*, 161-62.

13. "Bill Gates and the Open Road", *The Economist*, 3 de junho de 1995, 30.

14. "Thoroughly Modern Monopoly", *The Economist*, 8 de julho de 1995, 76.

15. "Law and Order in Cyberspace?" *Business Week*, 4 de dezembro de 1995, 44.

16. *The Economist*, 21 de outubro de 1995, 33.

17. "Small Businesses Cashing in on Bartering", *Washington Post*, 7 de julho de 1995.

18. Meus editoriais sobre esse assunto para o InterPress Service Rome foram publicados em 400 jornais em 27 línguas na Ásia, na Europa, na América Latina e na África – mas não o foram nos Estados Unidos.

19. *The Economist*, 8 de julho de 1995, 73.

20. *Business Week*, 15 de maio 1995, 46.

21. Veja, por exemplo, William Greider, *The Secrets of the Temple*, e Steven Solomon, *The Confidence Game*.

22. Esses dados sobre trabalho não-remunerado nos Estados Unidos são rastreados pelo Independent Sector, Washington, D.C.

23. Hazel Henderson, "A Farewell to the Corporate State", Capítulo 10 de *Creating Alternative Futures*.

24. *At Work* 2, nº 6 (novembro-dezembro de 1993).

25. Veja, por exemplo, Lewis Hyde, *The Gift*; Vandana Shiva, *Staying Alive*; Marshall Sahlins, *Stone Age Economics*; e Karl Polanyi, *The Great Transformation*.

26. Propaganda de página inteira em *The Economist*, 30 de abril de 1994, 20.

27. Hank Monrobey dirige a Dynamic Capital Network, uma Bolsa da Internet onde as taxas iniciais dos membros da rede tornam-se um *"pool* de capital do usuário" para as necessidades de investimento e de empréstimo dos próprios membros – análogo aos *pools* comunitários de poupança e de empréstimos utilizados em muitos países em desenvolvimento. Pode-se ter acesso à Dynamic Capital Network no endereço P.O. Box 15656, Ann Arbor, MI 48106.

28. Pode-se ter acesso ao LETS LINK em 61 Woodcock Road, Warminster, Wiltshire,

BA12 9DH, UK. Notícias do LETS e de outros clubes de comércio de troca são cobertas por *New Economics*, The New Economics Foundation, First Floor, Vine Court, 112-116 Whitechapel Road, London, E 1 1JES, UK.

29. Informações são disponíveis junto ao National Cooperative Bank e à Coop America, ambos de Washington, D.C.

30. Veja, por exemplo, Edgar Cahn, Ph.D., J.D. e Jonathan Rowe, *Time Dollars*.

31. As cartas foram impressas no número de junho/julho de 1994 de *Ithaca Money*.

32. Nandini Joshi descreve essa solução simples em *Development without Destruction*. Conselhos adicionais eminentemente práticos estão contidos em *Money and Debt*, por Thomas H. Greco, Jr.; *Only Connect*, por Sabine Kurjo e Ian McNeill; e *The Money Rebellion*, por Andrew Von Sonn.

33. Muitos outros sistemas de intercâmbio locais, inclusive aqueles inspirados por Robert Swann, Susan Witt e Terrence Mollner, e muitos outros, associados com organizações tais como o Community Land Trust e a Schumacher Society, são discutidos no Capítulo 5 de *Transcendendo a Economia*, por Hazel Henderson.

CAPÍTULO 10: A REDEFINIÇÃO DE RIQUEZA E DE PROGRESSO: OS NOVOS INDICADORES

1. Perguntas feitas à autora na National Conference for New Corporate Values, Hilton Head, Carolina do Norte, 7 de fevereiro de 1995.

2. "Fewer Bangs More Bucks", *The Economist*, 15 de julho de 1995, 60.

3. Americans Talk Issues Foundation, Survey # 24: "Steps for Democracy" (março de 1994).

4. *Business Week*, 22 de maio de 1995, 43.

5. "The Shakeup in Economic Statistics", *Business Week*, 31 de julho de 1995, 98.

6. "Bean Counters Unite", *The Economist*, 10 de junho de 1995, 67.

7. *USA Today*, 10 de agosto de 1995.

8. "Putting a Value on People", *The Economist*, 24 de junho de 1995, 69.

9. *Business Week*, abril de 1994.

10. David Birch, *Cognetics*, Cambridge, Massachusetts.

11. *The Economist*, 21 de outubro de 1995, 32.

12. *Handbook of National Accounting, 1993* (Nova York: UN Statistical Division, 1994).

13. Emile van Lennep, conversa com a autora, Londres, abril de 1991.

14. Hirofumi Uzawa, citado em Hazel Henderson, *Creating Alternative Futures*, 52.

15. John C. O'Connor, "Towards Environmentally Sustainable Development: Measuring Progress". Artigo apresentado na 19ª Sessão da Assembléia Geral da IUCN (World Conservation Union) (União para a Conservação do Mundo), Buenos Aires, Argentina, janeiro de 1994.

16. *The Economist*, 15 de abril de 1995, 74.

17. *The Economist*, 25 de março de 1995, 86.

18. "Integrated Economic and Environmental Satellite Accounts", *Survey of Current Business*, U.S. Department of Commerce, abril de 1994.

19. Dr. Carol S. Carson, comunicação pessoal com a autora, maio de 1994. Também citado in Hazel Henderson, "Feeding on the Numbers", *WorldPaper* (janeiro de 1994).

20. Veja Hazel Henderson, Capítulos 4 e 6 de *Transcendendo a Economia*; e Marilyn Waring, *If Women Counted*.

21. Veja, por exemplo, South Commission, *Challenge to the South*.

22. *Business Week*, 22 de maio de 1995, 44.

23. *The Economist*, 8 de fevereiro de 1992, 66.

24. *Redefining Wealth and Progress: The Caracas Report on Alternative Development Indicators* (Nova York: Bootstrap Press, 1990).

25. Os indicadores "Healthy Cities" estão disponíveis na Internet em THF@Healthonline.com, oferecidos pelo Healthcare Forum, com sede em San Francisco.

26. *The Economist*, 7 de janeiro de 1994.

27. *The Independent* (Londres), 7 de julho de 1995.

28. The Council on Economic Priorities, 30 Irving Place, New York, NY.

29. *Coming Clean: Corporate Environmental Reporting* foi publicado em 1993, por Deloitte, Touche, Tomatsu International, e distribuído pelo International Institute for Sustainable Development, Londres. Rob Gray e Richard Laughlin, orgs., "Green Accounting", *Accounting, Auditing and Accountability Journal* 4, nº 3 (Bradford, RU: MCB Press, 1991).

30. *The Economist*, 4 de março de 1995, 81.

31. Fita de vídeo da cobertura nacional pela C-Span da *press briefing* para o National Press Club, co-patrocinado pela New Directions for News da Escola de Jornalismo da Universidade de Missouri. A fita de vídeo está disponível junto a Public Affairs Archives, Purdue University, 1000 Liberal Arts and Education Bldg., West Lafayette, Indiana 47907-1000.

32. William M. Alexander, "The Sustainable Development Process: Kerala", *International Journal of Sustainable Development* (maio de 1992).

33. Veja, por exemplo, o volume de 1992, *Ecological Economics*, editado por Robert Costanza da Universidade de Maryland (Nova York: Elsevier Press).

34. Frances Cairncross, *Costing the Earth* (Boston: Harvard Business School Press, 1992); e *Green, Inc.: A Guide to Business and the Environment 1995* (Washington, D.C.: Island Press, 1995).

35. "Sixth Graders Buy Smog", *Business Ethics* (julho-agosto de 1995): 14.

36. *New York Times*, 1º de junho de 1995.

37. Graciela Chichilnisky, "Global Environmental Markets: The Case for an International Bank for Environmental Settlements", apresentado no Banco Mundial, em 4 de outubro de 1995.

38. Discussões pessoais da autora com autoridades da Costa Rica, San José, Costa Rica, julho de 1995.

39. *Development Alternatives* é publicado pelo instituto sem fins lucrativos Development Alternatives, B-32, Tara Crescent, Qutub Institutional Area, New Delhi, India 110016. Assinatura: US$ 50 por ano ou US$ 25 para organizações da sociedade civil.

40. Domini Clean Yield Index, Kinder, Lydenberg, Domini and Co., Cambridge, Mass. (um índice de desempenho que cobre 400 empresas progressistas).

41. O Social Investment Forum, localizado em Boston, Massachusetts, nos Estados Unidos, e em Londres, no Reino Unido, oferece diretórios de tais fundos, associações comerciais, administradores de portfólio e consultores de investimentos, e pode ser contatado pelo P.O. Box 2234, Boston, MA 02107; telefone: 617-451-3369. E também Business for Social Responsibility pode ser contatado em 1683 Folsom Street, San Francisco, CA 94103; telefone: 415-865-2500.

CAPÍTULO 11: O APERFEIÇOAMENTO DAS FERRAMENTAS DEMOCRÁTICAS

1. *The Economist*, 20 de maio de 1995, 55.

2. Alberto Alesini e Enrico Spolaore, "The Number and Size of Nations", Working Paper # 5050, National Bureau of Economic Research, Cambridge, Massachusetts, 1995.

3. "The Orwellian State of Sudan", *The Economist*, 24 de junho de 1995, 21.

4. "Can Anyone Fix This Country?" *Business Week*, 8 de maio de 1995, 56.

5. Jacques Attali, *Verbatim II, 1986-1988* (Paris: Fayard, 1995).

6. Warren G. Bennis e Philip E. Slater, "Democracy Is Inevitable", *Harvard Business Review* (abril de 1964).

7. Hazel Henderson, "Computers: Hardware of Democracy", *forum 70* 2, nº 2 (fevereiro de 1970). *forum 70* foi uma das primeiras revistas sobre computadores; estava sediada em Nova York e não é mais editada.

8. Veja, por exemplo, *Business Week*, "Populism: A Diverse Movement Is Shaking America and May Imperil Its Role in the Global Economy", 13 de março de 1995, 73; e "Who Speaks for America?", 8 de maio de 1995, 90.

9. "Green Swingers", *The Economist*, 20 de maio de 1995, 49.

10. *The Economist*, 15 de julho de 1995, 41.

11. Americans Talk Issues Foundation, *"Interviews with the Public Guide Us ... on the Road to Consensus"* (abril de 1994). Para obter cópias de todos os levantamentos, escreva para Americans Talk Issues Foundation, 10 Carrera St., St. Augustine, Florida 32084.

12. Alan F. Kay, "Revealed in ATIF Survey # 28: Important Stories Leaders Won't Mention and the Press Ignores". Artigo não-publicado, Americans Talk Issues Foundation, Washington, D.C., 12 de setembro de 1995, 6.

13. Conduzido pelo Survey Research Center, School of Social Sciences and Public Affairs, Boise State University, 1990. Patrocinado pela, e disponível junto à, Idaho Centennial Commission, 217 West State Street, Boise, Idaho 83702.

14. Ross Perot, *United We Stand* (Nova York: Hyperion, 1992), 2-4.

15. Hazel Henderson, "Toward Managing Social Conflict", *Harvard Business Review* (maio-junho de 1971).

16. "If You're So Smart, You Cut the Deficit", *Business Week*, 19 de junho de 1995, 6.

17. "Democracy and Technology", *The Economist*, 17 de junho de 1995, 22.

18. Ibid.

19. Veja, por exemplo, "Full-Flavored, Unfiltered State House Shenanigans", *Business Week*, 22 de maio de 1995.

20. Samuel Dunn, "The Challenge of the '90s in Higher Education", *Futures Research Quarterly* (outono de 1994): 35-55.

21. Henderson, "Computers: Hardware of Democracy".

22. "Cities: Many Splendored Things", seção especial de *The Economist*, 29 de julho de 1995.

23. "The Papers That Ate America", *The Economist*, 10 de outubro de 1992, 21.

24. Joseph Tainter, "Sustainability of Complex Societies", *Futures* 27, nº 4 (maio de 1995).

25. "NAFTA's Bubble Bursts", *New York Times*, 11 de setembro de 1995, A11.

26. *Business Week*, 29 de maio de 1995, 26; e 14 de agosto de 1995.

CAPÍTULO 12: NOVOS MERCADOS E NOVOS BENS COMUNS: A VANTAGEM COOPERATIVA

1. "A World of Greased Palms: Inside the Dirty War for Global Business", *Business Week*, 6 de novembro de 1995, 36.

2. Veja, por exemplo, *The Economist*, 8 de outubro de 1994, 85-86; e Jeffrey Sachs, "Beyond Bretton Woods", *The Economist*, 1º de outubro de 1994, 23-27.

3. *Business Week*, 21 de agosto de 1995, 42.

4. Sachs, "Beyond Bretton Woods".

5. *New York Times*, 22 de novembro de 1993.

6. *The Economist*, 5 de agosto de 1995, 72.

7. *The Economist*, 1º de outubro de 1994, 96.

8. Gary S. Becker, "Forget Monetary Union", *Business Week*, 13 de novembro de 1995, 34.

9. "Are Regulations Bleeding the Economy?", *Business Week*, 17 de julho de 1995.

10. Michael Porter e Claes van der Linde, "Green and Competitive", *Harvard Business Review* (setembro-outubro de 1995): 120.

11. "Voodoo Regulation", *Business Week*, 13 de março de 1995.

12. "Guess Who's Gunning for the SEC", *Business Week*, 14 de agosto de 1995, 40-41.

13. Martin Feldstein, "Too Little, Not Too Much", *The Economist*, 24 de junho de 1995, 72-73.

14. *The Economist*, 10 de junho de 1995, 70.

15. "Orange County's Artful Dodger", *New York Times*, 4 de agosto de 1995.

16. "What If Uncle Sam Defaults?" *Business Week*, 13 de novembro de 1995, 44.

17. "The Big Sleaze in MUNI Bonds", *Fortune*, 7 de agosto de 1995, 113-120.

18. *Business Week*, 14 de agosto de 1995, 52.

19. Garrett Hardin, "The Tragedy of the Commons", *Science* 13 (dezembro de 1968): 1243.

20. Veja, por exemplo, Frederico Aguilera-Klink, "Some Notes on the Misuse of Classical Writings in Economics on the Subject of Common Property", *Ecological Economics* (abril de 1994): 221-228.

21. Hazel Henderson, "From Economism to Earth Ethics and Systems Theory", Capítulo 3 de *Transcendendo a Economia*.

22. Richard N. Cooper, Stephany Griffith-Jones, Peter B. Kenen, John Williamson, et al., *The Pursuit of Reform*, Jan Joost Teunissen (Haia: Forum on Debt and Development [FONDAD], novembro de 1993); Fax: 31-70-346-3939.

23. Brett D. Fromson, "Regulators Adopt Crisis Measures", *The Washington Post*, 18 de maio de 1995.

24. Hazel Henderson, "Riding the Tiger of Change", *Futures Research Quarterly* (1986).

25. Veja também Hazel Henderson, "Beyond GNP", Capítulo 5 de *Transcendendo a Economia*.

26. *Human Development Report, 1994* (Nova York: United Nations Development Programme, 1994), 70.

27. James Tobin, "On the Efficiency of the Financial System", *Lloyds Bank Review* (julho de 1984) é uma atualização de sua proposta de 1978.

28. V. Summers e L. Summers, "When Financial Markets Work Too Well: A Cautious Case for a Financial Transactions Tax", *Journal of Financial Services*, nº 3 (1989).

29. Rudi Dornbusch, "Cross-Border Payments, Taxes and Alternative Capital Account Regimes", esboço de relatório não-publicado para o Grupo dos 24, setembro de 1995.

30. Americans Talk Issues Foundation, Survey # 17: "Perceptions of Globalization" (março de 1992); Alan F. Kay e Hazel Henderson com Fred Steeper e Stanley Greenberg, patrocinado por Greenberg-Lake, Inc., e Market Strategies. Disponível junto a Americans Talk Issues Foundation, 10 Carrera St., St. Augustine, FL 32084; Fax: 904-826-4194.

CAPÍTULO 13: O ACORDO QUANTO ÀS REGRAS E INOVAÇÕES SOCIAIS PARA O NOSSO FUTURO COMUM

1. Economists Allied for Arms Reduction (ECAAR), 25 West 45th Street, New York, NY 10036. A ECAAR publica o periódico *Peace Economics, Peace Science and Public Policy*.

2. O melhor relato sobre tudo isso vem do diplomata Giandominico Picco in "The UN and the Use of Force", *Foreign Affairs* (setembro/outubro de 1994).

3. Americans Talk Issues Foundation, Survey # 28, agosto de 1995.

4. Alan F. Kay e Hazel Henderson, "Financing UN Functions in the Post-Cold-War Era: A Proposal for a United Nations Security Insurance Agency", *Futures* 27, nº 1 (janeiro/fevereiro de 1995): 3-10.

5. "What the World Wants and How to Pay for It", Figura 8-39 in *Transcendendo a Economia*, 230; originalmente criada por The World Game, fundado por Buckminster Fuller na Philadelphia, Pennsylvania.

6. *Bulletin* do United Nations Department of Peacekeeping Operations, Nova York, fevereiro de 1994.

7. Veja, por exemplo, *The United Nations in Its Second Half-Century* (Nova York: The Ford Foundation, 1995); e o Report of the American Assembly de 1995, Universidade de Columbia, Nova York, N.Y.

8. Americans Talk Issues Foundation, Survey # 25, 25 de julho de 1994.

9. *Parliamentarians for Global Action*, Relatório Anual, 1994; 211 E. 43rd St., Suite 1604, New York, NY 10017.

10. As atas do Parlamento Europeu estão disponíveis junto a Kairios Europa, 3 Avenue du Parc Royal, 1020 Brussels, Belgium.

11. *Update on Trade-Related Issues* está disponível junto a International Coalition for Development Action, rue Stevin # 115, B-1040 Brussels, Belgium.

12. Christian Azar e John Holmberg, "Defining the Generational Environmental Debt", *Ecological Economics* 14, nº 1 (julho de 1995).

13. Brian Bacon, "The WBA and the ILO: Partners in Social Development", *World Business Academy Perspectives* 9, nº 2 (1995).

14. "Money Matters: Financing Social Development in the Twenty-First Century", um World Times White Paper publicado por *WorldPaper* (verão de 1995); 210 World Trade Center, Boston, MA.

15. *The Economist*, 8 de abril de 1995, 57.

16. Para mais informações, consulte a revista *Business Ethics*, Minneapolis, Minesotta, ou entre em contato com o Ethics Resource Center, Washington, D.C.

17. "Money Matters", *WorldPaper*.

18. *Wall Street Journal*, 3 de julho de 1995.

19. Mohan Munasinge, "Economywide Policies and the Environment", World Bank, 1818 H Street, N.W., Washington, D.C. 20433.

20. Veja, por exemplo, Morris Miller, *Coping Is Not Enough* e *Debt and Environment*.

21. "A Stunning Debut", *USA Today*, 10 de agosto de 1995.

22. Para informações a respeito da Sokka Gakkai, entre em contato com o Boston Research Center for the Twenty-First Century, 396 Harvard Street, Cambridge, MA 02138.

23. Departmento de Estado dos EUA, Bureau of Public Affairs, Washington, D.C., 24 de março de 1995.

24. *South Letter* (verão de 1995): 2; South Centre, South Commission, Case Postale 228, 1211 Geneva 19, Switzerland.

25. Hazel Henderson e Alan F. Kay, "Introducing Competition into Global Financial Markets", in *Futures* (Londres: Elsevier Scientific Ltd., maio de 1996).

26. Ruben Mendez, "A Proposal for a Foreign Exchange Facility: Harnessing the Global Currency Markets for the Global Common Good", relatório para a UN Social Summit, março de 1995, UNDP, Nova York.

27. David Felix, "The Tobin Tax Proposal: Background, Issues and Prospects", artigo político encomendado pelo UNDP para a World Summit on Social Development, Copenhague, março de 1995. Publicado pela Division of Public Affairs, UNDP, Nova York.

28. UNDP Office of Development Studies, "New and Innovative Financing for Development Cooperation", 10 de outubro de 1995; 1 UN Plaza, New York, NY 10017.

29. "McLaren Rejects Tobin Tax", *Toronto Globe and Mail*, 4 de abril de 1995.

30. International Monetary Fund, G-7 Canada Summit Background Document: *Review of International Institutions* (junho de 1995): 2, 6.

31. GCFUN, 1511 K Street N.W., Washington, D.C. 20005.

32. *Rethinking Bretton Woods* pode ser encomendado junto ao Center of Concern, 3700 13th Street, N.E., Washington, D.C. 20017.

33. Rudi Dornbusch, "Studies on International and Monetary Issues for the Group of Twenty-Four: Cross-Border Payments, Taxes and Alternative Capital Account Regimes", UNCTAD, Genebra, setembro de 1995 (esboço não-publicado).

34. *The Financial Times* (Londres), 30 de julho de 1992.

35. "Using a Global Lottery to Protect the Earth", *Toronto Globe and Mail*, 30 de março de 1995.

36. Alan F. Kay e Hazel Henderson, *UNSIA Progress Report – From Concept to Organization and Test Cases* (agosto de 1995) e *The Flexibility of UNSIA* (30 de dezembro de 1995); disponível junto a Global Commission to Fund the United Nations, 1511 K Street, N.W., Suite 1120, Washington, D.C. 20005.

37. UN Department of Public Information, Nova York, julho de 1995.

38. The Harwood Group for the Merck Family Fund, 6930 Carroll Ave., Suite 500, Takoma Park, MD 20912.

39. Dragoljub Najman e Hans d'Orville, "Towards a New Multilateralism: Funding Global Priorities"; disponível junto à Independent Commission on Population and Quality of Life, 1255 Fifth Avenue, 7K, New York, NY 10029.

40. *Washington Post*, 25 de janeiro de 1996.

GLOSSÁRIO DE ACRÔNIMOS

ADN   Ácido desoxirribonucléico – nos núcleos das células, a base molecular da hereditariedade de muitos organismos (principal componente dos cromossomos, responsáveis pela transmissão das informações genéticas)

APC   *Association for Progressive Communications* (Associação para Comunicações Progressistas)

APEC   *Asia Pacific Economic Cooperation* (Cooperação Econômica do Pacífico Asiático)

ATIF   *Americans Talk Issues Foundation* (Fundação de Pesquisa da Opinião Pública Norte-Americana)

BBC   *British Broadcasting Corporation* (Corporação Britânica de Radiodifusão)

BEA   *Bureau of Economic Analysis* (Bureau de Análise Econômica)

BIS   *Bank for International Settlements* (Banco de Acordos Internacionais)

BUSCO   *Business Council for the Social Summit* (Conselho Comercial para a Cúpula Social)

CAFE   *Corporate Automobile Fuel Efficiency* (Eficiência de Combustíveis das Grandes Empresas Automobilísticas)

CAPM   *Capital Asset Pricing Model* (Modelo de Avaliação de Ativos)

CBOT   *Chicago Board of Trade* (Conselho de Comércio de Chicago)

CEDS   *Community Economic Development Scrip* (Certificados para o Desenvolvimento Econômico da Comunidade)

CEN   *Currency Exchange Network* (Rede de Troca de Moedas)

CEO   *Chief Executive Officer* (Diretor-Executivo)

CERES   *Coalition for Environmentally Responsible Economies* (Coalizão para Economias Ambientalmente Responsáveis)

CFCs   Clorofluorcarbonos

CFI   *Country Futures Indicators* (Indicadores de Futuros dos Países)

CFTC   *Commodity Futures Trading Commission* (Comissão de Comércio de Futuros)

CIS   *Commonwealth of Independent States* (Comunidade de Estados Independentes)

CO_2   Dióxido de carbono

COPORA   *(United States) Congressional Office of Public Opinion Research and Assessment* (Departamento do Congresso [dos Estados Unidos] de Pesquisa e de Avaliação de Opinião Pública)

CPI	*Consumer Price Index* (Índice de Preços ao Consumidor)
CSO	*Civil Society Organization* (Organização de Sociedade Civil)
DSM	*Demand-Side Management* (Administração pelo Lado da Demanda)
ECAAR	*Economists Allied for Arms Reduction* (Aliança dos Economistas Aliados para a Redução dos Armamentos)
ECOSOC	*(United States) Economic and Social Council* (Conselho Econômico e Social [dos Estados Unidos])
EDP	*Environmentally Adjusted Net Domestic Product* (Produto Interno Líquido Ajustado Ambientalmente)
EFTS	*Electronic Funds Transfer System* (Sistema de Transferência Eletrônica de Fundos)
EITC	*Earned Income Tax Credit* (Dedução do Imposto de Renda Auferido)
EMS	*European Monetary System* (Sistema Monetário Europeu)
EMU	*European Monetary Union* (União Monetária Européia)
ENI	*Environmentally Adjusted National Income* (Renda Nacional Ajustada Ambientalmente)
ERM	*Exchange Rate Mechanism* (Mecanismo de Taxa de Câmbio)
ESI	*Electronic Share Information, Ltd.* (Partilha Eletrônica de Informações, Ltd.)
ESOP	*Employee Stock Ownership Plan* (Plano de Participação Acionária dos Empregados)
ETM	*Electronic Town Meeting* (Assembléias Populares Eletrônicas)
EU	*European Union* (União Européia)
FCC	*Federal Communications Commission* (Comissão Federal de Comunicações)
FISD	*Framework of Indicators for Sustainable Development* (Arcabouço de Indicadores para o Desenvolvimento Sustentável)
FMI	Fundo Monetário Internacional .
FONDAD	*Forum on Debt and Development* (Fórum sobre Dívida e Desenvolvimento)
FSLIC	*Federal Savings and Loan Insurance Corporation* (Corporação Federal de Seguro de Poupança e de Empréstimo Imobiliário)
FXE	*Foreign Exchange Facility* (Câmara de Troca de Moeda Estrangeira)
G-7	Países da Cúpula Econômica: Estados Unidos, Inglaterra, Alemanha, Itália, Canadá, França e Japão
GACD	*General Agreement on Culture and Development* (Acordo Geral sobre Cultura e Desenvolvimento)
GATT	*General Agreement on Tariffs and Trade* (Acordo Geral sobre Tarifas e Comércio)
GCFUN	*Global Commission to Fund the United Nations* (Comissão Global para Financiar as Nações Unidas)
GED	*Generational Environmental Debt* (Dívida Ambiental Geracional)
GEF	*Global Environment Facility* (Câmara para o Meio Ambiente Global)
GPI	*General Progress Indicator* (Indicador Geral de Progresso)
GRB	*Global Resource Bank* (Banco de Recursos Globais)
HDI	*Human Development Index* (Índice de Desenvolvimento Humano)
HDN	*Human Development Network* (Rede de Desenvolvimento Humano)
IAEA	*International Atomic Energy Agency* (Agência Internacional de Energia Atômica)
IATA	*International Air Traffic Association* (Associação Internacional de Tráfego Aéreo)

ICDA	*International Coalition for Development Action* (Coalizão Internacional para Ação de Desenvolvimento)
IEESA	*Integrated Economic and Environmental Satellite Accounts* (Contas Satélites Econômicas e Ambientais Integradas)
INTELSAT	*International Telecommunications Satellite* (Satélite de Telecomunicações Internacionais)
IOSCO	*International Organization of Securities Commissions* (Organização Internacional de Comissões de Valores Mobiliários)
IPAT	I = PAT; I (Impacto) é o produto de P (tamanho da população) por A (Afluência *per capita*) e por T (danos provocados pela Tecnologia utilizada para fornecer cada unidade de consumo)
IPCC	*Intergovernmental Panel on Climate Change* (Conferência Intergovernamental sobre a Mudança Climática)
IPU	*International Post Union* (União Postal Internacional)
ISEW	*Index of Sustainable Economic Welfare* (Herman Daly e John e Clifford Cobb) (Índice de Bem-Estar Econômico Sustentável)
ISP	*Index of Social Progress* (Índice de Progresso Social)
LETS	*Local Exchange Trading System* (Sistema Local de Comércio de Troca)
MEW	*Measure of Economic Wealth* (Medida de Riqueza Econômica)
NAFTA	*North American Free Trade Agreement* (Acordo Norte-Americano de Livre Comércio)
NAIRU	*Non-Accelerating Inflation Rate of Unemployment* (Taxa de Inflação Não-Acelerada de Desemprego)
NATO	*North Atlantic Treaty Organization* (Organização do Tratado do Atlântico Norte)
NIEO	*New International Economic Order* (Nova Ordem Econômica Internacional)
ODA	*Official Development Assistance* (Assistência Oficial ao Desenvolvimento)
OECD	*Organization for Economic Cooperation and Development* (Organização para a Cooperação Econômica e o Desenvolvimento)
OIC	Organização Internacional do Comércio
OING	Organização Internacional Não-Governamental
OIT	Organização Internacional do Trabalho (Agência das Nações Unidas)
OMC	Organização Mundial do Comércio
OMS	Organização Mundial da Saúde
ONC	Organização Não-Civil
ONG	Organização Não-Governamental
OPEP	Organização dos Países Exportadores de Petróleo
OTA	*United States Office of Technology Assessment* (Departamento dos EUA de Avaliação de Tecnologia)
PAC	*Political Action Committee* (Comitê de Ação Política)
PC	*Personal Computer* (Microcomputador)
P&D	Pesquisa e Desenvolvimento
P&E	Poupança e Empréstimo
PIB	Produto Interno Bruto
PIN	*Personal Identification Number* (Número de Identificação Pessoal)
PNB	Produto Nacional Bruto
PPP	*Purchasing Power Parity* (Paridade de Poder de Compra)
PQLI	*Physical Quality of Life Index* (Índice de Qualidade Física de Vida)

PVO	*Private Voluntary Organizations* (Organizações Voluntárias Privadas)
SCI	*Science Citation Index* (Índice de Citações Científicas)
SDR	*Special Drawing Rights* (Direitos de Saque Especiais)
SEC	*Securities and Exchange Commission* (Comissão de Valores Mobiliários)
SEWA	*Self-Employed Women's Association* (Associação de Mulheres Autônomas)
SNA	*System of National Accounts* (Sistema de Contas Nacionais)
SNI	*Sustainable National Income* (Renda Nacional Sustentável)
TNC	*Transnational Corporations* (Grandes Empresas Transnacionais)
TOES	*The Other Economic Summit* (A Outra Cúpula Econômica)
TRAFTA	*Trans-Atlantic Free Trade Agreement* (Acordo de Livre Comércio Transatlântico)
UIO	*Union of International Organizations* (União de Organizações Internacionais)
UN	*United Nations* (Nações Unidas)
UNA	*United Nations Association* (Associação das Nações Unidas)
UNCTAD	*United Nations Commission on Trade and Development* (Comissão das Nações Unidas sobre Comércio e Desenvolvimento)
UNDP	*United Nations Development Programme* (Programa das Nações Unidas para o Desenvolvimento)
UNEP	*United Nations Environment Program* (Programa das Nações Unidas para o Meio Ambiente)
UNESCO	*United Nations Economic, Scientific, and Cultural Organization* (Organização Econômica, Científica e Cultural das Nações Unidas)
UNSIA	*United Nations Security Insurance Agency* (Agência das Nações Unidas de Seguros pára Segurança)
UNSNA	*United Nations System of National Accounts* (Sistema de Contas Nacionais das Nações Unidas)
URSS	União das Repúblicas Socialistas Soviéticas
UWSA	*United We Stand America* (Unidos Permanecemos, América)
VAT	*Value Added Tax* (Imposto de Valor Agregado)
vBNS	*Very High-Speed Backbone Network Service* (Serviço de Rede Dorsal de Altíssima Velocidade)
VET	*Value Extracted Tax* (Imposto de Valor Extraído)
WCCD	*World Commission on Culture and Development* (Comissão Mundial sobre Cultura e Desenvolvimento)
WEDO	*Women's Environment and Development Organization* (Organização de Mulheres para o Meio Ambiente e o Desenvolvimento)
WMO	*World Meteorological Organization* (Organização Meteorológica Mundial)

BIBLIOGRAFIA

Adamson, Rebecca. s.d. "Indigenous Economics and First Nations", artigo para o First Nations Development Institute, Fredericksburg, Va.

Arthur, W. Brian. 1994. *Increasing Returns: Path Dependence in the Economy*. Ann Arbor: University of Michigan Press.

Asbell, Bernard. 1995. *The Pill: A Biography of the Drug That Changed the World*. Nova York: Random House.

Ascher, Marcia. 1991. *Ethnomathematics: A Multicultural View of Mathematical Ideas*. Pacific Grove, Calif.: Brooks/Cole Publishing.

Ascher, Marcia e Robert Ascher. 1981. *The Code of Quipu: A Study in Media, Mathematics and Culture*. Ann Arbor: University of Michigan Press.

Axelrod, Robert. 1984. *The Evolution of Cooperation*. Nova York: Basic Books.

Barber, Benjamin R. 1992. *An Aristocracy of Everyone*. Nova York: Oxford University Press.

Barnet, Richard e John Cavanaugh. 1994. *Global Dreams: Imperial Corporations and the New World Order*. Nova York: Simon & Schuster.

Barney, Gerald O., Jane Blewett e Kristen R. Barney. 1993. *Global 2000 Revisited: What Shall We Do?* Arlington, Va.: Millenium Institute. Disponível junto ao Millenium Institute, 1117 North 19th Street, Suite 900, Arlington, VA 22209.

Bateson, Gregory. 1973. *Steps to an Ecology of Mind*. Nova York: Ballantine.

Becker, Ernest. 1973. *The Denial of Death*. Nova York: Free Press.

Bell, Daniel. 1973. *The Coming of Post-Industrial Society*. Nova York: Basic Books.

Berry, Thomas. 1988. *Dream of the Earth*. San Francisco: Sierra Club Books.

_____. 1995. "Fourfold Wisdom", extraído de uma obra em andamento, *Teilhard Perspective*, vol. 28, n⁰ 1 (fevereiro).

Bezold, Clement. 1978. *Anticipatory Democracy*. Nova York: Random House.

Bogdanov, A. 1984. *Essays in Tektology*, trad. G. Gorelik e M. Zeleny da Fordham University. Nova York: Intersystems Publications.

Borman, F. H., D. Balmore e G. T. Geballe. 1993. *Redesigning the American Lawn*. New Haven: Yale University Press.

Boston Research Center for the 21st Century. 1995. "The United Nations and the World's Religions: Prospects for a Global Ethic". Atas de uma conferência na Columbia University (7 de outubro). Boston Research Center for the 21st Century, 396 Harvard Street, Cambridge, MA 02138.

Boulding, Elise. 1976. *The Underside of History*. Boulder, Colo.: Westview.

380 / HAZEL HENDERSON

————. 1988. *Building a Global Civic Culture*. Nova York: Columbia University Press.

Boulding, Kenneth E. 1956. *The Image*. Ann Arbor: University of Michigan Press.

————. 1968. *Beyond Economics*. Ann Arbor: University of Michigan Press.

Boutros-Ghali, Boutros. 1992. *Agenda for Peace: Preventive Diplomacy, Peacemaking and Peacekeeping: Report of the secretary-general pursuant to the statement adopted by the summit meetings of the Security Council on 31 January 1992*. Nova York: United Nations Publications. 1995, com um novo suplemento e documentos das Nações Unidas relacionados. Nova York: United Nations Publications.

————. 1995. *An Agenda for the Development 1995: With Related UN Documents*. Nova York: UN Department of Public Information (United Nations Publications Sales E.95.I.16).

Bracho, Frank. 1992. *Toward a New Human Development Paradigm*. Caracas: Better Living Publications.

————. 1992. *Indo-Asiatic Encounters with Ibiro-Americans*. Nova Delhi: Embaixadas da Venezuela e de Nova Delhi.

Brandt, Barbara. 1995. *Whole Life Economics*. Philadelphia: New Society.

Braudel, Fernand. 1980. *On History*. Chicago: University of Chicago Press.

————. 1984. *Civilization and Capitalism*. Londres: William Collins & Sons.

Brook, James e Iain A. Boal, orgs. 1995. *Resisting the Virtual Life: The Culture and Politics of Information*. San Francisco: City Lights.

Brown, Lester, Nicholas Lenssen e Hal Kane. 1995. *Vital Signs 1995*. Nova York: W. W. Norton.

Brown, Norman O. 1959. *Life against Death*. Middletown, Conn.: Wesleyan University Press.

Cahn, Edgar, Ph.D., J.D., e Jonathan Rowe. 1992. *Time Dollars*. Emmaus, Pa.: Rodale Press.

Callenbach, Ernest. 1972. *Living Poor with Style*. Nova York: Bantam.

Callenbach, Ernest e Michael Phillips. 1985. *A Citizen Legislature*. Berkeley: Banyan Tree Books.

Capra, Fritjof. 1975. *The Tao of Physics*. Berkeley, Calif.: Shambala. [*O Tao da Física*, publicado pela Editora Cultrix, São Paulo, 1980.

————. 1981. *The Turning Point*. Nova York: Simon & Schuster.

Carey, Ken. 1988. *Return of the Bird Tribes*. Nova York: A Uri-Sun Book, distribuído pela Talman Company. [*O Retorno das Tribos-Pássaro*, publicado pela Editora Cultrix, São Paulo, 1989.]

Childers, Erskine e Brian Urquhart. 1990. "A World in Need of Leadership". *Development Dialogue*, vols. 1 e 2. Dag Hammarskjold Foundation, Uppsala, Sweden or the Ford Foundation, 320 E. 43rd St., New York, NY 10017.

————. 1991. "Toward a More Effective United Nations". *Development Dialogue*, vols. 1 e 2. Dag Hammarskjold Foundation, Uppsala, Sweden or the Ford Foundation, 320 E. 43rd St., New York, NY 10017.

Chinese Academy of Sciences, The. 1983. *Ancient China's Technology and Science*. Pequim: The Chinese Academy.

Clark, John. 1990. *Democratizing Development: The Role of Voluntary Organizations*. West Hartford, Conn.: Kumarian Press.

Clark, Mary E. 1989. *Ariadne's Thread: The Search for New Modes of Thinking*. Nova York: St. Martin's.

Cleveland, Harlan. 1993. *Birth of a New World*. Nova York: Jossey Bass.

CONSTRUINDO UM MUNDO ONDE TODOS GANHEM / 381

Cleveland, Harlan, Hazel Henderson e Inge Kaul, orgs. 1995. *The United Nations at Fifty: Policy and Financing Alternatives*. Número especial de *FUTURES*, vol. 27, nº 2 (março). Oxford: Elsevier Scientific. Disponível junto à Global Commission to Fund the United Nations, 1511 K Street, N.W., Washington, D.C. 20005 ou junto à The Apex Press, P.O. Box 337, Croton-on-Hudson, NY 10520, 1-800-316-2739; US$ 12,95.

Commission on Global Governance. 1995. *Our Global Neighborhood*. Londres: Oxford University Press.

Commoner, Barry. 1971. *The Closing Circle*. Nova York: Knopf.

Cronin, Thomas E. 1989. *Direct Democracy: The Politics of Initiative, Referendum and Recall*. Cambridge: Harvard University Press.

Daly, Herman e John B. Cobb, Jr. 1989. *For the Common Good*. Boston: Beacon.

Daly, Mary. 1984. *Pure Lust*. Boston: Beacon.

Dean, Jonathan. 1994. *Ending Europe's Wars: The Continuing Search for Place and Security*. Nova York: Twentieth Century Fund Press.

Deane, Marjorie e Robert Pringle. 1994. *The Central Banks*. Nova York: Viking.

Dickson, David. 1974. *Alternative Technology*. Glasgow: Fontana.

Dieren, Wouter van, org. 1995. *Taking Nature in Account*. Nova York: Springer-Verlag.

Dominguez, Joe e Vicki Robins. 1992. *Your Money or Your Life*. Nova York: Viking.

Douthwaite, Richard. 1993. *The Growth Illusion: How Economic Growth Has Enriched the Few, Impoverished the Many and Endangered the Planet*. Tulsa, Okla.: Council Oak Books.

Durning, Alan T. 1992. *How Much Is Enough?* Nova York: W. W. Norton.

Easterbrook, Gregg. 1995. *A Moment on Earth: The Coming Age of Environmental Optimism*. Nova York: Viking.

Eisler, Riane. 1988. *The Chalice and the Blade*. Nova York: Harper & Row.

_____. 1995. *Sacred Pleasure: Sex, Myth and the Politics of the Body*. San Francisco: Harper.

Elgin, Duane. 1981. *Voluntary Simplicity: Toward a Way of Life That Is Outwardly Simple, Inwardly Rich*. Nova York: Morrow.

_____. 1993. *Awakening Earth: Exploring the Dimensions of Human Evolution*. Nova York: Morrow.

Elmanjdra, Mahdi. 1992. *Premiere Tuerre Civilisationnelle*. Casablanca, Marrocos: Les Editions Toubkal.

Environment and Urbanization. 1995. "Urban Poverty: Characteristics, Causes and Consequences", vol. 7, nº 1 (abril).

Erickson, Eric H. 1969. *Gandhi's Truth*. Nova York: W. W. Norton.

Estes, Richard J. 1988. *Trends in World Social Development: The Social Progress of Nations, 1970-1987*. Nova York: Praeger.

Everett, Melissa. 1995. *Making a Living While Making a Difference: A Guide to Creating Careers with a Conscience*. Nova York: Bantam.

Fisher, Roger e William Ury. 1991. *Getting to Yes*. Nova York: Penguin.

French, Hilary. 1995. *Partnership for the Planet: An Environmental Agenda for the UN*. Washington, D.C.: Worldwatch Institute.

Fuller, R. Buckminster. 1981. *Critical Path*. Nova York: St. Martin's.

Galbraith, John Kenneth. 1958. *The Affluent Society*. Boston: Houghton Mifflin.

Giarini, Orio e Henri Louberge. 1979. *The Diminishing Returns to Technology*. Londres: Pergamon.

Gimbutas, Marija. 1989. *The Language of the Goddess*. San Francisco: Harper & Row.

382 / HAZEL HENDERSON

Goldsmith, Edward. 1988. *The Great U-Turn: De-Centralizing Society*. Nova York: Publicado na América do Norte por Bootstrap Press, uma edição da Intermediate Technology Development Group of North America.

Goldsmith, Edward, org. 1972. *Blueprint for Survival*. Boston: Houghton Mifflin.

Goswami, Amit. 1995. *The Self-Aware Universe: How Consciousness Creates the Material World*. Nova York: Tarcher Putnam.

Gray, Rob, Jan Bebbington e Diane Walters. 1993. *Accounting for the Environment: The Greening of Accountancy*. Londres: Paul Chapman.

Greco, Thomas H., Jr. 1990. *Money and Debt*. Tucson, Ariz.: Thomas H. Greco, Jr., Publisher. Disponível junto a Thomas H. Greco, Jr., P.O. Box 42663, Tucson, AZ 85733.

—————. 1994. *New Money for Healthy Communities*. Tucson: Thomas H. Greco.

Greenberg, Jonathan e William Kistler, orgs. 1992. *Buying America Back: Economic Choices for the 1990s*. Tulsa, Okla.: Council Oak Books.

Greider, William. 1987. *The Secrets of the Temple*. Nova York: Simon & Schuster.

Greve, Michael S. e Fred L. Smith, Jr., orgs. 1992. *Environmental Politics: Public Costs, Private Rewards*. Nova York: Praeger.

Griesgraber, Jo Marie, org. 1994. *Rethinking Bretton Woods*. Washington, D.C.: Center of Concern. 1995. Londres: Pluto Press.

Gross, Ronald. 1982. *The Independent Scholar's Handbook: How to Turn Your Interest in Any Subject into Expertise*. Reading, Mass.: Addison Wesley.

Haq, Mahbub ul. 1995. *Reflections on Human Development*. Londres: Oxford University Press.

Harcourt, Wendy, org. 1994. *Feminist Perspectives on Sustainable Development*. Londres: Zed Books.

Heilbroner, Robert. 1974. *An Inquiry into the Human Prospect*. Nova York: W. W. Norton.

Heinberg, Richard. 1989. *Memories and Visions of Paradise: Exploring the Universal Myth of a Lost Golden Age*. Los Angeles: Tarcher.

Heisenberg, Werner. 1971. *Physics and Beyond*. Nova York: Harper Torchbook.

Henderson, Hazel. 1978. *Creating Alternative Futures: The End of Economics*. Nova York: Putnam's. 1996. West Hartford, Conn.: Kumarian Press.

—————. 1981. *The Politics of the Solar Age: Alternatives to Economics*. Garden City, N.Y.: Anchor/Doubleday. 1988. Indianapolis: Knowledge Systems. Disponível junto a The Apex Press, P.O. Box 337, Croton-on-Hudson, NY 10520, 1-800-316-2739.

—————. 1991. *Paradigms in Progress: Life Beyond Economics*. Indianapolis: Knowledge Systems. 1995. San Francisco: Berrett-Koehler. (Em português: *Transcendendo a Economia*, São Paulo, Editora Cultrix Ltda., 1995.)

Horney, Karen. 1937. *The Neurotic Personality of Our Time*. Nova York: W. W. Norton.

Houston, Jean. 1980. *Life Force: The Psycho-Historical Recovery of the Self*. Nova York: Dell Publishing Co. 1993. Wheaton, Ill.: Quest.

—————. 1982. *The Possible Human*. Los Angeles: Tarcher.

Hubbard, Barbara Marx. 1982. *The Evolutionary Journey*. San Francisco: Evolutionary Press.

—————. 1993. *The Revelation: Our Crisis Is a Birth*. The Foundation for Conscious Evolution, P.O. Box 1491, Sonoma, CA 95476.

Hussein, Aziza. 1994. "The ICPD: Another Triumph for NGOs", *Ru'ya*, boletim informativo publicado pelo Institute of Cultural Affairs — Middle East and North Africa, nº 5 (outono).

Hyde, Lewis. 1979. *The Gift*. Nova York: Vintage.

Illich, Ivan. 1974. *Energy and Equity*. Nova York: Harper & Row.

CONSTRUINDO UM MUNDO ONDE TODOS GANHEM / 383

Inglehart, Ronald. 1977. *The Silent Revolution*. Princeton: Princeton University Press.

Innes, Harold. 1950. *The Bias of Communication*. Toronto: University of Toronto.

Institute for Advanced Study. 1990. *Redefining Wealth and Progress: The Caracas Report on Alternative Development Indicators*. Nova York: Bootstrap Press. Disponível junto a The Apex Press, P.O. Box 337, Croton-on-Hudson, NY 10520, 1-800-316-2739.

Institute of Cultural Affairs – Middle East and North Africa. 1995. "Politics and Development". Assunto temático de *Ru'ya*, boletim informativo publicado pelo Instituto, nº 6 (inverno).

Interfaith Center on Corporate Responsibility. 1995. *Principles for Global Corporate Responsibility: Benchmarks for Measuring Business Performance*. Número especial de *The Corporate Examiner*, vol. 24, nºˢ 2-4 (setembro). Interfaith Center on Corporate Responsibility, 475 Riverside Drive, Room 566, New York, NY 10015.

Johnson, Huey D., prefácio por David R. Brower. 1995. *Green Plans: Greenprint for Sustainability*. Lincoln, Neb.: University of Nebraska Press.

Johnson, Nicholas. 1970. *How to Talk Back to Your TV Set*. Boston: Little Brown.

Joshi, Nandini. 1992. *Development without Destruction*. Ahmedabad, Índia: Navajiran Publishing House.

Kelso, Louis O. e Patricia Hetter. 1967. *Two-Factor Theory: The Economics of Reality*. N.Y.: Vintage.

_____. 1991. *Democracy and Economic Power*. Lanham, N.Y. e Londres: University Press of America.

Kennard, Byron. 1982. *Nothing Can Be Done: Everything Is Possible*. Andover, Mass.: Brickhouse Publishers.

Keuls, Eva. 1985. *Reign of the Phallus*. Nova York: Harper & Row.

Keynes, John Maynard. 1934. *The General Theory of Employment, Interest and Money*. Nova York: Harcourt Brace.

Kohn, Alfie. 1986. *No Contest*. Nova York: Houghton Mifflin.

Korten, David. 1995. *When Corporations Rule the World*. San Francisco: Berrett-Koehler.

Krugman, Paul. 1994. *Peddling Prosperity*. Nova York: W. W. Norton.

Kuhn, Thomas. 1962. *The Structure of Scientific Revolutions*. Chicago: University of Chicago Press.

Kurjo, Sabine e Ian McNeill. 1988. *Only Connect*. Londres: Turning Points.

Lappé, Frances Moore. 1971. *Diet for a Small Planet*. Nova York: Ballantine.

Lasch, Christopher. 1955. *The Revolt of the Elite*. Nova York: W. W. Norton.

Laszlo, Ervin. 1991. *The New Evolutionary Paradigm*. Nova York: Gordon and Breach Science Publishers.

_____. 1994. *The Choice: Evolution or Extinction?* Nova York: Tarcher Putnam.

Lemkow, Anna F. 1990. *The Wholeness Principle: Dynamics of Unity within Science, Religion and Society*. Wheaton, Ill.: Quest.

Lewin, Kurt. 1948. *Resolving Social Conflicts*. Nova York: Harper & Row.

Lewin, Roger. 1992. *Complexity: Life at the Edge of Chaos*. Nova York: Macmillan.

Lind, Michael. 1995. *The Next American Nation: A New Nationalism and the Fourth American Revolution*. Nova York: Free Press.

Linder, Staffan. 1970. *The Harried Leisure Class*. Nova York: Columbia University Press.

Lipnack, Jessica e Jeffrey Stamps. 1982. *Networking*. Nova York: Doubleday.

Loye, David. 1971. *The Healing of a Nation*. Nova York: W. W. Norton.

Lux, Kenneth. 1990. *Adam Smith's Mistake*. Nova York: Random House.

Mander, Jerry. 1978. *Four Arguments for the Elimination of Television*. Nova York: Morrow.

—————. 1991. *In the Absence of the Sacred*. San Francisco: Sierra Club Books.

Maslow, Abraham. 1962. *Toward a Psychology of Being*. Princeton: Van Nostrand.

McLuhan, Marshall. 1951. *The Mechanical Bride*. Nova York: Vanguard Press.

—————. 1966. *Understanding Media*. Nova York: McGraw-Hill.

Meeker-Lowry, Susan. 1995. *Invested for the Common Good*. Philadelphia: New Society Publishers.

Mele, Andrew. 1993. *Polluting for Pleasure*. Nova York: W. W. Norton.

Mellor, Mary. 1992. *Breaking the Boundaries*. Londres: Virago.

Mendez, Ruben. 1992. *International Public Finance: A New Perspective on Global Relations*. Nova York: Oxford University Press.

Miller, Morris. 1986. *Coping Is Not Enough*. Homewood, Ill.: Dow Jones-Irwin.

—————. 1991. *Debt and Environment: Converging Crises*. Nova York: United Nations Press.

Millman, Gregory. 1995. *The Vandal's Crown: How the World's Currency Traders Beat the Central Banks*. Nova York: Viking.

Mills, Stephane. 1995. *Ecological Restoration: In Service of the Wild*. Boston: Beacon Press.

Mitchell, Ralph A. e Neil Shafer. 1984. *Depression Scrip of the United States*. Iola, Wis.: Krause Publications.

Moller, J. Ørstrøm. 1995. *The Future European Model: Economic Internationalization and Cultural Decentralization*. Westport, Conn.: Praeger/Greenwood.

Mumford, Lewis. 1966. *The Myth of the Machine*. Nova York: Harcourt Brace Jovanovich.

Nabhan, Gary Paul. 1982. *The Desert Smells Like Rain: A Naturalist in Papago Indian Country*. San Francisco: North Point.

Naisbitt, John. 1994. *Global Paradox: The Bigger the World Economy, the More Powerful Its Smallest Players*. Nova York: Morrow.

Norberg-Hodge, Helena. 1991. *Ancient Futures: Learning from Ladakh*. San Francisco: Sierra Club Books.

Norris, Russel B. 1995. *Creation, Cosmology, and the Cosmic Christ: Teleological Implications of the Anthropic Cosmological Principle*. Teilhard Studies, n° 31, publicado pela American Teilhard Association (primavera).

Norwood, Janet L. 1995. "Organizing to Count: Change in the Federal Statistical System". The Urban Institute Press, 2100 M Street N.W., Washington, D.C. 20037.

Olds, Linda E. 1981. *Fully Human*. Nova York: Spectrum Books, Prentice Hall.

Olson, Mancur. 1965. *The Logic of Collective Action*. Cambridge: Harvard University Press.

Oliveira, Miguel Darcy de, e Rajesh Tandon, coordenadores. 1994. *Citizens: Strengthening Global Civil Society*. Washington, D.C.: CIVICUS.

Owen, Dave, org. 1992. *Green Reporting: Accounting and the Challenge of the 90's*. Londres: Chapman and Hall.

Packard, Vance. 1957. *The Hidden Persuaders*. Nova York: D. McKay Co.

—————. 1959. *The Status Seekers*. Nova York: D. McKay Co.

—————. 1960. *The Wastemakers*. Nova York: D. McKay Co.

Peterson, Peter G. 1994. *Facing Up: Paying Our Nation's Debt and Saving Our Children's Future*. Nova York: Simon & Schuster.

Phillips, Kevin. 1994. *Arrogant Capital; Washington, Wall Street and the Frustrations of American Politics*. Boston: Little Brown.

Pierson, Paul. 1995. *Dismantling the Welfare State*. Cambridge: Cambridge University Press.

Pietila, Hilkka e Jeanne Vickers. 1990. *Making Women Matter: The Role of the United Nations*. Londres: Zed Books.

CONSTRUINDO UM MUNDO ONDE TODOS GANHEM / 385

Polanyi, Karl. 1944. *The Great Transformation*. Boston: Beacon.
Postman, Neil. 1985. *Amusing Ourselves to Death*. Nova York: Viking.
——————. 1992. *Technopoly*. Nova York: Knopf.
Potter, David M. 1954. *People of Plenty*. Chicago: University of Chicago Press.
Reder, Alan. 1995. *Seventy-Five Best Practices for Socially Responsible Companies*. Nova York: Tarcher Putnam.
Renner, Michael. 1994. *Budgeting for Disarmament: The Costs of War and Peace*. Washington, D.C.: Worldwatch Institute.
Rich, Bruce. 1994. *Mortgaging the Future*. Boston: Beacon.
Riesman, David. 1950. *The Lonely Crowd: A Study of the Changing American Character*. New Haven: Yale University Press.
Rifkin, Jeremy. 1989. *Entropy: Into the Greenhouse World*. Ed. rev. Nova York: Bantam.
——————. 1995. *The End of Work: The Decline of the Global Labor Force and the Dawn of the Post-Market Era*. Nova York: Putnam.
Rifkin, Jeremy e Ted Howard. 1977. *Who Shall Play God?: The Artificial Creation of Life and What It Means for the Future of the Human Race*. Nova York: Delacorte.
Rifkin, Jeremy, em colaboração com Nicnor Perlas. 1984. *Algeny*. Nova York: Penguin.
Rinpoche, Sogyal. 1992. *The Tibetan Book of Living and Dying*. San Francisco: Harper.
Robertson, James. 1976. *Power, Money and Sex: Toward a New Social Balance*. Londres: M. Boyars.
Robins, Vicki. *All-Consuming Passion: Waking Up from the American Dream*. New Road Map Foundation, P.O. Box 15981, Seattle, WA 98115.
Rostow, Walt W. [1960] 1991. *Stages of Economic Growth: A Non-Communist Manifesto*. Reimpressão. Cambridge: Cambridge University Press.
Roszak, Theodore. 1972. *Where the Wasteland Ends: Politics and Transcendence in Post-Industrial Society*. Garden City, N.J.: Doubleday.
——————. 1994. *The Cult of Information: A Neo-Luddite Treatise on High-Tech, Artificial Intelligence and the True Art of Thinking*. Berkeley: University of California Press.
Rothschild, Michael. 1990. *Bionomics: The Inevitability of Capitalism*. Nova York: Henry Holt.
Roxas, Sixto. 1987. *Community-Based Organization and Management Technology*. Manila: SKR Managers and Advisors, Inc.
Sahlins, Marshall. 1972. *Stone Age Economics*. Hawthorne, N.Y.: Aldine de Gruyter.
Sale, Kirkpatrick. 1990. *The Conquest of Paradise*. Nova York: Knopf.
Sardar, Ziauddin. 1977. *Science, Technology and Development in the Muslim World*. Londres: Croom Helm.
——————. 1988. *The Revenge of Athena: Science, Exploitation and the Third World*. Londres e Nova York: Mansell Publishing Limited.
Schafer, D. Paul. 1944. "Cultures and Economies: Irresistible Forces Encounter Immovable Objects", *Futures*, vol. 26, nº 8.
Schor, Juliet B. 1991. *The Overworked American: The Unexpected Decline of Leisure*. Nova York: Basic Books.
Schumacher, E. F. 1973. *Small Is Beautiful*. Nova York: Harper & Row.
Schwartz, James D. 1993. *Enough: A Guide to Reclaiming Your American Dream*. Englewood, Colo.: Labrador.
Sheldrake, Rupert. 1995. *Seven Experiments That Could Change the World: A Do-It-Yourself Guide to Revolutionary Science*. Nova York: River Head Books, Putnam.
Sherraden, Michael. 1989. "The Policy: Making the Case for an Asset Base", *Entrepreneurial Economic Review* (nov./dez.)

Shiva, Vandana. 1989. *Staying Alive*. Londres e Atlantic Highlands, N.J.: Zed Books.

Sivard, Ruth Leger. 1991. *World Military and Social Expenditures*. 14ª ed. Washington, D.C.: World Priorities Inc.

Skidelsky, Robert. 1944. *John Maynard Keynes. Volume Two: The Economist as Savior, 1920-1937*. Bergenfield, N.J.: Viking/-Penguin.

——————. 1995. *The World after Communism*. Londres: Macmillan.

Skinner, B. F. 1971. *Beyond Freedom and Dignity*. Nova York: Bantam.

Slayton, Christa Daryl. 1992. *Televote: Expanding Citizen Participation in the Quantum Age*. Nova York: Praeger.

Smith, Adam. [1776] 1976. *An Inquiry into the Nature and Causes of the Wealth of Nations*. Organizado por Edwin Cannan, dois volumes em um. Chicago: University of Chicago Press.

Solomon, Steven. 1995. *The Confidence Game: How Unelected Central Bankers Are Governing the Changed World Economy*. Nova York: Simon & Schuster.

Soros, George. 1995. *Soros on Soros: Staying Ahead of the Curve*. Nova York: John Wiley.

South Commission. 1990. *Challenge to the South*. Londres e Nova York: Oxford University Press.

Steinem, Gloria. 1994. *Moving Beyond Words*. Nova York: Simon & Schuster.

Stoll, Clifford. 1995. *Silicon Snake Oil: Second Thoughts on the Information Highway*. Nova York: Doubleday.

Tainter, Joseph. 1988. *The Collapse of Complex Societies*. Nova York: Cambridge University Press.

Tapscott, Don e Art Caston. 1992. *Paradigm Shift*. Nova York: McGraw-Hill.

Terry, Roger. 1995. *Economic Insanity*. San Francisco: Berrett-Koehler.

Thayer, Fred. [1973] 1981. *An End to Hierarchy: An End to Competition*. Franklin Watts, N.Y.: New Viewpoints.

Theobald, Robert. 1968. *Commited Spending*. Nova York: Anchor Doubleday.

Thompson, William Irwin. 1973. *Passages about Earth*. Nova York: Harper & Row.

——————. 1981. *The Time Falling Bodies Take to Light*. Nova York: St. Martin's.

——————. 1991. *The American Replacement of Nature*. Nova York: Doubleday-Currency.

——————. org. 1987. *GAIA: A Way of Knowing*. Great Barrington, Mass.: Lindisfarne Press.

Tocqueville, Alexis de. [1835] 1969. *Democracy in America*. Garden City, N.Y.: Doubleday.

Toffler, Alvin. 1970. *Future Shock*. Nova York: Random House.

——————. 1980. *The Third Wave*. Nova York: Morrow.

Toffler, Alvin e Heidi Toffler. 1993. *War and Anti-War*, Boston: Little, Brown & Co.

——————. 1995. *Creating a New Civilization: The Politics of the Third Wave*. Atlanta: Turner.

Tryzna, Thaddeus e Roberta Childers, comps. 1992. *World Directory of Environmental Organizations*. Sacramento: California Institute of Public Affairs.

Union of International Organizations. 1994. *Encyclopedia of World Problems and Human Potential*. 4ª ed. Série em dois volumes. Munich, Nova York: K. G. Saur.

United Nations High Commissioner for Refugees. 1995. *Refugees II: Focus, Refugee Women*. Genebra: United Nations High Commissioner for Refugees (UNHCR).

United Nations University, The. 1985. *The Science and Praxis of Complexity*. Contribuições ao simpósio realizado em Montpellier, França (9 a 11 de maio de 1984).

Vernon, Raymond e Debora Spar. 1989. *Beyond Globalism: Remaking American Foreign Policy*. Nova York: Macmillan Free Press.

Von Sonn, Andrew. 1984. *The Money Rebellion*. P.O. Box 1136, Venice, California 90291.

Wachtel, Howard M. 1990. *The Money Mandarins*. Nova York: M. E. Sharp.

Wallerstein, Emmanuel. 1991. *Un-Thinking Social Science: The Limits of Nineteenth Century Paradigms*. Cambridge, R.U.: Polity Press.

Ward, Barbara. 1966. *Spaceship Earth*. Nova York: Columbia University Press.

Waring, Marilyn. 1988. *If Women Counted*. San Francisco: Harper Collins.

Weisbord, Marvin R. e Sandra Janoff. 1995. *Future Search: An Action Guide to Finding Common Ground in Organizations and Communities*. San Francisco: Berrett-Koehler.

Weisskopf, Walter A. 1971. *Alienation and Economics*. Nova York: Dutton.

Weizsäcker, Ernst Ulrich von, e Jochen Jesinghaus. 1992. *Ecological Tax Reform*. Londres: Zed Books.

Wilber, Ken. 1981. *Up from Eden: A Transpersonal View of Human Evolution*. Garden City, N.Y.: Anchor/Doubleday.

_____. 1985. *The Spectrum of Consciousness*. Wheaton, Ill.: Quest.

World Business Council for Sustainable Development. 1992. *Changing Course: A Global Business Perspective on Development and the Environment*. Cambridge: MIT Press.

_____. 1996. *Financing Change*. Cambridge: MIT Press.

World Commission on Environment and Development. 1987. *Our Common Future*. Nova York e Londres: Oxford University Press.

Wub-E-Ke-Niew. 1995. *We Have the Right to Exist*. Nova York: Black Thistle.

Zachariah, Mathew e R. Sooryemoorthy. 1994. *Science in Participatory Development*. Londres e Atlantic Highlands, N.J.: Zed Books.

Zaslavsky, Claudia. 1973. *Africa Counts*. Boston: Prindle, Webber and Schmidt.

Zohar, Danah e Ian Marshall. 1994. *The Quantum Society: Mind, Physics and a New Social Vision*. Nova York: Morrow.

Leia também:

MERCADO ÉTICO
A FORÇA DO NOVO PARADIGMA EMPRESARIAL

Hazel Henderson
com Simran Sethi

AS MELHORES PRÁTICAS PARA AS EMPRESAS DO SÉCULO XXI ATINGIREM UM RESULTADO TRÍPLICE

Há muito tempo ignorados e subestimados pela mídia convencional, empreendedores, ambientalistas, cientistas e outros profissionais visionários estão criando uma nova economia produtiva e rentável, que coexiste em harmonia com a Terra e com o bem-estar social. Com inteligência, lucidez, simpatia e entusiasmo, *Mercado Ético* analisa em profundidade o novo paradigma empresarial, que avança a passos rápidos no mundo todo e em todos os setores da economia.

"O novo livro de Hazel Henderson aponta para equações fundamentais que todos nós como líderes e estrategistas atuando em todos os setores da vida devemos considerar como fundamentais para a criação de um futuro mais saudável para a humanidade. Mais do que apenas uma contribuição importante para uma compreensão mais aprofundada das responsabilidades sociais e ecológicas, este livro é um guia de ação para os estrategistas. É uma leitura instigante, que nos ajuda a explorar caminhos inovadores para o futuro, os quais podem ser profundamente diferentes do mundo de contradições que construímos nos últimos séculos. Neste livro, Hazel se supera, expressando uma sabedoria ampla que só poderia partir de um contato íntimo com os níveis mais profundos da realidade mundial e dos jogos sutis nela praticados."

— Oscar Motomura, CEO, Grupo Amana-Key

"Este livro é um antídoto muito eficaz e necessário contra a desesperança disseminada em relação à nossa crise ecológica mundial."

— Fritjof Capra, autor de *O Ponto de Mutação, O Tao da Física, Sabedoria Incomum, A Teia da Vida* e *As Conexões Ocultas*, publicados pela Editora Cultrix.

"Um outro mundo econômico desponta, e Hazel Henderson é a sua porta-voz mais entusiasmada. O quadro que ela apresenta é tão plausível e factível que o otimismo em relação ao futuro é uma reação natural."

— Vicki Robin, fundadora e presidente do Simplicity Forum e co-autora de *Dinheiro e Vida*, publicado pela Editora Cultrix.

EDITORA CULTRIX

A TEIA DA VIDA
"THE WEB OF LIFE"

Fritjof Capra

A Teia da Vida é um livro de excepcional relevância para todos nós – independentemente de nossa atual atividade. Sua maior contribuição está no desafio que ele nos coloca na busca de uma compreensão maior da **realidade** em que vivemos. É um livro provocativo que nos desancora do fragmentário e do "mecânico". É um livro que nos impele adiante, em busca de novos níveis de consciência, e assim nos ajuda a enxergar, com mais clareza, o extraordinário potencial e o propósito da vida. E também a admitir a inexorabilidade de certos processos da vida, convivendo lado a lado com as infinitas possibilidades disponíveis, as quais encontram-se sempre à mercê de nossa competência em acessá-las.

Esta obra de Capra representa também um outro tipo de desafio para todos nós. Ela exige uma grande abertura de nossa parte. Uma abertura que só é possível quando abrimos mão de nossos arcabouços atuais de pensamento, nossas premissas, nossas teorias, nossa forma de ver a própria realidade, e nos dispomos a considerar uma outra forma de entender o mundo e a própria vida. O desafio maior está em mudar a nossa maneira de pensar...

Não é uma tarefa fácil. Não será algo rápido para muitos de nós. Mas se pensarmos bem, existe um desafio maior do que entender como funcionamos e como a vida funciona?

Na verdade, Capra está numa longa jornada em busca das grandes verdades da vida. Ele humildemente se coloca "em transição", num estado permanente de busca, de descoberta, sempre procurando aprender, desaprender e reaprender.

Este livro é um grande convite para fazermos, juntos, essa jornada.

Uma jornada de vida.

Oscar Motomura
(Do Prefácio à Edição Brasileira)

EDITORA CULTRIX

ALÉM DA GLOBALIZAÇÃO
MODELANDO UMA ECONOMIA GLOBAL SAUDÁVEL

Hazel Henderson

"Uma obra intrigante que questiona – corajosamente – os jogos dentro de jogos que caracterizam o grande 'sistema' dentro do qual vivemos no mundo pseudoglobalizado de hoje. Além de desvelar o 'cassino' em que o sistema parece ter se transformado, Hazel propõe, para cada um dos focos de deteriorização, soluções radicalmente inovadoras – o único caminho para o rompimento dos círculos viciosos em que nos armadilhamos sob a bandeira do crescimento econômico que ignora o todo maior."

— Oscar Motomura, diretor geral da Amana-Key

"Hazel Henderson cria com esta obra uma valiosa contribuição ao debate ora em curso sobre o que a chamada globalização está efetivamente causando à vida do planeta."

— Fritjof Capra, autor de *O Ponto de Mutação, O Tao da Física, Sabedoria Incomum, A Teia da Vida* e *As Conexões Ocultas*, publicados pela Editora Cultrix.

Neste livro, *Além da Globalização*, Hazel Henderson faz uma crítica à globalização especulativa, que ocorre à custa dos empreendimentos e das formas de vida mais locais e reais. Ela defende o uso do pensamento sistêmico e de uma abordagem mais holística como caminhos para a ruptura com o pensamento econômico convencional, preso a uma visão estreita de mercados e de PIB. Ao mesmo tempo, a autora oferece uma visão panorâmica das mudanças necessárias para uma nova economia global que promova a justiça e a sustentabilidade em todos os níveis, do pessoal e local ao global.

EDITORA CULTRIX

A ESTRATÉGIA DO GOLFINHO:
A Conquista de Vitórias num Mundo Caótico

Dudley Lynch e Paul L. Kordis

"Eis aqui idéias que... podem levar as pessoas que trabalham em empresas a ter uma vida mais plena de realizações, eliminando os medos e as inibições que caracterizam tão bem a atividade empresarial."

MILTON MOSCOWITZ, autor de
The 100 Best Companies for in America.

"Lynch e Kordis, em *A Estratégia do Golfinho*, desenvolveram os conceitos que tenho adotado na minha prática de consultoria, levando-os a um ponto de congruência 'quase perfeito'".

JAMES L. MURPHY, diretor-executivo, de liderança
e desenvolvimento organizacional da U.S. West, Inc., em Denver.

"*A Estratégia do Golfinho* analisa um novo e engenhoso meio de preparar líderes empresariais para aquele audacioso mas excitante 'Novo Dia'. Os professores de todas as faculdades de administração de empresas do país precisam prestar atenção neste livro."

DON EDWARD BECK,
National Values Center.

"A melhor aplicação de estratégias pós-New Age para administração que já conheci."

WARREN BENNIS, eminente professor de
administração de empresas da University of Southern California.

"*A Estratégia do Golfinho* é um manual prático e orientado para os negócios que ensina como ser pessoal e institucionalmente mais receptivo a este novo mundo que está se formando."

RICHARD LAMM,
Center for Public Policy and Contemporary Issues.

"*A Estratégia do Golfinho* é sabedoria prática posta numa forma simples e divertida. É um livro obrigatório."

WILLIS HARMAN,
presidente do Instituto de Ciências Noéticas e co-autor de
O Trabalho Criativo, publicado pela Editora Cultrix, São Paulo.

EDITORA CULTRIX

LIDERANÇA E A NOVA CIÊNCIA

Margaret J. Wheatley

Nossa compreensão do universo está sendo radicalmente alterada pela "nova ciência". As descobertas revolucionárias da física quântica, da teoria do caos e da biologia molecular estão abalando os modelos científicos que predominaram nos últimos séculos. Margaret Wheatley mostra como a nova ciência traz insights poderosos para a transformação do modo pelo qual organizamos o trabalho, as pessoas e a própria vida.

Escrito em estilo leve, que torna a nova ciência acessível a não-cientistas, este livro pioneiro oferece:

- uma elucidativa exploração de como a nova ciência pode mudar a nossa forma de entender, desenhar, liderar e gerenciar organizações;
- um sumário de fácil leitura de um amplo leque de descobertas da nova ciência;
- uma nova luz sobre as questões mais desafiadoras que as organizacões enfrentam hoje: o equilíbrio entre ordem e mudança, autonomia e controle, estrutura e flexibilidade, planejamento e inovação;
- inspiração e direção para que os leitores comecem sua própria jornada de descobertas aplicando idéias da nova ciência em seu trabalho e em sua vida.

UMA JORNADA PELAS DESCOBERTAS DA NOVA
CIÊNCIA QUE MUDARÁ DEFINITIVAMENTE A
SUA COMPREENSÃO DE LIDERANÇA,
ORGANIZAÇÃO E DA PRÓPRIA VIDA.

EDITORA CULTRIX